LAW&BUSINESS
法商图书

公司破产清算纠纷

Company Bankruptcy Liquidation Disputes
Case Analy

案例解析

汉盛破产管理人业务委员会 著

法律出版社 | LAW PRESS
北京

图书在版编目（CIP）数据

公司破产清算纠纷案例解析 / 汉盛破产管理人业务委员会编著. -- 北京 : 法律出版社, 2025. -- ISBN 978 -7 -5197 -9555 -9

Ⅰ. D922.291.925

中国国家版本馆 CIP 数据核字第 202424ZH98 号

公司破产清算纠纷案例解析
GONGSI POCHAN QINGSUAN JIUFEN ANLI JIEXI

汉盛破产管理人业务委员会 编著

责任编辑 章 雯 慕雪丹
装帧设计 鲍龙卉

出版发行 法律出版社
编辑统筹 法商出版分社
责任校对 赵明霞
责任印制 胡晓雅
经　　销 新华书店

开本 710 毫米 × 1000 毫米 1/16
印张 23.75 **字数** 374 千
版本 2025 年 1 月第 1 版
印次 2025 年 1 月第 1 次印刷
印刷 三河市龙大印装有限公司

地址:北京市丰台区莲花池西里 7 号(100073)
网址:www.lawpress.com.cn
投稿邮箱:info@lawpress.com.cn
举报盗版邮箱:jbwq@lawpress.com.cn

销售电话:010 - 83938349
客服电话:010 - 83938350
咨询电话:010 - 63939796

书号:ISBN 978 - 7 - 5197 - 9555 - 9　　**定价**:98.00 元

凡购买本社图书,如有印装错误,我社负责退换。电话:010 - 83938349

目录 Contents

1

对外追收债权纠纷

邓　静

规定索引

《中华人民共和国企业破产法》

第十三条　人民法院裁定受理破产申请的，应当同时指定管理人。

第十七条　人民法院受理破产申请后，债务人的债务人或者财产持有人应当向管理人清偿债务或者交付财产。

债务人的债务人或者财产持有人故意违反前款规定向债务人清偿债务或者交付财产，使债权人受到损失的，不免除其清偿债务或者交付财产的义务。

第二十一条　人民法院受理破产申请后，有关债务人的民事诉讼，只能向受理破产申请的人民法院提起。

第二十五条　管理人履行下列职责：

（一）接管债务人的财产、印章和账簿、文书等资料；

（二）调查债务人财产状况，制作财产状况报告；

（三）决定债务人的内部管理事务；

（四）决定债务人的日常开支和其他必要开支；

（五）在第一次债权人会议召开之前，决定继续或者停止债务人的营业；

（六）管理和处分债务人的财产；

（七）代表债务人参加诉讼、仲裁或者其他法律程序；

（八）提议召开债权人会议；

（九）人民法院认为管理人应当履行的其他职责。

本法对管理人的职责另有规定的，适用其规定。

第四十四条 人民法院受理破产申请时对债务人享有债权的债权人，依照本法规定的程序行使权利。

第四十八条第一款 债权人应当在人民法院确定的债权申报期限内向管理人申报债权。

《最高人民法院关于适用〈中华人民共和国企业破产法〉若干问题的规定（二）》

第十九条 债务人对外享有债权的诉讼时效，自人民法院受理破产申请之日起中断。

债务人无正当理由未对其到期债权及时行使权利，导致其对外债权在破产申请受理前一年内超过诉讼时效期间的，人民法院受理破产申请之日起重新计算上述债权的诉讼时效期间。

第二十三条 破产申请受理后，债权人就债务人财产向人民法院提起本规定第二十一条第一款所列诉讼的，人民法院不予受理。

债权人通过债权人会议或者债权人委员会，要求管理人依法向次债务人、债务人的出资人等追收债务人财产，管理人无正当理由拒绝追收，债权人会议依据企业破产法第二十二条的规定，申请人民法院更换管理人的，人民法院应予支持。

管理人不予追收，个别债权人代表全体债权人提起相关诉讼，主张次债务人或者债务人的出资人等向债务人清偿或者返还债务人财产，或者依法申请合并破产的，人民法院应予受理。

第四十七条第一款 人民法院受理破产申请后，当事人提起的有关债务人的民事诉讼案件，应当依据企业破产法第二十一条的规定，由受理破产申请的人民法院管辖。

《最高人民法院关于适用〈中华人民共和国公司法〉若干问题的规定（二）》

第十条 公司依法清算结束并办理注销登记前，有关公司的民事诉讼，应当以公司的名义进行。

公司成立清算组的，由清算组负责人代表公司参加诉讼；尚未成立清算组的，由原法定代表人代表公司参加诉讼。

《最高人民法院关于审理企业破产案件若干问题的规定》

第七十四条 债务人享有的债权，其诉讼时效自人民法院受理债务人的破产申请之日起，适用《中华人民共和国民法通则》第一百四十条关于诉讼时效中断的规定。债务人与债权人达成和解协议，中止破产程序的，诉讼时效自人民法院中止破产程序裁定之日起重新计算。

《中华人民共和国民法典》

第一百九十五条 有下列情形之一的，诉讼时效中断，从中断、有关程序终结时起，诉讼时效期间重新计算：

（一）权利人向义务人提出履行请求；

（二）义务人同意履行义务；

（三）权利人提起诉讼或者申请仲裁；

（四）与提起诉讼或者申请仲裁具有同等效力的其他情形。

《中华人民共和国民事诉讼法》

第一百二十二条 起诉必须符合下列条件：

（一）原告是与本案有直接利害关系的公民、法人和其他组织；

（二）有明确的被告；

（三）有具体的诉讼请求和事实、理由；

（四）属于人民法院受理民事诉讼的范围和受诉人民法院管辖。

《全国法院民商事审判工作会议纪要》

110. ……人民法院受理破产申请后，债权人新提起的要求债务人清偿的民事诉讼，人民法院不予受理，同时告知债权人应当向管理人申报债权。债权人申报债权后，对管理人编制的债权表记载有异议的，可以根据《企业破产法》第58条的规定提起债权确认之诉。

问题的提出

企业步入破产程序之后，往往会涉及诸多对他方享有的债权，如应收账款、预付账款、长期股权投资等，这些财产构成债务人财产的一部分，需追讨以供企业清算之用。依据《企业破产法》的规定，人民法院在裁定受理破产申请之后，应同时指派管理人，负责接管债务人财产，依法进行管理和处置，债务人的债务人或财产持有者有义务向管理人偿还债务或交付财产。当债务人的债务人拒绝偿还或双方对债权金额等事项存在分歧时，便会产生需人民法院裁定的争议纠纷，即对外追收债权纠纷。

我国《企业破产法》关于破产管理人在实施对外债权追讨方面的具体操作并未给出详尽的明确规定，由此导致实务过程中诸多问题的产生。常见的争议主要包括：何种情况适用于"对外追收债权纠纷"的案由？破产管理人在对外追收债权纠纷诉讼中是否具备适格原告地位？如何理解《企业破产法》第 17 条第 2 款关于债务人的债务人不免除承担清偿债务或交付财物义务的规定？在外追收债权诉讼中，诉讼时效应如何计算？

司法实践

一、关于对外追收债权的主体资格，经不全面检索，司法实践中主要有以下两种裁判思路

（一）认定破产管理人作为对外追收债权纠纷诉讼原告适格

案例 1 ｜ (2023) 甘民申 2284 号

［审理法院］

甘肃省高级人民法院

［案情简介］

刘某与甘肃昊鑫市场开发有限公司（以下简称昊鑫公司）于 2014 年 10 月 30 日签订地下车位买卖合同，购买负一层 055 号车位，总价 25.9 万元。合同生效后，刘某仅支付 109,000 元，短欠车位款 150,000 元未付。2018 年 9 月 28 日，昊鑫公司向刘某发出解除车位买卖合同告知书，2018 年 10 月 8 日被刘某同住人签收，刘某明确认可其同住人签收该告知书，该告知书内容为限刘某 10 日内支付欠款，逾期视为解除合同。

刘某作为再审申请人称，被申请人为昊鑫公司的管理人不是适格原告，以

及本案诉讼时效已经届满。

[裁判观点]

关于昊鑫公司管理人诉讼主体资格问题。根据《企业破产法》第25条的规定,破产管理人的职责包括代表债务人参加诉讼、仲裁或其他法律程序;根据该法第31条至第36条的规定,管理人可以以自己的名义向人民法院提起诉讼,也是在代表债务人依法参加诉讼。在司法实践中,债务人进入破产程序后,虽然其工商登记尚未注销,但其财产包括债权已被管理人代表债权人会议全面接管,原有的决策机关已被管理人替代,管理人成为对债务人享有相对支配权的主体,依法履职,对债权人会议负责。与此相应的是,债务人在进入破产程序后,其已经没有自己独立的民事意志。故在本案中,以昊鑫公司管理人的名义起诉不会导致权利主体错误,亦不会导致债务人昊鑫公司的债务人刘某重复清偿。

(二)认定破产管理人作为对外追收债权纠纷诉讼原告不适格

案例2 | (2023)甘民终277号

[审理法院]

甘肃省高级人民法院

[案情简介]

甘肃电投辰旭投资开发有限责任公司与陈某天合作建设太阳能多晶硅生产及太阳能产业链等项目,最终挂账应收账款为4,337,169元。2018年,甘肃电投日新应天科技有限公司(以下简称日新应天公司)因资不抵债,向兰州市中级人民法院申请破产清算。经第一次债权人会议决议,债权人甘肃电投辰旭投资开发有限责任公司要求管理人对该笔应收账款予以追回。

[裁判观点]

《民事诉讼法》(2021年)第122条规定:“起诉必须符合下列条件:(一)原告是与本案有直接利害关系的公民、法人和其他组织……”且依照《企业破产法》第25条的规定,管理人行使的职责是代替债务人的原管理层对债务人内部事务及财产等行使管理权,其代行的是经营管理权,而非取代债务人的主体资格。同时,最高人民法院《关于适用〈中华人民共和国公司法〉若干问题的规定

(二)》第 10 条第 1 款规定:"公司依法清算结束并办理注销登记前,有关公司的民事诉讼,应当以公司的名义进行。"本案中,日新应天公司虽进入破产程序,但在法院宣告其破产并办理注销登记前,日新应天公司的法人资格依然存在。本案系破产衍生诉讼中的"对外追收债权纠纷",通过法院判决取得的财产和权益属于日新应天公司,归于日新应天公司的破产财产,因此,日新应天公司在本案中具有民事诉讼主体资格。而日新应天公司管理人与陈某天、伊泰煤矿公司之间没有债权债务关系,不享有实体权益,因此,日新应天公司管理人与本案没有直接利害关系,不是本案的适格原告,不能以自己的名义对陈某天、伊泰煤矿公司提起追收债权的民事诉讼,而应作为日新应天公司的诉讼代表人参加诉讼。

二、关于诉讼时效因破产案件受理中断后的重新起算时间点,经不全面检索,司法实践中主要有以下三种裁判思路

(一)诉讼时效自破产申请受理之日起重新计算

案例 3 | (2012)民提字第 138 号

[审理法院]

最高人民法院

[案情简介]

2003 年 7 月 15 日,湘泉集团将其持有的 8800 万元股权过户至成功控股公司名下后,成功控股公司一直未按股份转让协议的约定向湘泉集团支付股权转让余款。2005 年 5 月 24 日,湘西土家族苗族自治州中级人民法院依法受理了湘泉集团破产案。2006 年 10 月 10 日,湘西土家族苗族自治州中级人民法院裁定宣告湘泉集团破产还债,并成立了破产清算组。2008 年 5 月 20 日,湘泉集团向成功控股公司送达了偿还债务通知书,要求成功控股公司偿还欠款 8,223,690 元。成功控股公司对该通知书提出了超过诉讼时效的异议。

[裁判观点]

该案的争议焦点之一为湘泉集团主张权利是否已超过诉讼时效,最高人民法院认为湘西土家族苗族自治州中级人民法院于 2005 年 5 月 24 日裁定受理破产申请,构成诉讼时效的中断,诉讼时效应当自中断之日起重新起算,即从

2005年5月24日受理之日起计算，应至2007年5月24日止。湘泉集团破产清算组在上述2005年5月24日至2007年5月24日的期限内一直未向成功控股公司主张权利，而是直至2008年5月20日才向成功控股公司送达偿还债务通知书，此时已超过上述期间，且成功控股公司对该通知书提出了超过诉讼时效的异议。原审法院以随着湘西土家族苗族自治州中级人民法院对湘泉集团宣告破产，诉讼时效中断的法定事由一直处于延续状态为由，认定成功控股公司提起本案诉讼，其诉讼时效未超过，属适用法律错误，最高人民法院予以纠正。

（二）诉讼时效自破产程序终结之日起重新起算

案例4 ｜ (2018)最高法民申1646号

[审理法院]

最高人民法院

[案情简介]

2007年9月10日，雪山河公司与郭某麟、何某勤、陈某华、刘某签订《永平县大湾塘水电站开发有限公司股权转让协议》，由雪山河公司收购上述四名股东所持有的永平县大湾塘水电站开发有限公司的全部股份。协议签订后，雪山河公司向协议所约定收款的第三人金桥公司支付了股权转让款8,321,383.23元，但各方未办理大湾塘水电站开发有限公司的股权变更手续。2013年4月12日，人民法院裁定受理雪山河公司的破产重整申请。雪山河公司于2016年8月22日提起诉讼。

[裁判观点]

根据最高人民法院《关于适用〈中华人民共和国企业破产法〉若干问题的规定（二）》第19条的规定，债务人对外享有债权的诉讼时效，自人民法院受理破产申请之日起中断。故已经中断的诉讼时效，从中断、有关程序终结时起重新计算。本案雪山河公司的破产程序未终结，故原审认定雪山河公司于2016年8月22日提起本案诉讼并未超过诉讼时效，并无不当。

案例5 ｜ (2018)黔民申981号

[审理法院]

贵州省高级人民法院

[案情简介]

2010年11月1日,先桥公司与宏运公司就拍卖铜仁市铜江农贸市场相关资产签订了委托拍卖合同,该合同约定,拍卖成交后,买受人于10日内向宏运公司付清成交款,宏运公司在收到全部成交款后3个工作日内,扣除相应佣金后,一次性转付先桥公司。2010年12月4日,拍卖成交且买受人与宏运公司签订拍卖成交确认书,买受人于2010年10月24日付清了2,422,305元的成交价款,但宏运公司未按约定给付拍卖款。2011年10月21日,江口县人民法院受理了债权人对先桥公司的破产申请。2017年4月6日,先桥公司诉至法院要求宏运公司给付拍卖款,宏运公司认为该债权已过诉讼时效。

[裁判观点]

根据最高人民法院《关于适用〈中华人民共和国企业破产法〉若干问题的规定(二)》第19条"债务人对外享有债权的诉讼时效,自人民法院受理破产申请之日起中断。债务人无正当理由未对其到期债权及时行使权利,导致其对外债权在破产申请受理前一年内超过诉讼时效期间的,人民法院受理破产申请之日起重新计算上述债权的诉讼时效期间"的规定,先桥公司对宏运公司的债权发生诉讼时效中断。同时,根据《民法通则》(已失效)第140条的规定,结合诉讼时效的制度价值,对破产程序的持续过程,应当理解为具有发生诉讼时效中断的效力。故先桥公司在本案中对宏运公司主张债权,并未超过诉讼时效,宏运公司的该项申请再审的理由不能成立,法院不予采纳。

(三)诉讼时效自指定管理人之日起重新起算

案例6 | (2023)甘民申2284号

[审理法院]

甘肃省高级人民法院

[案情简介]

刘某与昊鑫公司于2014年10月30日签订地下车位买卖合同,购买负一层055号车位,总价25.9万元。合同生效后,刘某仅支付109,000元,短欠车位款150,000元未付。2018年9月28日,昊鑫公司向刘某发出解除车位买卖合同告知书,2018年10月8日被刘某同住人签收,该告知书内容为限刘某10

日内支付欠款,逾期视为解除合同。

刘某作为再审申请人称,被申请人为昊鑫公司的管理人不是适格原告,以及本案诉讼时效已经届满。

[裁判观点]

关于本案的诉讼时效问题。刘某明确同住人于2018年10月8日签收解除车位买卖合同告知书的效力,依照法律规定,昊鑫公司向刘某主张剩余车位款的诉讼时效期间为3年,即2018年10月8日至2021年10月7日。2021年1月18日,昊鑫公司提交破产申请,甘肃省庆阳市中级人民法院裁定进入破产程序并于2022年2月9日指定了管理人。因此,2021年1月18日至2022年2月10日,昊鑫公司客观上无法以自己的名义提起诉讼。依据《民法总则》(已失效)第194条的规定,在诉讼时效最后6个月内,昊鑫公司进入破产程序尚未指定管理人,导致其不能行使请求权,诉讼时效中止,自中止时效原因消除之日起满6个月,诉讼时效期间届满。自甘肃省庆阳市中级人民法院指定管理人起,中止时效原因消除,昊鑫公司向刘某主张权利的诉讼时效期间于2022年8月8日届满。昊鑫公司管理人代表昊鑫公司于2022年5月12日提起本案诉讼,未超过诉讼时效。

三、关于债务人的债务人不免除其清偿债务或者交付财产的义务认定,即《企业破产法》第17条第2款的认定,经不全面检索,司法实践中主要有以下两种裁判思路

(一)仅网上的破产公告无法认定债务人的债务人知晓,即无法认定主观故意

案例7 ｜ (2022)粤03民终30487号

[审理法院]

广东省深圳市中级人民法院

[案情简介]

集远公司系云海公司债权人,云海公司是江苏联通公司债权人,遂集远公司对被告江苏联通公司提起债权人代位权纠纷之诉,云海公司作为第三人参加诉讼。该案于2019年3月28日立案,同年12月26日,南京市建邺区人民法

院对该纠纷作出判决，判令江苏联通公司在指定期间内向集远公司支付948,054.86元。2020年2月13日与4月29日，江苏联通公司向集远公司转账交付合计976,904.19元。2019年12月13日，深圳市福田区人民法院裁定受理案外人提出的对云海公司的破产清算申请。2020年1月8日，为云海公司指定破产管理人。未有证据证明云海公司就其进行破产清算事宜告知(2019)苏0105民初2877号案件受理法院与江苏联通公司。2020年9月15日，云海公司管理人要求集远公司及江苏联通公司向管理人账户返还948,054.86元款项。

[裁判观点]

关于江苏联通公司是否应当承担责任的问题。云海公司主张江苏联通公司承担责任的理由是，管理人已通过全国企业破产重整案件信息网发布云海公司进入破产清算程序的公告，应视为已有效告知江苏联通公司，此后江苏联通公司对集远公司履行债务的行为符合《企业破产法》第17条第2款规定之情形。对此，法院认为，《企业破产法》第17条规定，人民法院受理破产申请后，债务人的债务人或者财产持有人应当向管理人清偿债务或者交付财产。债务人的债务人或者财产持有人故意违反前款规定向债务人清偿债务或者交付财产，使债权人受到损失的，不免除其清偿债务或者交付财产的义务。该条规定已明确次债务人不免除清偿义务的前提为故意违反法律规定清偿债务。而本案中，云海公司并无证据证明其曾明确告知江苏联通公司，云海公司已进入破产程序及江苏联通公司应向管理人清偿债务，虽然2020年1月13日全国企业破产重整案件信息网上发布了云海公司进入破产程序的公告，但该公告不足以证明江苏联通公司具有违反法律规定清偿债务的主观故意。因此，云海公司主张江苏联通公司承担责任，缺乏事实和法律依据，法院不予支持。

（二）证据充分证明债务人的债务人有主观故意且造成损害后果，可以认定

案例8 | (2021)粤03民初813号

[审理法院]

广东省深圳市中级人民法院

［案情简介］

2019年3月25日，法院裁定受理对智坤公司的破产清算申请，并指定北京市中伦文德（深圳）律师事务所为智坤公司管理人。2019年5月14日，智坤公司管理人在全国企业破产重整案件信息网上发布债务清偿公告，要求智坤公司的债务人向智坤公司管理人清偿债务。

2019年7月10日，管理人要求凯达城公司向管理人履行清偿债务的义务，并告知如果继续向智坤公司清偿债务，将不免除其清偿责任。2019年7月10日、10月14日、12月2日，智坤公司开泰银行深圳分行账户分别收到凯达城公司支付工程款586,271元、264,517.9元、423,026.53元。2019年7月10日、10月14日、12月3日，智坤公司上述账户向深圳市爱屋智能设备有限公司宁波银行股份有限公司深圳科技园支行账户转账586,430元、264,500元、423,081.23元，其中10月14日转账款项说明记载为“设备款”。

［裁判观点］

我国《企业破产法》第17条规定，人民法院受理破产申请后，债务人的债务人应当向管理人清偿债务；债务人的债务人故意违反前款规定向债务人清偿债务，使债权人受到损失的，不免除其清偿债务的义务。本案中，法院已经受理对智坤公司的破产申请，凯达城公司应当向智坤公司管理人清偿债务。智坤公司管理人主张凯达城公司故意向债务人清偿债务，并提交访谈笔录、债务清偿通知、邮单、公告等证据用以证明。智坤公司管理人提交的上述证据已经形成有效证据链，足以证明凯达城公司系在已知应向管理人清偿债务的情形下选择直接向智坤公司清偿，智坤公司法定代表人亦确认与凯达城公司存在串谋，而凯达城公司未就此向法院提出任何抗辩，据此，法院认定，智坤公司管理人关于凯达城公司故意违反我国《企业破产法》第17条的规定向智坤公司清偿的主张，依据充分，予以采信。凯达城公司所支付的款项已经转移至案外人银行账户，凯达城公司向智坤公司清偿的行为导致智坤公司用以清偿全体债权人的破产财产减少，因此，凯达城公司的清偿责任依法不予免除。综上，智坤公司管理人关于凯达城公司应当向其清偿债务1,273,814.43元的主张，有事实和法律依据，法院予以支持。

四、关于人民法院审理破产企业追收债权案件中能否受理被告反诉，经不全面检索，司法实践中主要以不受理反诉为主，在合同解除有关情况下受理反诉

（一）不受理反诉

案例9 ｜（2021）最高法民申3284号

［审理法院］

最高人民法院

［案情简介］

北恒公司已于2018年8月进入破产重整程序，金茂公司提起反诉的时间为2020年8月10日。再审申请人金茂公司因与被申请人北恒公司对外追收债权纠纷案，不服辽宁省高级人民法院（2021）辽民终70号民事裁定（维持一审法院驳回金茂公司反诉的裁定），申请再审。

金茂公司申请再审称，其在人民法院受理北恒公司诉讼后，答辩期内提出反诉符合法律规定，是履行其法定权利的行为，最终目的是促成相互间债务的抵销，人民法院应将金茂公司反诉与北恒公司本诉合并审理。一审法院认定金茂公司的反诉不符合起诉条件错误，这变相剥夺了金茂公司在本诉中提起反诉的权利，审理程序违法，且自己所提的反诉是基于北恒公司的本诉而产生的，是其对北恒公司本诉的抗辩及相互间债务的抵销，并非金茂公司作为债权人新提起的要求债务人清偿的民事诉讼。

［裁判观点］

二审法院（辽宁省高级人民法院）认为，《企业破产法》第44条规定："人民法院受理破产申请时对债务人享有债权的债权人，依照本法规定的程序行使权利。"关于企业进入破产程序后债权人如何行使权利以及如何行使抵销权，《企业破产法》及其司法解释均有明确的规定，故债权人应当按照《企业破产法》及其司法解释规定的程序行使权利。本案中，尽管上诉人金茂公司是在被上诉人北恒公司对其提起对外追收债权之诉后提起本案诉讼，但个案中的反诉与单独的起诉具有相同的法律效力，亦应当遵守《企业破产法》关于债权人应按照法定程序行使权利等方面的规定，故一审法院裁定驳回反诉人的起诉并无不当。

最高人民法院认为,《企业破产法》及有关司法解释明确规定了企业进入破产程序后债权人如何行使权利以及如何行使抵销权等问题。北恒公司已于2018年8月进入破产重整程序,金茂公司提起反诉的时间为2020年8月10日。金茂公司于本案中直接提起反诉要求北恒公司清偿,其反诉不符合起诉条件,原审法院裁定驳回其反诉并无不当。金茂公司应当按照《企业破产法》及有关司法解释规定的法定程序行使权利。

(二)合同解除有关情况下受理反诉

案例10 | (2019)浙0602民初10248号

[审理法院]

浙江省绍兴市越城区人民法院

[案情简介]

2015年6月5日,荣通公司(甲方)与胡某苗(乙方)签订房屋租赁合同一份,约定甲方将坐落在绍兴市越城区63号建筑面积2000平方米左右的房屋出租给乙方。随后,荣通公司(甲方)与胡某苗、陈某旦(乙方)签订落款日为2015年7月25日的房屋租赁合同补充协议一份,约定案涉房屋由甲方装修完毕交付改为乙方全权出资装修,租赁期限及装潢费用抵充租金的方式,乙方要求原定的10年租期升至15年。2017年8月4日,法院作出(2017)浙0602破申3号民事裁定书,裁定受理绍兴伟远针纺有限公司对荣通公司的破产清算申请,并指定浙江大公律师事务所为荣通公司管理人。原告荣通公司向法院提出解除租赁合同、归还房屋及占有损失的诉讼请求,被告胡某苗提出房屋装饰装修损失的反诉。

[裁判观点]

关于装修及装潢损失问题。根据司法鉴定意见,案涉房屋装饰装修损失(造价)为3,071,078元。因双方补充合同约定,装修抵8年租金;至案涉合同解除日止,案涉房屋租赁时间可按2年计算,故案涉装饰装修损失应考虑租赁时间2年与装修抵租金8年之间的折旧比例,而鉴定意见确认的损失(造价)并未考虑折旧问题,由此法院确认荣通公司应支付给胡某苗装饰装修损失2,303,308.5元。判决反诉被告荣通公司应于判决生效之日起30日内赔偿给反诉原告胡某苗损失人民币2,303,308.5元,反诉原告胡某苗对该共益债务享有从反诉被告荣通公司财产中随时清偿的权利。

笔者观点

一、适用“对外追收债权纠纷”案由的主要情形

管理人在执行其职责时，面临的对外追收款项情况错综复杂，大致可划分为以下几个主要类型：

首先，债务人对外享有合同之债、不当得利之债等一般债权是一种常见的情形。在这种情况下，管理人需要根据合同的约定或者法律的明确规定，对债务人的对外债权进行追收。这包括对债务人的各类债权进行详细核查，以确保所有债权都得到了妥善处理。其次，股东出资瑕疵、抽逃出资等未缴出资情况的追收也是管理人的重要工作，在这种情况下，管理人需要深入调查股东是否存在未履行出资义务或抽逃出资的行为。最后，破产程序引发的对外债权也是管理人需要关注的重要问题。在破产程序启动后，管理人需要对破产债务人的对外债权进行全面审查，并依法追收破产债务人的对外款项。

在“对外追收债权纠纷”中，需将管理人追收未缴出资、抽逃出资及非正常收入纠纷进行区分。这三类纠纷虽均与出资相关，但性质及处理方式各有差异。首先，追收未缴出资与抽逃出资纠纷主要涉及股东法律责任。在这种情况下，股东未依公司章程履行出资义务，或出资后抽回资金，加剧公司负债，纠纷处理重点在于追责，股东需依法承担相应法律责任。其次，非正常收入纠纷关乎债务人非法所得，债务人通过违法手段获取不正当利益，损害公司及其他股东权益，债务人需返还非法所得，恢复公司合法权益。然而，需注意破产管理人在追收债权的过程中，若因物权请求权产生的纠纷，要求债务人、财产持有人交付财产，本案由不适用。此类纠纷本质为物权纠纷，与管理人对外追收债权纠纷性质截然不同。

二、管辖法院

在我国，债权追收纠纷的处理涉及复杂的法律程序和规定。其中，对外追收债权纠纷的管辖问题是一项重要的法律议题。

《企业破产法》第 21 条规定:“人民法院受理破产申请后,有关债务人的民事诉讼,只能向受理破产申请的人民法院提起。”

最高人民法院《关于适用〈中华人民共和国企业破产法〉若干问题的规定(二)》第 47 条第 1 款规定:“人民法院受理破产申请后,当事人提起的有关债务人的民事诉讼案件,应当依据企业破产法第二十一条的规定,由受理破产申请的人民法院管辖。”

根据我国法律法规,笔者认为,此类破产纠纷应由受理破产申请的法院负责审理。此举初衷包含两方面:一是确保破产程序能够高效推进;二是防止各法院之间沟通不畅导致的裁判差异,从而使债务人的财产状况及债权债务关系变得更加复杂。此项规定旨在确保破产程序的稳妥进行,保障各方当事人之合法权益,并维护社会经济秩序。

三、对外追收债权的主体资格

在我国,关于对外追收债权纠纷的诉讼主体问题,实务中存在以下两种主要观点:

依据《企业破产法》及相关司法解释,破产管理人在破产程序中拥有对债务人财产的支配权。因此,一种观点主张,在涉及对外追收债权纠纷的诉讼中,破产管理人应担任诉讼主体。此观点的支持者强调,管理人对债务人财产具有支配权,而破产企业本身在债权处理方面并无独立意志。因此,以管理人名义起诉并将管理人作为原告是恰当的,不会引发权利主体纠纷,有助于确保破产程序稳步推进。

另一种观点主张,债务人应自身担任诉讼主体。这一观点的依据在于,除《企业破产法》及其司法解释明确规定以管理人名义进行诉讼的情形外,管理人的职责明确指出其代表破产企业参与诉讼活动。这意味着,在对外追收债权纠纷诉讼中,破产企业仍为合格的案件当事人。此外,《公司法》及其司法解释、《民事诉讼法》等法律均显示,尽管破产企业处于破产清算程序中,其行为能力受限,但其法人资格尚未注销。也就是说,其作为民事主体的权利能力尚未丧失。因此,在对外追收债权纠纷案件中,破产企业本身仍应作为当事人,而管理人或清算组织仅担任代表人参与诉讼或仲裁。

司法实践中出现上述分歧的缘由繁多,包含纠纷的权利主体与诉讼主体不一致因素，同时涉及实际状况与理论规定的差异，如在列举方面存在统一性不足、诉讼主体与权利主体分离等现象。在这一背景下，深入理解和解决这些问题显得尤为关键。

在债务人步入破产程序之后，破产管理人将接管债务人的财产与业务，这意味着债务人将失去对其财产的处理权。此类变动导致诉讼主体与权利主体的分离，从而在一定程度上提升了司法实践的复杂性。这是因为债务人的权益不再由其自身直接维护，而是需通过破产管理人来行使。

从权利主体的角度来看，债务人本身就是权利的主体。根据我国《民法典》的相关规定，债务人拥有处理自己财产的权利，包括进行诉讼等活动，并自行承担财产处理的后果。但是，在实际操作过程中，当债务人进入破产程序时，其对财产的处理权将转移至破产管理人。破产管理人的出现旨在维护债权人以及其他相关方的利益平衡，确保破产程序的公平、公正和公开。在这种情况下，破产管理人的角色显得尤为重要。他们接管债务人的财产，负责管理和处理财产，以确保破产程序的顺利进行。因此，从诉讼角度来看，破产管理人成为诉讼主体，债务人仅能通过会议和债务委员会对破产管理人履行职责的行为进行监督。

笔者认为，在处理涉及两种主体身份的破产案件时，需根据具体情况进行区分。在“请求撤销个别清偿行为纠纷、请求确认债务人行为无效纠纷、破产撤销权纠纷案件”中，将管理人作为当事人更为适宜，这是因为管理人是基于职责要求，提起诉讼以纠正债务人的不当行为。而在“对外追收债权纠纷”情形下，以债务人为诉讼主体，以管理人为诉讼代表人，更为合理。

首先，在最高人民法院发布的《人民法院破产程序法律文书样式（试行）》中，“对外追收债权纠纷”案由下，根据《企业破产法》第 17 条制定的文书样式，原告为债务人，而管理人仅为诉讼代表人。在该案由下，破产企业与管理人的利益立场并不矛盾，因此明确破产企业自身作为当事人是合理且可行的，不会影响实质权利的行使，同时能减少列示不统一的现象。

其次，在“对外追收债权纠纷”案件中，大部分情况涉及破产企业与债务人、股东等之间的关系。诉讼目的主要是通过维护债务人利益来维护债权人利益。因此，在这种类型的案件中，以债务人为当事人，以管理人为诉讼代表人参加诉讼更为恰当。

总结而言，在“对外追收债权纠纷”场景中，债务人作为诉讼主体，管理人担任诉讼代表人是适宜的。这种方式既遵循我国破产法律法规的规定，又能够明确各方的权利和义务，有利于案件审理的顺畅推进。同时，需要注意的是，针对管理人对于对外债权不予追收，怠于行使职权的情况，最高人民法院《关于适用〈中华人民共和国企业破产法〉若干问题的规定（二）》第 23 条作出了相关规定，个别债权人有权代表全体债权人提起诉讼以督促管理人行使追收权利。因此管理人符合对外追收债权纠纷主体资格时，管理人必须积极行使职权，及时追收债权，确保债权人的权益得到保障。

四、诉讼时效因破产申请受理中断后的重新起算时间点

在我国司法实践中，破产申请受理后的诉讼时效问题一直是备受关注的话题。根据最高人民法院《关于适用〈中华人民共和国企业破产法〉若干问题的规定（二）》第 19 条的规定，破产企业在破产程序中，其享有的对外债权的诉讼时效中断之日无异议，自人民法院受理破产申请之日起中断，但中断后的重新起算点尚无明确法律规定。

关于诉讼时效重新起算的时间节点，根据司法裁判实践，可分为以下三种：

第一种情况是自破产申请受理之日起重新起算诉讼时效，即在破产申请人提交破产申请后，法院受理破产案件并启动破产程序的时刻，诉讼时效中断并重新计算。这种起算方式有助于确保破产程序的顺利进行，保障管理人及破产企业在破产程序中适时行使权利，防止管理人因怠于追收对外债权而间接损害破产企业债权人的权益。

关于第二种情况，主张自破产程序终结之日起重新计算诉讼时效的观点认为，在破产程序进行过程中，应视为具有诉讼时效中断的效力。一旦破产程序结束，破产财产分配完毕，法院宣布破产终结，就重新开始计算诉讼时效。这种做法旨在防止管理人或破产企业因信息不对称而对自己所拥有的债权一无所知或遭受侵害却无法及时维权。若因诉讼时效已过而无法主张未知情的权利，显然有失公正。

关于第三种情况，即在指定管理人后重新起算诉讼时效的问题，其发生于法院接收破产申请并指定管理人负责破产财产管理与处置之际。在此之前，破产企业可能缺乏追收债务的动力，同时破产企业债权人对于破产企业账目的掌

握程度可能不足,从而导致未能及时追收外部债权,使得诉讼时效过期。有观点因此提出,在指定管理人之后,诉讼时效应重新计算。这种计算方式有助于确保管理人高效地执行破产程序。

在司法实践中,关于破产申请受理后诉讼时效重新起算的时间点,三种情况各有侧重。在实际操作中,应根据具体情况选择合适的起算方式,旨在确保破产程序公平、公正、顺利地进行,同时保障债权人及时行使诉讼权利。

笔者认为,诉讼时效的重新计算时点应以破产申请受理日为基准,同时,赋予法官在特殊情况下的裁量权。虽然企业破产相关法律未明确规定重新起算点,但《民法典》明确了诉讼时效期间中断后,自中断原因消除、相关程序终结时重新计算的原则。考虑到诉讼时效制度的核心目标在于鼓励权利人积极行使权利,防止权利滥用,若在破产程序进行期间诉讼时效始终保持中断,将导致诉讼时效制度实质上失效。破产企业自身或其管理人可能怠于行使权利,从而可能损害破产企业债权人的利益。此外,诉讼时效中断由于权利行使主体的变更而发生,该中断状态不存在持续的情形。

然而,在实际操作过程中,权利人可能因法定事由或特殊情况(如破产程序中的信息不对等、未知情或权益受损)而无法及时行使权利。因此,诉讼时效中断及重新计算的规定应运而生,旨在防止权利人因不可抗力因素遭受不公平待遇。在特殊情况下,重新起算时间点应根据具体状况,由人民法院予以裁定。

破产管理人的设立旨在规范企业破产程序,确保债权债务得到公平清理,同时保护债权人和债务人的合法权益。《企业破产法》第 13 条规定,人民法院裁定受理破产申请时,应同时指定破产管理人。因此,破产管理人的指定与破产申请受理之间原则上不应存在时间错位,以免影响权利行使。然而,在特殊情况下,如前述案例中破产管理人指定较晚的情况,法院应予以裁量,自破产管理人指定之日起重新计算。

总结以上观点,笔者认为在处理对外追收债权纠纷的诉讼时效问题时,应以破产申请受理之日作为重新起算的时间点为一般原则。然而,在特定情况下,应根据案件的具体情况作出灵活调整,由法院作出裁定。不能仅以破产申请受理之日为重新起算点的原因在于,在实际操作中可能会遇到破产管理人尚未指定或无法及时掌握债权状况、信息不对称而无法知情等问题。为确保破产程序的公平公正，以及保障债权人和债务人利益的妥善处理，对这类特殊情况应给予特殊对待。

五、债务人的债务人不免除其清偿债务或者交付财产的义务认定

根据我国《企业破产法》及相关司法解释的规定，当债务人的债务人在破产程序中违反法律规定，未向管理人清偿债务而直接向债务人清偿时，其是否能免除清偿债务或交付财产的义务，需重点审查债务人的债务人是否存在主观故意，以及该行为是否给债权人造成了损失。具体而言，只有当债务人的债务人明知债务人处于破产状态，却故意选择向债务人清偿，从而损害债权人合法权益时，其清偿行为才可能被视为无效。在实际操作中，如何精确判定债务人的债务人是否存在主观故意，常常是争议的焦点。

首先，从上述案例中可以明确看出，虽然在数字化时代，线上公告无疑是一种高效的信息传播方式，它使得广大的债权人能够迅速得知债务人的破产状况。但是，我们必须认识到，线上公告并不能完全确保债务人的债务人已经全面了解破产事实。仅依靠线上的破产公告并不能充分证实债务人的债务人已全面了解破产事实。尽管公告的发布有助于广大债权人及时掌握债务人的破产状况，但债务人的债务人可能并未关注到这一信息。同时债务人的债务人并不具备关注其债权人公司运营状况的义务。这意味着，即使债务人已经发布了破产公告，债务人的债务人也可能因为缺乏关注或缺乏动力去了解相关信息而未能及时得知破产事实。在这种情况下，线上公告显然无法成为证实债务人的债务人知晓破产事实的唯一依据。

其次，即便债务人的债务人已了解破产状况，我们也仍需深入探讨其是否存在主观故意。但是，在实际操作过程中，判断债务人的债务人是否存在主观故意并非易事。这要求我们在案件调查中充分挖掘相关证据，如债务人之间的通信记录、交易记录等以揭示债务人的债务人在知晓破产事实后的行为表现和心理状态。例如，若债务人的债务人在获知破产事实后，依然持续与债务人进行大额交易，或蓄意掩盖破产信息以谋求不当利益，则此类行为可能暗示债务人的债务人存在主观故意。相反地，若债务人的债务人在了解破产事实后，采取了积极的行动来降低损失，或与债务人进行了合理的协商与安排，则这些行为可能表明债务人的债务人并无主观故意。同时，债务人的债务人的财务状

况、过去的信用记录、行业惯例等也都可以作为参考因素。只有当我们掌握确凿证据证明债务人的债务人具有主观故意时，方能使其承担法律责任。

六、人民法院审理破产企业追收债权案件中能否受理被告反诉

被告在对外追收债权之诉中提出的反诉，司法实践中法院大多不受理，因为被告提出的反诉实际上就是对破产企业的新的债权，若因此受理反诉，会对破产企业其他债权人有失公平，因此应该按照《企业破产法》的有关规定先向管理人申报债权。

关于被告在破产企业追收债权案件中提起反诉的处理，我国法律有明确规定。例如，《全国法院民商事审判工作会议纪要》第110条第3款明确规定："人民法院受理破产申请后，债权人新提起的要求债务人清偿的民事诉讼，人民法院不予受理，同时告知债权人应当向管理人申报债权……"在实践中，最高人民法院也认可在企业进入破产程序后，债权人的权利行使以及抵销权等问题应遵循《企业破产法》及其司法解释的相关规定。在此情况下，若被告以提起反诉的方式要求破产企业清偿债务，则不符合起诉条件。

因此，笔者认为在我国司法实践中，部分案例判决中确实存在接纳被告反诉的情况，但这并不代表在破产程序中，法院应普遍接纳被告的反诉请求。反之，依据企业破产法的程序性规定，债权人应首先遵循特定程序处理合同解除问题。在企业破产后合同解除的情况下，债权人应首先向破产企业的管理人申报债权。对管理人确认的债权有异议的，方可向法院提起诉讼。这既是企业破产法的规定，也是保障债权人权益的合理途径。在司法实践中，法院应严格遵守这一程序，确保破产程序的公正、公平和高效。在此基础上，才能最大限度地保护各方当事人的合法权益，实现破产财产的合理分配。

然而，反诉作为一种抗辩权利，债务人可以依据同一合同关系行使对破产企业所享有的抗辩权利。行使这种抗辩权的目的在于保护债务人的合法权益，避免因破产企业的债务问题而遭受不必要的损失。需要注意的是，反诉并非债务人实现债权的直接途径。在债务人行使抗辩权时，是否可以主张抵销，需根据案件具体情况进行评估。这就意味着，债务人不能仅凭抗辩权就地将债权抵销，而需考虑到破产企业其他债权人的利益。

2

股东出资加速到期纠纷

朱以林

规定索引

2013年《公司法》对公司资本制度进行了重大修订，确立了完全认缴制，将注册资本数额与缴纳期限交由股东自主约定，赋予了股东出资期限利益。然而2013年《公司法》实施以后，实践中出现了大量公司资产不足以清偿债务，股东认缴出资却期限未届的情况，导致股东滥用期限利益逃避出资义务，严重损害公司财产和债权人合法债权的实现。在"股东出资加速到期"的现实需要下，《企业破产法》第35条、《全国法院民商事审判工作会议纪要》第6条、最高人民法院《关于适用〈中华人民共和国公司法〉若干问题的规定(二)》第22条的相关规定确立了现行适用的"股东出资加速到期"的制度，该制度在2023年修订的《公司法》第54条得以进一步优化。

《中华人民共和国企业破产法》

第三十五条　人民法院受理破产申请后，债务人的出资人尚未完全履行出资义务的，管理人应当要求该出资人缴纳所认缴的出资，而不受出资期限的限制。

此时的"股东出资加速到期"仅仅在破产程序中予以适用，适用条件为"公司作为债务人进入破产程序＋股东未完全履行出资＋破产管理人催缴"。对于未进入破产程序的公司在无法清偿对外债务的情况下可否要求股东提前缴纳认缴出资，则无相关规定。

《最高人民法院关于适用〈中华人民共和国企业破产法〉若干问题的规定(一)》

第二条 下列情形同时存在的,人民法院应当认定债务人不能清偿到期债务:

(一)债权债务关系依法成立;

(二)债务履行期限已经届满;

(三)债务人未完全清偿债务。

《全国法院民商事审判工作会议纪要》

6.【股东出资应否加速到期】在注册资本认缴制下,股东依法享有期限利益。债权人以公司不能清偿到期债务为由,请求未届出资期限的股东在未出资范围内对公司不能清偿的债务承担补充赔偿责任的,人民法院不予支持。但是,下列情形除外:

(1)公司作为被执行人的案件,人民法院穷尽执行措施无财产可供执行,已具备破产原因,但不申请破产的;

(2)在公司债务产生后,公司股东(大)会决议或以其他方式延长股东出资期限的。

《最高人民法院关于适用〈中华人民共和国公司法〉若干问题的规定(二)》

第二十二条 公司解散时,股东尚未缴纳的出资均应作为清算财产。股东尚未缴纳的出资,包括到期应缴未缴的出资,以及依照公司法第二十六条和第八十条的规定分期缴纳尚未届满缴纳期限的出资。

公司财产不足以清偿债务时,债权人主张未缴出资股东,以及公司设立时的其他股东或者发起人在未缴出资范围内对公司债务承担连带清偿责任的,人民法院应依法予以支持。

《中华人民共和国公司法》

第五十四条 公司不能清偿到期债务的,公司或者已到期债权的债权人有权要求已认缴出资但未届出资期限的股东提前缴纳出资。

问题的提出

我国公司资本制度进行了不断探索和改革,公司注册资本由实缴制改为认缴制,有利于提升投资者的积极性,激发创业活力,但实践中也出现了股东认缴期限过长、注册资本虚高等违反诚信原则的问题,影响交易安全,损害债权人利益。为此,2023 年修订的《公司法》规定了股东出资加速到期制度、转让未届出资期限股权的责任承担以及 5 年最长认缴期限,完善了公司资本制度。2023 年修订的《公司法》解决了长久以来的股东出资加速纠纷争议,综合各地裁判,在“公司财产不足以清偿债务”这一实体问题的认定上,基本围绕“终本裁定”这一因素展开,但在司法实践中体现为不同的观点,如参考适用陕西省高级人民法院出台的《关于变更、追加当事人执行异议案件审查指引》(陕高法发〔2022〕9 号)第 8 条的规定:“执行法院受理申请执行人依据《变更、追加当事人规定》第十四条第二款、第十七条至第二十一条规定申请追加被执行人公司股东、有限合伙人为被执行人的,执行部门作出的被执行人无财产可供执行的终本裁定或者财产调查结果可以作为证明被执行人的财产不足以清偿生效法律文书确定的债务的证据。”但也有不少法院认为“具备终本裁定”不能直接等同于“公司不足以清偿债务”,如上海市第一中级人民法院发布的《股东出资加速到期纠纷案件的审理思路和裁判要点》中认为:“债权人依据法院终结本次执行裁定主张股东出资加速到期,仅是初步证明债务人公司具备破产原因。法院应当按照《企业破产法》规定审查公司是否已具备破产原因,包括依法传唤公司及其股东等相关利害当事人,对公司资产状况以及终结本次执行裁定情况进行必要审查。在此基础上,如无相反证据证明公司资产足以清偿债务或具有清偿能力,且债权人与公司均不申请破产的,法院可作出股东出资加速到期的裁决。”在此,本文将结合近 5 年内司法实践中的典型案例,对法院审理股东出资加速到期纠纷案件的裁判路径进行梳理、简要分析和总结,旨在厘清涉及的法律问题,提出应对策略。

司法实践

经不全面检索,法院裁判观点大致有以下三种。

观点一:终本裁定可被直接用于判定“公司已具备破产原因,不足以清偿债务”。

案例1 | (2021)豫民终1166号

[裁判要旨]

本案一审已作出执行裁定书,载明"畅通公司因穷尽财产调查措施,已发现财产均已处置完毕,未发现被执行人有其他可供执行的财产,裁定终结本次执行程序",符合股东出资加速到期情形。马某锋作为畅通公司的发起人,亦是未缴纳出资的股东,应当在550万元未出资范围内对畅通公司的债务承担责任,应当在275万元未出资范围内对盾畅公司的债务承担责任。

[案情简介]

中船公司与盾畅公司、畅通公司建筑设备租赁合同纠纷案,广州仲裁委员会于2021年2月10日作出(2020)穗仲案字第8491号裁决书,裁决如下:(1)盾畅公司、畅通公司向中船公司支付剩余租赁费用人民币3,614,564元;(2)盾畅公司、畅通公司向中船公司支付逾期付款违约金791,456.4元;(3)本案仲裁费46,254元,由盾畅公司、畅通公司承担(该费用已由中船公司预缴,不作退回,由盾畅公司、畅通公司径付中船公司)。上述仲裁裁决书生效后,中船公司向一审法院申请强制执行。该院于2021年3月22日立案执行,执行案号为(2021)豫01执523号。执行过程中,该院于2021年5月14日作出(2021)豫01执523号之一执行裁定,以"经穷尽财产调查措施,已发现的财产均已处置完毕,未发现被执行人有其他可供执行的财产"为由,裁定终结本次执行程序。

盾畅公司成立于2015年6月5日,核准日期为2017年9月26日,注册资本为500万元,成立时股东为马某锋、陈某、刘某,认缴出资额分别为275万元、125万元、100万元,出资比例分别为55%、25%、20%,出资时间均为2025年6月16日之前。2016年8月26日,马某锋将其名下所持盾畅公司55%股权转让给马某科,变更后股东分别为马某科、陈某、刘某,三人的认缴出资额分别为275万元、125万元、100万元,出资方式均为货币,出资比例分别为55%、25%、20%,出资时间均为2025年6月16日之前。盾畅公司企业信用信息公示报告显示,2019年度报告记载股东马某科、陈某、刘某的认缴及实缴出资时间均变更为2045年6月5日,2020年度报告记载股东马某科、陈某、刘某的认缴及实缴出资时间均变更为2035年6月3日。截至2021年5月8日,该公司股东马某科、陈某、刘某的实缴出资均为零元。

畅通公司成立于2015年8月12日，注册资本为1000万元，成立时股东为马某锋、陈某、刘某、林某，认缴出资额分别为550万元、150万元、150万元、150万元，出资比例分别为55%、15%、15%、15%，出资方式均为货币，认缴出资时间均为2035年8月2日前。畅通公司企业信用信息公示报告显示，2019年度报告记载股东马某锋、陈某、刘某、林某的认缴及实缴出资时间均变更为2045年8月12日，2020年度报告记载股东马某锋、陈某、刘某、林某的认缴及实缴出资时间均变更为2034年8月2日。截至2021年5月8日，该公司股东马某锋、陈某、刘某、林某的实缴出资均为零元。

马某锋主张其以设备款抵出资款的形式，已履行对盾畅公司、畅通公司的出资义务，并提交了受让方为畅通公司，转让方为上海外高桥地质工程有限公司的合同协议书；盾畅公司及畅通公司记账凭证；银行交易明细；股东会决议等证据材料。一审庭审中，被告称盾畅公司及畅通公司尚有一台盾构机，并于庭后提交了该盾构机状况照片15张。原告中船公司对此不予认可，称该设备老旧，已超过设计寿命，属于应报废设备，且经历4余年露天存放，设备损害严重，几乎无使用价值，不足以清偿其债务。

[裁判观点]

二审法院认为，最高人民法院《关于民事执行中变更、追加当事人若干问题的规定》第17条规定："作为被执行人的企业法人，财产不足以清偿生效法律文书确定的债务，申请执行人申请变更、追加未缴纳或未足额缴纳出资的股东、出资人或依公司法规定对该出资承担连带责任的发起人为被执行人，在尚未缴纳出资的范围内依法承担责任的，人民法院应予支持。"第19条规定："作为被执行人的公司，财产不足以清偿生效法律文书确定的债务，其股东未依法履行出资义务即转让股权，申请执行人申请变更、追加该原股东或依公司法规定对该出资承担连带责任的发起人为被执行人，在未依法出资的范围内承担责任的，人民法院应予支持。"上诉人马某锋称其购买两台盾构机共计支付1690万元，其中550万元抵作对畅通公司的出资，275万元抵作对盾畅公司的出资，剩余865万元设备款计为畅通公司和盾畅公司向其的借款，其已足额履行出资义务，不应被追加为被执行人。虽然马某锋提交的畅通公司和盾畅公司股东会决议显示的内容与其主张一致，但其向法院提交的2015年12月31日盾畅公司记账凭证显示,"700万元计入贷方金额、会计科目为马某锋其他应付款";2015年12月31日畅通公司记账凭证显示,"800万元、170万元计入贷方金额、会计科目为马某锋其他应付款、摘要借马总款支付盾构机";2015年10月9日借据显示,"畅通公司借马某锋970万元整,用于购买上海外高桥地质工程有限公司盾构机设备款"。股东会决议显示的内容与记账凭证、借据显示的内容相互矛盾,与上述二公司企业信用信息公示报告显示的"截至2021年5月8日,实缴出资均为零元"不符,对作为出资的非货币财产应当评估作价,马某锋亦未提供盾构机评估作价情况,无法认定其已向上述二公司足额履行出资义务。在注册资本认缴制下,股东依法享有期限利益。债权人以公司不能清偿到期债务为由,请求未届出资期限的股东在未出资范围内对公司不能清偿的债务承担补充赔偿责任的,人民法院不予支持。但是,公司作为被执行人的案件,人民法院穷尽执行措施无财产可供执行,已具备破产原因,但不申请破产的除外。"已具备破产原因"是指符合《企业破产法》第2条第1款的规定,即"企业法人不能清偿到期债务,并且资产不足以清偿全部债务或者明显缺乏清偿能力的,依照本法规定清理债务"。可见"公司不能清偿到期债务+公司明显缺乏清偿能力"是破产原因之一。根据最高人民法院《关于适用〈中华人民共和国企业破产法〉若干问题的规定(一)》第4条的规定,债务人账面资产虽大于负债,经人民法院强制执行,无法清偿债务的,应当认定其明显缺乏清偿能力。结合本案,一审法院于2021年5月14日作出(2021)豫01执523号之一执行裁定书,载明"因穷尽财产调查措施,已发现财产均已处置完毕,未发现被执行人有其他可供执行的财产,裁定终结本次执行程序",符合股东出资加速到期情形。马某锋作为畅通公司的发起人,亦是未缴纳出资的股东,应当在550万元未出资范围内对畅通公司的债务承担责任;其作为盾畅公司的发起人,亦是未依法履行出资义务即转让股权的股东,应当在275万元未出资范围内对盾畅公司的债务承担责任。

观点二:终本裁定仅可初步证明"公司已具备破产原因",需参考其他因素进行综合认定是否不足以清偿债务。

案例2 | (2023)京0101民初2202号

[裁判要旨]

在具备终本裁定的前提下,仍需结合其他因素综合判断公司是否具备破产原因，例如考虑公司是否经营异常、公司是否对外享有债权、公司年报信息中资产负债情况等，不能直接将“具备终本裁定”等同于“公司已具备破产原因”。

［案情简介］

北京荷华明城实业有限公司（以下简称荷华公司）诉称，其与中控国融新能源开发有限公司（以下简称中控国融公司）房屋租赁合同纠纷案，北京市东城区人民法院作出（2020）京0101民初10151号民事判决书，且已经发生法律效力。因中控国融公司未履行上述生效判决，荷华公司依法向人民法院申请强制执行，案号为（2021）京0101执10807号。因中控国融公司查无可供执行的财产，北京市东城区人民法院作出（2021）京0101执10807号之一执行裁定书，裁定终结本次执行程序。其后，荷华公司申请追加李某平为被执行人，北京市东城区人民法院于2023年1月12日作出（2022）京0101执异611号执行裁定书，驳回追加李某平为被执行人的请求。本案中，中控国融公司成立于2015年12月10日，注册资本金10,000万元人民币，其股东为李某和李某平，出资比例分别为95%和5%，认缴出资期限为30年内。在注册资本认缴制下，股东依法享有期限利益。债权人以公司不能清偿到期债务为由，请求未届出资期限的股东在未出资范围内对公司不能清偿的债务承担补充赔偿责任的，人民法院不予支持。但是公司作为被执行人的案件，因穷尽执行措施无财产可供执行，已具备破产原因，却不申请破产的除外。因此，荷华公司向北京市东城区人民法院起诉请求：（1）请求判令追加被告李某平为（2021）京0101执10807号荷华公司与中控国融公司房屋租赁合同强制执行案的被执行人，在未缴纳的出资范围内，对中控国融公司不能清偿的债务671,545.4元和迟延履行期间的双倍债务利息57,585.02元（支付至实际清偿之日，截至2023年1月18日为57,585.02元）承担补充赔偿责任，以上共计729,130.42元；（2）请求判令被告李某平、中控国融公司共同承担本案诉讼费。

李某平辩称，李某平是2016年8月28日与中控国融公司以电池项目合作的名义入股的。2017年，李某平推荐投资方做尽职调查时发现该公司存在资金来源不明的隐患，投资方提出了更换主体公司的条件，否则不予投资。李某平根据投资方要求，给中控国融公司提供了尽职调查报告，在提出整改方案后也没有达成共识。所以，根据评估的风险，李某平提出退出中控国融公司管理层,不参与该公司的项目合作。2018 年 12 月 6 日,中控国融公司发来顺丰快递,内容是变更股权,要求变更为独资公司。李某平在收到通知后,同意变更股权。后因中控国融公司的诸多原因,没有及时变更股权,造成被起诉的局面,理当由该公司负全部责任。中控国融公司作为法人单位,具有民事行为能力,对自己的经营活动负责。从公司法角度看,公司任何重大活动必须通过公司监事和公司股东大会集体讨论通过才能执行。中控国融公司签订租赁合同属于公司重大经营活动,没经股东会同意,所签合同协议由公司法人承担民事和经济责任。本案签订租赁合同的时间为 2016 年 3 月,李某平对中控国融公司签订房屋租赁合同的行为不知晓,让李某平承担前述公司债务不符合法律规定。

北京市东城区人民法院查明,该院作出的(2020)京 0101 民初 10151 号民事判决书已发生法律效力。中控国融公司未履行上述生效法律文书确定的义务,原告荷华公司申请强制执行,该院以(2021)京 0101 执 10807 号案件立案执行。执行过程中,经查中控国融公司无财产可供执行,该院遂作出(2021)京 0101 执 10807 号之一执行裁定书,裁定终结(2020)京 0101 民初 10151 号民事判决书本次执行程序。原告荷华公司遂向该院申请追加被告李某平为案件的被执行人。2023 年 1 月 12 日,该院作出(2022)京 0101 执异 611 号执行裁定书,认为李某平作为被执行人中控国融公司的股东,认缴的出资期限尚未届满,不符合追加被执行人的法定情形,故荷华公司的追加申请,不予支持,据此裁定驳回荷华公司申请追加李某平为被执行人的请求。原告荷华公司不服,提起本案诉讼。

诉讼中,李某平提交中控国融公司给其的 2018 年临时股东会召开通知作为证据。通知显示,根据股东李某的提议,将中控国融公司李某平所占 5% 的股份减掉,减资后,公司注册资本由 10,000 万元变更为 9500 万元,公司股东由李某平、李某变更为李某一人。公司决定对此召开临时股东会议,就此通知载明“会议定于 2018 年 12 月 21 日 9 时整在公司会议室召开,望准时参加,如有特别事务,不能按时参加会议,请提前申请更改会议召开日期,无故不参加会议,视为你对公司减少注册资本等相关事项放弃表决权,同意公司减少注册资本,变更经理等相关事项”。李某平称,其接到通知后表示同意,但未参加股东会。另查,中控国融公司工商档案资料显示,中控国融公司成立于 2015 年,注册资本 10,000 万元,认缴出资期限为 30 年。股东经过数次变更。2018 年修改公司章程,股东变更为李某平与案外人李某,李某认缴出资额 9500 万元,李某平认缴出资额500万元,认缴出资期限仍为30年内。

[**裁判观点**]

法院认为,最高人民法院《关于民事执行中变更、追加当事人若干问题的规定》第32条第1款规定:"被申请人或申请人对执行法院依据本规定第十四条第二款、第十七条至第二十一条规定作出的变更、追加裁定或驳回申请裁定不服的,可以自裁定书送达之日起十五日内,向执行法院提起执行异议之诉。"本案中,2023年1月12日,北京市东城区人民法院作出(2022)京0101执异611号执行裁定书,驳回荷华公司申请追加李某平为被执行人的请求。随后荷华公司提起本案执行异议之诉,符合上述司法解释的规定。

根据最高人民法院《关于适用〈中华人民共和国公司法〉若干问题的规定(三)》第13条的规定,公司债权人请求未履行或者未全面履行出资义务的股东在未出资本息范围内对公司债务不能清偿的部分承担补充赔偿责任的,人民法院应予支持。最高人民法院《关于民事执行中变更、追加当事人若干问题的规定》第17条规定,作为被执行人的营利法人,财产不足以清偿生效法律文书确定的债务,申请执行人申请变更、追加未缴纳或未足额缴纳出资的股东、出资人或依公司法规定对该出资承担连带责任的发起人为被执行人,在尚未缴纳出资的范围内依法承担责任的,人民法院应予支持。在注册资本认缴制下,股东依法享有期限利益。债权人以公司不能清偿到期债务为由,请求未届出资期限的股东在未出资范围内对公司不能清偿的债务承担补充赔偿责任的,人民法院不予支持。但是公司作为被执行人的案件,人民法院穷尽执行措施无财产可供执行,已具备破产原因,却不申请破产的除外。而《企业破产法》第2条第1款规定,企业法人不能清偿到期债务,并且资产不足以清偿全部债务或者明显缺乏清偿能力的,依照该法规定清理债务。最高人民法院《关于适用〈中华人民共和国企业破产法〉若干问题的规定(一)》第1条规定,债务人不能清偿到期债务并且具有下列情形之一的,人民法院应当认定其具备破产原因:(1)资产不足以清偿全部债务;(2)明显缺乏清偿能力。第2条规定,下列情形同时存在的,人民法院应当认定债务人不能清偿到期债务:(1)债权债务关系依法成立;(2)债务履行期限已经届满;(3)债务人未完全清偿债务。第3条规定,债务人的资产负债表,或者审计报告、资产评估报告等显示其全部资产不足以偿付全部负债的,人民法院应当认定债务人资产不足以清偿全部债务,但有相反证据足以证明债务人资产能够偿付全部负债的除外。第4条规定，债务人账面资产虽大于负债，但存在下列情形之一的，人民法院应当认定其明显缺乏清偿能力：(1)因资金严重不足或者财产不能变现等原因，无法清偿债务；(2)法定代表人下落不明且无其他人员负责管理财产，无法清偿债务；(3)经人民法院强制执行，无法清偿债务；(4)长期亏损且经营扭亏困难，无法清偿债务；(5)导致债务人丧失清偿能力的其他情形。

综上，李某平作为中控国融公司的股东，虽然尚未达到认缴出资的期限，但根据已查明情况，中控国融公司作为被执行人的案件，人民法院已穷尽执行措施无财产可供执行，无法清偿债务，明显缺乏清偿能力，综合考虑已具备破产原因，尚未进入破产程序，此时，公司股东出资期限应加速到期。荷华公司要求追加被告李某平作为被执行人，在未依法出资范围内承担责任，理由正当。此外，关于李某平所述召开股东会，将其5%的股份减掉一节，其仅提供了股东会召开通知，但对股东会是否召开以及股东会决议内容未提供相关证据，且工商登记显示，李某平诉讼时仍为中控国融公司股东，故对李某平的答辩意见，法院难以采纳。原告诉讼请求表述不够准确，法院予以纠正。

观点三：终本裁定同“公司已具备破产原因”无关，要求债权人另行举证。

案例3 ｜ (2021)沪02民终9010号

[裁判要旨]

××公司存在执行案件，且经人民法院穷尽执行措施无财产可供执行，在××公司尚未申请破产的情况下，实际是否已具备破产原因是认定股东出资可否加速到期的关键。本案中，尚无法确定××公司不能清偿到期债务的原因，更无法判断该公司是否资不抵债或明显缺乏清偿能力。因此，已有情况不足以确定××公司已具备破产原因，不符合股东出资加速到期的适用条件。

[案情简介]

××公司系有限责任公司，成立于2018年3月15日，注册资本为500万元，设立时的股东为被告施某亚(认缴出资350万元，持股比例70%)、被告龚某蓓(认缴出资150万元，持股比例30%)，认缴出资期限均为2038年3月5日前。施某亚担任执行董事，龚某蓓担任监事。2019年11月10日，施某亚、龚某蓓分别与被告王某华、许某钧签订股权转让协议，约定将施某亚、龚某蓓持有的××公司全部股权分别作价50万元转让给王某华、许某钧，并于2019年11月15日经工商登记机关备案。被告王某华的认缴出资额为350万元，担任法定代表人，被告许某钧的认缴出资额为150万元，担任监事，认缴出资期限均为2038年3月5日。

2019年12月23日，苏州市吴中区人民法院就原告与××公司买卖合同纠纷案，作出(2019)苏0506民初9286号民事判决书，判令××公司支付原告款项682,332.61元及该款自2019年10月16日起按年利率6.525%计算至实际给付之日止的逾期付款利息。该案判决生效后，××公司未履行判决内容。原告申请强制执行，2020年9月17日，苏州市吴中区人民法院作出(2020)苏0506执1457号之一执行裁定书，该裁定书载明，"执行过程中，本院将被执行人列入失信被执行人名单，并对其及其法定代表人发出限制消费令。除此之外，本院通过执行查控系统，未发现有其他可供执行的财产。本院将上述情况告知申请执行人，并要求申请执行人提供被执行人可供执行的其他财产线索，但申请执行人表示不能提供，同意依法终结本次执行程序"。

[裁判观点]

一审法院认为，在注册资本认缴制下，股东依法享有期限利益。股东出资期限属于企业公示信息，可供交易相对方查悉，故股东对于出资期限享有的期限利益不应被随意剥夺。我国法律仅规定出资义务加速到期适用于公司破产或公司解散的情形。本案的主要争议焦点为：被告王某华、许某钧对××公司的出资加速到期责任承担条件是否成立。对此，该院认为，首先，被告王某华、许某钧的出资期限均为2038年3月5日，其出资期限尚未届满，如前所述，被告在其出资期限内享有出资期限利益；其次，××公司虽有相关执行案件，但其并未进入破产或者清算程序；最后，原告认为××公司因无财产可供执行，已被法院裁定终结执行程序，故××公司已具备破产原因。但原告已有证据不足以确定该公司不能清偿到期债务的原因，更无法判断该公司是否资不抵债或明显缺乏清偿能力。综上，已有证据不足以证明该公司已经具备破产原因，不符合股东出资加速到期的适用条件。原告要求被告王某华、许某钧在未出资范围内就××公司的债务向原告承担补充赔偿责任，缺乏事实与法律依据，该院不予支持。被告施某亚、龚某蓓在转让股权时出资义务亦未到期，基于前述认定及理由，原告要求被告施某亚、龚某蓓在350万元、150万元未出资范围内与被告王某华、许某钧承担连带责任,该院亦难以支持。

二审法院也有类似观点,根据法律规定,股东应当按期足额缴纳公司章程中规定的各自所认缴的出资额。××公司章程约定股东的出资期限为2038年,故××公司股东的出资期限尚未届满。本案的争议焦点在于:本案是否适用股东出资加速到期的情况。对此斯洁科公司认为,××公司已进入执行阶段,经人民法院穷尽执行措施无财产可供执行,已具备破产原因,符合《全国法院民商事审判工作会议纪要》第6条规定的股东出资加速到期的适用条件。该院认为,在注册资本认缴制下,有限责任公司的股东依法享有期限利益。债权人以公司不能清偿到期债务为由,请求未届出资期限的股东在未出资范围内对公司不能清偿的债务承担补充赔偿责任的,人民法院不予支持。但是公司作为被执行人的案件,人民法院穷尽执行措施无财产可供执行,已具备破产原因,却不申请破产的情形除外。本案中,王某华、许某钧的出资期限未届满,原则上对公司债务不承担责任。××公司存在执行案件,且经人民法院穷尽执行措施无财产可供执行。在××公司尚未申请破产的情况下,实际是否已具备破产原因是认定股东出资可否加速到期的关键。我国《企业破产法》第2条规定,企业法人不能清偿到期债务,并且资产不足以清偿全部债务或者明显缺乏清偿能力的,依照本法规定清理债务。根据最高人民法院《关于适用〈中华人民共和国企业破产法〉若干问题的规定(一)》第3条的规定,债务人的资产负债表,或者审计报告、资产评估报告等显示其全部资产不足以偿付全部负债的,人民法院应当认定债务人资产不足以清偿全部债务,但有相反证据足以证明债务人资产能够偿付全部负债的除外。本案中,尚无法确定××公司不能清偿到期债务的原因,更无法判断该公司是否资不抵债或明显缺乏清偿能力。因此,已有情况不足以确定××公司已具备破产原因,不符合股东出资加速到期的适用条件。

实务总结

一、认同终本裁定仅可初步证明"公司已具备破产原因",需参考其他因素进行综合认定

本文笔者认同终本裁定仅可初步证明"公司已具备破产原因",需参考其

他因素综合认定公司是否无法清偿的观点。

第一,应当肯定终本裁定属于初步证明“公司已具备破产原因”的证据。否则,若以终本裁定不属于终结案件执行程序为由,要求债权人按照《企业破产法》举证,无疑加重了债权人的诉讼难度,股东极易利用信息不对称占据优势地位,且容易加剧道德风险,进而使股东出资义务加速到期制度沦为纸上谈兵。

此外,此观点为大多数法院所支持,尤其是上海法院。上海市第一中级人民法院发布的《股东出资加速到期纠纷案件的审理思路和裁判要点》中写道:“债权人依据法院终结本次执行裁定主张股东出资加速到期,仅是初步证明债务人公司具备破产原因。法院应当按照《企业破产法》规定审查公司是否已具备破产原因,包括依法传唤公司及其股东等相关利害当事人,对公司资产状况以及终结本次执行裁定情况进行必要审查。在此基础上,如无相反证据证明公司资产足以清偿债务或具有清偿能力,且债权人与公司均不申请破产的,法院可作出股东出资加速到期的裁决。”“最高人民法院案例研究院”公众号也在《股东出资加速到期纠纷审理要点》一文中写道:“终结本次执行裁定的出具未按照前述规定履行必要程序的,法院在审查时,不能仅依据该终本裁定作为认定穷尽执行措施无财产可供执行的依据。此外,如在强制执行案件执行程序进行中,债权人同时起诉股东要求其承担补充赔偿责任的,由于是否能够执行到位尚不确定,故法院一般应认定无证据证明法院穷尽执行措施后公司仍无财产可供执行,不应适用股东出资加速到期。”

在上海市浦东新区人民法院(2021)沪 0115 民初 10807 号海口鸿果蔬产销专业合作社与马某等申请执行人执行异议之诉民事一审案件民事判决书中,法院即采用了综合认定的方式,其认为:“本院执行机构穷尽执行措施,第三人子越园公司无财产可供执行,本院已裁定终结本次执行程序。根据第三人企业信用信息公示报告显示,2019 年、2020 年公司营业总收入为 0 元;2020 年 11 月 13 日上海浦东新区市场监督管理局将第三人列入经营异常名录。综上,由第三人通过正常经营所得偿还债务已几乎不可能,本院认为其缺乏清偿能力。据此,本院依法认定第三人子越园公司资产不足以清偿其负有的债务,且明显缺乏清偿能力,已经具备破产原因。”

第二,在肯定终本裁定具有初步证明作用的基础上,应当否定其完全等同于“公司已具备破产原因”，具体如下：

执行中的财产调查包括三部分——申请执行人提供、被执行人申报和法院调查。在执行程序中，公司违反财产报告制度的情况较为突出，法院基本无法依靠公司的配合有效查清公司资产的真实情况，同时，申请执行人往往难以摸清债务人公司的情况。在此种情况下，执行中的财产调查只能寄希望于法院调查。

实践中，法院调查往往是通过总对总网络查控系统进行的，通常不会采取审计、公告悬赏等方式调查被执行人的资产情况。然而，总对总网络查控系统并不能完全掌握被执行公司的实际资产情况，例如动产、应收账款、存货等资产便在查控系统之外。据此，法院在出具终本裁定前，其对于被执行公司资产的调查是含有一定“水分”的。

实际上，“终本裁定”更多的是为了让一线执行法官从暂时确无财产可供执行的案件中解脱出来，腾出充足的时间和精力应对那些被执行人有实际履行能力的案件，从而提高实际执结率。

二、主张股东加速出资的路径指引

根据本文的梳理，债权人针对“公司作为被执行人的案件，人民法院穷尽执行措施无财产可供执行，已具备破产原因，但不申请破产”情形，主张股东出资义务加速到期的常见路径一共有以下7种：

1. 起诉确认公司的债权债务关系→申请执行→执行不能→申请追加公司股东为被执行人→法院同意追加→实现债权。

2. 起诉确认公司的债权债务关系→申请执行→执行不能→申请追加公司股东为被执行人→法院不同意追加→提起执行异议之诉→法院同意追加→实现债权。

3. 起诉确认公司的债权债务关系→申请执行→执行不能→起诉确认公司股东加速出资→申请执行→实现债权。

4. 起诉确认公司的债权债务关系，并要求确认股东加速出资→仅确认公司的债权债务关系→申请执行→执行不能→申请追加公司股东为被执行人→法院同意追加→实现债权。

5. 起诉确认公司的债权债务关系，并要求确认股东加速出资→仅确认公司的债权债务关系→申请执行→执行不能→申请追加公司股东为被执行人→法院不同意追加→提起执行异议之诉→法院同意追加→实现债权。

6. 起诉确认公司的债权债务关系，并要求确认股东加速出资→仅确认公司的债权债务关系→申请执行→执行不能→起诉确认公司股东加速出资→实现债权。

7. 起诉确认公司的债权债务关系，并要求确认股东加速出资→一并确认→申请执行→实现债权。

据笔者不完全检索观察，以上 7 种路径中，在司法实践中成功的概率为：第 6 种 > 第 3 种 > 第 5 种 > 第 2 种 > 第 4 种 > 第 1 种 > 第 7 种。

在实践中，具体路径的选择需要债权人根据当地法院的裁判观点、实现债权的效率等因素进行通盘考虑，故笔者认为，若债权人起诉前，公司不存在其他执行不能的记录，股东加速出资的应然路径为第 2 种、第 3 种；若债权人起诉前，公司存在其他执行不能的记录，股东加速出资的应然路径为第 7 种。

此外，债权人若主张股东出资义务加速到期，不能仅寄希望于终本裁定，需要准备足以证明被执行人明显缺乏清偿能力，已具备破产原因的其他证据，包括但不限于以下证据：

1. 债务人公司法定代表人或其股东是否已经失联。

2. 债务人公司注册地址是否已由他人使用，无具体经营地址及其他联系方式。

3. 债务人公司是否纳入企业经营异常名录。

4. 债务人公司法定代表人、实际负责人或者员工是否曾明确表示公司资产已经不足以偿还对外债务。

5. 债务人公司年报信息中，资产负债数据认定企业负债是否大于资产。

实务结语

注册资本认缴制很大程度上鼓励公司设立，促进经济发展，但“认而不缴”、设置较长出资期限、延长出资期限的现象频频出现，这也导致股东利益与债权人利益失衡。2023 年修订的《公司法》第 54 条通过以后，股东出资将回归公司责任财产的范畴,使得公司能够以其财产偿还债务,股东也不用承担多余的责任。换句话说,2023 年修订的《公司法》第 54 条是认缴制的配套制度,其既不会改变全面认缴制的本质,又为防止全面认缴制被滥用提供了依据。而股东出资加速到期,是《全国法院民商事审判工作会议纪要》中规定的公司股东对债权人承担责任的特殊情形。2023 年修订后的《公司法》加重了股东出资的责任,根据该法第 54 条规定,“公司不能清偿到期债务的,公司或者已到期债权的债权人有权要求已认缴出资但未届出资期限的股东提前缴纳出资”。股东出资加速到期不再要求“经法院穷尽执行措施仍无可供执行的财产,具备破产原因但不申请破产”的条件,只要“公司不能清偿到期债务”即可要求股东出资加速到期。而司法实践中关于终本裁定是否直接等同于“不能清偿到期债务”始终存在争议,笔者仅结合法院裁判案例发表自己的看法,以供参考,望未来司法实践能给予确切指引。

3

破产管理人追缴抽逃出资纠纷

朱玲龄

规定索引

《中华人民共和国企业破产法》

第三十五条 人民法院受理破产申请后,债务人的出资人尚未完全履行出资义务的,管理人应当要求该出资人缴纳所认缴的出资,而不受出资期限的限制。

《中华人民共和国公司法》

第四十七条第一款 有限责任公司的注册资本为在公司登记机关登记的全体股东认缴的出资额。全体股东认缴的出资额由股东按照公司章程的规定自公司成立之日起五年内缴足。

第五十三条 公司成立后,股东不得抽逃出资。

违反前款规定的,股东应当返还抽逃的出资;给公司造成损失的,负有责任的董事、监事、高级管理人员应当与该股东承担连带赔偿责任。

第五十四条 公司不能清偿到期债务的,公司或者已到期债权的债权人有权要求已认缴出资但未届出资期限的股东提前缴纳出资。

第一百零五条第二款 发起人、认股人缴纳股款或者交付非货币财产出资后,除未按期募足股份、发起人未按期召开成立大会或者成立大会决议不设立公司的情形外,不得抽回其股本。

《最高人民法院关于适用〈中华人民共和国公司法〉若干问题的规定(三)》

第十二条 公司成立后,公司、股东或者公司债权人以相关股东的行为符合下列情形之一且损害公司权益为由,请求认定该股东抽逃出资的,人民法院应予支持:

(一)制作虚假财务会计报表虚增利润进行分配;

(二)通过虚构债权债务关系将其出资转出;

(三)利用关联交易将出资转出;

(四)其他未经法定程序将出资抽回的行为。

第十三条第一款 股东未履行或者未全面履行出资义务,公司或者其他股东请求其向公司依法全面履行出资义务的,人民法院应予支持。

第十四条 股东抽逃出资,公司或者其他股东请求其向公司返还出资本息、协助抽逃出资的其他股东、董事、高级管理人员或者实际控制人对此承担连带责任的,人民法院应予支持。

公司债权人请求抽逃出资的股东在抽逃出资本息范围内对公司债务不能清偿的部分承担补充赔偿责任、协助抽逃出资的其他股东、董事、高级管理人员或者实际控制人对此承担连带责任的,人民法院应予支持;抽逃出资的股东已经承担上述责任,其他债权人提出相同请求的,人民法院不予支持。

《最高人民法院关于适用〈中华人民共和国企业破产法〉若干问题的规定(二)》

第二十条 管理人代表债务人提起诉讼,主张出资人向债务人依法缴付未履行的出资或者返还抽逃的出资本息,出资人以认缴出资尚未届至公司章程规定的缴纳期限或者违反出资义务已经超过诉讼时效为由抗辩的,人民法院不予支持。

管理人依据公司法的相关规定代表债务人提起诉讼,主张公司的发起人和负有监督股东履行出资义务的董事、高级管理人员,或者协助抽逃出资的其他股东、董事、高级管理人员、实际控制人等,对股东违反出资义务或者抽逃出资承担相应责任,并将财产归入债务人财产的,人民法院应予支持。

《中华人民共和国民法典》

第一百九十六条 下列请求权不适用诉讼时效的规定:

(一)请求停止侵害、排除妨碍、消除危险;

（二）不动产物权和登记的动产物权的权利人请求返还财产；

（三）请求支付抚养费、赡养费或者扶养费；

（四）依法不适用诉讼时效的其他请求权。

《最高人民法院关于审理民事案件适用诉讼时效制度若干问题的规定》

第一条 当事人可以对债权请求权提出诉讼时效抗辩，但对下列债权请求权提出诉讼时效抗辩的，人民法院不予支持：

（一）支付存款本金及利息请求权；

（二）兑付国债、金融债券以及向不特定对象发行的企业债券本息请求权；

（三）基于投资关系产生的缴付出资请求权；

（四）其他依法不适用诉讼时效规定的债权请求权。

? 问题的提出

资本充实原则是指股东应当按期足额缴纳认缴出资额，不得抽逃出资，“抽逃出资”严重违反资本充实原则，不仅严重侵蚀公司资本，还严重破坏交易安全和经济秩序。“资本”是资合公司的财产基础以及最直观的信用基础，对公司的正常运营及债权人的保护发挥着举足轻重的作用。

随着中国市场经济的不断深化，公司作为市场经济活动的主要参与者，其稳定与繁荣对于我国经济的持续增长具有关键性的影响。然而，当公司处在破产的边缘时，股东的责任也随之变得越来越重要。在破产程序中，管理人如何对股东抽逃出资进行认定？如果股东确实存在抽逃出资的行为，应当如何处理？本文将从司法实践的角度出发，对破产程序中股东抽逃出资的认定及处理方式进行简单的探讨。

一、抽逃出资的定义与构成要件

（一）抽逃出资的定义

抽逃出资的实质是公司股东滥用股权非法抽回出资，却仍享有《公司法》赋予的投资收益权、公司管理权等股东权利，且仍受到公司法人人格独立制度及股东有限责任制度的保护的不公平现象。

对于抽逃出资的定义,法律并没有明确的规定,(2020)最高法民终 87 号判决书中,法院对"抽逃出资"进行了解释:"具体而言,抽逃出资是指公司成立后,股东非经法定程序,从公司抽回相当于已缴纳出资数额的财产,同时继续持有公司股份。按照公司法人人格独立制度的规定,公司的财产权受法律保护。股东向公司履行出资义务后,其出资财产的所有权转移到公司。股东非经法定程序,在公司成立后,不得取回出资资产。股东抽逃出资的行为侵犯了公司法人的财产权,破坏了公司资本制度维持原则,致使公司资产实际减少。"

(2021)最高法民申 5389 号裁定书也用简短的语言对抽逃出资进行了解释:"所谓抽逃出资,是指在公司成立后,股东未经法定程序而将其已缴纳出资抽回的行为。"

法律之所以禁止抽逃出资行为,是因为该行为减少了公司的责任财产,降低了公司的偿债能力,不仅损害了公司与其他股东的权益,更损害了公司债权人等相关权利人的权益。

(二)股东抽逃出资的构成要件

1. 主体要件

《公司法》第 53 条规定了抽逃出资的主体为公司股东。因此,构成抽逃出资的主体要件必须是公司股东,而且必须是工商登记的显名股东。

2. 主观要件

股东抽逃出资在主观方面应为故意,一般来说,过失是不构成抽逃出资的。

3. 客体要件

股东抽逃出资所侵犯的客体是公司的合法权益和我国的公司资本制度。公司资本不同于公司资产,公司资本仅是公司资产中的股东出资部分,它是一个确定不变的财产数额,不随公司盈利或亏损或者资产的升值、贬值而改变。股东抽逃出资违反了资本维持原则。

4. 客观要件

股东抽逃出资的核心是"抽逃",对象是股东的出资,其发生的时间在公司成立后。首先,"抽逃"是指股东出资资金或者相应的资产从公司转移给股东时,股东并未向公司支付公正、合理的对价,即未向公司交付等值的资产或权益。其次,抽逃出资的数额以股东出资的数额为限。最后,抽逃出资的时间应当限定在公司成立后，且股东已履行了出资义务。如果公司没有成立，或者出资在公司成立前已经撤回，或者出资对公司没有任何使用价值，此出资就不能成为法律意义上的出资，因此视为股东未出资或虚假出资，不能认定为抽逃出资。

（三）股东抽逃出资的司法实践案例

1. 认定抽逃出资的实质要件需要审查是否“损害公司权益”

案例 1 ｜ (2021)最高法民申 2488 号

［判决摘要］

是否属于抽逃出资需要从形式要件和实质要件两方面出发加以认定。形式要件包括最高人民法院《关于适用〈中华人民共和国公司法〉若干问题的规定（三）》第 12 条规定的三种具体情形和一种兜底情形，实质要件则是“损害公司权益”。具体到本案而言，青投公司提交的证据虽然证明了刘某、黄某霞有转账的行为，但青投公司并未举证证明上述款项转出后损害青投公司权益，原审判决结合本案具体情况及公平原则以及公司法的相关规定，未予支持青投公司关于刘某、黄某霞转出 1675.8 万元的行为系抽逃出资的请求，有事实和法律依据，并无不当。

案例 2 ｜ (2021)最高法民申 2170 号

［判决摘要］

根据原审查明的事实，中网公司投入中网锦龙公司的 8600 万元出资皆是借款，中网公司、陈某晖通过其关联公司和对中网锦龙公司的控制关系，将其在中网锦龙公司的 8600 万元出资款转出，用以归还其出资借款。仅就结果而言，中网锦龙公司最终获得了至今仍无法偿还的抵押贷款追偿权和一个由没有资质公司建设的且价值未定的未完工程，但中网锦龙公司的责任财产少了 8600 万元。实际上，中网公司、陈某辉通过其关联公司和对中网锦龙公司的控制关系，将其在中网锦龙公司的 8600 万元出资款转出，并未向公司支付等值的资产或权益，减少了公司的责任财产，上述行为本质上属于注册资金的抽逃行为，严重损害了中网锦龙公司及其中小股东和其他债权人的合法利益。

2. 仅依据公司向股东转出投资款的单一行为无法认定股东构成抽逃出资

案例 3 ｜ (2020)最高法民申 1524 号

[判决摘要]

一审法院查明,融投集团作为融投租赁公司股东,在向融投租赁公司完成增资后,融投租赁公司于 2013 年 8 月 20 日将增资款 2.2 亿元转至融投集团,并据此认为融投集团构成抽逃出资,遂将融投集团追加为(2018)新 71 执 27 号案件的被执行人。二审法院查明,2013 年 9 月 6 日、9 月 27 日,融投集团分两笔向融投租赁公司账户汇款 2.2 亿元,各方当事人对此亦予认可,二审判决认定融投租赁公司并未丧失对融投集团投资款 2.2 亿元的支配、使用权利,进而认定融投集团在 2013 年 8 月 20 日的转款行为不构成抽逃出资,并对一审判决依法予以纠正,并无不当。

3. 股东转移公司的经营收益不属于抽逃出资

案例 4 ｜ (2018)最高法民申 4680 号

[判决摘要]

上述规定将实践中较为常见的一些资本侵蚀行为明确界定为抽逃出资,但不能将股东从公司不当获得财产的所有行为都笼统认定为抽逃出资。认定股东从公司获得财产的行为是否构成抽逃出资,应重点审查其行为是否对公司资本构成了侵蚀这一因素。根据公司法原理,公司资本不等同于公司资产,公司资产包括公司资本、公司对外负债、公司的资产收益和经营收益,公司资本仅是公司资产中的股东出资部分。

陈某萍于 2013 年 8 月 19 日、8 月 20 日所转移的金椰林公司1504.498万元款项系案外人因另案诉讼根据法院判决向金椰林公司支付的 2508.764676 万元执行款中的一部分。该执行款属于金椰林公司成立后,在 6800 万元注册资金已全部缴纳到位并投资建设酒精厂的情形下,在其后续的生产、经营活动过程中因诉讼而获得的款项,该款项为金椰林公司经营期间的收益,应属于其公司资产。陈某萍转移上述款项的行为固然损害了金椰林公司的财产权,但其行为并未侵蚀金椰林公司的资本,不构成最高人民法院《关于适用〈中华人民共和国公司法〉若干问题的规定(三)》第 12 条规定的抽逃出资行为。故李某频关于原判决错误认定陈某萍转移案涉资金的行为不构成抽逃出资的申请再审理由不能成立,法院不予支持。

4. 对投入性质进行明确界定,不能简单地将股东或实际投资人后续对公司投入的资金与其抽逃出资相抵销,甚至以后续投入认定股东或实际出资人不构成抽逃出资

案例5 | (2021)最高法民申5302号

[判决摘要]

曾某治认为其随后又将166万元转回顾某毅及永安钛业公司银行账户,二审不应判决其承担抽逃出资的法律责任。对此,法院认为,针对股东或实际出资人投入公司的资金,需要对投入性质进行明确界定,不能简单地将股东或实际投资人后续对公司投入的资金与其抽逃出资相抵销,甚至以后续投入认定股东或实际出资人不构成抽逃出资。就曾某治用于支持其所述转款行为的相关证据而言,无法确认该款项用途,不能必然得出该转款行为系为永安钛业公司补足出资,且不会在曾某治与永安钛业公司间产生其他债权债务关系的结论。故曾某治认为其已通过向顾某毅和永安钛业公司账户转账166万元的方式补足出资,缺乏证据证明,法院不予采信。

5. 区分股东抽逃出资行为和股东向公司借款行为的关键问题为是否有真实合理的债权债务关系

案例6 | (2020)最高法民申4625号

[判决摘要]

股东抽逃出资,往往股东与公司之间无实质的债权债务关系,如无须支付对价和提供担保、无返还期限的约定等,或者违反了有关金融管理、财务制度的规定等。本案中,爱华电子公司、百利盛华公司、华通公司向爱华电池公司借款,经过爱华电池公司股东会议决议,签署书面的借款协议,约定了返还期限,并记入财务账册。爱华电子公司、百利盛华公司、华通公司向爱华电池公司的上述借款行为系真实的债权债务关系且符合有关金融管理、财务制度等规定,亦不违反法律禁止性规定。虽然爱华电池公司股东会决议借款在前,股东出资在后,但在没有其他证据证明爱华电池公司股东的借款行为实质损害公司权益

的情况下,爱华电池公司提出爱华电子公司、百利盛华公司、华通公司抽逃出资,损害公司权益,没有事实及法律依据。

案例7 | (2019)最高法民申4686号

[判决摘要]

股东不得抽逃出资,不得未经法定程序将出资抽回。根据原审法院查明的事实,签订案涉协议、给国能公司两次转款期间,发电厂的法定代表人和财务经理一直由发电公司指派的朱某和弋某静担任。亦有2015年1月9日发电公司向发电厂作出的委托书载明,发电公司要求发电厂转款3600万元给国能公司。而发电公司明知与发电厂不存在债权债务关系,仍利用实际控制发电厂的便利抽逃公司资产,侵犯了发电厂的财产权和债权人的利益。发电公司和国能公司提供另案款项收据未记载债权人名称,因此,无证据证明3600万元系偿还向北京进出口银行的借款。发电公司亦称发电厂1.3亿元投资款系国能公司关联方国信能源公司向银行贷款,而该笔贷款发生在20世纪90年代,发电厂2006年才成立,该主张显然不成立。《侵权责任法》(已失效,现为《民法典》第1168条)第8条规定,二人以上共同实施侵权行为,造成他人损害的,应当承担连带责任。因此,原审法院认为国能公司收取案涉3600万元并协助发电公司抽逃公司资本,配合发电公司侵占发电厂自有资金,与发电公司构成共同侵权,遂作出发电公司与国能公司就案涉3600万元及利息承担连带返还责任的处理意见,事实和法律依据充分,法院予以支持。

二、破产程序中股东抽逃出资的常见情形

最高人民法院《关于适用〈中华人民共和国公司法〉若干问题的规定(三)》第12条规定,公司成立后,公司、股东或者公司债权人以相关股东的行为符合下列情形之一且损害公司权益为由,请求认定该股东抽逃出资的,人民法院应予支持:(1)制作虚假财务会计报表虚增利润进行分配;(2)通过虚构债权债务关系将其出资转出;(3)利用关联交易将出资转出;(4)其他未经法定程序将出资抽回的行为。

该条规定了股东抽逃出资的三种主要情形,并有兜底性规定。因此,除上述明确列举的三种抽逃出资情形之外,凡是在公司成立后,股东未经法定程序

而将其出资抽回并且损害公司权益的,人民法院都可根据上述规定认定该股东构成抽逃出资。

(一)通过虚构债权债务关系将其出资转出

案例8 | (2021)最高法民申7920号

[法院查明]

2013年12月4日,殷某向鑫发公司账户缴存注册资金613.73万元,同月6日,鑫发公司向案外人白某宝账户转账613.73万元。鑫发公司主张该笔款项系归还案外人圣雄公司借款,殷某主张其为鑫发公司小股东,公司在大股东的控制下偿还公司债务。

法院审理后认为:在两公司之间还有其他交易且未能证明民间借贷相关事实客观存在的情况下,该主张因缺乏充分的证据而不能成立。殷某未能说明鑫发公司对外实际欠付债务的基本情况,更未能说明鑫发公司所支付款项与殷某缴纳出资款613.73万元在金额上完全相同的事实依据何在或证明该金额的合理性,故原判决认定殷某抽逃出资并无不当。

案例9 | (2021)最高法民申3800号

[法院查明]

利源公司于2011年3月2日向东戴河公司银行账户缴纳出资款500万元后,东戴河公司于2011年7月8日至9月27日将账户内900万元款项以借款名义转到利源公司账户。

法院审理后认为:根据原审查明的事实,利源公司未经法定程序抽回对东戴河公司的出资;在东戴河公司未能偿还债权人欠款的情况下,该行为损害了公司权益;利源公司虽主张该笔款项的性质为借款,但并未提供借款合同等证据予以证明。综合考虑前述情形,原审判决认定利源公司的上述行为构成抽逃出资,在结果上并无不当。

案例10 | (2016)浙民再8号

[法院查明]

经二审进一步查明,2006年12月11日,张某斐确实存在以购服装、皮件名义先从公司账户支取 1,390,800 元之后再以投资款名义汇入公司账户 1,390,800 元的事实,但一审法院在计算张某斐汇入公司的总出资款时已将张某斐汇入公司的该笔 1,390,800 元投资款计算在内,故张某斐提出 2006 年 12 月 11 日汇入公司的 1,390,800 元投资款就是归还同日支取的 1,390,800 元购货款的主张与事实不符。2007 年 5 月 9 日,柏莱公司通过中信银行账户向温州市骑士佳音汽车用品制造有限公司转账 100 万元,当时柏莱公司账户余额为 190,774.71 元。2007 年 5 月 21 日,温州市骑士佳音汽车用品制造有限公司汇入柏莱公司中信银行账户 50 万元,当时柏莱公司账户余额为 690,774.71 元。2007 年 5 月 22 日,张某斐从柏莱公司中信银行账户支取 50 万元。

法院审理后认为:张某斐以购货等名义分别将柏莱公司 2,995,900 元、150 万元、1,899,481.80 元转至关系人或配偶或关系人投资设立的公司名下,且均不能提供证据证明系正常交易,二审结合柏莱公司管理人在接管公司财务账册后没有发现任何相关交易的合同、发票、入库单、账面存货记录等事实,认定张某斐的行为系虚构债权债务关系将其出资转出或利用关联交易将其出资转出的事实具有高度可能性,构成抽逃出资,有相应依据。

(二)制作虚假财务会计报表虚增利润进行分配

案例 11 | (2019)闽民申 1207 号

[法院查明]

立信公司为 2011 年 1 月注册登记的有限责任公司,2011 年度审计报告显示,本年度未分配利润、净利润、可分配利润等均为 -283,317.31 元,而 2012 年 1 月 31 日,立信公司向包括杨梅公司在内的股东合计分配 175 万元,其中杨梅公司分得款项 612,500 元。在庭审过程中,杨梅公司不能举证证明立信公司 2012 年 1 月 31 日向各股东分配股利时存在该 175 万元可供分配的利润。

法院审理后认为:该行为既违反了 2018 年《公司法》第 166 条有关公司利润分配的原则,也违反了公司法关于股东不得抽逃出资的规定,构成最高人民法院《关于适用〈中华人民共和国公司法〉若干问题的规定(三)》第 12 条第 1 项中的“制作虚假的财务会计报表虚增利润进行分配”的情形,认为股东应当将违法分配的利润退还公司。

（三）利用关联交易将出资转出

案例12 ｜（2020）最高法民终87号

［法院查明］

中网公司是中网锦龙公司的股东，其应当向成立的中网锦龙公司缴纳注册资金6000万元，由于资金缺乏，中网公司向北京天有美业咨询有限公司（以下简称北京天有公司）借款6000万元，并于2014年4月29日将款项支付至中网锦龙公司，至此出资完毕。另外，中网锦龙公司与中网建设奎屯分公司之间存在承包工程合同关系。2014年4月30日，中网锦龙公司以其与中网建设奎屯分公司存在合同关系为由，将上述6000万元出资款转入中网建设奎屯分公司，用于支付工程款，再由中网建设奎屯分公司转入中网公司，最后由中网公司归还北京天有公司，即中网公司在完成出资的第二天将借款还给了出借人。

法院审理后认为：虽然中网锦龙公司与中网建设奎屯分公司之间存在承包工程的事实关系，但6000万元经中网锦龙公司转入中网建设奎屯分公司，并非真正用于支付工程款，而是借用双方的承包工程关系，以支付工程款名义，利用关联交易将出资6000万元从中网锦龙公司转出，最终偿还了中网公司向北京天有公司的6000万元出资借款，中网公司以工程款的形式将出资转出，归还出资借款的意图十分明显，构成利用关联交易转款的方式抽逃出资。如最高人民法院作出的（2018）最高法民申790号民事裁定书认为，考虑到新富公司与生物港公司、太光电信公司的高度关联关系，结合生物港公司各股东认缴出资额的缴付与转出情况，应当认定新富公司利用其对生物港公司的关联关系在生物港公司验资后1个月内即将生物港公司注册资本中的3660万元汇至太光电信公司，该行为构成利用关联交易将出资转出。行为人利用关联关系将出资于公司设立后不久即大额、无正当理由地转出，构成抽逃出资。

（四）其他未经法定程序将出资抽回的行为

1. 无合法正当理由，将出资款项转入公司账户验资后又转出，构成抽逃出资

案例13 ｜ （2021）最高法民申4683号

［法院查明］

水体公司在2011年9月召开股东大会形成决议，修订公司章程确认了增资事项，并将有关事项在工商管理部门登记，符合公司增资的法定条件和程序。2011年9月13日，信诺公司向水体公司银行账户转账完成增资，深圳思杰会计师事务所出具验资报告后的次日，出资款以往来款的形式被转入南昌晨源贸易有限公司账户，用途摘要载明“往来”。该转出行为未经任何法定程序，亦非基于正常的交易关系。

法院审理后认为：信诺公司在原审庭审中确认其知晓并许可增资以及通过中介公司垫资完成增资登记等事项。信诺公司以获取验资为目的，短暂地将资金转入并转出的行为，构成抽逃出资，应当承担返还义务。

案例14 ｜ （2018）最高法民终393号

［法院查明］

增资合同明确约定，银基公司向丽港公司增资2亿元，持有丽港公司40%股权，其中，2000万元进入丽港公司注册资本，1.8亿元进入资本公积金。2012年12月11日，银基公司支付了2000万元注册资本金；同时银基公司支付了3000万元资本公积金。银基公司称1.5亿元资本公积金是丽港公司根据其与宁波新材料公司、银基新材料公司之间签订的《资金往来框架协议》的约定自行转出至银基新材料公司的，银基新材料公司又将该款项转至宁波新材料公司，该款项已经转化为丽港公司对宁波新材料公司的债权，且该债权已经《债权转让协议》获偿了部分。

法院审理后认为：(1)公司的公积金用于弥补公司的亏损、扩大公司生产经营或者转为增加公司资本，但资本公积金不得用于弥补公司的亏损。据此，资本公积金除用于扩大公司生产经营或者转为增加公司资本外，不得用于其他

用途。丽港公司主张银基公司在无合法正当理由的情形下取回已投入资本公积金行为属于公司法规定的抽逃出资行为。(2)银基公司虽有出资行为,但随后1.5亿元的出资在无正当理由的情况下被转出,其转出行为违反诚实信用原则,不符合合同约定,不利于合同目的的实现。1.5亿元虽以《资金往来框架协议》为由转出,但资金转出后并非真正为了履行该协议的合作事项。因此,涉案1.5亿元资本公积金根据合同约定亦应予以返还。

2. 违反减资法定程序作出的减资行为,应认定为名为减资实为抽逃出资性质

案例15 | (2010)民提字第79号

[法院查明]

本案股权转让协议成立,但签订时并未生效,需要恒德公司履行法定程序并经工商变更登记后才生效。本案中,恒德公司在退股或减资时均没有明确的财产清单,未进行减资公告就进行实际减资。1997年10月6日,煤电公司在既没有董事会的决议也没有公告的情况下,就进行以房抵股、以房抵债的减资行为。(2001)沪一中刑终字第525号刑事判决(第8页)认定,"煤电公司撤股的行为从1997年10月双方签订撤股协议并开始实际履行时就已经发生了……不能认为恒德公司的注册资本变更登记完成后煤电公司才开始撤资",而董事会的减资决议在1998年7月8日才作出,恒德公司于1998年6月10日、15日、17日才进行减资公告,即在实质性减资的一年后才作出董事会决议并进行公告。

法院审理后认为:恒德公司在办理减资登记时,没有向工商机关提交以公司房产抵偿煤电公司剩余的2000多万元债务的事实,没有说明与如东信用社之间存在2000余万元担保债务的事实,违反了如实提交变更资料的法定义务。故煤电公司从恒德公司退出,违反了减资的法定程序,应认定为名为减资,实为抽逃出资性质,煤电公司应在其2500万元出资范围内对恒德公司的担保债务承担连带责任。

案例16 | (2019)最高法民再144号

[法院查明]

寒地黑土集团在减少注册资本过程中,存在先发布减资公告后召开股东会,变更登记时提供虚假材料等违反公司法关于公司减资程序规定的情形,但作为寒地黑土集团股东的省农资公司并未利用寒地黑土集团减资实际实施抽回出资的行为。

法院审理后认为:省农资公司虽将其登记出资由5000万元减至3000万元,但寒地黑土集团的权益并未因省农资公司的行为受到损害,资产总量并未因此而减少,偿债能力亦未因此而降低。省农资公司的行为不属于最高人民法院《关于适用〈中华人民共和国公司法〉若干问题的规定(三)》第12条规定的情形,不存在抽逃出资的行为,不应当被追加为被执行人。

3. 将股东本属于资本公积金的出资转变为公司对其的借款,并采用以物抵债的形式予以返还,属于股东变相抽逃出资行为

案例17 | (2013)民提字第226号

[法院查明]

金华投资公司于1995年设立时,公司章程规定首期投资总额1.46亿元,而公司注册资本只有100万元,故包括林某培在内的各股东还需额外出资,该公司章程第11条也因此规定各股东"应按工程进度及各方相应的出资额按期投入资金"。但对于股东在注册资本之外的出资属于什么性质,公司章程并未明确规定。2003年5月14日,金华投资公司董事会决议用本案的房产抵顶林某培多投入的出资本息。

法院审理后认为:(1)股东对公司的实际出资大于应缴注册资本部分的,应属于公司的资本公积金。金华物业公司主张林某培对金华投资公司多缴的出资属于林某培对金华投资公司的借款,但未提供证据证明双方事先对该出资的性质为借款以及借款期限、借款利息等有特别约定,在此情形下,根据财政部的规定,林某培多缴的出资应为资本公积金,而非借款。(2)资本公积金属于公司的后备资金,股东可以按出资比例向公司主张所有者权益,但股东出资后不能抽回,也不得转变为公司的债务计算利息,变相抽逃。该行为实质是将林某培本属于资本公积金的出资转变为公司对林某培的借款,并采用以物抵债的形式予以返还,导致林某培变相抽逃出资,违反了公司资本充实原则,与公司法和国务院相关规定相抵触,故董事会决议对林某培借款债权的确认及以物抵债决定均应认定为无效。

4. 提供虚假企业资产负债表、利润表和虚构购销合同,以所属公司为出票人,在金融机构办理银行承兑汇票被认定为抽逃出资罪

案例18 ｜ (2006)鲁刑二终字第125号

[法院查明]

孙某国自2002年3月28日至2004年年初,以其所属的临沂天源油气有限公司、临沂飞龙实业公司、飞龙园林花卉城发展有限公司、临沂城浩贸易公司、中花公司等名义,先后向临沂市兰山区农村信用社、沂南信用联社、临沂市商业银行星火支行、泰安信用社提供虚假的企业资产负债表、利润表和虚构的购销合同,以上述公司为出票人,在上述金融机构办理银行承兑汇票24,200万元(包括本案所涉的6000万元以及2003年9月15日的4000万元、2003年9月17日的2000万元)后贴现,用于还贷及生产经营。承兑到期后,除去扣还保证金10,660万元及归还的3386万元外,余款10,154万元未归还。

法院审理后认为:孙某国所属公司虽采取了一定的欺诈手段获取承兑,但其承兑资金主要用于生产经营和还贷。并没有证据证实孙某国有抽逃、隐匿、转移、挥霍资金的行为,亦没有证据证实孙某国主观上具有非法占有银行承兑资金的目的,相反,孙某国一直都在设法归还贷款及承兑的利息。对于签发无资金保证的汇票,骗取财物的“资金保证”,是指票据的出票人在承兑票据时,具有按票据支付的能力,它既包括有可靠的资金来源,又包括出票人从出票时就具有的支付能力。对于签发无资金保证的汇票的行为人,必须具有诈骗他人财物的故意和目的,没有这种故意与目的,就不构成票据诈骗罪。孙某国的行为不完全符合票据诈骗罪的构成要件,不能以票据诈骗罪论处。因此,认定孙某国犯票据诈骗罪的证据不足。原审判决认定孙某国犯票据诈骗罪定性错误,应予纠正。二审认定孙某国犯抽逃出资罪和虚报注册资本罪。

5. 转出注册资金后,若再注入资金但未能证明其系补足出资的构成抽资出逃

案例19 ｜ (2022)最高法民申290号

[法院查明]

胡某堂增资1.8亿元,验资完毕当天资金即被转出,资金来源和去向均为

耀贵投资集团有限公司。胡某堂未能举证证明该资金流转属于公司之间的正常拆借行为。同时,胡某堂称其于两年后通过天地源公司向中融万向公司汇款2亿元,将转出的资金重新注入了中融万向公司,因此不构成抽逃出资。

法院审理后认为:中融万向公司与天地源公司存在多笔业务往来,账目繁多,胡某堂未能证明该2亿元系补足出资。据此,原判决认定胡某堂构成抽逃出资,具有事实和法律依据。胡某堂申请再审的理由不成立,法院不予支持。

6. 股权和债权受让方应支付的对价,变相由出让方公司支付,导致公司法人财产不当减少,构成抽逃出资

案例20 | (2021)最高法民申1151号

[法院查明]

本案所涉商品房买卖合同系履行黄某辉、吴某献、齐某萍、蔡某庆作为甲方与乙方蔡某彬、陈某丹、王某城及丙方春申公司之间的框架协议,而由甲方指定的诗米亚公司与春申公司签订的。根据框架协议的约定,乙方蔡某彬、陈某丹、王某城受让甲方黄某辉、吴某献、齐某萍、蔡某庆持有的春申公司的股权及对春申公司的投资款,乙方应支付的对价作为甲方购买春申公司案涉房屋的价款。

法院审理后认为:正常情况下,无论是无争议的3000万元股权转让款,还是存在争议的2700万元"投资款"即债权转让款,均应由受让股权和债权的蔡某彬、陈某丹、王某城支付。本案当事人通过框架协议和商品房买卖合同的安排,将本应由股权和债权受让方支付的对价,变相交由春申公司支付,即春申公司作为目标公司以公司财产替受让股权和债权的股东支付了对价,而其作为案涉房屋的出卖人未获得相应对价,导致公司法人财产不当减少。原判决结合上述事实,认定框架协议实际上造成抽逃出资、损害春申公司利益的实际效果,应属无效合同,并无明显不当。

7. 无合法正当理由,将出资款项转入公司账户验资后转入第三方账户,再间接转回出资人的构成抽逃出资

案例21 | (2020)最高法民终107号

[法院查明]

亚通公司对澳通公司实缴出资后,短时间内澳通公司即转款给创新公司、

宏通公司,创新公司、宏通公司随即将等额款项转款给亚通公司。而创新公司、宏通公司均已出具证明,称与澳通公司并无商业交易,其收到款项后全部转交亚通公司。

法院审理后认为:(1)亚通公司虽主张该款为亚通公司与宏通公司、创新公司之间经济往来,但未能提供充分证据证明其与创新公司、宏通公司具有真实商业交易或者其他正当汇款事由,应承担举证不能的不利后果。一审判决认定亚通公司抽逃出资并无不当,二审法院予以维持。(2)亚通公司主张澳通公司转款行为是否为亚通公司操控不能予以认定,主要理由是伟升公司委派代表陈某明为澳通公司副董事长、总经理。根据澳通公司章程,陈某明领导公司负责财务工作的相关人员,即伟升公司知晓并同意该转款行为。但是,伟升公司是否知晓、同意转款行为并不能改变亚通公司抽逃出资行为的性质,亦不足以否定行为后果。

在破产程序实务中,管理人往往通过以下三种路径来认定股东是否存在抽逃出资的情形:(1)调查银行流水。比如,有些破产企业的银行流水中能够清晰地显示出股东在进行验资后将出资款项整笔或分多次转走。(2)对财务账簿进行审查。在破产程序中,管理人会对破产企业的财务状况进行详细分析和审计,通过专业的审计机构核实破产企业的财务报表、交易凭证等是否真实。比如,股东常常通过向公司借款的方式达到抽逃出资的目的,这时管理人需要核查股东与公司之间是否存在实质的债权债务关系,特别是对借款的金额与出资的比例、是否约定利息、有无偿还期限、财务上是否作为应收款处理等方面进行调查。(3)审查关联企业之间的关联交易。实务中,管理人需要深入调查破产企业的股东是否存在利用关联交易将出资转出的情形,详细评判关联交易的行为是否价格公平、合理,交易行为是否损害公司权益等。

三、抽逃出资的法律后果

(一)民事责任

1. 股东对公司债务不能清偿的部分在其转移资金的金额及相应利息范围内承担补充赔偿责任

案例22 | (2011)民提字第86号

源润公司前身华泰公司曾向通泰公司投资5000万元,成为通泰公司的股东,并经验资及工商登记变更,通泰公司注册资本从50,000万元增至1亿元。而后通泰公司将2200万元转给案外人孙某国、杨某杰、国臣贸易公司,后孙某国、杨某杰、国臣贸易公司将该款转给国信公司,国信公司又转给源润公司(前华泰公司),且剩余2800万元经通泰公司直接转回源润公司账户。对此转账行为,通泰公司及源润公司均不能提供证据证实系基于其他业务往来而形成的资金流转,亦不能对此转账行为作出合理解释,因此浦发银行主张源润公司即原华泰公司的此行为构成抽逃出资,此事实清楚,于法有据,法院予以支持。由于源润公司的抽逃出资行为损害了通泰公司在公司法规定意义上的独立性,滥用了通泰公司的法人独立地位,侵害了浦发银行的利益,故应当在本案其他被告不能承担贷款偿还责任部分,在其抽逃5000万元注册资金范围内对通泰公司的债务承担补充给付责任。(参见最高人民法院《关于适用〈中华人民共和国公司法〉若干问题的规定(三)》第13条)

2. 抽逃出资股东应返还出资本息

根据最高人民法院《关于适用〈中华人民共和国公司法〉若干问题的规定(三)》第14条的规定,股东抽逃出资,公司或者其他股东可请求人民法院判决其向公司返还出资本息,同时,协助抽逃出资的其他股东、董事、高级管理人员或者实际控制人对此承担连带责任。

抽逃出资的股东在抽逃出资本息范围内对公司债务不能清偿的部分,应由协助抽逃出资的其他股东、董事、高级管理人员或者实际控制人对此承担连带责任。如在(2021)最高法民申4683号案中,李某进未监督股东履行出资义务,放任并协助股东抽逃出资,应对信诺公司的返还出资责任承担连带责任。

3. 股东抽资出逃后,补足注册资金后的责任承担

如果抽逃资金数额不多,不构成犯罪,根据《公司法》第253条的规定,需要缴纳所抽逃出资金额5%以上15%以下的罚款,补齐资金后还要对其他足额缴纳资本金的股东承担相应的违约责任。

但是,股东抽逃出资后,为公司偿付债务,不能直接认定为补足出资。股东没有将款项汇入公司账户,而是个人为公司偿付债务,在没有明确是出资的意思表示的前提下,该款项没有转化为公司的财产,形成的是债权债务关系,并非一概而论成为公司的资本。为公司代付款项,未经法定或章程规定的程序,该款也不能作为其补足出资的款项。不过,若与公司其他股东达成关于将代付款

项作为补足出资的决议,可以认定抽逃出资的股东已履行了补足出资的义务。

同时,针对股东或实际出资人投入公司的资金,需要对投入性质进行明确界定,不能简单地将股东或实际投资人后续对公司投入的资金与其抽逃出资相抵销,甚至以后续投入认定股东或实际出资人不构成抽逃出资。如在(2021)最高法民申5302号案中,抽逃股东曾某治抽逃出资后随即又将166万元转回至顾某毅及永安钛业公司银行账户,但是,就曾某治用于支持其所述转款行为的相关证据而言,无法确认该款项用途,不能必然得出该转款行为系为永安钛业公司补足出资,且不会在曾某治与永安钛业公司之间产生其他债权债务关系的结论。因此曾某治转回166万元的行为并未被认定为补足出资。

4. 特定情况下股东虽抽逃出资,但不构成违约,按照其实际出资额分配公司剩余财产

如在(2021)最高法民申5945号案中,案涉1042万元澳通公司对外转款虽可认定为亚通公司抽逃出资,但伟升公司对此应属明确知晓,且自2007年至2017年起诉的较长时间内,伟升公司均未提出异议,也未要求亚通公司补齐出资。法院认为原判决据此认定双方当事人对亚通公司抽逃出资行为具有默示的一致意思表示,亚通公司不构成违约,并不缺乏事实依据。在不能认定亚通公司构成违约的前提下,原判决判令亚通公司按照其实际出资额分配澳通公司剩余财产,符合法律规定,亦符合公平原则,并无不当。

5. 董事、监事和高级管理人员协助抽逃出资,应承担连带责任

最高人民法院《关于适用〈中华人民共和国公司法〉若干问题的规定(三)》第14条第1款规定:“股东抽逃出资,公司或者其他股东请求其向公司返还出资本息、协助抽逃出资的其他股东、董事、高级管理人员或者实际控制人对此承担连带责任的,人民法院应予支持。”上海市高级人民法院在(2020)沪民终346号民事判决书中认为,股东完成出资后,出资款的所有权即已相应转移到公司,股东抽逃出资实质上侵犯了公司所有权,就行为性质而言属于侵权行为,若其他股东、高级管理人员等人员协助股东实际抽逃出资,构成共同侵权行为,应当与该股东承担连带责任。

司法实践中,股东、董事和高级管理人员协助抽逃出资的手段较多,具有代表性的案例如下:

(1)公司仅有两名股东,担任公司总经理兼财务负责人的股东协助另一股

东抽逃出资具有高度可能性。广东省深圳市中级人民法院在(2021)粤03民初1073号民事判决书中认为:被告刘某民系鑫泰扬公司股东、法定代表人、总经理,负有管理鑫泰扬公司财务的职责。股东已投入公司的出资从公司账户再次转出,需要公司同意和配合。鑫泰扬公司仅有两名股东,刘某民作为公司的股东、法定代表人、总经理,协助、配合另一股东刘某萍抽逃出资具有高度可能。原告鑫泰扬公司诉请刘某民对刘某萍返还出资本息的责任承担连带责任,法院予以支持。

(2)作为公司股东的两名主要负责人无法举证证明抽逃出资系他人所为,可认定系两股东抽逃出资并承担连带责任。上海市高级人民法院在(2020)沪民终346号民事判决书提出,两股东分别作为倪可公司监事及法定代表人,无法举证证明抽逃出资行为系他人所为,从常理推断对出资已抽逃的客观结果必须依靠二人相互协助、共同配合才能完成,且曹某、余某军作为倪可公司的发起人股东,本身对公司出资的抽逃即负有相互填补义务,故两股东应对返还出资互负连带责任。

(3)两名股东的出资款来源一致,同步实施抽逃行为,资金流向一致,应当认为共同协助。上海市第三中级人民法院在(2021)沪03民初442号民事判决书中认为,两被告作为公司股东,增资来源一致,且同步实施抽逃行为,共同违反法定出资义务,应当认定为相互协助,共同实施抽逃出资行为,并对返还出资本息的义务互相承担连带责任。

6. 足额实缴出资后抽逃出资的,不得要求其他发起人股东对股东返还出资款承担连带责任

如浙江省高级人民法院在(2016)浙民再8号民事判决书中认为,根据最高人民法院《关于适用〈中华人民共和国公司法〉若干问题的规定(三)》第13条第3款"股东在公司设立时未履行或者未全面履行出资义务,依照本条第一款或者第二款提起诉讼的原告,请求公司的发起人与被告股东承担连带责任的,人民法院应予支持"的规定,因本案柏莱公司设立时原三发起人股东张某斐、张某伟、张某平的出资义务均已履行完毕,并非未履行或者未全面履行,故柏莱公司据此请求张某斐、张某伟、张某平对各自抽逃出资的返还负连带责任,不能成立。

7. 股东抽逃出资后转让股权，受让股东应否对原股东返还出资款义务承担连带责任

观点一：受让股东不承担出资责任。北京市第一中级人民法院在（2022）京01民初31号民事判决书中认为：抽逃出资系股东履行出资义务并经法定验资程序后又将所缴出资暗中抽回，出资行为与抽回出资行为是同时存在的，履行出资的义务已经完成。据此，金亦璟公司依据最高人民法院《关于适用〈中华人民共和国公司法〉若干问题的规定（三）》第18条的规定，要求受让股东张某对原股东的抽逃出资行为承担连带责任的诉请，缺乏法律依据，法院不予支持。

观点二：受让股东无偿受让股权，又不能作出合理解释的，应视为明知转让股东未实际缴纳出资，受让股东应对原股东的抽逃出资承担连带责任。在（2021）沪03民初63号民事判决书中，法院将抽逃出资行为认定为“虚假出资”，从而进一步适用最高人民法院《关于适用〈中华人民共和国公司法〉若干问题的规定（三）》第18条的规定，进而判决受让股东承担连带责任。本观点与观点一截然相反。广东省深圳市中级人民法院在（2020）粤03民初4644号民事判决书中亦持此观点。

观点三：应举证证明股权受让方明知出让方抽逃出资。江苏省苏州市中级人民法院在（2021）苏05民终484号民事判决书中认为：苏州润扬公司未能提交充分证据证明沈某雄作为股权受让方主观上明知或应知江苏润扬公司存在抽逃出资的行为，故苏州润扬公司提出的沈某雄对江苏润扬公司在1000万元出资本息范围内应当承担连带责任的上诉主张没有法律依据，法院不予采纳。

需要注意的是，观点三与观点二较为类似，都对最高人民法院《关于适用〈中华人民共和国公司法〉若干问题的规定（三）》第18条的适用情形“未履行或者未全面履行出资义务”进行了扩大解释，以使明知前手实施“抽逃出资”行为仍受让股权的股东承担相应的法律责任。

笔者认为，抽逃出资与未履行或未全面履行出资义务的区别在于，前者采取积极手段逃避出资义务，后者系消极地不履行义务。但是，两种行为皆违反了公司法的资本充实原则，都根本地损害了公司及债权人的利益。据此，要求明知原股东抽逃出资的受让股东对出资承担连带责任，符合法律规定。

（二）刑事责任

《刑法》第159条规定："公司发起人、股东违反公司法的规定未交付货币、实物或者未转移财产权，虚假出资，或者在公司成立后又抽逃其出资，数额巨大、后果严重或者有其他严重情节的，处五年以下有期徒刑或者拘役，并处或者单处虚假出资金额或者抽逃出资金额百分之二以上百分之十以下罚金。单位犯前款罪的，对单位判处罚金，并对其直接负责的主管人员和其他直接责任人员，处五年以下有期徒刑或者拘役。"

全国人民代表大会常务委员会《关于〈中华人民共和国刑法〉第一百五十八条、第一百五十九条的解释》（2014年4月24日第十二届全国人民代表大会常务委员会第八次会议通过）规定，《刑法》第158条、第159条的规定，只适用于依法实行注册资本实缴登记制的公司。

最高人民检察院、公安部《关于公安机关管辖的刑事案件立案追诉标准的规定（二）》第4条规定了虚假出资、抽逃出资的立案标准，具体如下："〔虚假出资、抽逃出资案（刑法第一百五十九条）〕公司发起人、股东违反公司法的规定未交付货币、实物或者未转移财产权，虚假出资，或者在公司成立后又抽逃其出资，涉嫌下列情形之一的，应予立案追诉：（一）法定注册资本最低限额在六百万元以下，虚假出资、抽逃出资数额占其应缴出资数额百分之六十以上的；（二）法定注册资本最低限额超过六百万元，虚假出资、抽逃出资数额占其应缴出资数额百分之三十以上的；（三）造成公司、股东、债权人的直接经济损失累计数额在五十万元以上的；（四）虽未达到上述数额标准，但具有下列情形之一的：1. 致使公司资不抵债或者无法正常经营的；2. 公司发起人、股东合谋虚假出资、抽逃出资的；3. 二年内因虚假出资、抽逃出资受过二次以上行政处罚，又虚假出资、抽逃出资的；4. 利用虚假出资、抽逃出资所得资金进行违法活动的；（五）其他后果严重或者有其他严重情节的情形。本条只适用于依法实行注册资本实缴登记制的公司。"

从上述法律规定可以看出，《刑法》规定的虚假出资、抽逃出资罪仅适用于注册资本实缴登记制的公司，而目前大部分公司属于认缴登记制，仍然适用实缴登记制的公司仅限于银行业金融机构、证券公司、期货公司、基金管理公司、保险公司等特殊行业，故虚假出资、抽逃出资罪的适用范围较小，仅在上述特殊行业的公司破产的过程中可能得到适用。

四、管理人对于股东抽逃出资的处理

1. 在发现股东存在抽逃出资的情况时，管理人可以向该股东发送催告返还出资款项的函件，要求股东返还。

2. 若该股东不配合返还出资或向管理人作合理说明及提交相关证据材料仍无法证明的，管理人可依据最高人民法院《关于适用〈中华人民共和国企业破产法〉若干问题的规定（二）》第 22 条第 2 款，向该股东提起诉讼主张返还抽逃的出资本息。

3. 若管理人核查到有协助股东抽逃出资的其他股东、董事、高级管理人员或实际控制人等，则应当对其和该股东一并提起诉讼，要求其对该股东返还抽逃出资本息的义务承担连带责任。

4. 银行业金融机构、证券公司、期货公司、基金管理公司、保险公司等特殊行业适用注册资本实缴登记制的公司，管理人可核查发起人、股东是否构成虚假出资、抽逃出资罪，是否应当承担相应刑事责任。

五、2023 年《公司法》出资制度修订对企业及破产管理人的影响

（一）2023 年《公司法》修订内容

限制认缴出资及出资加速到期制度是 2023 年《公司法》修订中重大变革之一，2023 年《公司法》将股东的出资期限限制在“自公司成立之日起五年内缴足”，并且规定在公司不能清偿到期债务的情况下，债权人也可以要求股东提前缴纳出资（见表 1）。

表 1 《公司法》修订内容对比

序号	2018 年《公司法》	2023 年《公司法》
1	第二十六条　有限责任公司的注册资本为在公司登记机关登记的全体股东认缴的出资额。法律、行政法规以及国务院决定对有限责任公司注册资本实缴、注册资本最低限额另有规定的，从其规定。	第四十七条第一款　有限责任公司的注册资本为在公司登记机关登记的全体股东认缴的出资额。全体股东认缴的出资额由股东按照公司章程的规定自公司成立之日起 5 年内缴足。 第五十四条　公司不能清偿到期债务的，公司或者已到期债权的债权人有权要求已认缴出资但未届出资期限的股东提前缴纳出资。

续表

序号	2018 年《公司法》	2023 年《公司法》
2		第八十八条　股东转让已认缴出资但未届出资期限的股权的，由受让人承担缴纳该出资的义务；受让人未按期足额缴纳出资的，转让人对受让人未按期缴纳的出资承担补充责任。未按照公司章程规定的出资日期缴纳出资或者作为出资的非货币财产的实际价额显著低于所认缴的出资额的股东转让股权的，转让人与受让人在出资不足的范围内承担连带责任；受让人不知道且不应当知道存在上述情形的，由转让人承担责任。

（二）修订对破产实务的影响

1. 依据 2018 年《公司法》，债权人想要通过追究债务人股东的认缴出资义务实现自身债权，必须满足企业已进入破产或具备破产原因的前置条件。因此实务中，债权人为追索股东的认缴出资义务，大多会申请对债务人企业进行破产或依据《全国法院民商事审判工作会议纪要》第 6 条，在债务人企业已具备破产原因但不申请破产的情形下，要求未届出资期限的股东在未出资范围内对公司不能清偿的债务承担补充赔偿责任。而 2023 年《公司法》限制认缴出资及出资加速到期制度的变化，意味着债权人对债务人企业未履行出资义务的股东进行追索的主要方式，将不再以破产程序或具备破产原因为前置要求，而是可以选择用出资加速到期之诉的方式进行追索，由破产程序转变为程序上更简便易行的诉讼执行程序，通过破产程序追索股东出资义务的情形将大幅减少。

2. 2023 年《公司法》第 88 条清晰地明确了出资期限届满前和届满后转让出资的欠缴义务划分，避免了对最高人民法院《关于适用〈中华人民共和国公司法〉若干问题的规定（三）》“未履行或者未全面履行出资义务”的理解歧义，对管理人或清算组追缴欠缴出资明确了诉讼方向，更具有可操作性。

（三）企业及破产管理人的应对之策

一方面，企业出资人因认缴出资数额较大而未实缴或未完全实缴出资的，企业应根据经营状况及时办理减资手续，避免公司陷入纠纷导致认缴出资人需提前缴纳出资，从而使个人或企业陷入困境。

另一方面，2023 年《公司法》增加的出资加速到期制度为企业债务追偿提供了新的途径，企业或管理人应及时核查未清偿到期债务的债务人是否存在股东未完全实缴出资的情形，并采取措施，通过诉讼执行程序要求债务人出资人提前缴纳出资，从而降低追偿成本。需要注意的是，当债务人公司仅有一个债权人时，要求股东提前出资，进而获得清偿是最为直接有效的途径。然而，在存有多个债权人的情况下，需要考虑股东加速出资入库后，能否控制并获得清偿。否则，运用原有救济途径，通过破产程序或在债务人企业具备破产原因时，依据最高人民法院《关于民事执行中变更、追加当事人若干问题的规定》第 17 条的规定，追加未出资股东为被执行人更为有效。

笔者观点

综上所述，通过司法实践案例能够了解到，在破产程序中，管理人对股东抽逃出资的认定情形、管理人如何处理、责任承担的情形，另外，2023 年《公司法》增加的出资加速到期制度为企业债务追偿提供了新的途径，企业或管理人可以通过诉讼执行程序要求债务人出资人提前缴纳出资，从而降低追偿成本。未来，通过上述司法实践的案例经验以及 2023 年《公司法》增加的债务追加新的途径，管理人能够更加妥善处理追缴抽逃出资事宜，将可以更为有效地维护债务人、债权人的权益，亦有助于提高破产案件的推进效率，更有效地营造良好的营商环境。

4

确认债务人行为无效纠纷

洪　瑜

规定索引

《中华人民共和国企业破产法》

第十六条　人民法院受理破产申请后,债务人对个别债权人的债务清偿无效。

第三十三条　涉及债务人财产的下列行为无效:

(一)为逃避债务而隐匿、转移财产的;

(二)虚构债务或者承认不真实的债务的。

第三十四条　因本法第三十一条、第三十二条或者第三十三条规定的行为而取得的债务人的财产,管理人有权追回。

《最高人民法院关于适用〈中华人民共和国企业破产法〉若干问题的规定(二)》

第十七条　管理人依据企业破产法第三十三条的规定提起诉讼,主张被隐匿、转移财产的实际占有人返还债务人财产,或者主张债务人虚构债务或者承认不真实债务的行为无效并返还债务人财产的,人民法院应予支持。

《上海市破产管理人协会破产案件管理人工作指引(试行)》

第四十五条　(撤销权行使)管理人发现债务人财产属于《企业破产法》第三十一条、第三十二条和第三十三条规定情形的,应当书面通知有关相对人返还财产或不当利益。经催告,相对人拒不返还的,管理人应当及时按《破产法司法解释(二)》第九条的规定提起诉讼。

《上海市高级人民法院、中国人民银行上海分行关于合作推进企业重整优化营商环境的会商纪要》

10.(破产财产划转)金融机构依据管理人提供的人民法院受理破产申请裁定书、指定管理人决定书,及时将破产企业在该受理银行开立的账户内款项划入管理人账户。在破产程序中,金融机构债权人依法处理与破产企业的债权债务,不得私自扣划破产企业账户资金。金融机构债权人存在《中华人民共和国企业破产法》第十六条和第三十二条规定情形的,应将相关款项返还至管理人账户。

《中华全国律师协会律师担任破产管理人业务操作指引》

20.1 管理人发现债务人为逃避债务而隐匿、转移财产的,管理人应当要求因该行为而取得财产的相对人返还财产。相对人拒绝返还或者对管理人要求有异议的,管理人可以向人民法院提起诉讼。

问题的提出

《最高人民法院关于企业破产法司法解释理解与适用》中有以下观点。

1. 为逃避债务而隐匿、转移财产行为

隐匿是指将债务人财产秘密藏匿或转移至他人无法找到或自认为他人无法找到的处所,或者隐瞒不报债务人财产,使之不能依破产程序被管理人接管和处分。对隐匿的财产应作广义理解,包括财产与财产性权利,如对债权的隐匿不报等。隐匿财产的行是多种多样的,既包括积极藏匿财产的行为,也包括消极隐瞒的行为,如对财产不在财务报表上作相应记载或者作不真实的记载,对财产去向隐匿不报,在接受有关财产情况的询问时不如实回答等。隐匿并不以转移财产所在地为要件,只要是秘密藏匿,意欲不被管理人、债权人和司法机关知晓,不论财产留在原处还是转藏他处,均构成隐匿行为。根据《企业破产法》第 8 条、第 11 条的规定,债务人提出破产申请时,或债权人提出的破产申请被人民法院受理时,债务人应当向人民法院提供财产状况说明等证据材料。凡债务人未将企业财产列入财产清单的，在没有相反证据的情况下，均属于隐匿财产的行为。

转移财产是指将债务人企业的财产转移至原所在地之外或债务人企业的控制之外，使管理人无法接管和处分。转移必涉及财产的移动，所以其适用的范围一般为动产。若从广义上讲，隐匿财产可以涵盖转移财产行为，只不过“转移财产”不强调其行为的秘密性。通常，被隐匿、转移的财产仍处于债务人或债务人的控制人如法定代表人、高级管理人员的直接或间接控制之下，完全摆脱债务人控制的，则有可能构成财产的非法赠与、转让行为。

2. 虚构债务或者承认不真实的债务的行为

虚构债务或者承认不真实的债务的行为也属于无效行为。由于债务人在破产之时其全部财产已不足以清偿债务，此时债务的虚假增加对其本人已经没有实际利益影响，损害的只是其他债权人的利益。所以，债务人就可能通过虚构债务或者承认不真实的债务，恶意串通，向其他人转移利益，变相抽逃财产，逃避债务，对此种欺诈行为应加以严厉打击。“虚构债务或者承认不真实的债务”不仅为破产法所不允许，在民事诉讼法上，也将被视为虚假诉讼来处理。2008 年，浙江省高级人民法院发布了《关于在民事审判中防范和查处虚假诉讼案件的若干意见》，将虚假诉讼界定为“民事诉讼各方当事人恶意串通，采取虚构法律关系、捏造案件事实方式提起民事诉讼，或者利用虚假仲裁裁决、公证文书申请执行，使法院作出错误裁判或执行，以获取非法利益的行为”，并特别强调法院在审判中应特别关注“已经资不抵债的企业、其他组织、自然人为被告的财产纠纷案件”中的虚假诉讼行为。《民事诉讼法》第 115 条规定，当事人之间恶意串通，企图通过诉讼、调解等方式侵害他人合法权益的，人民法院应当驳回其请求，并根据情节轻重予以罚款、拘留；构成犯罪的，依法追究刑事责任。第 116 条规定：“被执行人与他人恶意串通，通过诉讼、仲裁、调解等方式逃避履行法律文书确定的义务的，人民法院应当根据情节轻重予以罚款、拘留；构成犯罪的，依法追究刑事责任。”

实践中，在法院受理针对债务人提出的破产申请前，债务人可能存在为逃避债务而隐匿、转移财产或虚构债务、承认不真实的债务的行为。而在法院受理破产申请后，出于债务人人员下落不明、人员不积极配合、财产状况不清等多种原因，管理人往往可能无法在第一时间接收到或接收齐全债务人开立的所有银行账户的网银 U 盾、债务人公章、营业执照等重要物品，未能及时划转债务人银行账户中的余款，从而未能避免债务人在法院受理破产申请后仍能够继续使用公司银行账户发生交易行为。

当管理人发现债务人存在上述两种类型的异常交易后，按照《企业破产法》第 34 条和最高人民法院《关于适用〈中华人民共和国企业破产法〉若干问题的规定（二）》（以下简称《企业破产法司法解释二》）第 17 条的规定，管理人有权以个别清偿的债权人，被隐匿、转移财产的实际占有人或虚构、不真实债务的债权人为对象，以确认债务人行为无效纠纷为案由提起诉讼。

但在许多该等纠纷案件中，管理人请求确认债务人行为无效的诉求因各种原因并未得到法院支持，因此，本文将结合司法实务，归纳总结法院对于这类案件的常见裁判规则，供广大管理人机构参考，以期为管理人机构提供一定诉讼思路。具体而言，司法实践中，请求确认债务人行为无效纠纷案件中常见的争议焦点如下：

1. 案件是否已过诉讼时效。
2. 债务人的对外付款行为是否无效。
3. 债务人转让子公司股权的行为是否无效。
4. 如何判断破产申请受理后债务人向个别债权人清偿的行为是否无效。

司法实践

一、案件是否已过诉讼时效

根据《最高人民法院民事案件案由规定理解与适用》中的解读，管理人请求法院确认债务人行为无效，随之而来的法律后果应当为，债务人的违法行为随着破产程序的启动而被人民法院认定无效后，该等行为自始无效，而不因当事人的承认、除斥期间、诉讼时效经过或者无效原因消灭而成为有效。确认债务人行为无效纠纷应当与破产撤销权纠纷及请求撤销个别清偿行为纠纷相区别，破产撤销权纠纷及请求撤销个别清偿行为纠纷并不涉及国家对违法行为的主动干预与制裁，更为注重当事人的意思自治，是否选择撤销可由权利人自行选择。

在现行的企业破产案例中，部分债务人借助隐匿、转移资产或虚构债务等手段来逃避债务,侵犯债权人的正当权益,这一问题仍然显著。对于债务人的这些行为,无论何时发生,任何人均有权主张其无效,从而才能更有效地保障所有债权人的合法权益。另外,根据民事法律的基本原则,无效行为是因其本质具有违法性,所以自始不发生法律效力的行为。无效行为无论何时发现,均可追回被行为人非法处分的财产,而且任何人均可主张其行为无效,人民法院也应主动进行审查,不以利害关系人提出请求为认定行为无效、追回财产的前提。但是,在破产司法实践中,法院很难发现所有的无效行为,因此,《企业破产法》赋予了管理人追回债务人财产的权限。

案例1 | (2021)粤06民初18号

[审理法院]

广东省佛山市中级人民法院

[裁判要旨]

破产法上的无效行为,是指债务人实施的有害于债权人整体利益的行为,该行为在法律上被认定为不发生法律效力,自始无效,不因当事人的承认、除斥期间、诉讼时效的经过或者无效原因的消灭而成为有效。

[案情简介]

因未发现付款依据,广东伟雄集团有限公司管理人于2021年1月向佛山市三水永明实业有限公司(以下简称被告)提出确认债务人行为无效纠纷,请求法院确认债务人于2010年通过银行转账方式向被告支付400万元的行为无效,并提交付款凭证、分类账、付款通知单、业务回单作为证据。被告以2010年的该次转款行为并不构成《企业破产法》第33条规定的无效行为为由,认为债务人管理人的诉求已经超过法定诉讼时效期限。

[裁判观点]

关于本案是否超过诉讼时效的问题。破产法上的无效行为,是指债务人实施的有害于债权人整体利益的行为,该行为在法律上被认定为不发生法律效力,自始无效,不因当事人的承认、除斥期间、诉讼时效的经过或者无效原因的消灭而成为有效。本案系管理人对广东伟雄集团有限公司2010年12月21日实施的转账行为提起请求确认该行为无效的民事纠纷,故不受诉讼时效的影响。被告有关本案已超过诉讼时效的主张,缺乏依据,法院不予采纳。

案例2 ｜ (2022)湘03民终6号

[审理法院]

湖南省湘潭市中级人民法院

[裁判要旨]

破产法上的无效行为，是指债务人实施的有害于债权人整体利益的行为，该行为在法律上被认定为不发生法律效力，自始无效，不受诉讼时效的限制。

[案情简介]

2016年1月28日，债务人湖南纳新印刷技术发展有限公司向被告沈某燕支付1,498,865元款项，管理人认为该等交易系基于债务人法定代表人虚构的债务而产生的，因此该等支付行为应属无效。被告在二审中以债务人支付行为已过诉讼时效为由进行答辩，认为在没有其他法律法规或司法解释特别规定的情况下，《民法典》关于诉讼时效的规定不应当被突破，本案明显已经超过了3年的诉讼时效，管理人的诉讼请求应当被驳回。

[裁判观点]

关于本案是否超过诉讼时效。破产法上的无效行为，是指债务人实施的有害于债权人整体利益的行为，该行为在法律上被认定为不发生法律效力，自始无效，不受诉讼时效的限制。因此，沈某燕主张本案超过诉讼时效的上诉理由不能成立，法院不予支持。

二、债务人的对外付款行为是否无效

通常而言，管理人在调取债务人的银行账户流水后，往往会结合从债务人处接收到的合同资料和财务会计凭证等资料来判断债务人是否存在《企业破产法》第16条或第33条所述的无效交易行为。如果在核查过程中未发现个别交易的交易依据（如合同或订单等书面文件），或个别交易的交易对价明显不合理、溢价严重或价格过低，都可能导致管理人对于该等交易的真实性或其背后的真实交易目的产生一定的疑问，从而提出确认债权人行为无效纠纷。

但结合法院的裁判案例来看，鉴于无效行为的确认对破产程序启动前的交易安全具有重要影响，法院在宣告无效行为时，也将遵循合法性和审慎性原则，既要保证无效行为制度对恶意破产行为产生足够的威慑力，又不能忽视对善意第三方的合法权益的保护。法院在面对这类案件时,由于案涉金额大多偏高,同时涉及被诉一方是否应当退回交易款项,如果管理人仅仅是以上述未见交易依据或交易价格不合理等理由提起诉讼,而未能提供充分证据加以佐证,法院往往难以支持管理人的诉请。上海市第三中级人民法院在一个案例中明确论述了认定债务人行为符合《企业破产法》第 33 条所需满足的三个方面的要件,即需有逃避债务的主观恶意目的,需有实际的行为,需产生对债权人不利的后果。而此前所述的未见交易依据或交易价格不合理等理由,仅针对的是第二项要件,债务人实施了不当转移财产的行为,因此对于管理人而言仍需要进一步完善证据。

上述这三方面要件对于管理人在提供证据方面,首先,应当证明债务人在发生该等交易行为时已经存在资不抵债的情况,如果仅是存在负债,法院倾向于认为是公司经营过程中的正常盈亏,尚不足以证明债务人存在逃避债务的目的。但《最高人民法院关于企业破产法司法解释理解与适用》一书中也提到,虽然法律规定,应认定为无效的是“为逃避债务”而隐匿、转移财产的行为,但即使债务人是出于其他动机,不是“为逃避债务”而隐匿、转移财产,同样应是无效行为,但目前上海法院的主流裁判思路仍以“为逃避债务”为前提。

其次,需要证明债务人存在将其财产予以隐瞒和藏匿的行为或将财产转移到他处以减少其所有财产的行为,这一要件往往是管理人提起诉讼的前提,管理人提供银行流水记录或财务凭证等即可完成举证。

最后,针对对债权人产生不利后果这一要件,即需要证明债务人财产总额实际发生了减少,因为财产总额的减少意味着可分配财产的减少,而可分配财产的减少势必意味着降低债权人的获清偿率。因此,对管理人来说还需总体核查债务人各个银行账户的流水,确认是否与被诉另一方或相关关联方存在其他往来,避免发生虽然存在案涉交易,但双方之间在其他时段还存在其他反向交易,债务人的财产总额实际未发生变化的情况。例如,在上海九威清算事务有限公司与上海沃赛信息技术有限公司请求确认债务人行为无效纠纷[(2021)沪 03 民初 657 号]这一案件中,虽然债务人与其关联公司之间为走账而发生多次无交易依据的往来,但在法院综合调取这些关联企业间所有的明细往来后,确认债务人财产总额并未减少,同时确认不存在逃避债务的恶意。

尽管如此,因现实中并非所有管理人都可以全面接收债务人的资料,因材料丢失或债务人人员不配合等原因,大多数情况下管理人无法按照上述标准提供证据,只能先行将转款凭证、债务人财务报表、审计报告等资料作为证据提交至法院起诉。在审理过程中,法院会根据诉讼双方提供的证据综合判断案涉交易的实际性质,如果法官在综合查看相关证据后认为相关交易确无合理理由进行支撑,法官也会相应要求被告进一步提供证据证明交易的合理性,在此情况下,若被告一方无法完成举证,则管理人收回债务人财务的概率将进一步扩大。

案例3 | (2021)沪0117民初2983号(一审)、(2022)沪03民终104号(二审)

[审理法院]

上海市松江区人民法院、上海市第三中级人民法院

[裁判要旨]

若要认定无效行为,则需满足以下要件:一是债务人存在主观恶意,以逃避债务为目的;二是债务人存在将其财产予以隐瞒和藏匿的行为或将资金的财产转移到他处以减少其所有财产的行为;三是该行为导致债务人财产减少、损害债权人利益。

[案情简介]

凡学(上海)教育科技有限公司(以下简称凡学教育公司)管理人以债务人在自身存在严重亏损的情况下,仍以不合理高价收购股权为由提起请求确认债务人行为无效纠纷。管理人提交了资产负债表、利润表、现金流量表等财务资料及审计报告,用于证明债务人在收购股权时存在大量负债。

[裁判观点]

一审法院认为,根据破产法的规定,无论是隐匿财产还是转移财产的行为,要成为无效的行为,必须是以逃避债务为目的的行为。也就是说,破产法中的无效行为必须是债务人在主观上表现为故意的行为,如果债务人转移财产是债务人正常的生产经营活动的需要,而不是为了逃避债务,则该行为不属于破产法中的无效行为。涉案股权转让行为不属于《企业破产法》第33条第1项规定的无效情形,理由在于:第一,涉案交易发生时,凡学教育公司不存在大量需要逃避的债务。第二,涉案交易是为了公司正常生产经营和扩大规模,并非为了逃避债务。第三,涉案交易的对价尚属合理。

二审法院认为,《企业破产法》第33条规定,“涉及债务人财产的下列行为无效:(一)为逃避债务而隐匿、转移财产的……”对于该条,该院认为若要认定无效行为,则需满足以下要件:一是债务人存在主观恶意,以逃避债务为目的;二是债务人存在将其财产予以隐瞒和藏匿的行为或将资金的财产转移到他处以减少其所有财产的行为;三是该行为导致债务人财产减少、损害债权人利益。本案中,凡学教育公司在2015年至2016年处于飞速发展阶段,市场估值较高,公司经营是一个动态过程,既存在负债也存在债权或市值,凡学教育公司虽在当时存在负债,但不存在到期不能清偿债务的情形,故上诉人主张凡学教育公司股权转让的行为是以逃避债务为目的的证据不足,无法支持。

案例4 | (2021)沪03民初600号

[审理法院]

上海市第三中级人民法院

[裁判要旨]

公司在2019年11月之前,已存在资不抵债、无法清偿对外债务的情形。结合被告在法院受理北高公司破产清算前一年内频繁将上海北高电气成套设备有限公司(以下简称北高公司)账户款项转移并私自收取债权人货款未入账的情况。原告主张,北高公司向被告转出款项系被告利用职务之便为逃避债务而隐匿和转移财产的行为,具有高度盖然性。

[案情简介]

北高公司管理人因债务人在破产申请受理前一年内与债务人法定代表人之间存在大量大额款项往来,且双方之间转账均未就款项性质进行备注而提起确认债务人行为无效纠纷。北高公司管理人同时提供债务人基本户银行流水、转账截图等证据用于证明转账行为的无效性。

[裁判观点]

本案审查的关键在于,上述汇款是否为债务人为逃避债务而隐匿、转移财产的行为。首先,从被告的身份来看,被告在北高公司经营期间,对北高公司实际经营和管理。法院注意到,2016年1月至2020年12月,北高公司和被告账户之间有大额的款项往来,从银行流水来看,双方之间转账均未就款项性质进行备注,故无法判断系争款项转出基于真实存在的法律关系。在这些转账中,有多笔款项是在案外人向北高公司汇款后，当天即全额转账至被告账户，不能排除被告将案外人向北高公司清偿款项进行转移的可能。被告从北高公司获取财产已达1,354,912元，远远超过了2019年11月至2020年11月北高公司向被告账户汇款的金额，故不能排除被告利用担任北高公司法定代表人的身份，将财产转移至个人名下的非法目的。其次，从北高公司对外债务形成来看，北高公司在2019年11月之前，已存在资不抵债，无法清偿对外债务的情形。结合被告在法院受理北高公司破产清算前一年内频繁将北高公司账户款项转移并私自收取债权人货款未入账的情况。原告主张，北高公司向被告转出款项系被告利用职务之便为逃避债务而隐匿和转移财产的行为，具有高度盖然性。

案例5 | (2021)沪03民初657号

[审理法院]

上海市第三中级人民法院

[裁判要旨]

首先，从资金来源及流转情况来看，涉案六笔转账并未直接减少上海港潮房地产开发有限公司(以下简称港潮公司)固有的现金。其次，涉案六笔转账未减少港潮公司对外债权，也并未导致港潮公司产生新的债务。六笔转账涉及主体的股东之间存在交叉关系，上海广昊房产集团有限公司(以下简称广昊集团)也认可股东之间存在亲属关系。被告辩称本案所涉六笔转账系广昊集团及关联公司为银行贷款进行的内部走账具有高度盖然性。在原告未能提供证据进一步证明涉案转款行为性质时，原告应当承担举证不利的法律后果。

[案情简介]

港潮公司管理人于2020年接管债务人公司后，发现该公司于2014年向被告通过银行存款划款25,115,000元，但财务凭证后未附有任何支撑该经济行为的相关依据，银行划款备注为“往来款”。管理人以该等转账行为缺乏合法依据，系虚构债务，应属无效为由要求被告返还该等款项。被告在诉讼中辩称，案件标的款项系广昊集团内部关联公司之间的走账，且款项流出后最终回到了转出的公司主体处，并非虚构债务、逃避债务或转移财产，不构成无效的法律行为。

[裁判观点]

本案的争议焦点为债务人向被告转账的行为是否系为了逃避债务而隐匿

转移公司财产的行为。对此,法院认为可以从以下几个方面予以综合判断。首先,从资金来源及流转情况来看,根据银行交易明细,港潮公司确系向被告进行了转账,但根据涉案完整的银行明细来看,相应款项最终都回到了转账发起人手中。可见,涉案六笔转账并未直接减少港潮公司固有的现金。其次,从涉案主体出具的证明及法院调查情况来看,六笔转账涉及的主体除广昊集团和广昊贸易公司外,其余主体均向法院出具证明用以说明本案所涉转账真实目的系用于银行走账,故他们也未向相应的转账公司申报债权。萨高公司和广昊集团作为向港潮公司转款的直接主体,萨高公司已明确表示不向港潮公司申报债权,广昊集团表示港潮公司亦会根据核查的实际情况对广昊集团申报的债权予以调整。可见,涉案六笔转账未减少港潮公司对外债权,也并未导致港潮公司产生新的债务。最后,从涉案主体的工商信息情况以及当事人陈述来看。六笔转账涉及主体的股东之间存在交叉关系,广昊集团也认可股东之间存在亲属关系。被告辩称本案所涉六笔转账系广昊集团及关联公司为银行贷款进行的内部走账具有高度盖然性。在原告未能提供证据进一步证明涉案转款行为性质时,原告应当承担举证不利的法律后果,故法院对被告的辩称予以采信。

三、债务人转让子公司股权的行为是否无效

债务人资产包括有形资产与无形资产,其中由债务人持股的子公司股权属于债务人无形资产的一部分,如果债务人在公司已经出现资不抵债的情况下仍以不合理价格转让子公司股权,该等行为应属无效。具体来说,法院在判断转让股权行为是否无效时,通常会将三方面因素纳入考量,分别是转让时点、转让价格及受让方是否具有主观故意。

首先,公司应当已经资不抵债,如果转让行为发生在破产申请受理后,则毋庸置疑公司已经满足这一要件;如果转让行为发生在破产申请受理前,则管理人还需证明届时公司已经出现了无法清偿债权人债权的情况。

其次,股权的转让价格应为不合理低价。在判断转让价格是否合理时,法院通常会一并核查案涉子公司的注册资本实缴情况以及实际经营情况,从而进行综合判断。0 元转让通常只出现在注册资本未实缴且公司整体呈亏损状态的情况下,而在公司注册资本已经部分或全部实缴,且公司处于正常经营的情况下,被转让的公司股权应当已经产生了一定溢价,股权价值不应当局限于注

册资本实缴部分。因此，在此时，即便是以平价进行转让，也可能被认定为不合理低价。除此之外，需要管理人注意的是，在一些特殊情况下，即便股权转让方与受让方以合理价格签署了股权转让协议，且已经办理完毕相关变更登记，管理人也依旧需要核查债务人账户是否实际收到了合同载明股权转让金额的价款。

最后，股权受让方应当具备帮助债务人隐匿财产的主观故意。有案例显示，若股权受让方与债务人之间存在关联关系，则法院将推定受让方对债务人的财产状况明知，从而认定其具有主观故意。

案例6 ｜ (2021)沪0118民初18683号

[审理法院]

上海市青浦区人民法院

[裁判要旨]

根据《企业破产法》第33条第1项的规定，涉及债务人财产的无效行为包括为逃避债务而隐匿、转移财产，是债务人通过隐瞒债务人财产的信息，将财产置于隐蔽场所或者改变财产的物理位置的方式，从而使管理人不能有效控制、接管债务人的财产的行为，需要债务人及受让方均有主观上隐匿的故意。

[案情简介]

经绿驰汽车科技集团有限公司（以下简称绿驰集团公司）管理人核实调查，债务人有关人员不仅未在法院受理破产案件后依法履行妥善管理债务人财产资料的法定义务，反而利用法院受理破产案件与正式指定管理人的时间差，于2021年5月25日签订股权转让协议，约定将原告的全资子公司江西A有限公司60%的股权作价人民币34.83万元转让给被告，并于同日完成工商登记变更，前述股权转让行为显然是为逃避债务而隐匿、转移财产的行为。被告辩称是在不知情的情况下受让的股权。

[裁判观点]

根据《企业破产法》第33条第1项的规定，涉及债务人财产的无效行为包括为逃避债务而隐匿、转移财产，这是债务人通过隐瞒债务人财产的信息、将财产置于隐蔽场所或者改变财产的物理位置的方式，从而使管理人不能有效控制、接管债务人的财产的行为，需要债务人及受让方均有主观上隐匿的故意。本案中，从绿驰集团公司角度来看，破产公司在破产申请受理后应妥善保管公司资产、印鉴、财务账册等材料，并及时移交给管理人，但绿驰集团公司不但未妥善保管、移交，反而利用保管印鉴之便利将持有的项目公司股权转让给被告，亦未获得股权转让对价，该行为客观上将导致管理人无法接手、处置该部分公司财产，亦会影响全体债权人的利益。从被告角度来看，被告作为受让方理应积极了解债务人经营状况，从原、被告及原告股东之间的关系看，应视为被告在明知绿驰集团公司已经破产的情况下仍受让股权，法院认定其受让股权具有主观上的故意。被告与绿驰集团公司股权转让行为符合《企业破产法》第 33 条的规定，应属无效。

四、如何判断破产申请受理后债务人向个别债权人清偿的行为是否无效

《企业破产法》第 16 条规定，人民法院受理破产申请后，债务人对个别债权人的债务清偿无效。因此，从表面上看，认定符合该条从而导致行为无效首先应当满足交易时点发生在破产申请受理后、清偿的主体系债务人以及发生的行为系清偿行为这三项要件，而非仅通过交易行为发生在破产申请受理后即可直接认定交易行为无效。

具体而言，交易时点与债务人被受理破产申请的时间先后顺序可通过银行流水和管辖法院出具的裁定书确认。而清偿的主体是否为债务人，通常也可以从银行流水中明确获知收付款双方，但在实践中不免存在一些在付款主体上存在争议的案件。在中新房南方集团有限公司管理人、华融湘江银行股份有限公司株洲国旺支行（以下简称华融银行国旺支行）请求确认债务人行为无效纠纷案［（2020）粤 0306 民初 13613 号、（2021）粤 03 民终 21810 号］中，债务人的贷款账户于破产申请受理后向贷款行清偿了一笔贷款，虽然该账户户名为债务人，但该账户的性质系贷款账户，根据最高人民法院的观点，贷款账户内款项的实际所有权人应为贷款行而非账户所有人，因此实际的债务清偿主体应为向贷款账户内转账的主体，而非债务人。最后，针对是否为清偿行为，我们认为清偿行为通常应理解为主动地以债务人财产为客体的一项偿还债务的给付行为，如果是仅需由债务人配合完成合同项下的某项义务，而无须作出给付的行为，则不应当构成清偿行为，如配合已支付完毕全部购房价款的消费者完成房屋过户义务。

再结合四川省高级人民法院表达的观点，确认一项清偿行为是否无效的关键是该清偿行为是否损害了其他破产债权人的合法权益，在众华会计师事务所（特殊普通合伙）与捷太格特（中国）投资有限公司请求确认债务人行为无效纠纷案［（2021）沪03民初144号］中，法院认为，虽然债务人在破产申请受理后仍向债权人作出清偿行为，但债务人亦在破产申请受理后，对外支付货款前先行收到货物，因此，债务人的财产并未因清偿行为而减少，故不存在损害其他破产债权人合法权益的情形，债务人的清偿行为不因此而无效。

（一）破产申请受理后，债务人向案外人借款并指令其向个别债权人清偿的行为是否有效

若债务人在破产申请受理后向案外人借款并全额用于偿还债务，无论是否属于个别清偿，只要其债务总体规模未发生变化，债务规模没有不当增加，就不应属于无效行为。

案例7 ｜ （2020）粤0306民初13613号、（2021）粤03民终21810号

［审理法院］

广东省深圳市宝安区人民法院、广东省深圳市中级人民法院

［裁判要旨］

法院结合以下三个方面判断清偿行为是否属于无效行为：(1)清偿行为是否发生在破产申请受理之后；(2)该行为是否系债务人作出的清偿行为；(3)该清偿行为是否针对个别债权人进行。判断债务人向他人借款后又向个别债权人清偿的行为是否应属无效，应当考察该等行为是否导致债务人财产不当减少或债务人的对外债务不当增加。中新房南方集团有限公司在破产申请受理后借款并全额用于偿还债务，无论是否为个别清偿，其债务总的规模都没有发生变化，故也不存在债务人债务规模不当增加的情形。法院认为，破产申请受理后，债权人对债务人享有的到期债权获得第三人代为清偿的款项，管理人应在审查和确认债权金额时作相应扣减，而不应将该等行为作为无效行为提起本案诉讼。

［案情简介］

中新房南方集团有限公司在被人民法院受理破产申请之后，向债务人集团

公司借款并指令其支付至其在被告银行开立的贷款账户，金额包括破产申请受理后至2019年1月21日发生的本金和利息，本案双方就前述行为的性质问题存在争议，债务人管理人认为该行为系债务人在破产申请受理后的个别清偿行为，根据《企业破产法》第16条的规定，应属无效，被告认为该行为系担保人集团公司自行履行保证义务的连带清偿行为。

［裁判观点］

涉案16笔款项的清偿行为，不是债务人以其财产直接向个别债权人清偿的行为。华融银行国旺支行于2019年1月21日收到的还款系集团公司支付至中新房南方集团有限公司在华融银行国旺支行的贷款账户内，该行为属于集团公司直接向华融银行国旺支行支付款项，还是属于集团公司先将款项支付给中新房南方集团有限公司后再由中新房南方集团有限公司支付给华融银行国旺支行？该问题的核心在于贷款账户内款项的归属问题。最高人民法院《〈关于银行贷款账户能否冻结的请示报告〉的批复》(〔2014〕执他字第8号)中规定："银行开立的以被执行人为户名的贷款账户，是银行记载其向被执行人发放贷款及收回贷款情况的账户、其中所记载的账户余额为银行对被执行人享有的债权，属于贷款银行的资产，并非被执行人的资产，而只是被执行人对银行的负债。"根据该规定，可知贷款账户内的账户余额大于0元时，该金额并非债务人的财产金额，而是银行自行记载的其对债务人享有的债权金额；当上述账户余额为0元时，说明该银行对债务人的债权金额为0元。因此，债务人贷款账户的金额不能被视为债务人的财产。本案中，中新房南方集团有限公司于2019年1月21日在华融银行国旺支行的贷款账户收到的款项系由集团公司直接转账支付的，该款项从未归入过债务人财产，故该清偿行为应被视为集团公司代中新房南方集团有限公司向华融银行国旺支行清偿的行为。法院对上诉人主张2019年1月21日的清偿行为系债务人直接清偿行为的意见不予支持。

本案争议的焦点问题应为：债务人破产后，向案外人借款并指令其向个别债权人清偿的行为，是否属于《企业破产法》第16条规定的无效行为。全国人大常委会法制工作委员会在就该条款的立法释义中，明确该条款的立法是为了防止债务人财产在破产申请受理后不当减少，从而影响到全体债权人的利益。因此，判断债务人向他人借款后又向个别债权人清偿的行为是否应属无效，应当考察该等行为是否导致债务人财产不当减少或债务人的对外债务不当增加。本案中，如前所述，华融银行国旺支行收到的上述16笔款项系由集团公司直接支付的，而非先行支付给中新房南方集团有限公司后再由中新房南方集团有限公司支付给银行，其间，中新房南方集团有限公司并未占有并控制该等款项，也并未将该等款项归入债务人财产范围，故不存在债务人财产不当减少的问题。中新房南方集团有限公司在破产申请受理后借款并全额用于偿还债务，无论是否为个别清偿，其债务总的规模都没有发生变化，故也不存在债务人规模不当增加的情形。

（二）破产申请受理后，债务人收取货物后向个别债权人清偿的行为是否有效

若债务人在破产申请受理后向个别债权人清偿债务，只要债务人在破产申请受理后收到该等债务对应的标的物，债务人的财产规模总体没有发生变化，就不应属于无效行为。

案例8 ｜ (2021)沪03民初144号

［审理法院］

上海市第三中级人民法院

［裁判要旨］

优立昂（上海）汽车零部件科技有限公司（以下简称优立昂公司）支付了货款，也收到了货物，且付款与交货经过符合“先款后货”的特征。原告未能证明该支付行为导致优立昂公司可供清偿的财产减少，原告关于支付233,286.24元行为系破产申请受理后的个别清偿行为而无效的意见，缺乏事实依据，法院不予支持。

［案情简介］

2019年11月，债务人优立昂公司被受理破产申请。此后，债务人在未经管理人同意的情况下根据其与被告捷太格特（中国）投资有限公司于2017年签署的买卖合同向被告出具了2019年12月订单，随后向被告支付了该订单相应的货款。被告辩称案涉款项系双方根据意思自治原则履行合同义务的行为，并不属于破产申请受理后的个别清偿行为，无须向管理人返还款项。本案中，

管理人提交了债务人银行流水、合同、订单作为证据,被告提供了订单、发票、第三方承运合同及录音、情况说明等证据用以证明该交易的真实性及对应货物的交付情况。

[裁判观点]

关于233,286.24元。原、被告双方对233,286.24元系支付破产申请受理后新订单款项无争议,但原告认为破产申请受理后,合同是否继续履行,应由管理人决定,但该订单并非管理人所下,应为无效,所涉货物既未入账,管理人也未接管到。订单非管理人所下,并非当然导致订单无效。本案原告根据《企业破产法》第16条主张优立昂公司向被告的支付行为系破产申请受理后的个别清偿行为。被告向法院提供2019年12月采购订单、出库委托书/送货单、发票,优立昂公司法定代表人曾某对该证据无异议,并表明被告提供的货物已由优立昂公司工作人员签收。对前述事实和证据,原告未能提供相反证据予以反驳,故法院对被告提供的前述证据予以确认并据此认定被告已向优立昂公司交付破产申请受理后新订单所涉货物。优立昂公司支付了货款,也收到了货物,且付款与交货经过符合"先款后货"的特征。原告未能证明该支付行为导致优立昂公司可供清偿的财产减少,原告关于支付233,286.24元行为系破产申请受理后的个别清偿行为而无效的意见,缺乏事实依据,法院不予支持。若优立昂公司及其相关人员违反记账规定、不配合管理人交接进而导致债权人损失,与本案无涉,相关当事人可另行主张。

(三)破产申请受理后,作为房地产企业的债务人为购房消费者履行房屋过户义务的行为是否有效

房地产企业进入破产程序后,在房屋具备交付条件的情况下,已支付完毕全部购房价款的消费者,能否请求房地产企业履行房屋过户义务,以及该行为是否会构成《企业破产法》第16条规定的无效个别清偿行为。关于这一问题,四川省高级人民法院在《关于审理破产案件若干问题的解答》中明确,已支付完毕全部购房价款的消费者请求房地产企业履行房屋过户义务,不构成个别清偿行为。

根据《企业破产法》及《企业破产法司法解释(二)》的规定精神,并非所有破产程序中的个别清偿行为均属于《企业破产法》第16条规定的无效行为。

认定个别清偿行为无效的关键要件之一是该清偿行为损害了其他破产债权人的合法权益。根据《民法典》、最高人民法院《关于人民法院办理执行异议和复议案件若干问题的规定》的相关规定，交付了购买商品房全部或者大部分款项的消费者对于其所购房屋的权利具有特定性和优先性，在受偿顺序上本身就优先于建设工程价款优先受偿权和抵押权，其权利的实现并不会构成对其他破产债权人合法权益的损害，故管理人按照债务人与消费者购房户签订的商品房买卖合同的约定，履行交付房屋并办理所有权变更登记义务的行为，并非《企业破产法》第16条规定的个别清偿行为。

实务总结

综合上文所述，当管理人机构发现债务人存在隐匿、转移财产的行为时，如果该等行为不涉及财产所有权的转移，也没有行为相对人，只是债务人单方对财产的恶意处置，那么这些行为属于事实行为，而非法律行为，不存在对外的法律效力问题，实践中由管理人发现后追回相应财产即可。如果被隐匿、转移财产的实际占有人不予返还相关财产或发现债务人存在破产申请受理后对个别债权人进行清偿的情况，管理人可以依据《企业破产法》的规定提起诉讼，主张被隐匿、转移财产的实际占有人返还债务人财产。债务人虚构债务或者承认不真实的债务行为被认定无效后，相对人应当返还债务人的财产。

在管理人机构向交易相对方提起诉讼前，建议管理人围绕以下几点对债务人的对外交易行为的有效性开展论证以及有针对性的证据完善工作：

1. 确认债务人相关交易发生的时点，若发生在破产申请受理后，考虑是否符合《企业破产法》第16条关于个别清偿债权人的情况；若发生在破产申请受理前，则考虑适用《企业破产法》第33条关于恶意减少债务人财产的相关规定。

2. 确认清偿的主体是否系债务人，若系债务人指令第三方代为清偿，或债务人关联人或关联公司为债务人向债权人进行清偿，鉴于债务人自身财产并未减少，自身债务并未不当增加，法院倾向于认定该等清偿不属于无效行为。

3. 确认债务人是否具备逃避债务的主观恶意目的，首先，若债务人在发生该等交易行为时仅是存在负债,而尚未发生资不抵债的情况,法院倾向于认为是公司经营过程中的正常盈亏,尚不足以证明债务人存在逃避债务的目的,同时应考虑相关交易发生时公司的未来发展前景,结合公司获得政府资金补助及接受融资等情况综合判断届时公司的经营状况。其次,关注交易价格是否符合常理,低价出售公司资产或高价购入资产均属于导致公司财产总额减少并对公司债权人利益产生损害的行为,因此,管理人还需综合各方面判断交易价格的合理性。

4. 确认债务人是否发生了实际的清偿行为,是否发生了以债务人财产为客体的给付行为,如果债务人仅是配合完成合同项下的某项义务,而未作出给付行为,则不应当构成清偿行为,更不应认定为无效行为。

5. 确认债务人的给付行为产生了对债权人不利的后果,即需综合盘点债务人的所有有形资产、无形资产,从而确认在破产申请受理后债务人财产的总量是否减少,债务人债务的总体规模是否不当增加,若未发生变化,则即便债务人存在给付行为,也可能被认定为有效行为。

6. 判断受让方是否具有主观故意,建议管理人从债务人与受让方之间的关系入手,核查双方之间是否存在股权上的关联关系及经营人员的重合度,同时通过核查债务人银行账户流水核查双方之间此前的各项交易往来判断交易双方对彼此经营状况的了解程度。目前已有案例显示,若双方之间存在关联关系,则法院将直接推定交易的受让方并非善意第三人,具有损害债务人财产的故意,应当退回相应款项。

在对上述几点进行内部论证及具有针对性的证据搜集后,管理人机构向接受债务人财产的一方提起诉讼,将不受到诉讼时效的限制,目前这一态度已经最高人民法院多次表态。无论债务人作出无效行为的时点与管理人提起确认债务人行为无效纠纷的时点是否已经超过我国现行法律规定的诉讼时效,都因这一制度的立法本意为保障债权人利益而不受诉讼时效制度的限制,管理人可随时向交易相对方提起诉讼追回财产,维护债权人的利益。

5

损害债务人利益赔偿纠纷

杨永霞

规定索引

《中华人民共和国企业破产法》

第十五条 自人民法院受理破产申请的裁定送达债务人之日起至破产程序终结之日,债务人的有关人员承担下列义务:

(一)妥善保管其占有和管理的财产、印章和账簿、文书等资料;

(二)根据人民法院、管理人的要求进行工作,并如实回答询问;

(三)列席债权人会议并如实回答债权人的询问;

(四)未经人民法院许可,不得离开住所地;

(五)不得新任其他企业的董事、监事、高级管理人员。

前款所称有关人员,是指企业的法定代表人;经人民法院决定,可以包括企业的财务管理人员和其他经营管理人员。

第三十五条 人民法院受理破产申请后,债务人的出资人尚未完全履行出资义务的,管理人应当要求该出资人缴纳所认缴的出资,而不受出资期限的限制。

第一百二十五条 企业董事、监事或者高级管理人员违反忠实义务、勤勉义务,致使所在企业破产的,依法承担民事责任。

第一百二十七条 债务人违反本法规定,拒不向人民法院提交或者提交不真实的财产状况说明、债务清册、债权清册、有关财务会计报告以及职工工资的支付情况和社会保险费用的缴纳情况的，人民法院可以对直接责任人员依法处以罚款。

债务人违反本法规定，拒不向管理人移交财产、印章和账簿、文书等资料的，或者伪造、销毁有关财产证据材料而使财产状况不明的，人民法院可以对直接责任人员依法处以罚款。

第一百二十八条 债务人有本法第三十一条、第三十二条、第三十三条规定的行为，损害债权人利益的，债务人的法定代表人和其他直接责任人员依法承担赔偿责任。

《中华人民共和国公司法》

第二十二条 公司的控股股东、实际控制人、董事、监事、高级管理人员不得利用关联关系损害公司利益。

违反前款规定，给公司造成损失的，应当承担赔偿责任。

第三十条 申请设立公司，应当提交设立登记申请书、公司章程等文件，提交的相关材料应当真实、合法和有效。

申请材料不齐全或者不符合法定形式的，公司登记机关应当一次性告知需要补正的材料。

第四十七条 有限责任公司的注册资本为在公司登记机关登记的全体股东认缴的出资额。全体股东认缴的出资额由股东按照公司章程的规定自公司成立之日起五年内缴足。

法律、行政法规以及国务院决定对有限责任公司注册资本实缴、注册资本最低限额、股东出资期限另有规定的，从其规定。

第四十八条 股东可以用货币出资，也可以用实物、知识产权、土地使用权、股权、债权等可以用货币估价并可以依法转让的非货币财产作价出资；但是，法律、行政法规规定不得作为出资的财产除外。

对作为出资的非货币财产应当评估作价，核实财产，不得高估或者低估作价。法律、行政法规对评估作价有规定的，从其规定。

第四十九条 股东应当按期足额缴纳公司章程规定的各自所认缴的出资额。

股东以货币出资的，应当将货币出资足额存入有限责任公司在银行开设的账户；以非货币财产出资的，应当依法办理其财产权的转移手续。

股东未按期足额缴纳出资的，除应当向公司足额缴纳外，还应当对给公司造成的损失承担赔偿责任。

第九十五条 股份有限公司章程应当载明下列事项：

（一）公司名称和住所；

（二）公司经营范围；

（三）公司设立方式；

（四）公司注册资本、已发行的股份数和设立时发行的股份数，面额股的每股金额；

（五）发行类别股的，每一类别股的股份数及其权利和义务；

（六）发起人的姓名或者名称、认购的股份数、出资方式；

（七）董事会的组成、职权和议事规则；

（八）公司法定代表人的产生、变更办法；

（九）监事会的组成、职权和议事规则；

（十）公司利润分配办法；

（十一）公司的解散事由与清算办法；

（十二）公司的通知和公告办法；

（十三）股东会认为需要规定的其他事项。

第九十七条 以发起设立方式设立股份有限公司的，发起人应当认足公司章程规定的公司设立时应发行的股份。

以募集设立方式设立股份有限公司的，发起人认购的股份不得少于公司章程规定的公司设立时应发行股份总数的百分之三十五；但是，法律、行政法规另有规定的，从其规定。

第九十八条 发起人应当在公司成立前按照其认购的股份全额缴纳股款。

发起人的出资，适用本法第四十八条、第四十九条第二款关于有限责任公司股东出资的规定。

第一百七十九条 董事、监事、高级管理人员应当遵守法律、行政法规和公司章程。

第一百八十一条 董事、监事、高级管理人员不得有下列行为：

（一）侵占公司财产、挪用公司资金；

（二）将公司资金以其个人名义或者以其他个人名义开立账户存储；

（三）利用职权贿赂或者收受其他非法收入；

（四）接受他人与公司交易的佣金归为己有；

（五）擅自披露公司秘密；

（六）违反对公司忠实义务的其他行为。

《最高人民法院关于债权人对人员下落不明或者财产状况不清的债务人申请破产清算案件如何处理的批复》

第三款 债务人的有关人员不履行法定义务，人民法院可依据有关法律规定追究其相应法律责任；其行为导致无法清算或者造成损失，有关权利人起诉请求其承担相应民事责任的，人民法院应依法予以支持。

《最高人民法院关于推进破产案件依法高效审理的意见》

第八条第一款 管理人应当及时接管债务人的财产、印章和账簿、文书等资料。债务人拒不移交的，人民法院可以根据管理人的申请或者依职权对直接责任人员处以罚款，并可以就债务人应当移交的内容和期限作出裁定。债务人不履行裁定确定的义务的，人民法院可以依照民事诉讼法执行程序的有关规定采取搜查、强制交付等必要措施予以强制执行。

《最高人民法院关于适用〈中华人民共和国公司法〉若干问题的规定（三）》

第十八条第一款 有限责任公司的股东未履行或者未全面履行出资义务即转让股权，受让人对此知道或应当知道，公司请求该股东履行出资义务、受让人对此承担连带责任的，人民法院应予支持；公司债权人依照本规定第十三条第二款向该股东提起诉讼，同时请求前述受让人对此承担连带责任的，人民法院应予支持。

《最高人民法院关于正确审理企业破产案件为维护市场经济秩序提供司法保障若干问题的意见》

第十四条 人民法院在审理企业破产案件中，要充分调动管理人的积极性，促使其利用法律手段，努力查找和追收债务人财产，最大限度保护债权人利益。对出资不实、抽逃出资的，要依法追回；对于不当处置公司财产的行为，要依法撤销或者认定无效，并追回有关财产；对于违反法律、行政法规等规定，给公司或债权人造成损失的，要依法追究行为人的民事责任；对于发现妨碍清算行为的犯罪线索，要及时向侦查机关通报情况。

问题的提出

损害债务人利益赔偿纠纷是破产法领域一个极为关键且复杂的议题,它涉及债务人内部管理的规范性和有效性,同时紧密关联到债权人权益的保障。当债务人的有关人员,如董事、监事、高级管理人员以及其他经营管理人员,在执行职务过程中存在不当行为,或有破产法规定的损害债权人利益的行为时,便可能引发一系列的纠纷。

前述人员作为企业的核心决策者和执行者,他们的每一个决策和行动都直接关系到债务人的经营状况和财产安全。按照破产法的规定,他们应当严格遵守法律法规,忠实、勤勉地履行自己的职责。然而,在实践中,我们不难发现,有时这些人员会因为种种原因,如追求个人利益、管理不善或决策失误等,而作出对债务人利益有害的行为。这些行为不仅会导致债务人财产的减少,进而影响企业的正常运营,更会直接侵害到债权人的清偿利益,使得原本就进行困难的破产程序变得更加复杂。

损害债务人利益赔偿纠纷的类型多种多样,有的是决策失误导致的投资失败;有的是管理不善引发的财务漏洞;还有的是明显的违法违规行为,如挪用公款、虚构交易等。这些行为不仅损害了债务人的利益,也破坏了市场的公平与正义,损害了债权人的合法权益。

近年来,随着破产案件的增多,损害债务人利益赔偿纠纷案件的问题也日益突出。司法实践中,法院在处理这类纠纷时,通常会结合破产法的相关规定,对涉案人员的行为进行审查,并依法作出判决。这些司法判例不仅为我们提供了宝贵的经验,也为我们进一步理解和解决这类纠纷提供了有益的参考。

司法实践

经检索,破产案件中损害债务人利益赔偿纠纷主要有以下几种类型。

一、债务人的法定代表人、财务管理人员和其他经营管理人员不履行配合清算义务的,应承担赔偿责任

案例1 | (2022)浙0424民初2600号

[审理法院]

浙江省海盐县人民法院

[案情简介]

领秀公司为被告崔某良、管某云共同投资设立的有限责任公司,崔某良为法定代表人,管某云为监事。领秀公司因未履行生效判决而被申请强制执行,但因无财产可供执行,法院后裁定终结本次执行程序。随后,领秀公司被裁定受理破产清算申请,原告景鑫公司对领秀公司享有8,069,972元的普通债权,但因领秀公司无财产且破产费用不能清偿,法院裁定宣告领秀公司破产并终结破产程序。原告认为,被告不配合清算导致领秀公司财产状况不明,给原告造成巨大损失,应承担赔偿责任。崔某良称,2015年水灾导致领秀公司账簿等资料灭失,公司无收入,员工和科研人员全部解散,实际上并未经营。管某云称,作为股东和监事,不负有向破产管理人提交财务账册的义务,且未参与经营,无须承担赔偿责任。

[裁判观点]

依照《企业破产法》第15条、最高人民法院《关于债权人对人员下落不明或者财产状况不清的债务人申请破产清算案件如何处理的批复》第3款,被告崔某良作为领秀公司法定代表人,应尽到妥善保管其占有和管理的财产、印章和账簿、文书等资料的职责,并在公司进入破产清算程序后,承担向管理人进行移交等配合清算义务。被告崔某良未能尽到该义务,致使管理人无法全面接管和调查债务人财产状况,导致无法清算,应对债权人的未清偿债权承担赔偿责任。被告管某云虽作为股东,但其不参与公司的经营管理,不存在配合清算的义务。

案例2 | (2023)京01民终5560号

[审理法院]

北京市第一中级人民法院

[案情简介]

庆吉祥和公司成立于2003年,由上诉人(原审被告)孔某栓和吴某先共同出资设立。然而,该公司于2008年被吊销营业执照。2009年,文盛公司与昊达公司、顺宁兴业中心及庆吉祥和公司因借款合同纠纷进行一审诉讼,法院判决昊达公司需偿还文盛公司借款本金及利息,并由顺宁兴业中心和庆吉祥和公司承担连带保证责任。由于被告方未履行判决,文盛公司于2010年向一审法院申请强制执行。在执行过程中,因昊达公司、顺宁兴业中心和庆吉祥和公司均无可供执行的财产,一审法院于2011年裁定终结本次执行程序。直到2022年,一审法院裁定将原申请执行人文盛公司变更为被上诉人(原审原告)游某,继续执行该案。

[裁判观点]

依照最高人民法院《关于适用〈中华人民共和国公司法〉若干问题的规定(二)》第18条第2款的规定,有限责任公司的股东、股份有限公司的董事和控股股东因怠于履行义务,导致公司主要财产、账册、重要文件等灭失,无法进行清算,债权人主张其对公司债务承担连带清偿责任的,人民法院应依法予以支持。本案中,孔某栓、吴某先是庆吉祥和公司的股东,在庆吉祥和公司被吊销营业执照后,未依据《公司法》(2018年)第180条、第183条的规定在15日内成立清算组开始清算,应属怠于履行清算义务,庆吉祥和公司主要财产、账册、重要文件等下落不明,无法进行清算,游某作为庆吉祥和公司的债权人主张孔某栓、吴某先对庆吉祥和公司债务承担连带清偿责任,具有事实和法律依据。

案例3 | (2022)浙0482民初2544号

[审理法院]

浙江省平湖市人民法院

[案情简介]

幻影公司于2016年11月18日登记设立,设立时注册资本为10万元,被告宋某敏、案外人胡某秀分别认缴出资5万元,持有50%股权。2017年6月12日,幻影公司增加注册资本至100万元,法定代表人由被告宋某敏变更为案外人胡某秀。2019年4月15日,案外人胡某秀与被告周某签订股权转让协议,约定由胡某秀将其持有的幻影公司50%的股权以33万元的价格转让给被告周某,2019 年 4 月 30 日,公司股东变更为被告宋某敏、周某,公司法定代表人变更为被告周某。2019 年 11 月 12 日,公司法定代表人、执行董事、经理均变更为被告夏某梅,被告宋某敏担任公司监事。

2020 年 8 月 4 日,浙江省平湖市人民法院作出(2020)浙 0482 破申 9 号民事裁定,裁定受理了幻影公司破产清算案。管理人在接受指定后,并未从幻影公司处接管到任何公司财产、印章、账簿、文书等资料,故无法完成清算。在幻影公司破产清算案过程中,浙江省平湖市人民法院于 2020 年 10 月 30 日裁定确认了债权人嘉兴市南湖区博兴箱包厂金额为 488,385.55 元的债权,于 2020 年 12 月 14 日裁定宣告幻影公司破产。管理人接收到的破产财产有:经执行案件已执行到位的幻影公司对外债权 150,000 元,以及经诉讼程序后被告宋某敏实缴的注册资本金 254,000 元,管理人实际向唯一债权人嘉兴市南湖区博兴箱包厂分配破产财产共计 331,720 元,该债权人未获清偿的债权还有 156,665.55 元,管理人据此主张还将产生管理人报酬 15,667 元。

[裁判观点]

浙江省平湖市人民法院认为,本案案由为损害债务人利益赔偿纠纷。最高人民法院《关于债权人对人员下落不明或者财产状况不清的债务人申请破产清算案件如何处理的批复》第 3 款规定:"债务人的有关人员不履行法定义务,人民法院可依据有关法律规定追究其相应法律责任;其行为导致无法清算或者造成损失,有关权利人起诉请求其承担相应民事责任的,人民法院应依法予以支持。"对于上述"有关人员"的认定,《企业破产法》第 15 条第 2 款对履行配合清算义务人的主体范围作出了明确规定,即法定代表人、经人民法院决定的财务管理人员和其他经营管理人员。再结合该条第 1 款对配合清算义务内容的规定,配合清算的目的在于要求参与公司经营管理、控制公司重要文件的有关人员配合管理人全面调查公司资产负债情况,以便顺利开展清算工作,因此,是否应当履行配合清算的义务关键在于该人员是否具备配合清算的条件和能力,是否在公司担任相关职务,是否承担经营管理、财务管理、保管重要文件等职权。

本案中,被告夏某梅虽名义上在幻影公司担任执行董事、经理职务,且为登记在册的法定代表人,但根据浙江省平湖市人民法院委托当地法院向其送达应诉材料的情况,被告夏某梅身处湖北老家,文化水平低下,明显不具备参与公司经营和掌管公司重要资料的客观条件，管理人也未提交证据证明已将配合清算的通知实际送达至被告夏某梅处，而被告宋某敏作为幻影公司的股东、监事，被告周某作为幻影公司的股东，并非《企业破产法》第15条规定的配合清算义务人，且尚无证据证明二被告占有和保管了公司主要印章类物品、债权债务清册、账簿文书和财务会计报告等资料。因此，被告夏某梅、宋某敏、周某本身不具备配合清算的条件和能力，对于幻影公司无法清算的结果，三被告均不存在过错，该无法配合清算的行为与债权人损失之间亦无因果关系，故原告诉请三被告因怠于配合清算工作而承担损害赔偿责任，无事实和法律依据，不予支持。

［案例分析］

对于股东、董事、监事是否属于配合清算义务人，以及应承担何种义务，在司法实践中存在一定分歧。一部分司法实践认为股东不属于破产程序中的配合清算义务人。例如，在幻影公司、宋某敏等损害债务人利益赔偿纠纷案中，法院认为，被告宋某敏作为幻影公司的股东、监事，被告周某作为幻影公司的股东，并非《企业破产法》第15条规定的配合清算义务人，且尚无证据证明二被告占有和保管了公司主要印章类物品、债权债务清册、账簿文书和财务会计报告等资料。

另一部分司法实践认为股东为破产程序中的清算义务人，未予履行清算义务的，对债务人的债务承担连带责任。例如，在孔某栓等与游某股东损害公司债权人利益责任纠纷中，法院认为，该案中，孔某栓、吴某先是庆吉祥和公司的股东，在庆吉祥和公司被吊销营业执照后，未依据《公司法》(2018年)第180条、第183条的规定在15日内成立清算组开始清算，应属怠于履行清算义务，庆吉祥和公司主要财产、账册、重要文件等下落不明，无法进行清算，游某作为庆吉祥和公司的债权人主张孔某栓、吴某先对庆吉祥和公司债务承担连带清偿责任，具有事实和法律依据。

二、债务人的董事、监事或者高级管理人员违反忠实义务、勤勉义务的，应当承担赔偿责任

案例4 ｜ (2022)浙0114民初6000号

［审理法院］

浙江省杭州市钱塘区人民法院

[案情简介]

嘉兴货骑士网络科技有限公司(后更名为浙江货骑士网络科技有限公司,以下简称货骑士公司)自2016年成立以来,经历了多次注册资本和股东的变更。徐某峰和朱某铭作为公司的主要股东,在公司经营期间,存在多次资金转账行为。其中包括徐某峰向公司的转账,标注为"代收货款"和"加盟费",以及徐某峰与朱某铭之间的资金往来。此外,公司还向刘某、郑某鹰和徐某伟等人转账,并在记账凭证上记载为推广服务费。然而,管理人的调查和审计报告显示,这些转账行为存在异常。徐某峰和朱某铭在谈话笔录中承认,为了完成公司的注册资本实缴,将加盟商的资金通过个人账户转账给公司。此外,公司还通过注册个体户的形式,以推广服务费的方式将资金从公账转出,再以注资的形式转回公司。2021年10月26日,法院根据货骑士公司的申请,裁定受理货骑士公司的破产清算申请。

[裁判观点]

《公司法》(2018年)第147条规定:"董事、监事、高级管理人员应当遵守法律、行政法规和公司章程,对公司负有忠实义务和勤勉义务。董事、监事、高级管理人员不得利用职权收受贿赂或者其他非法收入,不得侵占公司的财产。"第149条规定:"董事、监事、高级管理人员执行公司职务时违反法律、行政法规或者公司章程的规定,给公司造成损失的,应当承担赔偿责任。"本案中,货骑士公司工商登记信息显示,在2021年2月5日之前,被告徐某峰一直担任公司执行董事和法定代表人,被告朱某铭曾先后担任公司经理和监事。二被告在执行公司职务过程中存在违反忠实义务和勤勉义务的行为,给货骑士公司造成了损失,依法应当承担相应的赔偿责任。

案例5 | (2022)京民终399号

[审理法院]

北京市高级人民法院

[案情简介]

2020年4月23日,天卓睿丰公司被裁定受理破产清算申请。该公司自2004年成立以来,经历了多次法定代表人、经理和股权的变更。在破产清算程序中,该公司提供了财产情况说明,称其库存商品价值364.09万元,主要包括简易喷雾器等。然而,管理人要求移交相应存货时,该公司未能移交序号为13~17号的存货。随后,该公司提供了财产情况补充说明,称这些库存已处理,但未在会计账上反映。为证实存货情况,该公司提供了审计报告。

赵某作为天卓睿丰公司的前总经理和股东,表示这些序号为13~17的物品是2013年从百瑞新福公司订购的国产喷雾器,因医疗企业生产许可证过期和禁止销售,已于2016年下半年销毁,但未在会计账目上核销。此外,天卓睿丰公司还提供了公司章程,以证明赵某、宋某芳、邓某冲、蒋某蓉未履行忠实勤勉义务。这些章程规定了执行董事和监事的职权,包括制定财务预算、决算和利润分配方案,以及监督执行董事和高级管理人员的行为等。

[裁判观点]

损害债务人利益赔偿纠纷发生于破产程序中,赔偿权的行使一般为管理人,所以追究损害债务人利益赔偿的条件不同于一般情况下的违反忠实义务、勤勉义务。一般情况下,根据《公司法》(2018年)第148条的规定,董事、高级管理人员的禁止行为损害公司利益时,可以通过一般的诉讼、仲裁手段解决,但在破产程序中,追究该类人员的责任,应当考虑其行为与债务人破产之间的因果关系强度,只有当企业董事、监事或者高级管理人员违反忠实义务、勤勉义务,致使所在企业破产时,此类人员才应当承担民事责任。一审法院认定案涉产品在2016年即已销毁,该销毁处置属于企业自主经营行为,并无不当。故赵某、宋某芳、邓某冲、蒋某蓉未违反与债务人破产存在因果关系的忠实义务、勤勉义务。

[案例分析]

损害债务人利益赔偿纠纷属于侵权纠纷案件,应承担的责任为侵权责任而非过错责任,因此需要证明因果关系及其强度。

例如,在(2021)辽02破1号驳回申请裁定书中,法院主张,根据"谁主张,谁举证"的原则,债权人会议决议是否损害了债权人的利益应由提出申请的债权人承担举证责任,举证不能的应承担不利后果。申请人在该案中仅提交了撤销债权人会议决议的书面申请但并没有举证证明其所受损害结果,应承担不利后果。

又如,在天卓睿丰公司与蒋某蓉等损害债务人利益赔偿纠纷中,法院认为,损害债务人利益赔偿纠纷发生于破产程序中,赔偿权的行使一般为管理人,所以追究损害债务人利益赔偿的条件不同于一般情况下的违反忠实义务、勤勉义务。一般情况下，根据《公司法》第181条的规定，董事、高级管理人员的禁止行为损害公司利益时，可以通过一般的诉讼、仲裁手段进行解决，但在破产程序中，追究该类人员的责任，应当考虑其行为与债务人破产之间的因果关系强度，只有当企业董事、监事或者高级管理人员违反忠实义务、勤勉义务，致使所在企业破产时，此类人员才应当承担民事责任。

三、债务人的股东、法定代表人、董事、监事、高级管理人员违反《公司法》规定的出资义务的，应当承担赔偿责任

案例6 ｜ (2022)鲁民终311号

[审理法院]

山东省高级人民法院

[案情简介]

中通物流公司成立于2011年，注册资本为360万元，由中通集团公司全额货币出资。2014年，中通物流公司决议增资至2000万元，中通集团公司承诺于2024年缴清增资部分。2015年，中通物流公司决定变更出资方式，中通集团公司以集团所属物流板块的净资产出资1640万元。该净资产主要包括应收账款、其他应收款和固定资产，并经过评估。中通物流公司为此出具了出资证明并进行了验资。然而，中通物流公司未在账目中体现这些变更，也未在登记机关备案。2019年，中通集团公司将1%股权转让给中通进出口公司，中通进出口公司应在2024年前认缴出资20万元。但中通进出口公司因企业合并被注销，中通物流公司遂要求中通集团公司承担中通进出口公司的债务及补足全部出资义务。

[裁判观点]

法院在审理中通物流公司破产清算案中，深入剖析了注册资本对于公司债务清偿能力的重要性，并强调股东出资是公司资本维持的基石。对于中通集团公司提出的出资主张，法院并未仅停留在形式审查层面，而是进一步深入实质内容，包括出资净资产的合法性、可转让性以及对债务人的通知义务等。经审查，中通集团公司用于出资的52笔债权存在诸多瑕疵，如未能证明其合法有效

性,也未履行对债务人的通知义务。这些问题直接影响了债权出资的价值评估,使得中通集团公司的出资主张证据不足。此外,中通进出口公司因企业合并被注销,其原有的债务责任应由中通集团公司承担。因此,法院在二审中支持了中通物流公司要求中通集团公司承担全部出资补足义务的请求。

案例7 ｜ (2019)浙1121民初4964号

[审理法院]

浙江省青田县人民法院

[案情简介]

原告欧都公司成立于2016年9月23日,股东为被告邱某未、陈某伟、邱某莹,注册资本500万元。2016年9月26日,原告增加注册资本至1000万元。被告邱某未以货币出资650万元,占65%,其中325万元于2026年9月20日前到位,325万元于2026年9月26日前到位;被告陈某伟以货币出资200万元,占20%,其中100万元于2026年9月20日前到位,100万元于2026年9月26日前到位;被告邱某莹以货币出资150万元,占15%,其中75万元于2026年9月20日前到位,75万元于2026年9月26日前到位。后三被告均未实际缴纳注册资本。经案外人浙××田县侨乡进口商品城集团有限公司申请,浙江省青田县人民法院于2019年10月12日作出(2019)浙1121破申11号民事裁定书,受理原告欧都公司的破产清算申请。2019年10月25日,浙江省青田县人民法院指定浙江博翔律师事务所为原告的破产管理人。

[裁判观点]

因案涉原告主体公司欧都公司已经进入破产清算程序,根据《企业破产法》第35条之规定,认缴出资的股东应当立即向破产公司完全履行出资义务。原告公司工商登记材料记载,原告公司认缴出资额为货币出资1000万元,至破产清算时,原告的股东即本案三被告均未缴纳过出资款,故三被告应当按公司章程规定的认缴出资额立即向原告公司进行出资。被告邱某未抗辩称其为实物出资,但根据工商登记,被告邱某未系认缴货币出资650万元,并非实物,故对其该抗辩理由不予支持。另被告邱某未、陈某伟主张对浙江欧都进出口贸易有限公司有过投入,但其均未能提供任何证据予以证明。无证据表明三被告曾向公司缴纳过注册资本,故三被告应当按照认缴额(被告邱某未650万元,被告陈某伟200万元,被告邱某莹150万元)向公司全额缴纳注册资金。

四、债务人的董事、监事、高级管理人员实施了公司法禁止的行为的,应当承担赔偿责任

案例8 | (2019)最高法民再332号

[审理法院]

最高人民法院

[案情简介]

李某真曾任唐华公司的法定代表人和公司监事,任职期间对公司负有忠实义务和勤勉义务。通过银天诚鉴[2013]1号司法鉴定报告书、唐华公司会计凭证及2012年6月14日石嘴山市公安局对李某真的讯问笔录可以认定,李某真自认延安怀真工贸有限公司等案涉接受转款的主体与唐华公司并无业务往来,其通过唐华公司账户向这些单位和个人转款是为了偿还其创建唐华公司时的个人借款。李某真利用其在唐华公司担任执行董事和法定代表人的职务便利,将12,785,900元汇入以上单位和个人账户,该行为已导致唐华公司不能直接控制和处分自有资产,李某真未举证证明上述行为系经公司股东会或董事会授权和认可的,侵害了唐华公司作为公司法人享有的财产独立性,损害了公司合法权益。

[裁判观点]

公司财产独立于股东财产。依照《公司法》(2018年)第147条、第149条的规定,李某真作为唐华公司原法定代表人,其在代表公司履行职务时,应当按照法律、行政法规和公司章程的规定履行,按照公司的意志实施行为。在上述转款期间,唐华公司并非一人公司。无证据证明上述1,870,000元转款经过唐华公司股东会授权或认可,也无证据证明上述转款具有合法事由,李某真在任职期间从唐华公司账户向案外人转款1,870,000元,侵害了唐华公司的财产权益,李某真应对该转款及对应的利息承担赔偿责任。

案例9 | (2015)海民(商)初字第40941号

[审理法院]

北京市海淀区人民法院

[案情简介]

志远数存公司成立于2004年3月9日，主要经营范围为数据磁带、磁带机、条形码的销售，磁带检测，磁带销毁消磁。股东为赵某京、王某伟、张某及杨某，各持股25%。由王某伟担任经理职务，负责国外大客户的交往及国内磁带销售和检测业务，后王某伟于2015年7月离职。智存融远公司成立于2013年9月5日，王某伟持股60%，周某(王某伟妻子)持股40%，法定代表人后变更为王某贤(王某伟母亲)。在智存融远公司成立后，王某伟利用其担任志远数存公司经理的职务便利，以用其邮箱向其负责的客户发送了志远数存公司业务变更的说明，公开向其负责的客户告知部分业务转至智存融远公司等多种手段，将志远数存公司部分业务转入智存融远公司。

志远数存公司认为，王某伟作为志远数存公司的股东之一和高级管理人员，应当信守承诺、爱岗敬业、忠实于公司，不得损害公司和其他股东的合法权益。但王某伟利用其在志远数存公司任职经理的便利条件，利用公司经过多年努力取得的资源和声望，通过智存融远公司经营与志远数存公司同类业务，非法谋取了原属于志远数存公司的商业机会，获取了巨额私利，应承担相应的赔偿责任，停止侵害公司行为，返还相应违法所得。

[裁判观点]

法院认为，王某伟系志远数存公司股东并曾长期任该公司经理，负责该公司大客户往来及部分业务，通过志远数存公司提供的公证邮件内容，应认定王某伟利用职务便利将志远数存公司部分客户及业务揽入其另行成立的智存融远公司，其上述行为严重违反了股东、公司高级管理人员对公司应尽的勤勉、忠诚义务，其上述行为以损害志远数存公司利益为代价谋取股东个人私利，违反了相关法律规定，侵害了志远数存公司的合法权益。智存融远公司作为王某伟实施上述行为的载体，应视为共同侵权人，其在王某伟授意下所实施的相关经营行为，亦侵犯了志远数存公司的合法权益，应与王某伟立即停止上述损害志远数存公司利益的行为，共同向志远数存公司返还相应所得并承担相应赔偿责任。

关于王某伟及智存融远公司辩称的王某伟并未与志远数存公司签订竞业禁止合同，智存融远公司亦不应承担任何责任，且王某伟未从智存融远公司处分配利益，亦不应该向志远数存公司承担任何责任一节，法院认为，王某伟作为志远数存公司的股东、高级管理人员，依法应履行忠诚义务，其对外将志远数存公司客户变相转至智存融远公司，为智存融远公司谋取相应商机，而智存融远公司系其个人出资设立并完全控制的公司，其上述行应视为未尽忠诚义务，亦违反了《公司法》(2013 年)第 148 条第 5 项的相关禁止性规定，且王某伟从智存融远公司处是否分配利益与本案无关，关于王某伟及智存融远公司应共同承担相应法律责任的依据不再赘述，故对其上述辩称，于法无据，均不予采信。

[案例分析]

《公司法》(2013 年)第 148 条规定，董事、高级管理人员未经股东会或者股东大会同意，不得利用职务便利为自己或者他人谋取属于公司的商业机会，自营或者为他人经营与所任职公司同类的业务，其违反该规定所得的收入应当归公司所有。从该规定可知，竞业禁止义务的行为主体为董事、高级管理人员，其承担竞业禁止义务的期间，应从任职之时开始，到离职之时结束；行为表现方式为利用职务便利，篡夺本应属于公司的商业机会；行为后果是违反竞业禁止义务所得的收入归公司所有。另应注意的是，因公民具有劳动的权利和选择职业的权利，故在没有法律依据和协议约定的前提下，不得限制董事、高级管理人员离职后经营同类业务。

五、债务人实施欺诈性交易行为或偏颇性清偿行为的，应当承担赔偿责任

案例 10 | (2019)辽民终 539 号

[审理法院]

辽宁省高级人民法院

[案情简介]

中恒公司与黎建公司存在工程款纠纷，双方于 2017 年签署协议，约定中恒公司分两次支付黎建公司 55 万元后结清所有工程款。协议签署后，中恒公司依约于 2017 年 11 月及 12 月分两次向黎建公司支付共计 55 万元。然而，就在中恒公司完成付款后不久，中国恒天集团有限公司以中恒公司资不抵债为由向法院申请中恒公司破产清算，法院于 2017 年 12 月受理了该申请。中恒公司管理人认为，中恒公司在破产申请受理前 6 个月内对黎建公司的清偿行为不符合法律规定，遂向法院起诉请求撤销这两笔付款并追回款项。

［裁判观点］

案涉中恒公司对黎建公司的两次清偿行为均发生在中恒公司破产申请受理前6个月内。黎建公司虽主张该清偿行为基于其放弃了3.5万元工程款和26万元临时签证施工款，免去了中恒公司一部分债务，使得中恒公司的财产受益，但从本质上看，中恒公司的个别清偿仅有利于黎建公司的自身利益，不利于中恒公司财产的最大化，亦无益于中恒公司的其他债权人的利益，不属于使中恒公司财产受益的行为。原审认定中恒公司对黎建公司的清偿行为属偏颇性清偿，并无不当。依据《企业破产法》第32条"人民法院受理破产申请前六个月内，债务人有本法第二条第一款规定的情形，仍对个别债权人进行清偿的，管理人有权请求人民法院予以撤销。但是，个别清偿使债务人财产受益的除外"的规定，该清偿债务行为应予撤销。

案例11 ｜ (2019)最高法民申2143号

［审理法院］

最高人民法院

［案情简介］

再审申请人瑞安达电缆有限公司（以下简称瑞安达公司）因与被申请人山西联盛能源有限公司管理人（以下简称联盛公司管理人）请求撤销个别清偿行为纠纷案，不服山西省高级人民法院(2018)晋民终500号民事判决，向最高人民法院申请再审。

瑞安达公司申请再审称：(1)担炭沟煤业在2015年2月5日支付给瑞安达公司的货款310万元系为了担炭沟煤业的继续经营，是使其受益的行为，该支付行为不应被撤销。担炭沟煤业截至2013年11月30日拖欠瑞安达公司货款达3,425,896.06元，瑞安达公司遂停止为该公司继续提供生产用的电缆。2015年，经担炭沟煤业继续与瑞安达公司协商，在其同意清偿部分拖欠的货款的前提下，瑞安达公司同意继续为其提供生产经营所用的电缆，遂2015年2月5日，担炭沟煤业支付了拖欠的部分货款即310万元，双方在2015年2月10日签订了一份工矿品买卖合同，当日瑞安达公司分两次分别向担炭沟煤业提供了357,269.60元的电缆和130,935.50元的电缆。(2)原判机械地认为，该款项的支付因发生在法院的破产重整前的6个月内，且是在担炭沟煤业出现了不能清偿到期债务,明显缺乏清偿能力的情况下,仍然支付瑞安达公司310万元货款,故而认为系个别清偿行为,明显缺乏事实依据。(3)瑞安达公司的该笔310万元的货款未能作为债权予以登记,如此会使瑞安达公司损失惨重,还需要再行通过其他途径主张权利,形成诉累。

[裁判观点]

依据《企业破产法》第32条的规定,撤销债务人清偿行为需满足三个条件:清偿发生在破产申请受理前6个月内,债务人已出现破产情形,且清偿未使债务人财产受益。本案中,担炭沟煤业清偿瑞安达公司310万元货款的行为发生在破产申请受理前6个月内,且担炭沟煤业当时已资不抵债。关于是否使债务人财产受益,瑞安达公司未证明担炭沟煤业收到等值电缆或清偿后财产增加,反而减少了可供分配财产,损害了其他债权人利益。因此,该清偿行为属个别清偿,不符合财产受益的例外情形。综上,瑞安达公司的再审申请不符合法律规定,故裁定驳回其再审申请。

案例12 | (2019)浙05民终1765号

[审理法院]

浙江省湖州市中级人民法院

[案情简介]

因三志纺织公司出现经营困难,2014年12月3日,由政府召集相关银行单位及部门召开关于三志纺织公司风险化解协调会。会议提出各债权银行要同舟共济、全力支持,在三志纺织公司不欠息、不弱化担保条件的前提下,做到不抽贷、不压贷,保持原有贷款规模并及时转贷。要求三志纺织公司积极开展自救,努力实施自身瘦身,节约成本;加强应付账款的还款协调,延长还款期限等。2016年11月4日,银行业金融机构债权人委员会为推进组建三志纺织公司召开工作会议。会议针对三志纺织公司生产经营出现困难、经营状况一直维持原有状况勉强经营的情况明确帮扶处理方案,切实维护银行业金融机构债权,防范信用风险。2016年12月,各银行债权人签订《银行业债权人委员会管理协议》,成立“三志纺织”银行业债权人委员会。中信银行湖州分行作为银行债权人之一出席上述会议并签署了相关合作文件。2017年6月12日,三志纺织公司与中信银行湖州分行签订人民币流动资金贷款合同一份,约定三志纺织公司向中信银行湖州分行贷款300万元,借期自2017年6月12日至2018年6月12日。2017年6月13日,三志纺织公司与中信银行湖州分行签订人民币流动资金贷款合同一份,约定三志纺织公司向中信银行湖州分行贷款300万元,借期自2017年6月13日至2018年6月13日。2017年7月3日,三志纺织公司与中信银行湖州分行签订人民币流动资金贷款合同一份,约定三志纺织公司向中信银行湖州分行贷款350万元,借期自2017年7月3日至2018年7月3日。2017年7月3日,三志纺织公司与中信银行湖州分行签订人民币流动资金贷款合同一份,约定三志纺织公司向中信银行湖州分行贷款350万元,借期自2017年7月4日至2018年7月4日。该四笔借款均为借新还旧。2017年11月23日,三志纺织公司以不能清偿到期债务,并且资产不足以清偿全部债务为由向法院申请破产。2017年11月27日,法院裁定受理三志纺织公司的破产清算申请,并于同日指定浙江银湖律师事务所担任管理人。中信银行湖州分行于法院裁定受理破产申请前6个月内累计扣收三志纺织公司贷款利息合计226,187.91元。

[裁判观点]

本案的主要争议焦点是三志纺织公司在破产清算申请受理前6个月内向中信银行湖州分行偿付利息的行为是否应予以撤销。《企业破产法》第32条规定,“人民法院受理破产申请前六个月内,债务人有本法第二条第一款规定的情形,仍对个别债权人进行清偿的,管理人有权请求人民法院予以撤销。但是,个别清偿使债务人财产受益的除外”。破产撤销权制度设立的目的在于维护债权人的整体利益,实现公平清偿的价值,通过对债务人相关行为的撤销,以保全债务人的责任财产,维护债权人之间的实质平等,实现破产财产在全体债权人之间的公平分配。本案审查的是三志纺织公司向中信银行湖州分行清偿利息的行为应否予以撤销,根据法律规定,个别清偿可以除外的情形是清偿行为让债务人财产受益,从本案实际情况看,三志纺织公司向中信银行湖州分行支付利息的行为并未导致公司财产增加,而是造成了公司财产的明显减损,故该清偿行为并未使公司财产受益,不属于应当予以除外的情形。至于中信银行湖州分行诉称的向三志纺织公司发放贷款导致公司受益的事实,不属于个别清偿审查的范围。关于中信银行湖州中心支行诉称支付利息与缴纳水电费为同类行为的诉请,法院认为,水电费用支付是维持债务人基本生产的保障,维系的是债务人基本生存利益,水电费用的欠付极有可能导致债务人公共设施被迫中断使用,进而导致债务人一段时间无法生产或生产效率大幅降低,造成生产经营秩序混乱,对债务人财产不利,而银行利息是否支付对债务人生产经营并不会造成必然、直接的影响,故中信银行湖州分行主张支付利息与付水电费用系同类行为与法律规定不相符,不予采信。

[案例分析]

在破产程序中,债权人的权益保护是至关重要的。然而,个别清偿撤销风险是债权人常常面临的一大难题。这种风险主要源于破产临界期内债务人的个别清偿行为,这些行为有可能被法院认定为偏颇性清偿,从而被撤销,使债权人的权益受到损害。为了应对这一风险,债权人可以采取多种策略。

1. 主张个别清偿使债务人财产受益

债权人可以主张个别清偿使债务人财产受益。根据胡利玲在《如何理解破产临界期内个别清偿使债务人财产受益——对我国偏颇清偿例外的重释与情形补足》一文中的观点,如果个别清偿能够使债务人财产受益,那么这种清偿就不应被撤销。然而,司法实践中对“受益”的裁判标准并不统一,这给债权人的主张带来了一定的难度。此外,减少债务人未来违约成本的个别清偿行为能否被认定为使债务人受益的行为仍有讨论的空间。债权人可以结合具体案情,从债务人财产的整体利益出发,论证个别清偿行为的合理性和必要性。如果能够成功证明个别清偿行为确实使债务人财产受益,那么债权人就有可能避免清偿被撤销的风险。

2. 主张破产企业代第三人进行的清偿不属于偏颇性清偿

债权人可以主张破产企业代第三人进行的清偿不属于偏颇性清偿。在某些情况下,破产企业可能会代第三人进行清偿。如果这种清偿被认定为偏颇性清偿并被撤销,那么债权人的权益就有可能受到损害。然而,根据相关法律规定和司法实践,代第三人清偿并不一定都属于偏颇性清偿。

债权人可以结合具体案情,分析代第三人清偿的性质和目的。如果代第三人清偿是出于正当理由,并且没有损害其他债权人的利益,那么债权人就可以主张这种清偿不属于偏颇性清偿,从而避免被撤销的风险。

3. 主张为“借新还旧”式的个别清偿

债权人还可以主张清偿行为系“借新还旧”式的个别清偿。“借新还旧”常出现于债权人是银行的情况中，表现为债务人在偿还银行借款后，随即又向银行借出一笔新的贷款。这是企业缓解经营困难的常见方式。然而，在破产程序中，"借新还旧"式的个别清偿有可能被法院认定为偏颇性清偿并被撤销。

对于这种情况，债权人可以结合具体案情进行论证。一方面，债权人可以强调"借新还旧"并未减少债务人财产，因此可视作使债务人财产受益；另一方面，债权人可以从维护金融秩序和稳定的角度出发，论证"借新还旧"的必要性和合理性。如果能够成功证明"借新还旧"式的个别清偿符合相关法律规定和司法实践的要求，那么债权人就有可能避免清偿被撤销的风险。

实务总结

综合以上的司法实践可知，破产案件中损害债务人利益赔偿纠纷的类型呈现多样化特点，主要涵盖了债务人的法定代表人、财务管理人员和其他经营管理人员的多种不当行为。这些行为不仅损害了债务人的利益，也破坏了破产程序的公正性，侵害了债权人的合法权益。因此，对破产案件中损害债务人利益赔偿纠纷进行深入研究，明确责任边界和举证规则，对于维护破产程序的公正性和债权人的合法权益而言具有重要意义。

首先，债务人的法定代表人、财务管理人员和其他经营管理人员不履行配合清算义务是破产案件中常见的损害债务人利益的行为之一。在破产程序中，这些人员应当积极配合清算工作，提供必要的财务资料和信息，确保清算工作的顺利进行。然而，在实践中，一些人员出于各种原因，如逃避责任、隐瞒财产等，不履行配合清算的义务，给清算工作带来了极大的困难。对于这种行为，司法实践中应当明确其法律责任，并依法追究其赔偿责任。

对于股东、董事、监事是否属于配合清算义务人，以及应承担何种义务的问题，司法实践中存在一定分歧。笔者认为，判断股东、董事、监事是否需要履行配合清算义务不应仅考虑其在公司中的职位，而应侧重于其在公司经营活动中的实际职责。如果这些人员在公司经营活动中实际占有和管理了公司的财产、印章和账簿、文书等资料，那么他们就应当被视为财务管理人员或经营管理人员，并承担相应的配合清算义务。这样既能保证清算工作的顺利进行，也能防止一些人员利用职位之便逃避责任。

其次,债务人的董事、监事或者高级管理人员违反忠实义务、勤勉义务也是破产案件中常见的损害债务人利益的行为之一。这些人员作为公司的高级管理人员,对公司负有忠实义务和勤勉义务,应当维护公司的利益和股东的权益。然而,在实践中,一些人员出于个人利益或疏忽大意等原因,违反了这些义务,给公司带来了损失。对于这种行为,司法实践中应当严格追究其赔偿责任,并要求其承担相应的法律责任。在追究这类人员的赔偿责任时,需要注意损害债务人利益赔偿纠纷属于侵权纠纷案件,应承担的责任为侵权责任而非过错责任,因此需要证明侵权行为与损害结果之间的因果关系及其强度。只有当企业董事、监事或者高级管理人员违反忠实义务、勤勉义务,致使所在企业破产时,此类人员才应当承担赔偿责任。这需要法院在审理案件时对因果关系进行深入的剖析和判断,确保赔偿责任的公正性和合理性。

再次,债务人的股东、法定代表人、董事、监事、高级管理人员违反公司法规定的出资义务也是破产案件中常见的损害债务人利益的行为之一。股东作为公司的出资人,应当按照约定向公司缴纳出资款,确保公司的正常运营和发展。然而,在实践中,一些股东出于各种原因,如资金紧张、恶意逃避等,违反了出资义务,给公司带来了严重的财务困难。对于这种行为,司法实践中应当依法追究其赔偿责任,并要求其履行出资义务或承担相应的违约责任。

最后,债务人的董事、监事、高级管理人员实施的公司法禁止的行为以及债务人实施的欺诈性交易行为或偏颇性清偿行为也是破产案件中常见的损害债务人利益的行为之一。这些行为不仅违反了公司法的规定,还严重损害了债权人的合法权益。对于这些行为,司法实践中应当严格依法追究相关人员的法律责任,并要求其承担相应的赔偿责任。同时需要加强对公司法的宣传和教育,提高公司管理人员的法律意识和职业素养,防止类似行为的再次发生。

综上所述,破产案件中损害债务人利益赔偿纠纷的类型多样且复杂。为了维护破产程序的公正性和债权人的合法权益,我们需要对这些纠纷进行深入研究和分析,明确责任边界和举证规则。同时需要加强司法实践中的法律适用和裁判尺度的统一性,确保赔偿责任的公正性和合理性。只有这样,才能有效地保护债权人的合法权益,促进市场经济的健康发展。

6

破产企业对外投资处置实务研究

胡胜训

规定索引

《中华人民共和国企业破产法》

第三十条 破产申请受理时属于债务人的全部财产，以及破产申请受理后至破产程序终结前债务人取得的财产，为债务人财产。

第一百一十一条 管理人应当及时拟订破产财产变价方案，提交债权人会议讨论。管理人应当按照债权人会议通过的或者人民法院依照本法第六十五条第一款规定裁定的破产财产变价方案，适时变价出售破产财产。

第一百一十二条 变价出售破产财产应当通过拍卖进行。但是，债权人会议另有决议的除外。破产企业可以全部或者部分变价出售。企业变价出售时，可以将其中的无形资产和其他财产单独变价出售。按照国家规定不能拍卖或者限制转让的财产，应当按照国家规定的方式处理。

《最高人民法院关于适用〈中华人民共和国企业破产法〉若干问题的规定（二）》

第一条 除债务人所有的货币、实物外，债务人依法享有的可以用货币估价并可以依法转让的债权、股权、知识产权、用益物权等财产和财产权益，人民法院均应认定为债务人财产。

《最高人民法院关于审理企业破产案件若干问题的规定》

第七十七条 债务人在其开办的全资企业中的投资权益应当予以追收。全资企业资不抵债的,清算组停止追收。

第七十八条 债务人对外投资形成的股权及其收益应当予以追收。对该股权可以出售或者转让,出售、转让所得列入破产财产进行分配。股权价值为负值的,清算组停止追收。

第七十九条 债务人开办的全资企业,以及由其参股、控股的企业不能清偿到期债务,需要进行破产还债的,应当另行提出破产申请。

《广东省高级人民法院关于审理企业破产案件若干问题的指引》

第一百零八条 【对外投资的收回】债务人对外股权投资及收益属于债务人的财产。破产企业的对外投资应当通过拍卖或者协议转让股权的方式予以收回。管理人拍卖或者协议转让债务人持有的有限责任公司股权的,应当依法通知公司及全体股东;管理人拍卖或者协议转让债务人投资的股份有限公司股权的,应当依法通知公司。

《深圳市中级人民法院破产案件管理人工作规范》

第八十六条 管理人出售、转让债务人持有的有限责任公司股权的,应当依法通知该公司及全体股东;管理人出售、转让债务人投资的股份有限公司股权的,应当依法通知该公司。股权价值为零或者负值且无法变价,管理人停止追收的,应当报债权人会议表决。子公司符合法定条件的,管理人可以依法对子公司提出破产申请或者强制清算申请。

《北京破产法庭破产案件管理人工作指引(试行)》

第五十七条 (股权投资清理)对于债务人的对外股权投资以及收益,管理人应当依法行使出资人的权利。管理人在清理债务人对外股权投资时,不得自行以该投资价值为负或者为零而决定不予清理。

第一百三十一条 (对外投资的收回)拍卖或者协议转让债务人持有的有限责任公司股权的,管理人应当依法通知该有限责任公司及全体股东;拍卖或者协议转让债务人投资的股份有限公司股权的,管理人应当依法通知该股份有限公司。

《上海破产法庭关于规范债务人对外股权投资处置工作办法(试行)》

6. 管理人在履职过程中应当及时、全面调查债务人对外股权投资情况,并报告法院、债权人。债务人财产状况报告或管理人履职工作报告可依个案情况记载以下内容：

(1)标的公司的设立沿革、股东及其出资情况；

(2)债务人履行出资义务的情况；

(3)标的公司的营业状态；

(4)标的公司的财务状况；

(5)对外股权投资的冻结、质押或其他权利负担情况；

(6)对外股权投资涉诉讼、涉仲裁或其他争议情况；

(7)标的公司及其他股东的配合情况；

(8)标的公司与债务人之间是否存在实质合并破产情形；

(9)其他需要向法院、债权人会议披露的事项。

上述第一款应记载内容而未记载的,应说明理由。

7. 管理人应按债务人对外股权投资情况,在债务人财产管理方案中针对性地列明对外股权投资的管理措施。管理人应依法代表债务人行使标的公司的股东权利,并采取必要措施避免对外股权投资的价值贬损。

8. 管理人应根据债务人对外股权投资情况,对需要变价的对外股权投资,在债务人财产变价方案中针对性地列明具体变价方法。对外股权投资属于《企业破产法》第六十九条规定的债务人重大财产的,应依照《最高人民法院关于适用〈中华人民共和国企业破产法〉若干问题的规定(三)》第十五条的规定,单独制作变价方案并提交债权人会议表决。

9. 管理人根据对外股权投资的具体情况,可通过拍卖或其他变价出售方式、标的公司自行清算、简易注销等行政退出方式、依法申请公司强制清算、依法申请破产、核销等途径进行处置。

10. 管理人变价处置对外股权投资的,原则上应通过网络拍卖方式处置对外股权投资,或可通过经债权人会议表决通过的其他变价出售方式予以处置。管理人可采取资产评估、市场询价、协商议价等方式拟定处置参考价;标的公司相关人员下落不明、无账册或账册不全的,管理人应充分全面地开展调查,根据调查结果并综合其他合理因素拟定处置参考价。管理人应在变价方案中充分说明拟定参考价的具体方式、依据,以供债权人会议决定起拍价或变现价。标的公司拒不配合提交财务报表或评估所需材料的,管理人可通过依法代表债务人行使股东权利等方式要求其予以配合;必要时可请求法院予以协助。管理人变价处置对外股权投资涉及其他股东优先购买权的,应当依照法律法规和标的公司章程约定予以保障。管理人应当在拍卖公告中披露待处置对外股权投资已知的权利瑕疵或其他影响价格的重要事项。股权变更应当由相关部门批准的,管理人应当在拍卖公告中载明法律、行政法规等专门规定的竞买人应当具备的资格或者条件。

15. 管理人无法按上述第 9 条至第 14 条所列途径处置对外股权投资,且经管理人调查未发现标的公司存在财产线索,或处置对外股权投资的支出将明显超过处置收益的,管理人应及时报告法院,提请债权人会议审议是否予以核销。

18. 债务人破产程序终结后,发现对外股权投资处置仍有剩余财产可供分配的,应依《企业破产法》第一百二十三条之规定追加分配。

《南京市中级人民法院关于破产企业对外股权投资处置的工作指引》

第四条 管理人对破产企业对外股权投资进行管理、处置,应当制作管理、变价方案,纳入债务人财产管理方案和破产财产变价方案提交债权人会议表决。

第五条 管理人可以通过审计评估方式确定股权价值。需要长投公司配合,但其拒绝提供审计和评估材料的,管理人可以代表破产企业提起股东知情权诉讼。

第六条 长投公司无资产、无人员、无账册或财务资料不全的,管理人应当依法调查破产企业初始投资、长投公司资产、负债等情况,并根据调查情况确定对外股权投资价值。

第七条 对外股权投资价值为正值且长投公司登记为"在业"的,管理人结合长投公司的章程、法律、法规的规定制定变价、股权分配、减资等具体处置方案,经债权人会议表决通过后实施。无法处置的,经债权人会议表决通过,可以对该对外股权投资进行核销。

第八条 对外股权投资价值为正值且长投公司具备解散事由的,破产企业可以在长投公司清算程序中依法行使权利。无法自行清算的,管理人应当代表破产企业提起对长投公司的强制清算申请。对外股权投资仍有受让主体的,经债权人会议表决通过,可以采用变价、股权分配等方式对该对外股权投资进行处置。

第九条 对外股权投资价值为零或负值且长投公司登记为“在业”的，经债权人会议表决通过，可以对该对外股权投资进行核销。对外股权投资仍有受让主体的，经债权人会议表决通过，可以采用变价、股权分配等方式对该股权投资进行处置。

第十三条 破产企业系长投公司唯一股东且不能通过对该对外股权投资以变价、股权分配等方式实现退出的，应当依法解散长投公司并成立清算组对公司进行清算；自行清算不能的，管理人应当代表破产企业提起对长投公司的强制清算申请。

第十五条 管理人在调查确认破产企业对长投公司出资情况后，发现存在未全面履行出资义务的，依下列情形分别处置：

（一）破产企业未按照长投公司章程规定履行出资义务，包括完全未出资、出资不实以及抽逃出资等情形的，应当通知长投公司及相关主体申报债权。

（二）破产企业对长投公司出资未到期的，不影响破产企业对该对外股权投资的处置。经司法程序确认破产企业需对长投公司债权人承担补充赔偿责任的，管理人应当通知长投公司债权人申报债权。诉讼尚未终结且破产企业有可供分配财产的，管理人应当对可能承担的补充赔偿责任作相应预留，但不影响对外股权投资的处置及破产案件的终结。长投公司已进入清算或破产程序的，管理人应当通知长投公司申报债权，并在申报范围内根据债权审核规则，结合长投公司资产负债等情况进行审核。

问题的提出

破产企业持有的有限责任公司、股份有限公司股权以及合伙企业份额应当属于破产企业的财产，需由管理人在破产清算程序中进行处置。除此之外，破产企业所有对外投资的处置完结也是其可以在市场监督管理部门注销的前提。

首先，针对如何处置破产企业的对外股权投资，相关法律及司法解释仅概括性地规定了可以变价出售、转让，变价出售的主要方式为拍卖，但是未明确处置过程涉及的核心问题，即股权价值的确定方式。经有限查询，地方性司法文件中，目前仅上海、南京地区规定得较为详细，明确提出了破产企业对外股权投资价值的确定可采取资产评估、市场询价、协商议价等方式。其中，南京地区进一步规定了区分被投资企业的经营状况、破产企业的投资模式以及破产企业对长投公司出资情况来确定处置方式，同时规定了无法处置的股权可由债权人会议通过予以核销。

其次，破产企业的投资模式及被投资企业自身经营状况复杂多样，因此实践中各地区管理人就破产企业所持股权价值或合伙份额的调查、评估及变价等工作均存在不同程度的困难，也未形成统一标准。如此一来，无法完成对外投资的处置工作也阻碍了破产企业的工商注销。

笔者尝试梳理司法实践中对全资（控股）、参股、合伙各类不同投资模式下破产企业所持股权价值、合伙份额的调查及确认方式。在此基础上，结合破产企业对外实缴出资情况，厘清破产企业的对外投资处置路径。

司法实践

由于破产案件中管理人履职的过程及相关履职报告未像裁判文书一样予以公开，笔者尝试在分类梳理和分析司法实践中相关案例的基础上，从自身作为破产管理人团队成员实际履职的经验出发，通过有限检索其他管理人自行公开的履职情况，归纳实践中破产企业对外投资的处置路径。

一、全资（绝对控股）模式处置案例

（一）案例：（2020）沪03破59号

1. 管理人调查对外投资情况

管理人通过公开网站查询发现，破产企业曾对三家公司进行投资，分别持有A公司100%的股权、B公司70%的股权、C公司51%的股权。管理人向三家子公司寄送通知函，要求提供最新的资产负债表和审计报告，行使股东知情权，快递均签收，但该三家公司均未与管理人联系。管理人未联系到A公司、B公司、C公司，也均未找到该三家公司注册地或工商年报中联系地，不清楚对应股权实缴出资情况（见图1）。

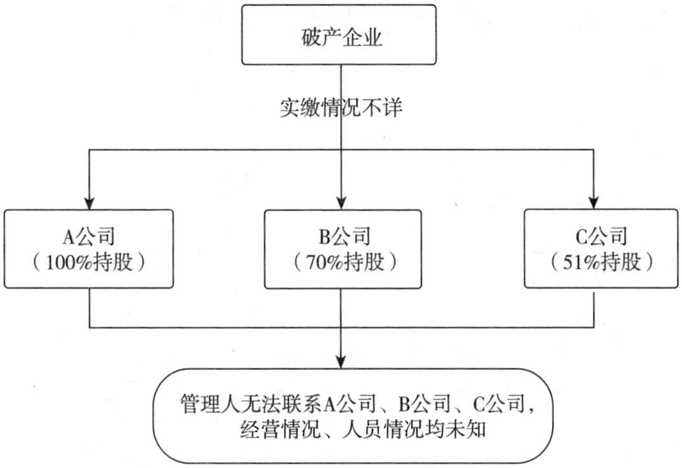

图1　破产企业对外投资情况

2. 对外投资管理及变价方案

管理人拟通过淘宝网阿里拍卖破产强清平台在网上公开拍卖。每个股权标的作为一个资产分别拍卖，拟拍卖的资产未经评估。首次拍卖的股权起拍价由债权人会议在参考市场注册登记的一家企业成本价的基础上确定为2000元。若流拍，后续拍卖的起拍价为前一次起拍价的80%。保证金为起拍价的20%，增价幅度根据起拍价由管理人确定。经三次拍卖，若均流拍，则不再组织第四次拍卖。最终流拍后，对外投资作为无价值的资产，按遗弃处理，届时若债权人有需要，可无偿转让给债权人或债权人指定的其他人。鼓励债权人或者邀请其他人参与竞拍。该方案获得第二次债权人会议通过并报告了法院。

（二）案例：（2023）沪0115破23号

1. 管理人调查对外投资情况

管理人与破产企业实际经营管理层沟通了解到，破产企业以及其A、B两个全资子公司原都属于某集团的商业板块，实际全部由某集团公司人员管理。此外，破产企业及其A、B两个子公司与某集团公司4个公司之间存在高度人员混同的情况。两个子公司同样资不抵债，早已停业；某集团公司本身也在破产清算程序中，已清退大部分员工。为避免两个子公司陷入无人管理的状态，作为两个子公司全资股东即本案破产企业的管理人，陆续与某集团公司管理层沟通并接管了 A 公司、B 公司,各公司的基本情况如图 2 所示。

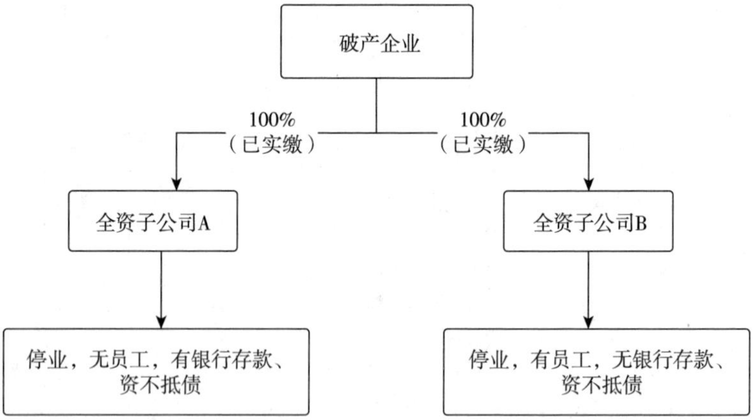

图 2　破产企业对外投资情况

2. 对外投资管理及变价方案

第一次债权人会议前,管理人通过审查子公司的审计报告及询问某集团公司有关人员了解到两个子公司均负债大于资产,遂提出的处置方案为接管子公司印章、证照、银行账户后 30 日内实施拍卖。为避免不必要的破产费用产生,管理人拟不委托评估公司对两个全资子公司股权进行评估,提议两个全资子公司股权起拍价均为 100 元,保证金为 100 元,增价幅度为 100 元。拍卖、变卖不成的,管理人将以该公司股东身份作出股东决定,向人民法院申请破产清算。该方案获得第一次债权人会议通过并报告了法院。

第一次债权人会议后,管理人进一步开展子公司接管及调查工作后发现 A 公司的银行账户余额巨大,约有 1.6 亿元左右,但严重资不抵债。破产企业与 B 公司均涉及执行异议之诉,并存在被法院认定为财产混同的可能。另外,B 公司严重资不抵债,但其本身也是其他破产企业的债权人,若破产企业进行财产分配,B 公司将分得 1.1 亿元左右。

因此,若 A 公司、B 公司的股权成功进行拍卖,竞拍者可能以极低的价格获得 A 公司、B 公司股权,新股东将掌握巨额资金的管理权,道德风险巨大,如新股东对巨额银行资金进行转移,这将严重损害 A 公司、B 公司债权人的利益。为避免道德风险、法律风险的发生,管理人调整第一次债权人会议通过的财产管理和变价方案,改为直接向人民法院申请对两子公司进行破产清算。该方案获得第二次债权人会议通过并报告了法院。

（三）小结

破产企业是被投资企业的唯一股东或控股股东，被投资企业的经营管理实际上均由破产企业掌控，管理人接管破产企业时也更容易了解被投资企业的情况。《上海市破产管理人协会破产案件管理人工作指引（试行）》第 24 条第 1 款规定，“债务人有百分之百控股或者绝对控股的对外投资的，管理人可以视实际情况予以接管，但是要注意保持其对外长期投资的法人独立性”，上海地区的管理人可参照该规定及时与破产企业实际控制人取得联系，尽快接管被投资企业的银行账户、财务账册、审计报告等资料。根据接管的材料，管理人若能厘清子公司的债权债务，可直接作出股东会决议解散子公司并组织子公司自行清算后再向破产企业分配剩余财产。若发现子公司自身资不抵债，则需以股东身份向法院申请破产。

值得注意的是，在初步调查情况下，管理人针对对外投资的处置方式多以拍卖为主。随着调查的深入，当发现拍卖股权的方式可能导致子公司债权人利益受损时，管理人应当及时变更对外投资管理及变价方案，并提请债权人会议表决确认。

二、参股模式处置案例

（一）案例：（2023）沪 03 破 756 号

1. 管理人调查对外投资情况

管理人查阅了破产企业签署的合同等资料，发现破产企业投资的 A 股份有限公司亦处于破产清算状态。管理人调取被投资的 A 股份有限公司的工商内档，尝试向上海联合交易所现场调取 A 股份有限公司的股东名册，并对相关人员及 A 股份有限公司管理人进行谈话问询。由于被投资股份有限公司是股份制公司，工商内档显示数据不准确，上海联合产权交易所反馈被投资股份有限公司没有在其处登记备案/交易。管理人在被投资股份有限公司工商内档中查阅到的股权出质设立通知书显示，2021 年 3 月 10 日的持股比例为“破产企业持有 A 股份有限公司 572.7918 万股股份，持股比例为 45.61%”。2021 年 3

月10日,破产企业向某债权人质押了135.63万股股份。后根据破产企业实际控制人向管理人提供的2022年12月破产企业股东名册,破产企业持有A股份有限公司532.1312万股股份,持股比例为42.38%(见图3)。2022年12月之后,破产企业对A股份有限公司持有的股份情况可能存在变化。

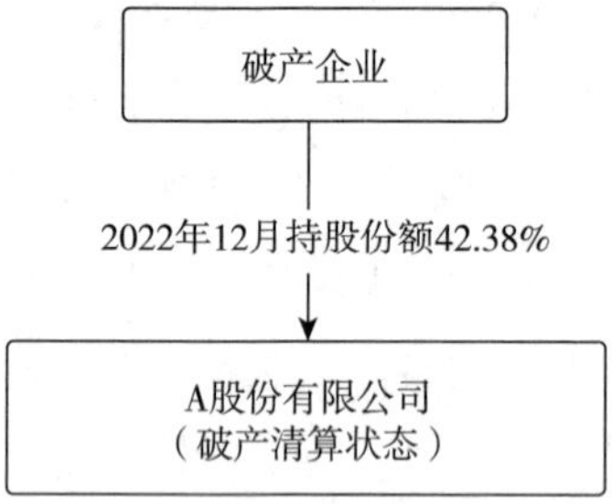

图3 破产企业对外投资情况

2. 对外投资管理及变价方案

A股份有限公司也已进入破产程序,在该公司破产清算状态下,预计无剩余财产供股东分配。若该公司重整或和解,其出资人权益很有可能被调整为0。因此,该股份已无清算价值,故从破产企业资产中予以核销。核销后,管理人仍可代表破产企业行使股东权利。该方案获得第一次债权人会议通过并报告了法院。

(二)案例:(2023)沪03破213号

1. 管理人调查对外投资情况

管理人通过市场监督管理局、企查查网站等渠道调查得知破产企业名下共有3家子公司,分别持有A公司30%的股权、B公司70%的股权、C公司65%的股权。其中A公司存续,B公司已注销,C公司被吊销营业执照。管理人向A公司发送关于行使股东知情权的通知书,要求A公司提供财务报表。该通知书于次日被签收,但无人联系管理人。管理人亦前往A公司注册地,该地址为三层商务楼,有许多企业在此办公,但未见中标公司。门口保安反馈,未听说过A公司。此外,管理人调查并取得了A公司法定代表人及公司预留的其他手机号码,但相关号码一直无法接听。A公司下落不明,其股权可能不具有价值(见图4)。

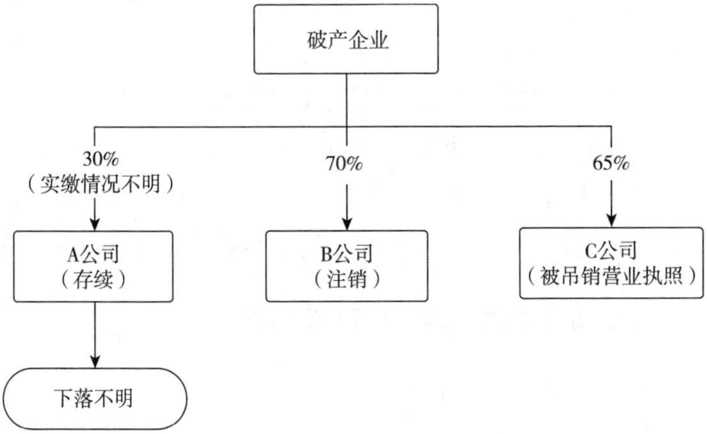

图 4　破产企业对外投资情况

2. 对外投资管理及变价方案

A 公司下落不明，管理人拟通过淘宝网阿里拍卖破产强清平台在网上公开拍卖。首次拍卖起拍价为 2000 元，保证金为 2000 元，涨价幅度为 1000 元。若流拍，第二次拍卖的起拍价为 1 元，保证金为 1000 元，涨价幅度为 1000 元。若最终流拍，且无法通过变卖方式处置，则该财产从破产企业资产中予以核销。

（三）小结

针对破产企业参股投资的公司，若其先于破产企业进入破产清算程序，则预计破产企业作为股东获得剩余财产为 0 元，无处理的必要，应核销处理。若被投资企业仍然处于登记在业状态，管理人应当充分调查并接管对应的股东名册、出资凭证、投资协议或股东协议等证明持股比例的材料。若无法接管到该等材料，管理人应当与破产企业管理层等实际控制人员沟通调查，多渠道进行接管工作。对于参股的破产股东而言，对外投资的主要价值在于根据出资比例产生的自益权且集中在利润分配请求权及剩余财产分配请求权上。根据最高人民法院《关于适用〈中华人民共和国公司法〉若干问题的规定（四）》第 14 条的规定，破产股东要求被投资企业分配利润需提供载明具体分配方案的有效股东会决议。因此，管理人还应当调查包括决议在内的分配依据，必要时行使股东知情权。若被投资企业出现解散清算事由，管理人应及时与被投资企业清算组联系,取得清算后根据出资比例能够获得的剩余财产。

经公开渠道查询,破产企业管理人一般先尝试通过股权转让的方式处置其对外投资。但实践中,通常面临虽然被投资公司的股权账面净值为正,但因其缺乏市场价值难以通过市场交易方式转让而其他股东亦不同意受让股权,导致股权无法变现的情况。[1] 多数案件中管理人一般仍然首选拍卖方式进行处置,参考价多通过定向询价、网络询价、委托评估、管理人估价等方式确定。若经过2~3次流拍,或变卖不成,管理人通常选择报债权人会议核销处理。

三、合伙模式处置案例:(2021)浙0723破27号[2]

(一)管理人调查对外投资情况

经前期调查,管理人查明破产企业对A股权投资基金中心(有限合伙)持有约1.48%的合伙份额。同时,破产企业法定代表人向管理人反馈A合伙企业尚有分红未支付。对此,管理人开展了有关合伙份额价值以及分红情况的调查核实工作。管理人调取了A合伙企业的工商登记内档材料,取得了合伙协议,但工商内档中并未附有相关的年度审计报告,无法判断破产合伙份额的价值以及是否拖欠破产企业分红。管理人尝试向A合伙企业的执行事务合伙人发函,申请调取A合伙企业的相关合伙协议、各年度的审计报告、财务报表、基金备案文件、法律意见书、历年分红、股权价值情况等材料,未取得回应。后管理人了解到A合伙企业已进入强制清算程序,清算组表示未接管到A合伙企业的任何印章、证照、财务账册和文书资料,未有债权人向清算组申报债权。经调查仅发现A合伙企业名下银行存款82.19元,故予以放弃划转,法院裁定终结A合伙企业的强制清算程序(见图5)。

[1] 参见朱敏、李画:《破产企业对外股权投资的处置路径》,载微信公众号"法点"2022年11月7日,https://mp.weixin.qq.com/s/JKvcbVlsa5LhE7ki3lcIIQ。

[2] 参见浙江金阳农业开发有限公司管理人:《浙江金阳农业开发有限公司对外投资变价处置方案》,载微信公众号"浙江金阳农业开发有限公司管理人"2022年5月17日,https://mp.weixin.qq.com/s/wvWyeBzAH2KcEpx-HS05nw。

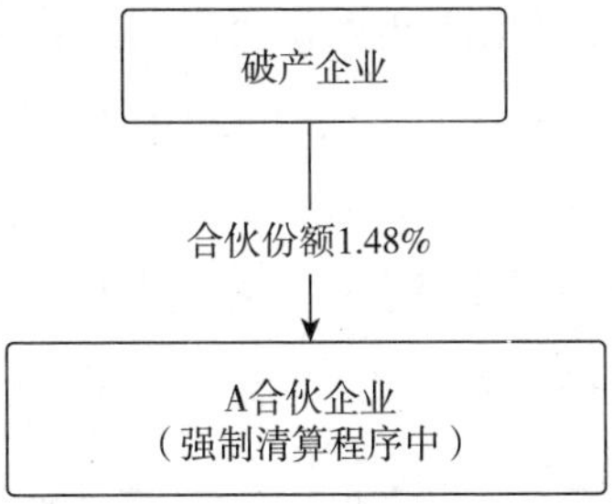

图 5　破产企业对外投资情况

(二)对外投资管理及变价方案

由于管理人未能接收到 A 合伙企业的任何印章、证照、财务账册和文书资料,故无法明确资产、负债、合伙份额价值和分红情况。管理人仅根据已掌握的情况,拟通过淘宝网司法拍卖平台公开拍卖该合伙份额。考虑到 A 合伙企业的资产、负债、破产企业分红等因素,管理人将该合伙份额的起拍价拟定为 1 元。考虑到 A 合伙企业情况的特殊性,合伙份额过户等事项均由买受人自行解决,管理人不负责过户。若一次拍卖流拍,则视为该对外投资无市场实际价值,管理人将予以核销处理。

(三)小结

根据《合伙企业法》的相关规定,破产企业作为合伙人被宣告破产的为当然退伙。其他合伙人应当与该破产企业按照退伙时的合伙企业财产状况进行结算。需要注意的是,当破产企业当然退伙后,被投资合伙企业低于 2 人时需解散,此时破产企业应当担任被投资合伙企业的清算人之一。

笔者观点

一、需重点调查破产企业对外投资实缴出资情况

股东出资是衡量一个公司股权价值的重要条件之一。管理人应及时调取被投资企业在工商管理部门备案的公司章程或合伙协议,厘清该等资料中记载

的破产企业的出资方式、出资金额以及出资时间。若调查发现破产企业已完成认缴出资的缴纳，管理人应重点关注被投资企业的经营状况，梳理接管的财务资料，必要时聘请审计或评估机构。参股状态下若被投资公司及其他股东拒绝配合管理人的调查，管理人应及时向法院提起“股东知情权纠纷”之诉。合伙情形且破产企业非执行事务合伙人的状态下，其他合伙人拒绝配合管理人的调查，管理人应及时向法院提起“合伙企业纠纷”之诉。

二、破产企业对被投资企业的出资到期而未实缴时的处理

股东出资义务具有法定性，指股东的出资义务具有公司法上的强制性，除非公司法上另有规定，否则该义务不得免除。[1] 该论点系从公司法系一般法的规定层面出发的，从破产法系特别法的层面理解，企业进入破产状态已属于公司法规定的特殊情形，因此股东进入破产状态时已不能苛求其完全履行对外投资企业的出资义务。由此产生一系列破产债务，包括破产股东对被投资企业承担补足出资责任、对被投资企业的其他股东承担违约责任，如果被投资企业本身已无法清偿其对自身债权人的债务，破产股东到期未缴纳出资的，被投资企业债权人可以要求破产股东对其已经到期的合法债权承担补充赔偿责任。对此，南京地区法院相关破产业务文件南京市中级人民法院《关于破产企业对外股权投资处置的工作指引》中明确指出，破产企业未按照长投公司章程规定履行出资义务，包括完全未出资、出资不实以及抽逃出资等情形的，应当通知长投公司及相关主体申报债权。

破产企业管理人一般首先选择通过网络拍卖的方式处置破产企业财产。但笔者认为，若被投资企业营业状况良好，同时向破产股东申报了关于到期缴纳出资的债权，则不宜再适用拍卖股权的处置方式。因为，一方面，被投资企业申报关于缴纳出资的债权后有获得分配的可能，破产股东分配后依法应享有对应出资比例的收益。另一方面，管理人需在拍卖公告中披露破产股东持有股权标的实际缴纳注册资本的调查情况，且竞买人一旦参与竞拍，就视为了解标的现状，自愿承担相应风险并同意承担应负的法律义务，即缴纳出资义务由买受人自行承担并依法履行。竞买人竞买成功的，即成为被投资企业的新股东，其

---

〔1〕 参见朱慈蕴：《股东出资义务的性质与公司资本制度完善》，载《清华法学》2022 年第 2 期。

缴纳出资后也享有投资收益分配的权利。此时存在被投资企业需“双重分配”的矛盾。笔者理解,在被投资企业向破产股东申报了关于到期缴纳出资的债权时,管理人应综合评估该被投资企业的营业状况,尤其是在参股情形下,被投资企业经营状况良好有可分配的利润;且根据投资协议或股东协议,破产股东能够根据出资比例取得的分红可以增加整体的破产财产时,针对该出资进行债务履行似乎不构成个别清偿,而更符合共益债的相关规定。合伙型投资模式下同理。

需要强调的是,2024 年 7 月 1 日实施的《公司法》第 52 条首次明确了股东未缴纳出资的失权制度,该条规定:“股东未按照公司章程规定的出资日期缴纳出资,公司依照前条第一款规定发出书面催缴书催缴出资的,可以载明缴纳出资的宽限期;宽限期自公司发出催缴书之日起,不得少于六十日。宽限期届满,股东仍未履行出资义务的,公司经董事会决议可以向该股东发出失权通知,通知应当以书面形式发出。自通知发出之日起,该股东丧失其未缴纳出资的股权。依照前款规定丧失的股权应当依法转让,或者相应减少注册资本并注销该股权;六个月内未转让或者注销的,由公司其他股东按照其出资比例足额缴纳相应出资。股东对失权有异议的,应当自接到失权通知之日起三十日内,向人民法院提起诉讼。”具体到股东破产情形中,尤其是在参股情形下,若被投资企业不选择申报未缴纳出资的债权,而选择向破产股东发出催缴通知,破产股东管理人需要在 60 日内进行缴纳,未缴纳的自被投资公司发出失权通知之日起便丧失了该未缴纳出资部分的股权。此时,被投资公司可依法转让或注销该股权。

合伙投资模式下,根据《合伙企业法》第 49 条的规定,合伙人“未履行出资义务”为法定除名事由。但根据前述规定,破产企业作为合伙人被宣告破产的为当然退伙,此时当然退伙与除名退伙竞合。无论是哪一种退伙原因,退伙人均就其退伙之前持有合伙企业财产份额享有结算返还的权利。

三、破产企业对被投资企业的未到期出资应加速到期

《企业破产法》第 35 条规定旨在规范破产企业自身的股东在企业破产时出资义务的加速到期。法律及司法解释未明确规定股东破产时,股东对被投资企业的出资义务能够加速到期。《全国法院民商事审判工作会议纪要》也传达

了尊重股东期限利益的精神,仅仅在被投资公司作为被执行人而执行不能却不申请破产,以及股东故意在被投资公司债务产生后延长出资期限的两种特殊情形下有限使用加速到期规则。有学者认为,根据《企业破产法》第46条的规定,股东破产时,其对被投资企业的出资应当视为已经到期。但有法官学者倾向性地认为《企业破产法》第46条适用的是债权关系而非股权投资关系,一方面,应考虑该被投资企业的股权有转让价值且拟进行转让处置时将会剥夺受让人本应享有的期限利益。另一方面,直接加速到期可能会导致缴纳出资与追收相应的投资收益之间无法互为因果。〔1〕

笔者赞同参照适用《企业破产法》第46条之规定,股东破产时,其对被投资企业的出资应当视为已经到期,如此更有利于加快股东的破产清算进程,化解纠纷。

首先,股东若已经进入破产程序,其当然无法在被投资企业出资期限届满时履行出资义务。若仍然享有期限利益,将导致被投资企业其他股东、被投资企业本身以及被投资企业的债权人无法及时申报债权。在股东破产的情况下,继续刻板地遵守"出资期限"无异于鼓励股东滥用缔约权利。〔2〕

其次,2023年修订的《公司法》第47条、第88条规定,破产企业认缴的出资额需自被投资企业成立之日起5年内缴足;股东转让已认缴出资但未届出资期限的股权的,由受让人承担缴纳该出资的义务;受让人未按期足额缴纳出资的,转让人对受让人未按期缴纳的出资承担补充责任。由此,破产企业及受让方的期限利益被限缩为"被投资企业成立之日起5年内"。那么,理论上作为转让方的破产企业也需承担受让方可能未按期缴纳出资时的补充责任。但受让方未按期缴纳出资时,破产企业已经清算完毕且注销,作为被追偿主体的法人资格灭失。这对于被投资企业本身及被投资企业债权人来说,无疑将承担届时可能只能向受让方追偿的风险。

最后,在个别"追加、变更被执行人异议"案件的司法判例中,法院传达了

---

〔1〕 参见朱敏、李画:《破产企业对外股权投资的处置路径》,载微信公众号"法点"2022年11月7日,https://mp.weixin.qq.com/s/JKvcbVlsa5LhE7ki3lcIIQ。

〔2〕 南京市中级人民法院清算与破产庭课题组:《破理探析|破产企业对外长期股权投资处置类型化研究》,载微信公众号"重庆破产法庭"2021年3月11日,https://mp.weixin.qq.com/s/J2eEIEl-HnHGH9ZXKlpZrg。

"股东出现破产情形时,被投资企业的债权人可以向股东主张补充赔偿责任"的裁判精神[(2019)辽0105民初5957号]。[1] 最高人民法院在2011年12月8日给胜利油田胜大实业公司的通知书中[(2011)执监字第182号]亦明确认为,在公司破产的情况下,公司股东未履行完毕的出资义务属于破产人的债权,应当由管理人代表公司向股东追讨,追讨回的财产应作为破产财产在破产程序中统一分配。[2] 同时,南京市中级人民法院《关于破产企业对外股权投资处置的工作指引》第15条规定:"管理人在调查确认破产企业对长投公司出资情况后,发现存在未全面履行出资义务的,依下列情形分别处置:(一)破产企业未按照长投公司章程规定履行出资义务,包括完全未出资、出资不实以及抽逃出资等情形的,应当通知长投公司及相关主体申报债权……"可以理解,股东出资义务在破产状态下转变为与其投资公司之间的债权债务关系,那么无论是股东处于破产状态还是被投资企业处于破产状态,均应转为债权关系。

值得注意的是,在合伙投资模式下,因普通合伙人与被投资的合伙企业承担无限连带责任,作为普通合伙人的破产企业无须讨论出资到期加速的问题。管理人此时需通知被投资合伙企业的债权人申报债权。与此不同的是,有限合伙人同样享有出资期限利益。但相较于公司法人,相关法律法规针对有限合伙人出资加速到期的规定更是寥寥,司法判例多类比适用公司股东出资加速到期的规定。笔者认为有限合伙人破产时,其对被投资企业的出资应当视为已经到期,理由同前述。

四、重视并解决拍卖处置情况下中标人工商变更登记存在的困境

根据前述司法实践案例中管理人披露的处置方式,在被投资企业下落不明,实缴出资、人员、财产、办公地均不详,公司证照、印章无法交接的情况下,无论是全资控股还是参股等模式,管理人仍首选拍卖方式处置。拍卖伊始,管理人通常会在拍卖公告中注明:"拍卖成交后,管理人不负责办理拍卖标的物的过户手续。拍卖标的物转让登记手续由买受人在相关主管部门自行办理,管理

[1] 参见夏睿:《破产企业对外未缴纳出资的审查》,载微信公众号"成功识破"2021年3月1日,https://mp.weixin.qq.com/s/S-YYqdmT4Jy4v_wLKfsL6w。

[2] 参见夏睿:《破产企业对外未缴纳出资的审查》,载微信公众号"成功识破"2021年3月1日,https://mp.weixin.qq.com/s/S-YYqdmT4Jy4v_wLKfsL6w。

人仅提供必要的协助。拍卖物是否可以办理过户手续，竞买人应在参与竞买前自行到相关主管部门查询了解。”除此之外，拍卖成交后，管理人将依法向破产申请受理法院提出申请，申请内容包括有关股权过户登记的裁定以及向对应市场监督管理局出具协助执行通知书。因此，理论上中标的股权受让方即新股东凭借破产申请受理法院出具的过户登记裁定书、协助执行通知书就能至市场监督管理局进行变更登记。但部分地区市场监督管理局仍沿用传统的做法，额外要求管理人或当事人提供加盖被投资企业公章的文件。甚至规定除非法院派人至现场办理相关事务，否则不允许单独由管理人持法院文书办理。

在上述(2023)沪03破213号案件中，管理人协同中标人办理股权变更登记手续时，市场监督管理部门告知需由股权转让裁定书中载明的法官亲自办理。或者同股权转让变更流程，提供股权转让合同、股东会决议、公司章程等需由破产企业加盖公章的材料。其后管理人先后两次前往市场监督管理部门沟通释明并经由工作人员请示部门领导后方才完成变更登记手续。

在全资控股模式下，股权的变更势必意味着被投资企业法定代表人、董事、监事的变更。但囿于司法裁定、通知书仅指向股权变更登记，未明确辐射至因股权变更登记而可能产生的法定代表人与执行董事的变更等内容，各地区行政部门也存在与司法衔接操作的壁垒。因此，新股东若仅凭拍卖有关的司法文件，一些市场监督管理局也往往拒绝办理拍卖后涉及被投资企业法定代表人、执行董事变更等相应的工商变更登记。

在上述(2020)沪03破59号案件中，股权拍卖成交后，上海市第三中级人民法院早于2021年6月出具了协助执行通知书，要求上海市宝山区市场监督管理局将破产企业名下的A公司100%股权过户登记至中标买受人李某名下。李某反馈，该市场监督管理局仅办理了股权过户登记手续，但针对过户登记后李某作为自然人独资企业的唯一股东要求变更企业法定代表人、执行董事，更换营业执照的请求予以拒绝。市场监督管理局要求新股东李某提供关于上述变更的股东会决议并加盖被投资企业公章，同时需原法定代表人潘某签字。但因为破产企业管理人未接管到被投资公司的印章、证照，被投资公司法定代表人潘某亦下落不明，李某无法按照市场监督管理局的要求提供前述资料。经反复沟通无果，李某于2023年7月以被投资企业为被告，以原法定代表人潘某为第三人提起了变更公司登记纠纷诉讼,[1]请求判令A公司的法定代表人由第三人潘某变更为原告李某,第三人潘某对变更予以配合。2023年8月经过法院送达,原法定代表人潘某得以联系,案件最终以潘某主动配合李某及市场监督管理局的要求而调解结案。综上,虽有法院关于变更股权的协助执行通知,但李某关于法定代表人变更登记的需求仍然在长达两年的时间内未得到解决。即使进入诉讼阶段,究其本质仍是满足市场监督管理局繁多要求,当事人之间并无实际的纠纷,这无疑浪费了当事人、破产管理人等多方参与者的时间与精力,同时浪费了司法资源。

针对前述破产司法审判财产处置与行政部门登记备案脱轨的现象,2023年2月14日,上海市高级人民法院会同包括上海市市场监督管理局在内等17家单位联合出台了《上海市加强改革系统集成提升办理破产便利度的若干措施》(以下简称《若干措施》),旨在全面优化破产审判及配套保障制度机制,推动上海办理破产案件进一步降成本、提质效。根据《若干措施》的精神,"管理人持人民法院出具的受理破产申请裁定书、指定管理人决定书等法律文书,有权依法接管、调查、管理破产财产;根据债权人会议通过或者人民法院裁定的财产变价方案,有权依法处分破产财产。管理人办理有关破产财产查询、处置、权证遗失申明、权属转移或者变更登记、财产移交接管、企业注销登记等业务,按规定需要破产企业盖章的,以加盖管理人印章的方式予以替代;需要破产企业法定代表人签字的,以管理人的负责人签字的方式予以替代"。但实践中,上海地区该文件精神的落地仍需管理人在履职过程中不断向相关行政机关予以释明,有时收效甚微。

综上,笔者认为,破产相关司法裁定的作用在于在当事人彼此无法以意思自治变更既定的法律关系时,通过国家强制力以及公信力向第三方公示经过司法确认的法律状态,降低不确定性带来的高昂交易成本。部分工商行政部门过分追求传统登记模式下的形式材料,这与行政法规规定不相符,亦变相否定了司法强制力及公信力,增加了当事人的诉累,浪费了司法资源。除此之外,2022年实施的《市场主体登记管理条例实施细则》第32条、第33条规定:公司变更事项涉及章程修改的,应当提交修改后的章程或者章程修正案;需要对修改章

[1] (2023)沪0113民初20511号。

程作出决议决定的，还应当提交相关决议决定；市场主体更换法定代表人、执行事务合伙人（含委派代表）、负责人的变更登记申请由新任法定代表人、执行事务合伙人（含委派代表）、负责人签署。根据该规定，具体到破产企业全资持股公司的拍卖，中标人作为新的全资股东出具决议，同时作为新的法定代表人签署申请完全可以满足变更登记的要求。值得注意的是，尽管上海地区及时颁布《若干措施》辅助破产财产的处置，但破产案件的司法及行政管辖极具地区化差异，上海市高级人民法院出具的指导性文件在其他地方推行实施存在壁垒，仍需在全国层面出台细化的行政法规、司法解释，以辅助管理人对破产企业破产财产的处置工作。

五、提高破产企业对外投资核销的处置效率，节约管理人履职成本

管理人经深度调查仍然无法掌握被投资企业实际经营地址、财务账册，无法联系相关人员时，被投资企业几乎没有清收价值，或者调查核实后对外投资产生的可分配利润、剩余财产分配均为负值。该类情况下，较多管理人仍然把向债权人提交拍卖处置议案作为首选处理方式。有学者检索拍卖平台上破产企业对外股权拍卖情况发现：在管理人未接管到破产企业或对外投资企业任何材料，无法对股权进行评估的情况下，大多直接以 1 元、100 元或参照注册资本的极小比例定价。而在以 1 ~ 10, 000 元的价格进行拍卖的股权中，拍卖成交率极低，即便是成交价格也几乎都集中在 1 ~ 5000 元。[1] 据此，在管理人酌情确定起拍价即低价拍卖的情况下，拍卖所得价款较低且多轮拍卖流拍的情况较多，最终拍卖所得甚至超过拍卖成本，管理人的工作量常因多轮次拍卖而增加。

针对拍卖成本较高且拍卖意义不大的情况，南京地区法院已明确了破产企业对外投资不经过拍卖而直接核销的操作路径。前文“规定索引”部分列举的南京市中级人民法院通过的《关于破产企业对外股权投资处置的工作指引》中规定，当对外股权投资无法处置、投资价值为零或负值时，管理人可直接经债权人会议表决通过后核销对应股权。其他地区法院仍然未明确直接核销的路径，上海地区破产法庭发布的《关于规范债务人对外股权投资处置工作办法（试

[1] 参见周昌春、张子涵：《破产清算程序中债务人对外股权投资处置浅析（一）》，载微信公众号“大成深圳办公室”2023 年 10 月 16 日，https://mp. weixin. qq. com/s/seFb8Fx28jB8mum3mkAlqQ。

行)》中规定，适用核销的前提是管理人无法按照该办法第 9 条至第 14 条所列途径处置对外股权投资，其中第 10 条明确，管理人变价处置对外股权投资的，原则上应通过网络拍卖方式处置对外股权投资，或可通过经债权人会议表决通过的其他变价出售方式予以处置。由此可见，多数法院仍然坚持现行拍卖的前置程序。亦有学者主张核销应当是处置对外股权投资的最后手段，只有在穷尽拍卖、变卖、减资、自行清算、强制清算、破产清算、简易注销、股权分配等处置方式后仍然无法清理的，才能核销对外股权投资。[1]

笔者认为，破产程序的内核精神应该是快速高效的资产处置，同时应考虑管理人的履职成本。根据《关于审理企业破产案件确定管理人报酬的规定》，破产管理人的报酬计算标准仅涉及无担保财产，且与美国、德国等国家相比较，我国破产管理人的报酬比例十分低。[2] 目前有大部分被投资企业与破产股东同样处于“僵尸企业”“三无企业”“下落不明”的状态，如严苛要求拍卖作为核销的前置程序，管理人需制作对应的财产变价方案提交债权人表决，通过后统一进行 2 轮到 3 轮拍卖处置，流拍的需再次制作核销方案经债权人表决通过，该流程无形之中拉长了企业破产清算程序，过程中亦需要管理人确定注册拍卖平台，制作包括拍卖公告、拍卖须知等在内烦琐的法律文件。在本就低报酬甚至无报酬的三无企业案件中，管理人履职的成本提高，积极性将大大降低。

综上，在被投资企业与破产股东同样处于“僵尸企业”“三无企业”“下落不明”的状态时，无须履行拍卖程序，直接将对外投资的核销作为管理人自主决定事项，仅需在给债权人、法院的相关报告中注明。除此之外，核销指的是账面核销，破产企业作为被投资企业的股东依然处于确定的法律状态，破产股东享有的股东自益权、共益权及承担的义务并不因为核销而丧失、转移或减少。因此，在对外投资核销、破产企业破产程序终结后，管理人若发现可以对已核销的对外股权投资进行处置且处置收益为正值，则有权且应当继续处置已核销的对外股权投资，并根据《企业破产法》第 123 条的规定追加分配。[3]

---

〔1〕 参见周昌春、张子涵：《破产清算程序中债务人对外股权投资处置浅析（一）》，载微信公众号“大成深圳办公室”2023 年 10 月 16 日，https://mp. weixin. qq. com/s/seFb8Fx28jB8mum3mkAlqQ。

〔2〕 参见陈夏红：《破产法札记》，法律出版社 2021 年版，第 126 页。

〔3〕 参见周昌春、张子涵：《破产清算程序中债务人对外股权投资处置浅析（一）》，载微信公众号“大成深圳办公室”2023 年 10 月 16 日，https://mp. weixin. qq. com/s/seFb8Fx28jB8mum3mkAlqQ。

7

破产债权确认纠纷中的程序性问题研究

赵海勇

近年来，企业破产清算案件数量逐渐增多，破产债权确认诉讼的数量也随之增加。破产债权确认诉讼是指破产程序中，债务人、债权人对破产管理人审查编制的债权表记载的债权有异议，就确认申报债权之有无、性质、数额等向破产申请受理法院提起的诉讼。破产债权确认纠纷的法律依据初见于《企业破产法》第48条、第58条；最高人民法院《关于适用〈中华人民共和国企业破产法〉若干问题的规定（三）》（以下简称《破产法司法解释三》）第8条对破产债权确认纠纷的程序进行了一定程度的细化，规定了管理人复核程序、异议期间等。但实务工作者对于该条款中用词的不同理解导致司法实践中对于破产债权确认诉讼尤其是涉及管理人复核程序以及15日异议期间问题的诉讼案件的裁判观点不尽相同，存在较大争议。为厘清管理人复核程序之于破产债权确认纠纷是否具有前置性，以及超过15日异议期间提起债权确认之诉对于异议人实体权利的影响这两个破产债权确认纠纷领域中的热点程序性问题，下文将结合法律法规、地方法院文件，以及典型案例分别进行研究和讨论。

一、管理人复核程序之于破产债权确认纠纷的前置问题

规定索引

《中华人民共和国企业破产法》

第五十八条第三款 债务人、债权人对债权表记载的债权有异议的，可以向受理破产申请的人民法院提起诉讼。

《最高人民法院关于适用〈中华人民共和国企业破产法〉若干问题的规定（三）》

第八条 债务人、债权人对债权表记载的债权有异议的，应当说明理由和法律依据。经管理人解释或调整后，异议人仍然不服的，或者管理人不予解释或调整的，异议人应当在债权人会议核查结束后十五日内向人民法院提起债权确认的诉讼。当事人之间在破产申请受理前订立有仲裁条款或仲裁协议的，应当向选定的仲裁机构申请确认债权债务关系。

《江苏省高级人民法院破产案件审理指南》

第六部分第四条第三款 债权表经债权人会议核查，债权人对他人债权有异议的，可以在管理人确定的合理期限内向管理人提出异议，由管理人予以复核，异议成立的，应予采纳，异议不成立的，债权人可以自收到书面复核通知书之日起十五日内提起债权确认诉讼，债权人也可不经复核程序，自收到债权表之日起十五日内，以债务人及该他人为被告提起债权确认诉讼。

《重庆破产法庭、重庆市破产管理人协会破产案件债权审核指引》

第二十九条 债务人、债权人对债权表记载的债权有异议的，可以要求管理人复核并应当说明理由和法律依据。经管理人解释或者调整后，异议人仍然不服的，或者管理人不予解释或调整的，异议人应当在债权人会议核查结束后十五日内向人民法院提起债权确认的诉讼。当事人在破产申请受理前订立有仲裁条款的，应当向选定的仲裁机构申请确认债权债务关系。债权人未向管理人申请复核直接起诉的，人民法院不予受理。

《北京市高级人民法院企业破产案件审理规程》

第一百七十四条 债务人、债权人对债权表记载的债权有异议的，应当说

明理由和法律依据。经管理人解释或者调整后,仍有异议的,按照以下原则处理:(1)债务人、对他人债权有异议的债权人,可以在核查债权之债权人会议结束后十五日内,向受理破产案件的人民法院提起债权确认诉讼。逾期未起诉的,该债权确定……

问题的提出

根据《破产法司法解释三》第 8 条的规定,当债务人或债权人对管理人核定后的债权有异议时,管理人就异议债权进行了解释或调整但异议人仍不接受,或者管理人不作解释或调整的,异议人可以向法院提起确认债权的诉讼。对此,较多观点认为该条款中管理人对异议债权的复核属于债权确认诉讼的前置程序,异议人只有在收到管理人作出的对异议债权的解释、调整或不予调整的答复后,方能提起债权确认之诉。但是,实务中也有观点反对管理人复核程序的前置性,原因在于前述司法解释规定并未明确异议人在提起债权确认之诉前是否必须先行向管理人提出异议。而前置程序的存在与否将直接影响 15 日异议期限的起算日期乃至后续诉讼程序的启动,关乎异议人的实体权利。因此,提起破产债权确认之诉在程序上面临的一个重要问题是:管理人对异议债权的复核程序是否属于提起破产债权确认之诉的必经前置程序?

司法实践

经不完全检索,司法实践中有以下几例相对典型的涉及管理人复核程序是否为债权确认之诉前置程序问题的案例。

案例 1 | (2022)辽 12 民终 542 号

[审理法院]

辽宁省铁岭市中级人民法院

[裁判要旨]

提起债权确认之诉前未经过管理人对异议进行复核的前置程序的,属于违反司法解释规定,应当驳回起诉。

[案情简介]

杨某菊于2020年8月20日向昌图中力中天投资有限公司申报债权后,昌图中力中天投资有限公司管理人于2021年3月1日向杨某菊下发债权审查登记结果通知书,对杨某菊申报的债权不予确认登记,并告知杨某菊若对债权审查登记结果有异议,请于收到通知后15日内依法向昌图县人民法院提起诉讼。杨某菊在收到不予确认债权的通知后,对债权表记载的债权没有提出口头或者书面异议,管理人亦未履行复核程序。其后杨某菊诉至一审法院,请求法院确认其对昌图中立中天投资有限公司享有破产债权。一审法院依据《企业破产法》第58条第3款的规定,对杨某菊的债权予以确认。昌图中力中天投资有限公司向二审法院提出上诉。

[裁判观点]

从维护全体债权人、利害关系人等整体利益的角度出发,《企业破产法》第57条、第58条,《破产法司法解释三》第8条对债权申报、管理人审查、债权人会议核查、管理人复核、提起诉讼等工作流程及争议处理程序进行了明确规定。按照上述规定,债权人对债权表中记载的自身债权存在异议的,应当首先向管理人提出异议并说明理由及法律依据。经管理人解释或调整后,异议债权人仍然不服或者管理人不予解释、调整的,异议债权人才可以向法院提起债权确认之诉。本案被上诉人在提起诉讼前,未经过管理人对异议进行复核的前置程序,违反前述司法解释的规定,因此本案应驳回起诉,被上诉人可再行对债权表中记载的债权提出异议并由管理人对异议进行复核。

案例2 | (2020)晋民终217号

[审理法院]

山西省高级人民法院

[裁判要旨]

未提供证据证明履行了向管理人提出异议这一前置程序的,不符合法定起诉条件,依法应裁定驳回起诉。

[案情简介]

王某系山西昇运有色金属有限公司(以下简称昇运公司)职工,2018年6

月19日，昇运公司申请破产清算，王某未及时签署终止劳动合同确认书并向昇运公司提交个人资料。随后王某向一审法院请求昇运公司向其支付相关款项，一审法院根据劳动合同法等相关法律驳回其诉讼请求，王某提起上诉。

［裁判观点］

二审法院认为，即使上诉人变更其诉讼请求，提起职工债权确认之诉，其起诉条件也存在违反法定前置程序、超过起诉期限等问题。根据《破产法司法解释三》第8条的规定，法律为提起职工债权确认诉讼设置了前置程序，原告在向人民法院提起诉讼之前，应先向管理人提出异议（包括对是否具有职工身份、债权数额、债权性质等有异议等），要求管理人予以更正，管理人不予更正或对更正后的结果仍然不服的，应当在15日内向人民法院提起诉讼。本案中，上诉人未提供证据证明履行了该前置程序，而是在昇运公司于2019年2月25日被裁定宣告破产后，于2019年8月14日才提起本案诉讼，显然超出法定起诉期限。即使上诉人变更其诉讼请求，其起诉亦不符合法定起诉条件。

案例3 ｜ (2021)最高法民申6110号

［审理法院］

最高人民法院

［裁判要旨］

15日异议期不以收到管理人的复核结果之日为起算日。

［案情简介］

广西有色再生金属有限公司第五次债权人会议于2019年10月9日召开。根据规定，债权人应在2019年10月9日18:00前填制债权人会议表决表、债权核查意见表。管理人向债权人发出的《关于提请债权人会议核查债权的议案》中载明："债权人对管理人编制的《债权表》记载的债权有异议的，应当说明理由和法律依据。在本次债权人会议结束后5日内，管理人仍未给予解释的；或者管理人仍未通知已经予以调整的；或者管理人解释、调整后，异议人仍然不服的，则异议人应当在本次债权人会议结束后15日内向梧州市中级人民法院提起债权确认的诉讼……逾期，异议人丧失异议权利。"该会议对广西建工集团冶金建设有限公司申报的优先受偿权不予认可，后广西建工集团冶金建设有限公司向管理人提出异议，管理人于2019年10月28日作出债权复核意见函，广西建工集团冶金建设有限公司于收到债权复核意见函后 15 日内向法院起诉。

[裁判观点]

异议人提起债权确认之诉的对象是债权表记载的异议债权,不是债权复核意见函,债权复核意见函没有载明广西建工集团冶金建设有限公司可以在收到该函之日起15 日内提起诉讼。(2015)梧民破字第 1 – 19 号民事裁定亦认定广西建工集团冶金建设有限公司未在债权人会议结束后法定期限内提起债权确认诉讼,该裁定已经确认广西建工集团冶金建设有限公司的债权不享有优先受偿权并发生法律效力。故广西建工集团冶金建设有限公司没有在法定起诉期限内提起诉讼,原审法院裁定驳回起诉,并无不当。

案例 4 | (2020)闽 05 民终 3213 号

[审理法院]

福建省泉州市中级人民法院

[裁判要旨]

权利人于债权人会议核查结束后 15 日内提起债权确认之诉的应当予以受理。

[案情简介]

福建省石狮新联邦房地产开发有限公司管理人在 2019 年 11 月 15 日召开第一次债权人会议,提请会议核查债权表所列的债权。会上管理人向林某旗发放了福建省石狮新联邦房地产开发有限公司破产案债权审核及其他事项异议表,该异议表载明法律救济途径为:请您在第一次债权人会议召开之日(2019 年 11 月 15 日)起 5 日内以邮政快递(EMS)的方式将本异议表寄发给管理人或于第一次债权人会议召开之日起 15 日内向石狮市人民法院提出债权确认的诉讼。林某旗于会议召开后 15 日内向原审法院提起诉讼,原审法院于 2019 年 12 月 11 日立案。案件审理过程中,因原审法院工作效率问题,林某旗撤回起诉,后重新起诉。一审法院以林某旗重新提起诉讼之日远超 15 日异议期限为由裁定驳回起诉。

[裁判观点]

《破产法司法解释三》第 8 条规定的目的在于督促权利人积极行使权利,

林某旗在第一次债权人会议核查结束后15日内向石狮市人民法院提起诉讼，并无超出规定的合理期限。其后林某旗虽然撤回诉讼，但在疫情期间仍积极行使权利，并无怠于行使权利之情形。故对于林某旗的起诉，石狮市人民法院应予以受理。

实务总结

根据上述案例及其他破产债权确认诉讼的判例，结合各地法院发布的破产案件审理相关指引，不难看出管理人复核程序之于破产债权确认诉讼的前置性问题在实务中还是存在一定的争议。

认为管理人复核属于必经前置程序的，主要是依据《破产法司法解释三》第8条中管理人复核，即管理人对异议作出或不予作出解释或调整在先，异议人向人民法院提起债权确认之诉在后的表述，将收到管理人对于异议债权的复核答复与该条款中的“债权人会议核查结束”相对应，那么未经管理人复核程序直接提起债权确认之诉的自然不满足条款中的要件，理应被法院裁定不予受理或驳回起诉。除了前文案例1、案例2中提及的辽宁省铁岭市中级人民法院以及山西省高级人民法院持该观点外，重庆破产法庭、重庆市破产管理人协会在其发布的《破产案件债权审核指引》中明确指出不予受理未向管理人申请复核而直接起诉的债权确认之诉。北京市高级人民法院则是在其发布的《企业破产案件审理规程》中明确将管理人复核程序置于异议人提起债权确认之诉之前。同时，江苏省淮安市中级人民法院在（2021）苏08民终286号案件中认为，提起债权确认之诉的15日期间应从异议人收到债权复核意见通知书之日起起算，这也体现出了该法院对于管理人复核程序的前置性的认同。

认为管理人复核不属于必经前置程序的则是聚焦于债权确认之诉的诉讼对象。由于债权确认之诉的诉讼对象是债权表中的异议债权，通过《企业破产法》第61条可知，债权人会议的主要职能之一就是核查债权，会议的结束通常伴随着债权核查结果的出具，那么对核查结果持有异议的当事人理应自债权人会议结束之日起就可在15日内针对异议债权提起诉讼。正如最高人民法院在前文案例3中表达的观点:异议人提起债权确认之诉的对象是债权表记载的异议债权,不是债权复核意见函,在诉讼对象已经明确的情况下,管理人复核结果也就不具有必要性,15日异议期间的起算日期也就不应从异议人收到管理人复核结果之日起计算。实务中上海市高级人民法院发布的《破产审判工作规范指引》,以及江苏省高级人民法院发布的《江苏省高级人民法院破产案件审理指南》中明确指出,对债权表持有异议的可不经管理人复核程序直接向人民法院提起诉讼。

笔者倾向性地认为,管理人对异议债权的复核应当是异议人提起债权确认诉讼的必经前置程序。首先,《破产法司法解释三》第8条已将管理人的复核程序设置于提起债权确认之诉之前,虽然条款的表述不是非常明确导致存在其他角度的解释,但复核程序的前置性还是得到了较多从业者的认可。其次,虽然管理人作出的复核结果不是债权确认之诉的诉讼对象,也不具有从根本上解决异议的效力,但不能以此全盘否定法律赋予管理人的解释或调整异议债权的权利。在异议并不复杂的情况下,通过管理人对异议人进行答疑或者调整债权表等复核程序能够更快速地化解纠纷,至于较复杂的异议债权如管理人的复核不能让异议人满意,债权确认诉讼仍是异议人保有的救济途径。最后,在破产案件数量呈大幅增长态势的当下,人民法院也面临着大量的与破产有关的纠纷案件,前置管理人复核程序能够在一定程度上实现案件的分流,减轻法院压力,进而从整体上辅助法院提高审理破产案件的效率,加快破产案件审理速度。

不过,笔者也认为现行的法律法规还不足以完全支撑管理人复核程序对于债权确认之诉的前置性,并且存在僵局风险。一方面,如前文所述,关于管理人复核程序是否属于前置程序的争议源于《破产法司法解释三》的文本表述,未来是否会有更明确、具体的相关条款出现还有待观察。另一方面,存在前置管理人复核程序的同时应当通过出台法律法规、发布地方法院文件等措施细化管理人对异议债权的复核流程,例如,出具复核结果的期限、管理人超过合理期限未作出复核时异议人可以行使的措施等,尽可能避免复核程序陷入僵局,从而保障异议人,尤其是复杂债权异议人后续提起债权确认诉讼进行救济的权利不受到侵害。

因此,当下对核查债权存在异议的,笔者建议异议人根据个案情况,仔细查阅债权核定表及其他债权人会议文件，掌握该案管理人对债权异议情况的处理流程，避免因程序上出错或遗漏而影响后续的实体诉讼权利。若管理人文件中明确了复核程序系提起债权确认诉讼的前置程序，那么异议人应当积极与管理人沟通并督促管理人及时出具复核结果；若管理人文件中表明异议人可以直接向人民法院起诉，那么异议人可以在考量异议债权的复杂程度后决定是否先行申请管理人复核。不论采取何种解决方案，异议人都应当与管理人保持密切的联系，积极主动地掌握案件动向，以保障自身合法权益不受到损害。

二、逾期提起债权确认诉讼对于异议人诉讼权利的影响问题

规定索引

《中华人民共和国民法典》

第一百八十八条第一款 向人民法院请求保护民事权利的诉讼时效期间为三年。法律另有规定的，依照其规定。

第一百九十九条 法律规定或者当事人约定的撤销权、解除权等权利的存续期间，除法律另有规定外，自权利人知道或者应当知道权利产生之日起计算，不适用有关诉讼时效中止、中断和延长的规定。存续期间届满，撤销权、解除权等权利消灭。

《中华人民共和国企业破产法》

第五十六条第一款 在人民法院确定的债权申报期限内，债权人未申报债权的，可以在破产财产最后分配前补充申报；但是，此前已进行的分配，不再对其补充分配。为审查和确认补充申报债权的费用，由补充申报人承担。

《最高人民法院关于适用〈中华人民共和国企业破产法〉若干问题的规定（三）》

第八条 债务人、债权人对债权表记载的债权有异议的，应当说明理由和法律依据。经管理人解释或调整后，异议人仍然不服的，或者管理人不予解释或调整的，异议人应当在债权人会议核查结束后十五日内向人民法院提起债权

确认的诉讼。当事人之间在破产申请受理前订立有仲裁条款或仲裁协议的，应当向选定的仲裁机构申请确认债权债务关系。

《山东省高级人民法院企业破产案件审理规范指引(试行)》

第一百一十一条第一款 债务人、债权人对债权表记载的债权有异议的，应当说明理由和法律依据。经管理人解释或调整后，异议人仍然不服的，或者管理人不予解释或调整的，异议人应当在债权人会议核查结束后十五日内向人民法院提起债权确认的诉讼。逾期未起诉的，该债权确定。

《江苏省高级人民法院破产案件审理指南》

第六部分第四条第四款 ……债权人就自身债权超过十五日起诉期间未提起诉讼的，起诉前已进行的分配，不再对其补充分配，起诉后进行分配的，应当根据争议债权金额作相应提存。债权人就他人债权超过十五日起诉期间提起异议诉讼，生效判决认定异议成立的，已分配的部分仍应当依法回转。

问题的提出

根据《破产法司法解释三》第 8 条的规定，债务人、债权人对管理人债权核查结果存在异议的，应当于 15 日内向人民法院提出债权确认的诉讼，但该条款中未明确规定逾期提起债权确认诉讼的法律后果。债权确认诉讼是异议人对其异议债权的最终救济途径，将直接影响异议人在后续破产进程中能够参与分配到的利益，其重要性不言而喻。但破产实务中管理人对异议债权的复核是否属于提起债权确认之诉的前置程序尚存争议，这导致 15 日期间的起算日并不明确，同时存在管理人消极复核，忽视、遗漏复核等可能(特别是在债权人人数较多或债权数额庞大的复杂破产案件中)，这些情况都会给异议人如期提起债权确认诉讼造成潜在的障碍。因此，逾期提出债权确认诉讼会产生怎样的后果，又会对异议人的诉讼权利造成怎样的影响，是破产债权确认纠纷领域中值得探讨的又一重要问题。

司法实践

经不完全检索，司法实践中有以下几例相对典型的涉及逾期提起债权确认之诉对异议人诉权影响问题的案例。

案例5 | (2019)鲁03民终4554号

[审理法院]

山东省淄博市中级人民法院

[裁判要旨]

提起债权确认之诉超过法定15日除斥期间的，不予支持。

[案情简介]

2017年3月20日、11月9日，中国化学工程第四建设有限公司(以下简称化学工程公司)先后向山东金顺达集团有限公司(以下简称金顺达公司)申报优先受偿债权26,097,980.34元，金顺达公司对化学工程公司债权确认为工程款本金16,352,832.09元，利息1,447,339.19元，诉讼费119,917元，但未将化学工程公司的债权确认为优先受偿权，为此形成诉讼。一审法院以不符合我国《企业破产法》关于破产债权确认的有关规定为由驳回其诉讼请求，其后化学工程公司提起上诉。

[裁判观点]

本案的争议焦点是上诉人对于涉案工程价款行使优先受偿权是否超过了法定的除斥期间。一审法院已先后于2017年9月24日、2018年7月20日召开债权人会议，完成了对全体债权人的债权核查，根据《破产法司法解释三》第8条的规定，上诉人应该在核查结束后15日内提起债权确认之诉。上诉人虽然就核查结果向法院提出过书面异议，但并非法定程序，不构成上述15日中止的法定事由。上述法律规定系在2019年3月29日正式实施的，自2019年3月29日开始起算，上诉人在2019年4月17日提起债权确认之诉已经超过了15天的除斥期间。综上所述，化学工程公司的上诉请求不能成立，应予驳回。

案例6 ｜ (2021)最高法民申2814号

［审理法院］

最高人民法院

［裁判要旨］

未在15日内提出债权确认诉讼的，应当视为对确认债权的认可，故不再具有诉权。

［案情简介］

2019年6月18日，金晖兆丰公司管理人提交了破产重整计划草案，但由于未明确重整清偿率等内容，遭到平安银行股份有限公司太原分行（以下简称平安银行太原分行）的反对。随后新疆维吾尔自治区阿克苏地区中级人民法院裁定批准公司实质合并破产重整计划，然而该计划仍未明确清偿率。2020年1月10日，法院要求金晖兆丰公司及管理人等计算出清偿率等内容，但管理人始终未作出。随后平安银行太原分行提起债权确认诉讼，一审法院裁定不予受理，二审法院维持原裁定。

［裁判观点］

二审法院认为，平安银行太原分行的起诉除需满足民事诉讼法规定的起诉条件外还要在15日内起诉，如此人民法院方可受理。平安银行太原分行超出该时间起诉未能满足起诉的特殊要求，一审法院对该项诉讼请求裁定不予受理并无不当。

最高人民法院认为，根据《破产法司法解释三》第8条的规定，债权人就确认债权存在异议的应当向管理人提出，管理人不予解释或调整的，在债权人会议核查结束后15日内可以提起债权确认诉讼，由人民法院对债权的真实性及合法性进行实质审查并作出裁判。本案中，平安银行太原分行的第三项起诉请求实质上是请求对金晖兆丰公司债权重新进行确认，而平安银行太原分行在债权人会议结束之后15日内并未向人民法院提出确认债权的诉讼，即应当视为对确认债权的认可。二审法院对其该项诉讼请求不予受理并无不当。

案例7 ｜ (2019)苏1322民初1776号

［审理法院］

江苏省沭阳县人民法院

[裁判要旨]

《破产法司法解释三》未对逾期提起诉讼的相关后果作出明确规定,债权审核告知书中提起诉讼的期限和逾期不予受理的内容无法律依据。

[案情简介]

2018年3月23日,一审法院就沭阳宝龙置业有限公司(以下简称宝龙公司)破产清算案召开第一次债权人会议,同年5月27日,一审法院依据债权人会议核查情况作出裁定,而后原告认为宝龙公司管理人不应确认上海融真资产管理有限公司(以下简称融真公司)债权,并向管理人提出要求对融真公司所申报债权进行审核。2019年1月23日,被告宝龙公司管理人向原告出具了关于融真公司债权重新审核意见告知书,认为原告所提异议不成立。原告于2019年2月11日诉至一审法院,要求不予确认融真公司对宝龙公司的债权。

[裁判观点]

2018年3月23日,江苏省沭阳县人民法院召开被告宝龙公司破产清算第一次债权人会议并宣读了关于债权申报人如何核查债权的权利义务告知书。该告知书第3项规定,债权人对债权表记载的债权有异议的,应当在2018年4月15日前向管理人书面提出,请求对异议债权进行复核,债权人也可不经管理人复核,直接向法院提起诉讼,提起诉讼的期限为2018年4月30日,逾期不予受理。该告知书规定债权人提出异议及提起诉讼的具体期限目的是督促债权人及时履行债权核查义务,及时推进破产程序的进行,而《企业破产法》未就债权人对债权有异议向人民法院提起诉讼的期限作出明确规定,《破产法司法解释三》虽对此作出了规定,但对逾期提起诉讼的相关后果未作出明确规定,故上述告知书中提起诉讼的期限及逾期不予受理的相关内容无法律依据。原告有权提起本案诉讼,法院应予以受理。

案例8 | (2019)鄂0115民初8926号

[审理法院]

湖北省武汉市江夏区人民法院

[裁判要旨]

超过15日期间不导致异议人丧失债权确认诉权,仍可以起诉。

[案情简介]

2017 年 12 月,法院裁定受理武钢源通生态农业武汉有限公司(以下简称武钢源通公司)破产清算案,武汉东方一新建设工程有限责任公司(以下简称东方一新公司)申报其部分债权为优先债权。经管理人核查确认后,2018 年 4 月,法院裁定确认东方一新公司的优先债权。2019 年,陈某以东方一新公司未在建设工程竣工之日或者建设工程合同约定的竣工之日起 6 个月内主张工程款优先受偿权为由提起债权确认纠纷。

[裁判观点]

《破产法司法解释三》第 8 条中规定的 15 日若理解为诉讼时效期间,则存在时间上的不合理,因为异议人在管理人解释或调整后仍不服或管理人不予解释、调整的,方可提起债权确认诉讼,解释和调整都需要一定期间,并非债权人会议核查结束当天就有结果,如果将 15 天理解为诉讼时效,必然会出现异议人起诉期间不足,甚至在管理人解释或调整前已过期的情形。15 日也不能理解为除斥期间,因为除斥期间为法定权利的存续期间,除斥期间经过后,发生的是实体权利消灭的法律效果。根据企业破产法的规定,债权人逾期申报债权的,可以在破产财产分配前补充申报,此前已进行的分配,不再对其补充分配,债权人在此情形下只是不得依照法律规定的程序行使权利而已,并不会发生实体权利消灭的后果,因此超过 15 日起诉,并不导致债权人失去实体权利。综上,《破产法司法解释三》第 8 条规定的 15 日既不是诉讼时效,也不是除斥期间,而是与企业破产法债权申报期限相同性质的附不利后果承担的引导性规定,不导致异议人丧失债权确认诉权,即使超过该期间,也可以提起诉讼。

案例 9 | (2022)最高法民再 95 号

[审理法院]

最高人民法院

[裁判要旨]

《破产法司法解释三》第 8 条未规定超出 15 日期限后不得提起债权确认诉讼,不得以此为由不予受理案件。

[案情简介]

宣城安美文化产业投资有限公司破产后,宣城市政建设集团有限公司向管理人申报工程款优先权1,516,420.76元、普通债权578,497.91元。管理人审核认定为2,094,918.67元普通债权,未认定优先权。2020年6月22日,管理人将债权审核结果提交第二次债权人会议进行核查,仍未认定宣城市政建设集团有限公司的优先权。2021年5月19日,宣城市政建设集团有限公司提起诉讼。一审法院以超过《破产法司法解释三》规定的期限,已丧失提起债权确认之诉的权利为由,裁定驳回起诉。二审法院裁定维持原裁判。

[裁判观点]

最高人民法院经再审认为,宣城市政建设集团有限公司于2021年5月19日起诉要求确认其对宣城安美文化产业投资有限公司享有的2,094,918.67元债权中有工程款优先权1,516,420.76元,该起诉日期距离2020年6月22日第二次债权人会议对案涉债权进行核查认定日期虽已超过了《破产法司法解释三》第8条所规定的15天,但从《破产法司法解释三》第8条所规定的内容看,该条款并非作出债务人超出15日不得提起诉讼的规定,一、二审认定宣城市政建设集团有限公司提起本案诉讼已超过法定期限,不符合案件受理条件,适用法律错误。

案例10 | (2022)最高法民再114号

[审理法院]

最高人民法院

[裁判要旨]

重庆通耀交通装备有限公司(以下简称通耀公司)关于重庆建工工业有限公司(以下简称建工公司)没有在法律规定期限内起诉而不具备提起本案诉讼资格的上诉理由,于法无据,不予采信。

[案情简介]

2015年,通耀公司被重庆市武隆区人民法院裁定进入破产重整。2016年1月29日,建工公司向通耀公司的破产重整管理人申报债权。2016年7月22日,建工公司向管理人发函,要求确认其对案涉工程价款享有优先受偿权。2018年4月8日,重庆市武隆区人民法院批准了通耀公司的重整计划。2018年4月11日,建工公司、通耀公司及重庆华西工程造价咨询有限公司三方共同签署了建设工程结算审核定案表。同日,建工公司向管理人再次申报工程价款优先受偿权。2018年10月22日，通耀公司的破产管理人给建工公司出具异议复审通知书，认为建工公司不享有涉案工程价款优先受偿权。2018年10月8日，建工公司向重庆市武隆区人民法院提起诉讼。

[裁判观点]

二审法院认为，争议焦点中关于建工公司能否提起本案诉讼的问题，首先，关于是否违反《破产法司法解释三》第8条的问题。最高人民法院认为，该条文规定的15日起诉期间既不是除斥期间，也不是诉讼时效期间。除斥期间是法定权利的存续期间，因该期间经过而发生权利消灭的法律后果。如果该条规定的15日起诉期间是除斥期间，那么未在该期间内起诉的债务人或债权人的实体权利消灭。该法律后果与《企业破产法》第56条规定矛盾。而且即使债权人未依照《企业破产法》的规定申报债权，也只是不得在破产程序中行使权利而已，并非消灭实体权利。因此，该15日起诉期间不是除斥期间。

如果将该15日起诉期间认定为诉讼时效期间，会导致在破产程序中对债权人或债务人适用的诉讼时效期间与《民法总则》(已失效)规定的诉讼时效期间不一致，并且与《企业破产法》第56条关于"债权人迟延申报情形下，尚可在破产财产最后分配前补充申报"的规定矛盾。因此，该15日起诉期间也不是诉讼时效期间。

基于上述理解，本条文规定的是起诉的合理期间，目的在于督促异议人行使合法权利，避免影响后续表决等程序的推进，而非消灭异议人的实体权利，故通耀公司上诉称建工公司起诉违反《破产法司法解释三》第8条规定的理由不能成立。

最高人民法院认为，《破产法司法解释三》第8条规定的15日的起诉期间虽然不是除斥期间，但过长时间不起诉，可能导致相关实体权利失权，这也是规定15日期间，督促债权人尽快起诉的意义所在。

案例11 | (2022)最高法民再233号

[审理法院]

最高人民法院

[裁判要旨]

《破产法司法解释三》第8条规定的15日期间并非诉讼时效、除斥期间或起诉期限,该15日期间届满并不导致异议人实体权利或诉权消灭。异议人超过上述法律规定的15日期间向人民法院提起债权确认诉讼的,人民法院不得以超期为由拒绝受理。

[案情简介]

2020年6月10日,河南省商丘市中级人民法院裁定受理塔尼尔生物科技(商丘)有限公司(以下简称塔尼尔公司)、宏达公司合并破产重整案,并指定管理人。2020年11月20日,管理人召开第一次债权人会议,告知沙某英其申报的债权未被确认。2020年11月25日,沙某英向管理人提交债权异议申请书。2020年11月30日,管理人作出书面异议答复函,告知沙某英其债权未被确认,若有异议,可于2020年12月5日前向一审法院起诉,该函于2020年12月2日邮寄送达。2021年3月29日,沙某英提起本案破产债权确认之诉。一审法院认为沙某英起诉已经超过破产债权确认起诉期限,裁定驳回起诉。而后沙某英提起上诉,二审法院维持原判。

[裁判观点]

《破产法司法解释三》第8条规定的15日期间系附不利后果的引导性规定,目的是督促异议人尽快提起诉讼,以便尽快解决债权争议,提高破产程序的效率,防止破产程序拖延。异议人未在该15日内提起债权确认的诉讼,推定其同意债权人会议核查结果,破产程序按债权人会议核查并经人民法院裁定确认的结果继续进行,给异议人财产分配和行使表决权等带来的不利后果,由其自行承担。但《破产法司法解释三》第8条规定的15日期间并非诉讼时效、除斥期间或起诉期限,该15日期间届满并不导致异议人实体权利或诉权消灭。一、二审法院以沙某英超过15日起诉期限为由驳回起诉,适用法律错误。

实务总结

1. 逾期提起债权确认诉讼之法律后果的实务观点变迁

在司法实践中,关于逾期提起债权确认诉讼的后果的观点大部分离不开对《破产法司法解释三》第8条中“十五日”期间性质的讨论,因此这些观点被主要分为了“除斥期间说”、“诉讼时效说”、“引导性规定说”和“法定期限说”等几种。但不论采用哪一种观点，在早期的判例中法院大多认为异议人逾期提起债权确认诉讼的后果是其诉权的丧失，法院有权裁定不予受理或驳回起诉。例如，案例5中山东省淄博市中级人民法院的观点就是较为典型的除斥期间说，该院明确将债权核查结束后的15日定性为除斥期间，并以异议人提起债权确认诉讼时已超过该除斥期间为由驳回了异议人的诉讼请求。案例6中的最高人民法院则是以15日未提起债权确认诉讼的应视为异议人对案涉债权的认可为由否定了异议人的诉权，山东省高级人民法院在其印发的《企业破产案件审理规范指引（试行）》中也表达了类似的观点。

不过，在彼时以逾期提起诉讼将丧失诉权为主流观点的环境下，也有部分法院持相反的观点。江苏省高级人民法院在其印发的《破产案件审理指南》第六部分第4条第4款中表示："……债权人就自身债权超过十五日起诉期间未提起诉讼的，起诉前已进行的分配，不再对其补充分配，起诉后进行分配的，应当根据争议债权金额作相应提存。债权人就他人债权超过十五日起诉期间提起异议诉讼，生效判决认定异议成立的，已分配的部分仍应当依法回转。"可见其并不认为未在15日期间内提起债权确认诉讼会导致异议人诉讼权利的丧失。案例7中江苏省沭阳县人民法院从《破产法司法解释三》第8条的文本出发，主张没有明确的法律依据能够支撑人民法院对逾期提起的债权确认诉讼裁定不予受理。案例8中湖北省武汉市江夏区人民法院通过引入《企业破产法》第56条规定的内容来论证逾期提起诉讼并不导致实体权利的丧失。

司法实践观点的集中转变发生于2022年，因为最高人民法院在当年的多份判决（前文的案例9至案例11）中针对逾期提起债权确认诉讼这一情形中的相关问题作出了非常明确的答复。第一，关于提起债权确认诉讼的期间限制，最高人民法院认为《破产法司法解释三》第8条中没有规定超过15日期限后就不得提起债权确认诉讼，因此人民法院不能将该条款作为不受理此类债权确认诉讼的法律依据。第二，关于15日期间的性质，通过结合《企业破产法》第56条以及原《民法总则》第188条（对应《民法典》第188条），最高人民法院认为《破产法司法解释三》第8条中的15日期间属于"起诉的合理期间"，而非除斥期间或诉讼时效期间，目的在于督促异议人行使合法权利，因此逾期提起诉讼不会导致异议人诉讼权利的丧失。第三，关于逾期起诉的后果，最高人民法院从维护破产程序效率的角度出发，认为异议人未在该15日内提起债权确认诉讼的应视为其同意债权人会议核查结果，破产程序按债权人会议核查并经人民法院裁定确认的结果继续进行，给异议人财产分配和行使表决权等带来的不利后果由其自行承担。

基于最高人民法院作出的这些裁判，近年来司法实践中关于逾期提起债权确认诉讼的相关裁判要旨趋于统一，诸多地方法院开始以上述最高人民法院的观点为标准，主张逾期提起债权确认诉讼不会导致异议人诉权的丧失，例如，黑龙江省鸡西市中级人民法院于2022年10月作出的(2022)黑03民终1061号判决书，湖北省荆门市中级人民法院于2022年12月作出的(2022)鄂08民再17号判决书，天津市第二中级人民法院于2022年12月作出的(2022)津02民终5942号判决书等。可以认为，早期人民法院对于破产债权确认诉讼领域中异议人逾期起诉引发的一系列问题“同案不同判”的情况正在逐渐减少。

2. 15日期间性质的理论分析

根据上述对司法实践中逾期提起债权确认诉讼之后果的观点总结，笔者也倾向性地认为：“起诉的合理期间”搭配“异议人自担不利后果”的组合即“附不利后果承担的引导性规定说”是有关逾期提起债权确认诉讼问题的几种观点中最合理的，也是最贴合《企业破产法》追求公平和效率的立法精神的。

若将15日期间定性为除斥期间，不仅会与《民法典》第199条有关除斥期间的内容相冲突，还将违背《企业破产法》的公平理念。第一，除斥期间的起算日为“权利人知道或应当知道权利产生之日”，这与《破产法司法解释三》第8条中规定的“在债权人会议核查结束后”这一15日的起算时间明显不同，更何况15日的起算日期还取决于管理人复核是否属于破产债权确认诉讼之前置程序。第二，常见的除斥期间期限有3个月、6个月、1年、5年等，这取决于不同的法律规定，期限届满后相应的权利将消灭。而《破产法司法解释三》第8条中关于提起债权确认诉讼的期限仅15天。若将该15日也定性为除斥期间，使异议人仅因未在15日内提起诉讼就要承担与几个月，甚至几年未行使部分民事权利同样的法律后果，彻底失去救济其债权异议的途径，笔者认为这对异议人而言是过于严苛且不公平的。第三，从上文案例8和案例10中可以发现，法院在论述15日期间不应是除斥期间时还结合了《企业破产法》第56条的规定。既然法律规定逾期申报债权的可以在破产财产分配前补充申报，即实体权利不因逾期而受限，只是对于已分配的财产无法行使表决权等程序权利，那么为什么提起债权确认诉讼这一从行使债权申报实体权利中延伸出来的权利能够被一条司法解释剥夺？这种“举重以明轻”的论述也十分有力地说明 15 日期间不应被认定为除斥期间。

若将 15 日期间定性为诉讼时效，不仅会与《民法典》第 188 条有关诉讼时效的内容相冲突，还将损害《企业破产法》的效率理念。首先，诉讼时效一般为自权利人知道或应当知道权利受到损害以及义务人之日起 3 年，且具有中止、中断和延长的法定情形，而《破产法司法解释三》第 8 条中 15 日期间长度是固定的，且该条款并未规定中止、中断或延长等情形，双方在文本上就存在较多差异。其次，诉讼时效的中止、中断和延长等情形若被适用于提起债权确认诉讼的 15 日期限之中，异议人可能就会为了自身利益滥用前述情形，恶意延长提起破产债权确认诉讼的期限，这将严重影响破产案件进程，降低破产程序效率。最后，诉讼时效届满后义务人将拥有拒绝履行其义务的抗辩权。如果将 15 日期间定性为诉讼时效，一旦异议人逾期提起诉讼，即诉讼时效届满，案涉异议债权的确认结果就将被动地根据被告的抗辩与否而发生变化。被告提出时效抗辩时，异议人将被裁定驳回起诉；而被告不提出时效抗辩时，异议可能被支持。这对异议人来说无疑是不公平的，对破产程序乃至整个司法环境的稳定性来说也是不可取的，应当予以回避。

相比之下，将 15 日异议期间定性为附不利后果承担的引导性规定是具有相当的合理性的。一方面，在该观点下异议人即使超过 15 日期限也可以提起债权确认诉讼，其诉权不会被剥夺，债权确认诉讼这一救济途径也能被更有效地利用。另一方面，异议人未在 15 日内提起债权确认诉讼的，将面临法院视其同意债权人会议核查结果，破产程序按债权人会议核查并经法院裁定确认的结果继续进行的情形，并自行承担后续财产分配及表决程序中对其不利的后果。这种“处罚”虽不涉及异议人的实体权利，但能够切实影响到异议人的利益，从而达到督促其积极行使权利的目的。通过这两方面的结合，定性为附不利后果承担的引导性规定的 15 日期间不仅与《民法典》相关条款无冲突，与《企业破产法》第 56 条理论保持一致，同时确保了异议人个人依法享有的权利和破产程序整体的推进效率，可以说是十分符合《企业破产法》追求公平和效率的立法精神的。

3. 实务展望与建议

虽然附不利后果承担的引导性规定说是当前逾期提起债权确认诉讼之后果的主流观点，在理论和实践层面都具有支撑，但该观点目前还是以法院在裁判文书中表达的形式为主的，尚未被编入法律或司法解释，而我国又是成文法国家，故笔者希望未来《企业破产法》的修订或最高人民法院编制的相关司法解释能够将附不利后果承担的引导性规定说的内容纳入其中，给予破产程序实操更明确的指引。

对于各异议人，笔者建议务必及时行使《企业破产法》及相关司法解释赋予的各项权利，以保障自身权益。就逾期提起债权确认诉讼之后果这一问题，虽然当前已有主流结论，但由于缺少法律上的强制性规定，笔者还是建议各异议人在提起债权确认诉讼之前检索查询受理法院以往办理的破产债权确认纠纷案，以了解该法院在此类案件中的裁判观点。

8

案外第三人代缴税款产生的破产债权的优先性探究

顾绍宇　范唯雯

规定索引

《中华人民共和国企业破产法》

第四十二条　人民法院受理破产申请后发生的下列债务,为共益债务:

(一)因管理人或者债务人请求对方当事人履行双方均未履行完毕的合同所产生的债务;

(二)债务人财产受无因管理所产生的债务;

(三)因债务人不当得利所产生的债务;

(四)为债务人继续营业而应支付的劳动报酬和社会保险费用以及由此产生的其他债务;

(五)管理人或者相关人员执行职务致人损害所产生的债务;

(六)债务人财产致人损害所产生的债务。

第一百零九条　对破产人的特定财产享有担保权的权利人,对该特定财产享有优先受偿的权利。

第一百一十三条　破产财产在优先清偿破产费用和共益债务后,依照下列顺序清偿:

(一)破产人所欠职工的工资和医疗、伤残补助、抚恤费用,所欠的应当划入职工个人账户的基本养老保险、基本医疗保险费用，以及法律、行政法规规定应当支付给职工的补偿金；

（二）破产人欠缴的除前项规定以外的社会保险费用和破产人所欠税款；

（三）普通破产债权。

破产财产不足以清偿同一顺序的清偿要求的，按照比例分配。

破产企业的董事、监事和高级管理人员的工资按照该企业职工的平均工资计算。

《中华人民共和国税收征收管理法》

第四条　法律、行政法规规定负有纳税义务的单位和个人为纳税人。

法律、行政法规规定负有代扣代缴、代收代缴税款义务的单位和个人为扣缴义务人。

纳税人、扣缴义务人必须依照法律、行政法规的规定缴纳税款、代扣代缴、代收代缴税款。

第四十五条　税务机关征收税款，税收优先于无担保债权，法律另有规定的除外；纳税人欠缴的税款发生在纳税人以其财产设定抵押、质押或者纳税人的财产被留置之前的，税收应当先于抵押权、质权、留置权执行。

纳税人欠缴税款，同时又被行政机关决定处以罚款、没收违法所得的，税收优先于罚款、没收违法所得。

税务机关应当对纳税人欠缴税款的情况定期予以公告。

《国家税务总局关于税收征管若干事项的公告》（国家税务总局公告 2019 年第 48 号）

四、关于企业破产清算程序中的税收征管问题

（二）在人民法院裁定受理破产申请之日至企业注销之日期间，企业应当接受税务机关的税务管理，履行税法规定的相关义务。破产程序中如发生应税情形，应按规定申报纳税。

从人民法院指定管理人之日起，管理人可以按照《中华人民共和国企业破产法》（以下简称企业破产法）第二十五条规定，以企业名义办理纳税申报等涉税事宜。

企业因继续履行合同、生产经营或处置财产需要开具发票的，管理人可以以企业名义按规定申领开具发票或者代开发票。

《中华人民共和国民法典》

第五百二十四条 债务人不履行债务,第三人对履行该债务具有合法利益的,第三人有权向债权人代为履行;但是,根据债务性质、按照当事人约定或者依照法律规定只能由债务人履行的除外。

债权人接受第三人履行后,其对债务人的债权转让给第三人,但是债务人和第三人另有约定的除外。

第九百七十九条 管理人没有法定的或者约定的义务,为避免他人利益受损失而管理他人事务的,可以请求受益人偿还因管理事务而支出的必要费用;管理人因管理事务受到损失的,可以请求受益人给予适当补偿。

管理事务不符合受益人真实意思的,管理人不享有前款规定的权利;但是,受益人的真实意思违反法律或者违背公序良俗的除外。

第九百八十五条 得利人没有法律根据取得不当利益的,受损失的人可以请求得利人返还取得的利益,但是有下列情形之一的除外:

(一)为履行道德义务进行的给付;

(二)债务到期之前的清偿;

(三)明知无给付义务而进行的债务清偿。

? 问题的提出

税收优先权,是指当税收债权与其他债权同时存在,而债务人的财产不足以清偿全部债务时,税收债权优先于其他债权获得清偿的权利。根据《税收征收管理法》第45条第1款的规定,征税过程中税收原则上优先于无担保债权或发生在后的担保物权获得清偿。根据《企业破产法》第113条的规定,破产人所欠的税款应优先普通破产债权进行清偿。

在实践中,破产清算时第三人出于各种考虑代破产企业向其主管税务机关缴纳所欠税款,导致主管税务机关撤回债权申报,而对于该笔债权,第三人有权向管理人申报债权。由于主管税务机关申报税收债权时,税收债权依据破产法的规定优先于普通债权,产生了以下问题:税法是否存在适用于第三人代缴税款的明确规则?如果税法无明确规则,应当如何妥当处理第三人代缴税款问题？第三人代缴税款后产生的债权是否可以取得优先于普通债权的清偿地位？

对于上述问题，目前我国税法中并无明文规定可适用，学界对于破产清算时第三人代缴税款债权受偿问题的研究成果也不多。由于企业破产中涉及的税收问题较多且复杂，破产法中的规定仍比较原则，第三人代缴税款的认定及处理成为实践中的难题。

司法实践

第三人代为缴纳税款在法律上如何认定，此种行为在税法上如何理解，需要进一步研究，实践中以下案例提供了几种可供参考的思维方向和观点。

一、第三人代缴税款后，第三人与纳税人之间形成不当得利之债，在破产程序中债权应按税收债权的顺序受偿

案例1 | (2019)鄂0506民初834号

[审理法院]

湖北省宜昌市夷陵区人民法院

[案情简介]

原告王某宇与宜昌律信投资有限公司(以下简称律信公司)借款合同纠纷案经判决生效并由法院执行。法院依据生效判决，通知律信公司向原告王某宇清偿本金30,000,000元，并承担从2014年3月11日起至实际清偿之日止按月息2%计算的利息，但律信公司未能自动清偿债务。法院在执行中查封了律信公司位于夷陵区发展大道的“山水国际”项目1号、2号、5号楼一层、二层房屋，在京东商城进行了司法网络拍卖，因无人竞买而流拍。法院发布的拍卖公告第7条规定：“标的物交付手续由买受人自行办理，所有涉及的税费及办理权证所需费用按法律规定办理，所产生的其他费用由买受人负担。”而后法院裁定以涉案房屋流拍保留价即32,000,000元交付原告王某宇用以抵偿本金30,000,000元及利息1,799,634元、诉讼费用200,366元。原告王某宇于2018年5月办理了涉案房屋的过户手续并缴纳了所有的税款共计6,454,887.24元。税务机关向律信公司出具发票税额共计5,219,809.52元，税种为土地增值税、改

增增值税、印花税、城市维护建设税、地方教育附加、教育费附加以及企业所得税，向原告王某宇个人出具的发票共计1,235,077.72元，税种为契税及印花税和其他费用。

2018年6月1日，湖北省宜昌市夷陵区人民法院裁定受理律信公司的破产重整申请，并指定律信公司破产清算组担任律信公司破产管理人。而后原告王某宇在被告律信公司破产管理人指定期间内申报债权总额30,896,534.5元。2019年2月18日，被告认定原告债权为24,976,725.00元，未认定原告垫缴的5,219,809.52元税款。

原告认为，律信公司应向税务机关缴纳税款5,219,809.52元，若其未缴，则税务机关对律信公司享有税款债权。而原告垫缴，实质上形成了税务机关债权的转让，故原告垫缴的5,219,809.52元应为律信公司的税款债权，具有优先受偿权。被告律信公司破产管理人认为，律信公司与税务机关就案涉的5,219,809.52元费用并不存在债权债务关系，律信公司也未委托原告代缴过任何费用，原告主张就该笔费用享有欠税债权并具有优先受偿权无事实及法律依据。

［裁判观点］

法院认为，双方争议如下：(1)原告以律信公司名义缴纳的税款应由谁负担。(2)原告代缴税款后，原告与律信公司之间是否形成债权债务关系。(3)若债权成立，该债权按普通债权还是税款债权处理。针对上述争议焦点问题，法院分别评述如下。

1. 原告以律信公司名义缴纳的税款应由谁负担。本案中，原告王某宇与律信公司借款合同纠纷案进入执行程序后，法院依法查封了律信公司位于夷陵区发展大道的“山水国际”项目1号、2号、5号楼一层、二层房屋，而后法院就涉案房屋发布拍卖公告，该公告第7条规定：“标的物交付手续由买受人自行办理，所有涉及的税费及办理权证所需费用按法律规定办理，所产生的其他费用由买受人负担。”而后因无人竞买流拍后，经原告王某宇申请，法院裁定以涉案房屋流拍保留价即32,000,000元交付原告用以抵偿借款本金30,000,000元及利息1,799,634元、诉讼费用200,366元。而后原告王某宇在办理产权过户手续中，缴纳了全部税费，税务机关向律信公司出具发票税额共计5,219,809.52元，税种为土地增值税、改增增值税、印花税、城市维护建设税、地方教育附加、教育费附加以及企业所得税，向原告王某宇出具的发票共计1,235,077.72元，税种为契税及印花税和其他费用。从上述拍卖公告的约定及我国现行税收政策来看，税务机关向律信公司出具发票载明的税额共计5,219,809.52元，应属律信公司作为房屋出卖人应缴纳的税费，向王某宇个人出具的发票载明的税额共计1,235,077.72元，应属王某宇作为房屋买受人应当承担的税费。在没有证据证实原告王某宇系自愿承担全部税费的情况下，应认定本案所涉税款5,219,809.52元应当由律信公司负担。

2. 原、被告之间是否形成债权债务关系。前已述及，原告王某宇以律信公司名义缴纳的税费5,219,809.52元，本应由律信公司依法缴纳，律信公司因主观认识和客观不能的原因未缴纳，原告王某宇的代缴行为不能否认涉案缴税主体是律信公司的事实，原告代缴后，律信公司事实上构成不当得利，原告与律信公司之间形成不当得利之债，律信公司负有返还义务。在破产程序中，应当依法认定系原告王某宇对律信公司所享有的债权。

3. 该债权按普通债权还是税款债权顺序受偿。判断债权受偿顺序，关键在于考察债权的取得方式。本案中，原告王某宇源于代律信公司缴纳税款而取得债权，参照最高人民法院《关于正确审理企业破产案件为维护市场秩序提供司法保障若干问题的意见》(法发〔2009〕36号)第5条对职工债权的处理方式，不宜认定为普通债权，而应按税款债权受偿，如此认定，亦符合民事活动的公平原则。《企业破产法》第109条规定："对破产人的特定财产享有担保权的权利人，对该特定财产享有优先受偿的权利。"第113条第1款规定："破产财产在优先清偿破产费用和共益债务后，依照下列顺序清偿：(一)破产人所欠职工的工资和医疗、伤残补助、抚恤费用，所欠的应当划入职工个人账户的基本养老保险、基本医疗保险费用，以及法律、行政法规规定应当支付给职工的补偿金；(二)破产人欠缴的除前项规定以外的社会保险费用和破产人所欠税款；(三)普通破产债权。"根据前述规定，原告王某宇享有的该税款债权，并非基于担保权而享有的优先权，而是按税款债权顺序依法受偿的权利。

综上所述，原告王某宇要求确认其垫缴的5,219,809.52元系其对律信公司享有的税款债权的诉讼请求，理由成立，法院予以支持；其要求优先受偿的诉讼请求，法院不予支持，依法调整为按税款债权顺序受偿；被告律信公司破产管理人辩称原告王某宇垫付的税款应由其自负的辩解意见，理由不能成立，法院不予采信。

二、根据《民法典》第524条的“第三人代为清偿规则”，第三人代缴后，取得税务部门对案涉税款向纳税人的代位追偿权，参照税款债权的顺位优先受偿

案例2 ｜ (2024)湘04民终209号

［审理法院］

湖南省衡阳市中级人民法院

［案情简介］

2009年6月19日，蒸某某某府成立区商业步行街项目建设协调小组。2014年至2015年，衡某某司因资金周转困难无力支付税款，故某某集团、衡某某司向蒸某某某府申请借支资金支付税款。蒸某某某府为盘活衡某某司的运营，缓解衡某某司资金周转困难，通过蒸湘区财政局预算户拨付36,110,000元资金至蒸湘区商业步行街项目建设协调小组账户。蒸湘区商业步行街项目建设协调小组随即将该笔资金中的30,000,000元拨付至蒸湘区原地税局国库蒸湘区支库，并在税收缴款书上注明代衡某某司缴纳税款；其中6,110,000元退还给蒸某某某府。截至2024年，某某集团、衡某某司仍未将蒸某某某府为其代付的30,000,000元税款支付给蒸某某某府。2022年1月11日，湖南省衡阳市中级人民法院作出(2020)湘04破5号之三裁定，裁定对某某集团与其子公司即衡某某司等16家公司进行实质合并重整，并指定湖南金州律师事务所担任管理人。重整开始后，蒸某某某府向16家公司实质合并重整管理人进行债权申报，总金额为39,889,968.6元，本金为30,000,000元，利息为98,899,68.6元。管理人经审查认定债权本金为30,000,000元，债权性质为普通债权。蒸某某某府因对管理人认定的债权性质有异议，向该院提起破产债权确认之诉。另查明，某某集团对衡某某司持有100%的股份。

［裁判观点］

一审法院认为，蒸某某某府为纾缓衡某某司资金困难，避免衡某某司因欠缴税款陷入运营困难，拨付资金为其代付税款。其一，蒸某某某府在拨付该笔资金时十分明确其性质为衡某某司所欠税款的代付款；其二，蒸某某某府将该

笔款项通过蒸某某某府商业步行街项目建设协调小组账户直接拨付至蒸湘区原地税局国库蒸湘区支库，并未通过衡某某司账户，即衡某某司实质上确未支付该笔税款，蒸某某某府为其代付的税款未列入税款债权，某某集团、衡某某司仍需从其破产财产中清偿该笔税款；其三，蒸某某某府系出于救企惠企的目的，从公共利益、国家利益角度出发拨付该笔税款资金，与普通借贷关系中的借贷意思表示明显有所不同。因此，管理人将该笔款项在债权申报分类时定为普通债权显然与事实不符。蒸某某某府代付的30,000,000元税款应当在破产财产中按照破产人所欠税款的受偿顺序优先获得清偿。

二审法院认为，本案系破产债权确认纠纷。本案的争议焦点为蒸某某某府对衡某某司、某某集团所享有的债权性质是否为优先债权。本案中，因衡某某司资金运转困难，蒸某某某府出于保障民生、维护人民利益与区域稳定的目的，将案涉款项通过蒸某某某府商业步行街项目建设协调小组账户直接拨付至蒸湘区原地税局国库蒸湘区支库，并注明代衡某某司支付税款，确保项目工程能够持续推进。根据《民法典》第524条第2款“债权人接受第三人履行后，其对债务人的债权转让给第三人，但是债务人和第三人另有约定的除外”的规定，蒸某某某府取得蒸湘区原地税局对案涉税款向衡某某司的代位追偿权。上诉人认为案涉款项应为民间借贷，结合本案查明的事实，法院认为，蒸某某某府支持的该款项的性质应区别于一般情况下的民间借贷，其唯一目的是替衡某某司还清税款帮助公司解困，且该款直接采取机关对公账户支付的方式，未经衡某某司的账号，符合代位求偿的标准，故上诉人的该上诉主张与事实和法律不符，不予支持。《企业破产法》第113条规定：“破产财产在优先清偿破产费用和共益债务后，依照下列顺序清偿：(一)破产人所欠职工的工资和医疗、伤残补助、抚恤费用，所欠的应当划入职工个人账户的基本养老保险、基本医疗保险费用，以及法律、行政法规规定应当支付给职工的补偿金；(二)破产人欠缴的除前项规定以外的社会保险费用和破产人所欠税款；(三)普通破产债权。破产财产不足以清偿同一顺序的清偿要求的，按照比例分配……”该条所规定的是破产企业的债权清偿顺序，其中包含破产企业所欠税款，故蒸某某某府有权就其代付的30,000,000元参照税款债权的顺位优先受偿。

三、第三人代缴税费，根据公平原则，应按税款债权顺序依法受偿

案例3 | (2021)粤1973民初10062号

[审理法院]

东莞市第三人民法院

[案情简介]

原告张某兴作为案外人，在被告广东富某木业科技有限公司被法院受理破产申请后，为被告代缴企业所得税税款余额及滞纳金合计797,705.63元。原告以共益债务向破产管理人申报债权，因管理人审查认定其申报的为被告代付税款余额及滞纳金不属于破产债权，债权性质不属于共益债务，遂向法院提起债权确认之诉。

原告诉称，2014年3月21日，东莞市原国家税务局稽查局向被告出具《税务处理决定书》(东国税稽处〔2014〕29号)，决定追缴被告企业所得税，包括2011年295,287.97元及2012年288,783.97元。被告于2014年12月已停产停业，无力缴清税款。2017年12月1日，被告因资不抵债，由东莞市第三人民法院受理相关破产程序，因此一直未处理清缴税款及滞纳金等事项。依照《税务处理决定书》，被告应补缴2011年至2012年所得税合计484,071.76元，期间滞纳金合计451,933.87元，总计936,005.63元；2014年6月，被告已缴付应补所得税及滞纳金合计138,300.00元，应缴税款余额及滞纳金合计797,705.63元。原告分别于2018年9月17日及10月25日为被告代付税款余额及滞纳金合计797,705.63元。至此被告欠付的税费已全部清缴，并取得税收完税证明，该税款及滞纳金的清缴债务，是为了全体债权人的共同利益以及破产程序顺利进行而发生的债务，全体债权人因此而受益，属于共益债务，应从破产财产中优先支付。

破产管理人答辩认为：(1)原告代付的应缴税款及滞纳金实际为被告因税务违法行为所产生的罚款、罚金以及其他有关费用，依法不属于破产债权；(2)原告代付应缴税款及滞纳金的行为不符合法律规定的共益债务条件，未经过管理人同意及债权人会议表决同意，依法不属于共益债务；(3)原告代缴税款及滞纳金的行为实际属于未经债务人同意而作为第三人加入债务的行为，原告无权向被告追偿。因此，请法院依法驳回原告的诉讼请求。

在本案审理期间，法院向国家税务总局东莞市税务局常平税务分局发函调查得知，原告代缴的税金滞纳金414,542.96元，其中358,984.37元属于被告破产前产生的税金滞纳金，其中55,558.59元属于被告破产后产生的税金滞纳金。

[裁判观点]

法院认为，本案为破产债权确认纠纷，原告替被告代为缴纳2011年至2012年所得税合计383,162.67元，代缴税金滞纳金414,542.96元，以上款项共计797,705.63元，该事实有《税务处理决定书》(东国税稽处〔2014〕29号)、银行转款凭证、税收完税证明等证据证实，被告对此亦无异议，法院予以确认。结合原、被告的诉辩意见，本案的争议焦点为原告代缴的费用能否受偿；若能受偿，受偿顺序如何。对此，法院分项分析如下。

关于税金本金。根据《企业破产法》第113条"破产财产在优先清偿破产费用和共益债务后，依照下列顺序清偿：(一)破产人所欠职工的工资和医疗、伤残补助、抚恤费用，所欠的应当划入职工个人账户的基本养老保险、基本医疗保险费用，以及法律、行政法规规定应当支付给职工的补偿金；(二)破产人欠缴的除前项规定以外的社会保险费用和破产人所欠税款；(三)普通破产债权"的规定，原告代缴税费，根据公平原则，应按税款债权顺序依法受偿。

关于税金产生的滞纳金。根据最高人民法院《关于审理企业破产案件若干问题的规定》第61条"下列债权不属于破产债权：……(三)破产宣告后的债务利息"、最高人民法院《关于税务机关就破产企业欠缴税款产生的滞纳金提起的债权确认之诉应否受理问题的批复》"……破产企业在破产案件受理前因欠缴税款产生的滞纳金属于普通破产债权。对于破产案件受理后因欠缴税款产生的滞纳金，人民法院应当依照最高人民法院《关于审理企业破产案件若干问题的规定》第六十一条规定处理"之规定，以及根据国家税务总局东莞市税务局常平税务分局的回函可知，原告代缴的税金滞纳金414,542.96元之中有358,984.37元属于被告破产前产生的税金滞纳金，该部分属于普通破产债权；其中55,558.59元属于被告破产后所产生的滞纳金，该部分不属于普通破产债权。

综上，法院判决，原告张某兴代被告广东富某木业科技有限公司缴纳的税款本金383,162.67元，按税款债权顺序受偿；代缴的被告破产前所产生的税金滞纳金 358,984.37 元,按普通破产债权顺序受偿;代缴的被告破产后所产生的滞纳金,不属于破产债权。

四、第三人既非法律规定的征税主体,又不负有纳税人缴纳税款的法定义务,代缴税款后其并不享有法律规定的属于税务机关的权利,该代偿行为仅是双方作为平等主体之间发生的民事法律行为,属于普通债权

案例 4 | (2021)黔 06 民初 95 号

[审理法院]

贵州省铜仁市中级人民法院

[案情简介]

湖南省邵东市人民法院在执行申请执行人邓某冬、苏某刚、赵某桥、李某民与被执行人贵州省铜仁市湘成房地产开发有限公司(以下简称湘成房开公司)、湘成房开公司锦鹏分公司借款合同纠纷案中,依法扣留并提取了湘成房开公司在中国太平洋人寿保险股份有限公司贵州分公司的应收购房款 3,581,046 元,协助执行人中国太平洋人寿保险股份有限公司贵州分公司要求湘成房开公司提供税务发票。因湘成房开公司已陷入困境无钱缴纳,2021 年 4 月 1 日,申请执行人苏某刚代湘成房开公司缴纳该笔款项对应的税费 465,621.22 元,铜仁市碧江区税务局出具税务发票,湖南省邵东市人民法院将税务发票交付给协助执行人中国太平洋人寿保险股份有限公司贵州分公司。2021 年 4 月 3 日,湘成房开公司向苏某刚出具欠条,内容载明:"2021 年 4 月 2 日贵州省铜仁市湘成房地产开发有限公司给锦鹏国际 1 号楼购房业主'中国太平洋人寿保险股份有限公司贵州分公司'开购房增值税发票。湘成公司之前已经拖欠税款,铜仁市碧江区税务局要求本次给太平洋保险公司新开四张增值税发票必须先缴纳税款。本次所开发票共四张金额为 3,581,046 元所应缴纳的税款 465,621.22 元全部由苏某刚垫付。此款我公司同意邵东市人民法院从太平洋保险公司保全的购房款中扣除支付给苏某刚。"

2021 年 4 月 12 日,法院受理债权人关于湘成房开公司破产清算的申请,指定北京盈科(贵阳)律师事务所担任湘成房开公司管理人。

苏某刚向湘成房开公司破产管理人申报税款债权 465,621.22 元,管理人

确认苏某刚垫付的税款视为向湘成房开公司提供的借款,不属于可以优先清偿的税款,确认苏某刚享有普通债权465,621.22元。苏某刚向管理人提出异议,认为债权人苏某刚应湖南省邵东市人民法院要求在执行案件过程中垫付税款465,621.22元,应当参照垫付职工债权性质享有优先受偿权。

湘成房开公司认为,苏某刚对湘成房开公司的债权系代为支付税款形成的,但是债权性质不能等同于税收债权,苏某刚的债权地位不能取代税收债权人的法定地位,不能享有税收债权的优先权。苏某刚主张享有优先权缺乏法律依据,在破产程序中,第三方代破产企业垫付的相关费用,除垫付的职工债权外,其他垫付的款项性质在破产程序中不能当然推定按照垫付款项的性质处理,即苏某刚的债权性质不能以税收债权处理,苏某刚的主体资格与税收债权的主体完全不同,只能作为普通债权。

[裁判观点]

法院认为,本案的争议焦点为苏某刚为湘成房开公司垫付的税款属于普通债权还是税收债权,是否应享有优先受偿权。苏某刚认为在执行案件过程中应湖南省邵东市人民法院要求而垫付税款,苏某刚与湘成房开公司之间并无借贷的合意,垫付的税款不是借款,苏某刚垫付税款后,依法取代了税务局获得对湘成房开公司的债权请求权,属税款债权,应享有优先受偿权。湘成房开公司则认为苏某刚的债权地位不能取代税收债权人的法定地位,其垫付税款不能等同于税收债权,不能享有税收债权的优先权。涉案应向税务机关缴纳的税款在苏某刚代为清偿之前,属于法律规定的湘成房开公司所欠税款,但在苏某刚代缴纳后,湘成房开公司已不再欠付税款,对此湘成房开公司还向苏某刚出具欠条。苏某刚既非法律规定的征税主体,又不负有代湘成房开公司缴纳税款的法定义务,故在苏某刚代湘成房开公司缴纳税款后,其并不享有法律规定的属于税务机关的权利,即苏某刚的代偿行为仅是双方作为平等主体之间发生的民事法律行为,故湘成房开公司管理人将该笔款项列为普通债权并未违反法律规定,对苏某刚的诉讼请求,法院不予支持。

案例5 | (2019)苏06民终17号

[审理法院]

江苏省南通市中级人民法院

[案情简介]

2017年3月12日，丁某（协议甲方）因准备参与大桥公司（协议乙方）资产重整，决定在乙方公司试生产3~5个月，双方签订《试生产、试销售协议》一份，该协议“试生产”条款的第4条约定，乙方在2014年国税稽查中被稽查出需要补交成品油消费税约1,500,000元，每月由甲方代缴200,000元，以后在甲方支付乙方购买公司总额中扣除。“试销售”条款第1条约定，如果试生产暂时达不到各方面要求，甲方借用乙方营业执照开始先做销售，摸清市场行情，为以后正常生产做准备。税务方面由甲方代表乙方去税务部门协商，在税务部门同意的情况下，严格执行国家税务一切政策、法令，按税务规则办事。第2条约定，如果甲方先开始销售，乙方不收取任何费用，第7条以上甲方垫支的费用全部由乙方承担，按20%计息（在甲方参与乙方资产重组并交纳法院3,000,000元保证金竞标不成功情况下适应执行本条内容）。大桥公司当时的股东陆某贤、杨某荣、施某华均在该协议中签字确认。

《试生产、试销售协议》签订后，丁某未在大桥公司进行生产，而是以大桥公司的名义对外销售。在该期间内，丁某为大桥公司代缴了此前发生的消费税款523,860.46元、滞纳金559,172.44元、罚款548,274.1元，合计1,631,307元。

2017年5月8日，丁某（甲方）与大桥公司（乙方）签订《重整意向合同》一份，约定乙方向法院申请破产清算或破产重整，甲方保证出资1400万元参与乙方的重整（含破产重整），并在合同签订后10日内向乙方交纳保证金300万元（该款汇入南通市通州区人民法院账户）。

2017年8月3日，一审法院根据太仓市隆纺油剂有限公司的申请裁定受理大桥公司破产清算案，并指定江苏健行律师事务所担任破产管理人。2017年9月29日，大桥公司出资人陆某贤、杨某荣、施某华以有意向购买人为由向一审法院申请对大桥公司进行重整，因管理人提出的引入新投资人方案经第一次债权人会议表决通过，一审法院于2017年10月11日裁定对大桥公司进行重整。2017年10月20日，管理人委托一审法院对大桥公司进行股权性投资的资格进行公开拍卖；2017年11月22日，赵某以1400万元竞得拍卖标的，并向一审法院缴付了竞买价款1400万元。2018年1月，丁某与赵某签订《股权代持协议书》一份，约定丁某委托赵某作为其对大桥公司980万元出资（占公司注册资本的70%)的名义持有人,代为行使相关股东权利。

2017年8月18日,在破产管理人与丁某所作的谈话笔录中,丁某陈述:"我在大桥公司试销售是以大桥公司名义向上游厂家购买燃料油,再以大桥公司名义卖给下家,所有的资金由我筹措,税款由我缴纳,盈亏由我自负,经营风险由我承担。试销售期间的经营额约16.7亿元。"

2017年11月20日,丁某向大桥公司管理人申报债权,债权金额为1,631,307元。管理人于2018年4月2日作出债权审核通知书,确认丁某享有1,631,307元的普通债权,而非税款债权。2018年8月6日,管理人作出债权复审通知书,认为2017年5月至6月,丁某使用大桥公司消费税留抵税额1,696,259.88元,故其申报的1,631,307元债权不能成立。

2018年10月19日,大桥公司在一审法院另案起诉丁某[案号:(2018)苏0612民初7934号],认为丁某在试销售期间使用了大桥公司的消费税留抵税额1,696,259.88元,要求丁某返还该款。同年11月12日,大桥公司撤回起诉,一审法院已裁定准许。

另查明,大桥公司在税务机关的成品油消费税纳税申报表显示,2015年8月,大桥公司期末留抵税为3,440,976.98元,2017年5月申报的应纳税额为1,087,430.4元,2017年6月申报的应纳税额为608,829.48元,上述两笔应纳税额计1,696,259.88元自大桥公司的期末留抵税额中进行了抵扣。

[裁判观点]

一审法院认为,根据《试生产、试销售协议》的约定,丁某为大桥公司代缴的税款、罚款、滞纳金应由大桥公司承担,故丁某在实际垫付后,即对大桥公司享有相应债权,但丁某在试销售期间借用大桥公司名义对外经营并开具发票,所产生的税费应由丁某承担。大桥公司在2017年5月、6月共向税务机关申报了消费税1,696,259.88元,该税款发生在丁某试销售期间,由于丁某并未实际向税务机关缴纳,而是以大桥公司此前账面上的消费税留抵税额予以抵扣,减少了其经营期间的支出。因此,丁某对大桥公司所享有的债权已通过该种方式全部得到实现,对丁某申报的破产债权不予确认。判决驳回丁某的诉讼请求。案件受理费19,482元,减半收取计9741元,由丁某负担。

二审法院认为,经双方当事人确认,本案的争议焦点如下:第一,丁某是否使用了大桥公司1,696,259.88元的留抵税额;第二,如果该笔税额由丁某实际使用，那么是否应与丁某申报的债权1,631,307元进行抵销。

丁某于2017年3月12日与大桥公司签订《试生产、试销售协议》后，依照该协议的约定，为大桥公司代缴了此前所欠的税款、滞纳金、罚款合计1,631,307元。虽然款项的性质为欠缴税款，但税款的缴纳系大桥公司与税务机关之间的法律关系；丁某因其代缴行为而对大桥公司享有债权，该债权产生的法律基础为大桥公司从丁某处的借款，其性质为普通债权，不享有与税款相当的优先权利。

丁某于2017年3月12日与大桥公司签订《试生产、试销售协议》，并在此之后实际控制大桥公司的经营，而留抵额实际抵扣期间为2017年5月至6月，恰在丁某负责经营期间。丁某未能提交证据证明在此期间存在他人以大桥公司名义进行生产经营并纳税的情况，故应当认定该抵扣的对象系大桥公司在丁某负责之下进行经营而产生的应缴税款。

所谓消费税的抵扣，是指对纳税人将已税消费品作为中间投入物生产的应税消费品，应扣除所用已税消费品已纳的消费税税额。根据财政部、国家税务总局《关于调整和完善消费税政策的通知》（财税〔2006〕33号），对当期投入生产的原材料可抵扣的已纳消费税大于当期应纳消费税情形的，在目前消费税纳税申报表未增加上期留抵消费税填报栏目的情况下，采用按当期应纳消费税的税额申报抵扣，不足抵扣部分结转下一期申报抵扣的方式处理。在企业正常经营的情况下，留抵税额具有一定的“资产”特征，可以减少企业的纳税义务；但在企业清算时，留抵税额不能退税。由此可见，留抵税额并不构成企业的资产，而是企业在持续经营的过程中所享有的可以该额度抵扣应缴消费税的利益；若离开经营行为，则留抵税额并不能产生相应的效益。因此，尽管案涉留抵税额产生于2015年9月之前，但该部分留抵税额并不能直接认定为大桥公司资产；大桥公司在丁某负责经营期间使用了留抵税额，也不能认定为丁某使用了大桥公司资产。更何况，丁某此后作为重整人出资重整大桥公司，目前仍在经营之中，若留抵税额未予抵扣，则最终利益仍归大桥公司享有。综上，案涉留抵税额的实际使用者为大桥公司，丁某即使由此获利，由于其并未因抵扣事实而使大桥公司资产减少，故也不对大桥公司负有债务。综上，丁某的上诉请求部分成立。

五、法院将第三人代缴税费按用途分为破产费用和普通债权两部分分别清偿

案例6 ｜ (2020)苏0830民初710号

[审理法院]

江苏省盱眙县人民法院

[案情简介]

江苏省盱眙县人民法院在执行申请人江苏江阴农村商业银行股份有限公司盱眙支行申请执行被执行人万泰盛公司金融借款合同纠纷案过程中,在淘宝网司法拍卖网络平台对万泰盛公司的工业房地产进行公开变卖并发布公告。2017年9月18日,原告新城公司以变卖最高价941.75万元竞得。2017年11月7日,江苏省盱眙县人民法院作出(2016)苏0830执1102-1号执行裁定书。该裁定书送达后,2017年11月17日,原告新城公司为万泰盛公司代缴该公司之前欠缴的房产税、土地税及滞纳金合计491,954.14元,另缴纳罚款1000元。11月20日,原告新城公司为万泰盛公司垫付房地产交易所产生的增值税等合计993,546.30元。2017年11月21日,原告新城公司持江苏省盱眙县人民法院上述执行裁定书至盱眙县原国土资源局办理了涉案有证房地产的不动产权变更登记,但未在公告明确的期限内到江苏省盱眙县人民法院结算代垫费用。因江苏省盱眙县人民法院在执行被告万泰盛公司债务案件中发现该公司资产已不足以清偿全部债务,拟将该公司转入破产清算程序,后就未再与原告结算过户过程中代垫费用。2019年11月29日,江苏省盱眙县人民法院裁定受理申请人张家港市弘建佳业化纤科技有限公司申请万泰盛公司破产清算案,并指定江苏淮海潮(盱眙)律师事务所为该公司的破产管理人。2020年3月2日,新城公司向破产管理人申报债权,明确其通过司法拍卖网竞得万泰盛公司房地产,因过户需要,代万泰盛公司垫付房产税等合计1,486,500.44元。万泰盛公司破产管理人审查后确认新城公司普通债权金额为1,486,500.44元。新城公司对债权确认书有异议,向江苏省盱眙县人民法院提起诉讼,要求依法确认其对万泰盛公司享有的债权1,486,500.44元为破产费用并优先于抵押债权顺序进行清偿。

[裁判观点]

江苏省盱眙县人民法院认为,破产费用是指在破产程序中为全体债权人的共同利益而支出的旨在保障破产程序顺利进行所必需的程序上的费用,即破产程序本身耗费的需在破产程序中支出的成本,具有必要性和共益性。其中管理、变卖和分配债务人财产的费用应当作为破产费用优先清偿。最高人民法院《关于适用〈中华人民共和国企业破产法〉若干问题的规定(三)》第1条规定,人民法院裁定受理破产申请的,此前债务人尚未支付的公司强制清算费用、未终结的执行程序中产生的评估费、公告费、保管费等执行费用,可以参照《企业破产法》关于破产费用的规定,由债务人财产随时清偿。此前债务人尚未支付的案件受理费、执行申请费可以作为破产债权清偿。就本案而言,原告新城公司主张的其在司法拍卖中为被告万泰盛公司垫付的税款1,486,500.44元,其中993,546.30元系江苏省盱眙县人民法院拍卖万泰盛公司房地产成交后,作为财产所有权人,万泰盛公司应当依法缴纳的增值税、印花税等,新城公司按照江苏省盱眙县人民法院拍卖公告要求先行代缴垫付。尽管发生在执行程序中,但也属于拍卖万泰盛公司财产所必须支出的费用,新城公司未在江苏省盱眙县人民法院公告限定的30日内到江苏省盱眙县人民法院结算,江苏省盱眙县人民法院不再办理,但这并不影响新城公司向万泰盛公司主张。万泰盛公司已进入破产清算程序,上述新城公司在司法拍卖过程中为万泰盛公司垫付的税款993,546.30元应当作为万泰盛公司的破产费用进行清偿。此外,492,954.14元系新城公司在办理过户过程中为万泰盛公司代缴的该公司之前欠缴的房产税、土地税、滞纳金及罚款,不是拍卖万泰盛公司房地产交易过程中产生的税费,新城公司在代缴后对万泰盛公司享有追偿权,故492,954.14元应作为普通债权清偿。

笔者观点

实践中,由于我国《民法典》并未禁止合同双方约定税款承担的相关条款,某些行业中也存在约定由某一方承担全部税款的交易习惯,第三人代缴税款的现象并不少见,其法律适用问题也颇为复杂。从性质上来看,第三人代为缴纳税款旨在产生消灭纳税人公法债务的效果,依税收法定原则,理应适用税法规定。然而我国现行税法规范中并无调整第三人代缴税款之明文规定,故存在规范缺位。

笔者认为,在当前的法律框架之下,与第三人代为缴纳税款法律关系最为相似的是第三人代为清偿,然后是无因管理,最后是不当得利。《民法典》实施后,第三人代缴税款理应首先类推适用《民法典》第524条第三人代为清偿的规则,第三人依《民法典》第524条第1款代纳税人清缴税款后,可依第524条第2款获得代位求偿权。相较于类推适用第三人代为清偿规则,类推适用无因管理或者不当得利的问题在于,即使代缴的第三人可以主张不当得利返还或者无因管理的必要费用返还,但无法直接从税收债权人处受让债权,无法行使代位权,更无法行使税收优先权。因此将第三人代缴税款类推适用《民法典》规定的第三人代为清偿规则,更能保护第三人的利益。至于第三人代缴税款债权是否享有优先受偿权,实践中也存在不同的看法。有观点认为税收优先权由于涉及公共利益和其他主体的权利,超出了私法效力支配的边界,属于公法效力支配的领域,只能由税务机关享有,因此第三人取得代位求偿权后,不应同时取得税收优先权;也有观点认为第三人代缴税款债权同样具有与税法类似的社会公益性,第三人对债权的用途和风险都作出预判后,为了帮助企业实现弥补欠缴税款的目的而成立债权,代缴税款的行为客观上对税款的社会公益性作出补偿,税款本身的社会公益性不因税款债务人的变化而变化,因此第三人代缴税款债权也因应税收本身所具有的公益性而具有公益性,理应赋予其和税收债权同等效力的权利位阶。

此外,支持代垫税款享有税收债权顺序的有关观点还强调,代垫税款应当类比代垫工资薪金的优先顺序。最高人民法院《关于正确审理企业破产案件为维护市场经济秩序提供司法保障若干问题的意见》第5条规定:"……有条件的地方,可通过政府设立的维稳基金或鼓励第三方垫款等方式,优先解决破产企业职工的安置问题,政府或第三方就劳动债权的垫款,可以在破产程序中按照职工债权的受偿顺序优先获得清偿。"《全国法院破产审判工作会议纪要》第27条也规定:"……由第三方垫付的职工债权,原则上按照垫付的职工债权性质进行清偿……债务人欠缴的住房公积金,按照债务人拖欠的职工工资性质清偿。"从上述规定可以看出,由第三方垫付的破产企业欠付的职工工资、医疗费用、伤残补助、抚恤费用、所欠的应当划入职工个人账户的基本养老保险费用、基本医疗保险费用、行政法规规定应当支付给职工的补偿金,以及破产企业欠缴的住房公积金,均可以按照职工债权的性质予以清偿,优先于税款债权及无财产担保普通债权受偿。

笔者倾向于支持代垫税款享有优先顺序的观点,破产清算中优先清偿税收债权是对破产法规定的原始财产关系的确认,即使已经进入破产清算程序,税收债权人于申请破产之前发生的税收债权也不会完全受到破产清算的影响,仍享有优先受偿权,这是为了确认和维护税收债权人的权利。从另一个角度看,破产清算程序要求任何从中受益的人都付费,而代缴税费的本质是为了全体债权人共同利益而支出的,如果一直坚持将第三人代缴税款债权看作新成立的私法债权,必须参照普通债权的清偿顺序来清偿,将会给善意代缴税款的普通债权人带来极大的不公平,第三人考虑到代缴税款后债权得不到保障的不利后果,很可能会放弃该代缴行为,此时就难以实现国家税收债权,难以保障税收公益性。如果第三人代缴税款后不能享有和原纳税人同样的优先受偿权,那么为了全体债权人的利益,让善意债权人为此承担费用,从这个角度讲也是违背破产法公平受偿原则的。破产法的立法目的之一是将特殊财产纳入破产财产保护,对税收债权赋予优先受偿权也是对宪法规定依法纳税政策的响应和引导,因此相应地赋予第三人代缴税款债权同样的优先受偿权,有利于鼓励企业积极纳税,保证社会稳定,让第三人取得税收优先权,更加符合税法目的,也更有助于平衡各方利益。

从立法角度来看,建议未来通过修订相关法律法规,明确第三人代缴税款的优先性,纳税人逾期不缴纳税款,第三人对缴纳该税款具有合法利益的,第三人有权向税务机关申请代为缴纳税款,税务机关同意申请的,其对纳税人的税收债权及与该债权有关的担保权、优先权等从权利一并让转给第三人。

尽管上述案例判决就第三人代缴税款的定性提供了几种可供参考的思维方向和观点,但仍然留下了其他尚待明确的问题,比如在(2019)鄂0506民初834号案中,被执行人最终承担大部分税费,这将导致破产程序中又添新债,无法有效终结债务;买受人按税款债权顺序享受优先权并无意思表示的基础也没有法定基础。税务机关无权将税收之债转让给其他主体,法院也无权因买受人代缴而拟制出买受人包括税收优先权在内的税收债权;收取诉讼费和其他债权确认纠纷通常按照标的额收取的方式不统一等,有待于进一步明确。

9

关联企业实质合并破产分析

彭　俊

规定索引

《全国法院破产审判工作会议纪要》

第三十二条　关联企业实质合并破产的审慎适用。人民法院在审理企业破产案件时,应当尊重企业法人人格的独立性,以对关联企业成员的破产原因进行单独判断并适用单个破产程序为基本原则。当关联企业成员之间存在法人人格高度混同、区分各关联企业成员财产的成本过高、严重损害债权人公平清偿利益时,可例外适用关联企业实质合并破产方式进行审理。

第三十三条　实质合并申请的审查。人民法院收到实质合并申请后,应当及时通知相关利害关系人并组织听证,听证时间不计入审查时间。人民法院在审查实质合并申请过程中,可以综合考虑关联企业之间资产的混同程序及其持续时间、各企业之间的利益关系、债权人整体清偿利益、增加企业重整的可能性等因素,在收到申请之日起三十日内作出是否实质合并审理的裁定。

第三十四条　裁定实质合并时利害关系人的权利救济。相关利害关系人对受理法院作出的实质合并审理裁定不服的,可以自裁定书送达之日起十五日内向受理法院的上一级人民法院申请复议。

第三十五条　实质合并审理的管辖原则与冲突解决。采用实质合并方式审理关联企业破产案件的,应由关联企业中的核心控制企业住所地人民法院管辖。核心控制企业不明确的，由关联企业主要财产所在地人民法院管辖。多个法院之间对管辖权发生争议的，应当报请共同的上级人民法院指定管辖。

第三十六条 实质合并审理的法律后果。人民法院裁定采用实质合并方式审理破产案件的，各关联企业成员之间的债权债务归于消灭，各成员的财产作为合并后统一的破产财产，由各成员的债权人在同一程序中按照法定顺序公平受偿。采用实质合并方式进行重整的，重整计划草案中应当制定统一的债权分类、债权调整和债权受偿方案。

第三十七条 实质合并审理后的企业成员存续。适用实质合并规则进行破产清算的，破产程序终结后各关联企业成员均应予以注销。适用实质合并规则进行和解或重整的，各关联企业原则上应当合并为一个企业。根据和解协议或重整计划，确有需要保持个别企业独立的，应当依照企业分立的有关规则单独处理。

第三十八条 关联企业破产案件的协调审理与管辖原则。多个关联企业成员均存在破产原因但不符合实质合并条件的，人民法院可根据相关主体的申请对多个破产程序进行协调审理，并可根据程序协调的需要，综合考虑破产案件审理的效率、破产申请的先后顺序、成员负债规模大小、核心控制企业住所地等因素，由共同的上级法院确定一家法院集中管辖。

第三十九条 协调审理的法律后果。协调审理不消灭关联企业成员之间的债权债务关系，不对关联企业成员的财产进行合并，各关联企业成员的债权人仍以该企业成员财产为限依法获得清偿。但关联企业成员之间不当利用关联关系形成的债权，应当劣后于其他普通债权顺序清偿，且该劣后债权人不得就其他关联企业成员提供的特定财产优先受偿。

问题的提出

公司人格独立是现代公司制度的基石，而关联企业实质合并破产突破了公司法人人格的独立性。《企业破产法》并未就“关联企业实质合并破产”进行界定，最高人民法院于 2018 年印发的《全国法院破产审判工作会议纪要》以“例外适用”原则确定了判断关联企业是否满足实质合并破产的“关联企业成员之间存在法人人格高度混同、区分各关联企业成员财产的成本过高、严重损害债权人公平清偿利益”三个标准,司法实践中如何准确理解关联企业是否符合实质合并破产的标准,对于破产实务有重要意义。

司法实践

一、关联企业成员法人人格高度混同的认定

(一)认定人格混同的标准以决策、人事、营业、财产的混同为主,以经营场所、经营范围的混同为辅

案例1 ｜ (2020)沪03破9号之六、(2020)沪破监2号

[审理法院]

上海市第三中级人民法院、上海市高级人民法院

[案情简介]

2019年11月15日,上海市第三中级人民法院(以下简称上海市三中院)裁定受理东莞证券对上海华信的破产清算申请,并确认由三家律师事务所担任上海华信联合管理人。2020年2月12日,上海市三中院裁定对中国华信、上海华信、海南华信、华信财务进行实质合并破产清算,并指定上海华信联合管理人担任四公司联合管理人。2020年8月6日,上海市三中院裁定对四公司与11家“华信系”关联企业进行实质合并破产清算,并指定四公司联合管理人担任“华信系”联合管理人。该裁定作出后,人行广州分行疗养院、韩亚银行上海分行、深圳创维、国开行海南分行、工行北京路支行不服,向上海市高级人民法院(以下简称上海高院)申请复议,上海高院审查后,认为复议申请人的申请复议理由不能成立,裁定驳回复议申请,维持原判。

[裁判观点]

上海市三中院认为,11家“华信系”关联企业与四公司在决策、人事、营业、资产负债等方面高度混同,不具有法人独立意志和独立财产。

1. 对于11家“华信系”关联企业严重丧失法人意志独立性,具体表现

如下：

(1)11 家“华信系”关联企业的重大投资、融资、贸易等经营性行为，均由中国华信各部门管理层或董事会主席叶某明直接、全方位管理审批，11 家“华信系”关联企业在重大事项决策上完全受控于中国华信及“华信系”实控人叶某明，11 家“华信系”关联企业的“三会”不具有独立的决策、执行和监督职能。

(2)对于用印刻章、人事任免、行政采购、法律事务等管理性行为，11 家“华信系”关联企业均受中国华信不同程度控制。部分公司公章、法代章由中国华信保管，其余公司用印亦需中国华信审批，公司人事任免也均需中国华信审批或由其指派。对于行政采购，大于 10 万元即需中国华信各管理层逐级审批，对于法律事务，亦由中国华信委派专业人员处理。

(3)在人员、业务、经营场所上受中国华信统一安排，11 家“华信系”关联企业的董事、监事、高级管理人员存在大面积交叉任职情况，部分公司业务由中国华信统一划分安排，部分公司同时存在共用一经营场所的情形。

2. 对于 11 家“华信系”关联企业严重丧失法人财产独立性，具体表现如下：

(1)11 家“华信系”关联企业向中国华信报送资金日报表与月度资金计划。

(2)中国华信或华信财务统一调拨、管理 11 家“华信系”关联企业的资金，统一安排资金结算路径。一方面，华信财务统一归集“华信系”资金，“华信系”公司不留存或仅留存少量资金；另一方面，华信财务无偿向“华信系”公司拨付经营性支出、筹资性支出等资金，从未收取任何费用，且财务账册缺乏合同、发票等材料。

(3)11 家“华信系”关联企业与四公司存在大额往来余额，且存在大额互保行为。

华信财务并非依监管机关审批设立的，无权开展相关具有金融属性的业务，其与中国华信对“华信系”公司的资金控制，明显超出企业集团或关联企业之间控制公司对从属公司的资金监管力度。

对于异议人提出的 11 家“华信系”关联企业中华信泰如、锦恒置业两公司不存在经营地址、人员、业务高度交叉混同情形的异议，上海市三中院认为，两公司在经营场所、经营范围等方面虽与四公司看似不同，但究其实质，仍由中国华信统筹安排。

上海高院在审查复议申请中认为，中国华信并非根据公司法和相关公司章程的规定，通过股权表决权来管控下述各级子公司及其他关联企业，而是对下属各级子公司及关联企业实行扁平化的垂直管控，该种控制突破了正常关联企业内部核心公司对从属公司的控制及影响，已经达到滥用控制关系的程度，可见11家"华信系"关联企业并不具有法人独立意志。

案例2 | (2020)沪03破9号之三十三

[审理法院]

上海市第三中级人民法院

[案情简介]

2016年2月21日，葳蕤管理、国投瑞银、上海华信签署合伙协议，共同设立上海华投，葳蕤管理认缴200万元，占0.09%；国投瑞银认缴200,000万元，占83.26%；上海华信认缴40,000万元，占16.65%。其中，国投瑞银、上海华信为有限合伙人(LP)，葳蕤管理为普通合伙人(GP)(见图1)。

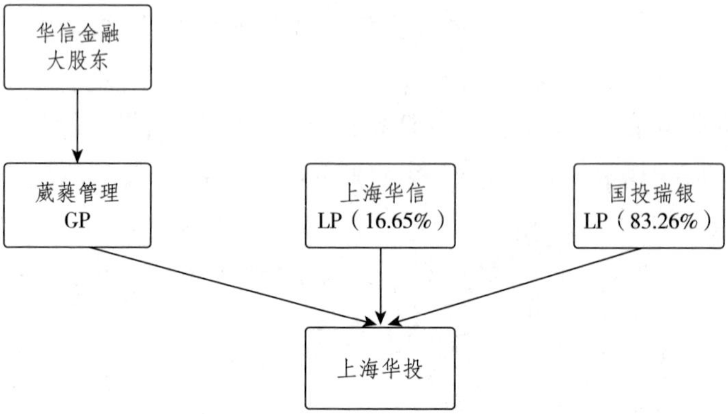

图1 上海华投股权结构

同年4月18日，三方签署补充协议，约定设立上海华投目的为通过对外股权投资实现资本增值，上海华投财产主要用于对华信供应链进行股权投资，即向该公司增资24亿元，并在投资期限届满后收回投资与收益。该补充协议第10.4条约定，上海华投由葳蕤管理设立投资决策委员会，投资决策委员会对所需决策事项作出决策，投资决策委员会中恒丰银行委派人员对于重大事项具有一票否决权。

同日，上海华投与华信供应链、上海华信、上海国际信托有限公司签署增资协议，约定上海华投向华信供应链增资24亿元。该增资协议第4.3.1条约定，华信供应链因日常生产经营、对外投资等企业经营行为实现盈利时，应优先保证上海华投从华信供应链的利润分配中取得上海华投增资款总额中属于上海华投优先级合伙人出资金额8.25%的年化收益，并每自然季度向上海华投分配利润。

同年5月23日，恒丰银行与国投瑞银签署《国投瑞银资本恒银华信国贸专项资产管理计划资产管理合同》，恒丰银行于当日将20亿元资金交付该资管计划并委托国投瑞银运作。

上述协议签订后，葳蕤管理、国投瑞银、上海华信履行了出资义务，上海华投于2016年5月23日完成了对华信供应链24亿元的增资。

2021年2月3日，“华信系”联合管理人以上海华投与“华信系”16家企业存在法人人格高度混同、区分各关联企业成员财产过高、严重损害债权人公平清偿利益为由，申请对上海华投与“华信系”16家企业实质合并破产清算。上海市第三中级人民法院（以下简称上海市三中院）依法于2021年3月10日、3月12日召开了听证会，申请人“华信系”联合管理人、被申请人执行事务合伙人葳蕤管理、债权人恒丰银行派员参加了听证会。

申请人“华信系”联合管理人称，上海华投作为中国华信的融资工具，仅在外观上具有形式独立性，但在设立目的、股权结构、经营管理等方面受上海华信及中国华信控制，与“华信系”16家企业构成法人人格高度混同。

被申请人上海华投的执行事务合伙人葳蕤管理认为，首先，自2017年12月20日起，华信供应链停止向上海华投支付投资收益，上海华信也未履行差额补足与回购义务，上海华投已向上海华信与华信供应链申报了投资收益部分债权3.5亿余元，上海华投仅有前述债权而无其他债务，不存在资不抵债的情形，不具备破产条件。其次，上海华投以合伙财产对华信供应链增资符合案涉合伙协议约定，也符合上海华投的投资决策流程。2016年5月2日，投资决策委员会就上海华投对华信供应链增资事项进行了投票表决，5名委员均投票同意。最后，上海华投与“华信系”16家企业不存在法人人格高度混同情形，虽然上海华投是华信供应链股东，但由于该投资以明股实债方式进行，属于财务投资，二者之间并非实质意义上的股东与目标公司关系，且上海华投与华信供应链仅有这一笔投资，华信供应链与其他“华信系”企业除向上海华投按约支付投资收益外，没有其他资金转入上海华投。

异议人恒丰银行认为，首先，根据《国投瑞银资本恒银华信国贸专项资产管理计划资产管理合同》、案涉合伙协议与补充协议等协议，恒丰银行将20亿元资金交付资管计划并委托国投瑞银投资运作，国投瑞银占上海华投出资比例的83.26%，实际缴付出资20亿元。恒丰银行作为上海华投实际出资人之一，出资比例逾80%，可见上海华投并非由上海华信控制。其次，根据案涉合伙协议第15.1.4条，上海华投独立记账、独立核算；根据第10.1条，上海华投与葳蕤管理及其管理的账户相互独立，业务由国投瑞银监督；根据第5.1条，上海华投独立决策，不受上海华信及关联企业控制。最后，根据案涉合伙协议与补充协议的约定，若合伙人依法被吊销营业执照、责令关闭撤销或者被宣告破产，合伙人当然退伙。上海华信已被宣告破产，其在上海华投的合伙人权利义务已无实质意义。上海华信系融资业务特殊目的机构（SPV），若将其纳入实质合并破产清算而导致有限合伙份额灭失，将严重损害恒丰银行的债权人利益。

上海市三中院审查后，认定上海华投严重丧失独立意志的证据不足，裁定驳回“华信系”联合管理人的申请。

[裁判观点]

上海市三中院认为，法人人格高度混同系认定实质合并破产清算的核心要件，认定的关键在于公司丧失独立意思与关联企业的财产混同，且该种状态具有显著性、广泛性、持续性。有限合伙企业由普通合伙人和有限合伙人组成，普通合伙人对合伙企业债务承担无限连带责任，有限合伙人以其认缴的出资额为限对合伙企业债务承担责任。有限合伙企业本身不是法人。

首先，根据查明的事实可知，上海华投系为向华信供应链增资24亿元所设立的特殊目的机构，恒丰银行通过改种方式将20亿元资金投入上海华投，实现对华信供应链的增资，同时各方通过对合伙份额的收益优先级安排，确保恒丰银行的收益率及融资回收。在该种有限合伙架构下，普通合伙人作为执行事务合伙人承担无限连带责任，有限合伙人则以认缴出资额为限对合伙企业债务承担责任。在对出资人以有限合伙人方式进行投资风险隔离的同时，普通合伙人葳蕤管理负责投资管理，有限合伙人上海华信负责风险分担的专业化分工提升了投资效率，有限合伙架构成为股权投资领域较为常见的组织形式之一，不违反《合伙企业法》的规定且符合融资业务实践需要，上海华投设立本身不具有证明利用该模式进行投资的企业具有不当利用关联关系的表征，不能仅以此推定特殊目的机构与发起设立的投资主体或控制企业之间存在高度混同关系，相反，该种投资模式一定程度上避免了投资主体过度参与被投资企业公司治理结构，在优先级有限合伙人、劣后级有限合伙人与执行事务的普通合伙人之间合理区分权利义务，化解可能出现的债务及投资风险，有效避免发起设立的投资企业或对其有控制权的企业破产时，因为法人人格高度混同而将特殊目的机构纳入破产程序，起到破产隔离的作用。

其次，从股权结构及经营管理上看，国投瑞银所代表的资管计划持有上海华投 83.26% 的份额，而上海华信仅持有上海华投 16.65% 的份额；从对外公示的合伙份额比例上看，上海华投并非受控于上海华信。同时，根据案涉合伙协议与补充协议对收益、回购、风险的相关约定，上海华投由葳蕤管理担任执行事务合伙人并设立投资决策委员会，对所需决策事项作出决策，债权人恒丰银行委派人员对重大事项有一票否决权，证明上海华投的投资决策并非受上海华信及中国华信最终控制，上海华信及中国华信不具有最终决策权。上海华信作为劣后级合伙人，承担配合执行事务合伙人、优先级合伙人实现债权、到期回购的义务。在听证过程中，各方均认可上海华投开立账户、记账、纳税等经营活动，系以对华信供应链增资的融资业务为核心，无其他实体经营业务。

综上，“华信系”联合管理人未能充分举证证明在经营期间，上海华投在决策、人事、营业等方面存在受上海华信或中国华信过度支配和控制的情况，因此，“华信系”联合管理人关于因上海华投为中国华信融资工具，上海华投丧失法人独立意志，与“华信系”16 家企业构成法人人格混同的主张证据不足，不能成立。且在此情况下，另外两个实质合并破产清算的要件无须再加以阐述，“华信系”联合管理人对上海华投与“华信系”16 家企业实质合并破产清算的申请，不予支持。

（二）他案认定关联企业法人人格混同的生效判决不当然适用于实质合并破产

案例3 ｜ (2020)浙0781破14号之九

［审理法院］

浙江省兰溪市人民法院

［案情简介］

申请人晶能公司系正康公司债权人，正康公司已进入破产程序。2021年10月28日，晶能公司以力好公司、正康公司人格混同、财产混同为由，向浙江省兰溪市人民法院（以下简称兰溪法院）申请对两公司实质合并破产清算。晶能公司称，(2019)浙07民终2230号民事判决书、(2019)浙07民终2314号民事判决书等两份生效判决认定正康公司与被申请人力好公司存在人格混同，严重损害破产清算中各债权人公平清偿利益，力好公司应当对正康公司的债务承担连带清偿责任。两公司存在高级管理人员交叉任职，业务混同、财务混同等情形。

听证程序中，晶能公司补充陈述称，正康公司被力好公司收购后，两公司存在人员混同、财务混同、业务混同、相互担保的情况。正康公司被债权人于2020年7月14日申请破产清算，仅15日后力好公司就将资产评估为－1300余万元的正康公司股权以0元价格转让给某自然人，但股权转让后，正康公司的高级管理人员团队与股权转让前完全一致，仍然与力好公司的高级管理人员存在交叉任职情况，且两家公司继续存在严重业务混同情形，关联交易金额逾千万元，占正康公司注册资本的50%以上。力好公司辩称，其经营状况良好，不存在资不抵债情形，不具备破产原因，晶能公司未举证证明存在区分各关联企业成员财产成本过高，严重损害债权人公平清偿利益的情形出现。

兰溪法院审查后，裁定驳回晶能公司的申请。

［裁判观点］

兰溪法院认为，根据《全国法院破产审判工作会议纪要》第32条的规定，结合本案已查明的事实，力好公司并未达到破产界限，不符合“对关联企业成员的破产原因进行单独判断并适用单个破产程序”的基本原则。此外，虽然申请人提供了两份生效判决证明力好公司与正康公司人格混同，但人格混同作为法人人格否认的延伸，应遵循个案认定原则，生效判决书的认定结果不当然适用于本案。人民法院在个案中否认公司人格的判决的既判力仅约束该诉讼的各方当事人，不当然适用于涉及该公司的其他诉讼，不影响公司独立法人资格存续。虽然力好公司与正康公司存在高级管理人员交叉任职情形，但属于母子公司、企业集团运营中普遍存在的现象；对于经营范围重合的问题，两公司属于同一产业链上下游关系，力好公司主营伺服电机等新能源电机整机产品，正康公司主营铝制品，经营方向与重点不同，业务关联不具有广泛性；对于财务混同的问题，正康公司破产案件审理过程中，正康公司管理人委托第三方对正康公司财务进行了专项审计，账目清楚。力好公司提供了近三年的年度审计报告及专项说明，证明两公司各自独立记账，财务账号不混用。虽然力好公司与正康公司之间存在相互担保、代偿等情况，但正康公司破产财产处置中，其所有的厂房土地、机器设备等权属并无争议，银行存款归属也无异议，两公司财产并未达到难以区分的程度。关联企业实质合并破产清算应当审慎适用，已有事实与证据不足以证明正康公司、力好公司具有显著性、广泛性、持续性的关联，不足以认定两公司已达到高度人格混同的状态，不属于《全国法院破产审判工作会议纪要》规定的"可例外适用关联企业实质合并破产方式进行审理"的情形。

二、区分各关联企业成员财产成本是否过高的认定

（一）以审计报告或专项报告的结论为认定的重要参考依据

案例 4 | (2023)苏 1182 破 23 号之一

[审理法院]

江苏省扬中市人民法院

[案情简介]

江苏省扬中市人民法院（以下简称扬中法院）于 2023 年 5 月 30 日裁定受理仁德公司破产清算申请，于 2023 年 6 月 2 日裁定受理荣德公司破产清算申请，后于 2023 年 6 月 20 日指定某律师事务所担任仁德公司与荣德公司管理人。两起破产案件受理后，债权人东风公司以仁德公司、荣德公司的唯一股东与实际控制人均相同，被同一企业有效控制；仁德公司、荣德公司人员、经营范

围、经营场所、财务均混同;仁德公司的财务工作实际由荣德公司控制,仁德公司应付账款数目直接由荣德公司与东风公司对接,仁德公司丧失财产独立性,区分两公司财产的成本过高,不实质合并破产清算将严重损害全体债权人公平受偿利益为由向扬中法院申请对仁德公司、荣德公司实质合并破产清算。仁德公司、荣德公司管理人调查后,认为两公司财务独立,资产和债务可区分,不符合实质合并破产清算的条件。

该案审查过程中,东风公司提交电子邮件记录一份,主要内容为荣德公司与东风公司对接关于仁德公司与东风公司账面应付余额,载明:"沈总,经我方财务核对仁德公司与东风公司账面应付余额为1,569,176.4元。蔡某,供应链管理部专员,镇江荣德新能源科技有限公司。"扬中法院审查后,裁定驳回东风公司申请。审计机构认为,仁德公司、荣德公司均为某公司的全资子公司,二者为关联公司,但双方均建立了独立的财务核算体系,对各自的债权债务均独立核算。针对东风公司关于两公司同时减资,仁德公司财务被荣德公司控制,丧失财产独立性的问题,审计机构认为,两公司在各自的财务中进行了记录和独立核算,虽然相关财务相同,但两公司独立记账、核算。

扬中法院审查后,裁定驳回东风公司的申请。

[裁判观点]

扬中法院认为,仁德公司、荣德公司在人员、经营范围、经营场所、唯一股东、实际控制人等方面具有相同性,可以认定为关联企业。但从苏亚金诚会计师事务所镇江分所对两公司分别出具的审计报告来看,两公司独立建账核算、财产独立,两公司财产及债权债务可以区分,不存在区分两公司财产成本过高,严重损害债权人公平清偿的情形。仁德公司、荣德公司不符合关联企业实质合并破产清算的条件,东风公司申请两公司实质合并破产清算的请求无事实和法律依据,依法不予支持。

案例5 | (2020)沪03破9号之六、(2020)沪破监2号

[审理法院]

上海市第三中级人民法院、上海市高级人民法院

[案情简介]

同案例1(略)

[裁判观点]

上海市第三中级人民法院认为，根据德勤公司出具的专项报告，华信财务在2013年至2019年10月直接向10家公司转出约1170.58亿元，收到约1260.89亿元，金额巨大且分配于不同的从属公司间，工资、税金、利息等资金均通过往来款形式调拨。11家“华信系”关联企业与四公司存在大额往来余额，且存在大额互保行为。四公司与11家“华信系”关联企业之间存在大量缺乏基础交易材料的往来款，如华信供应链记载对四公司轧差后的往来款余额约14.91亿元。上海华信为华信金控、华信供应链、华信泰如和通胨投资合计提供约117.4亿元的担保，上海华信、海南华信接受11家“华信系”关联企业中部分企业的大额担保，11家“华信系”关联企业之间还存在互相担保情况。上述款项额度巨大，且无相应基础合同等交易凭证，难以通过财务调查、诉讼追偿等方式纠正调整，纠正不当关联关系可能产生高昂的经济、时间、司法成本，债务区分成本过高。

上海市高级人民法院认为，11家“华信系”关联企业虽有独立记账，但相关资金划转除相应银行流水单外，缺乏合同、发票等证明基础交易关系的材料，无法区分交易的性质，难以对债务的基础事实作出准确判断。德勤公司作为第三方中介机构，出具的专项报告具有一定的客观中立性，不应因其受联合管理人委托而否定专项报告的证明力。

(二)各关联企业成员独立建账，虽有往来但根据账册可以区分，可不予认定成本过高

案例6 | (2021)粤01破申574号

[审理法院]

广东省广州市中级人民法院

[案情简介]

美童教育成立于2014年6月24日，其全资控股10家子公司，子公司性质类似于学校，主要开展校外托管、辅导业务。10家子公司均由美童教育的两名自然人股东担任法定代表人。自2020年疫情以来，公司招生数量骤降，但场地租金、员工工资等运营成本并未减少，公司持续亏损。2021年“双减”政策出台后,公司受其影响无力扭亏为盈。从2021年9月起,公司已无力支付员工工资,各校区陆续停课。美童教育资产仅余电脑、桌椅等,市场价约10万元,欠付员工工资薪酬近300万元,未销课时费超过1300万元,欠付股东及他人借款数百万元,因不能清偿到期债务且明显缺乏清偿能力,美童教育向广州市中级人民法院申请破产清算,同时请求广州市中级人民法院对美童教育与10家子公司实质合并破产清算。

该案审理过程中,美童教育向广州市中级人民法院提交了其与10家子公司的财务报表,主张11家公司均资不抵债。听证过程中,美童教育确认11家公司均独立建账,各公司有自己的账户,美童教育会根据各子公司的经营情况通过公司往来款的形式进行资金调拨,款项的借贷均会记在账上,公司账目没有每年进行审计。子公司相当于学校,负责人相当于校长,由美童教育指派。

广州市中级人民法院审查后,裁定驳回美童教育的申请。

[裁判观点]

广州市中级人民法院认为,根据《全国法院破产审判工作会议纪要》第32条的规定,"法人人格高度混同、区分各关联企业成员财产的成本过高"是实质合并破产清算的行为要件,"严重损害债权人公平清偿利益"是结果要件,满足行为要件必然导致损害债权人公平清偿利益。美童教育申请对其与10家子公司实质合并破产清算,须证明其与10家子公司存在法人人格高度混同、区分各自财产成本过高的情形。否则,人民法院应当尊重各公司法人人格的独立性。

该案中,美童教育确认11家公司均独立建账,均有自己的账户,财务相互独立,独立运营,资金各自安排。虽然美童教育会根据各子公司经营情况通过往来款形式进行资金调拨,但相关款项的借贷均会记在账上,说明各公司财务能够相互区分,不存在混同情况。此外,美童教育的10家子公司法定代表人虽然由美童教育的两名自然人股东担任,校长亦由美童教育委派,但其他人员由10家子公司各自签订合同并发放工资,子公司独立运营,不存在人员混同的情况。最后,美童教育和其子公司经营场所均为租赁的,除桌椅电脑和少量银行存款外,无其他资产,财产状况简单,亦不存在财产严重混同,以至于区分各自的财产成本过高的情形。综上,广州市中级人民法院认定美童教育及10家子公司不存在人员混同、业务混同情形。

(三)实质合并破产是否有利于债权人公平清偿利益的认定

1. 虽然导致部分债权人清偿率有所下降,但使债权人整体清偿率获益的,可以适用实质合并破产

案例7 | (2020)沪03破9号之一、(2020)沪破监1号

[审理法院]

上海市第三中级人民法院、上海市高级人民法院

[案情简介]

2019年11月15日,上海市第三中级人民法院(以下简称上海市三中院)裁定受理东莞证券对上海华信的破产清算申请,并确认三家律师事务所担任上海华信联合管理人。

2020年2月12日,上海华信联合管理人向上海市三中院申请对上海华信与中国华信、海南华信、华信财务实质合并破产清算,上海市三中院审查后,裁定对四公司实质合并破产清算,并指定上海华信联合管理人担任四公司联合管理人。

而后九江银行向上海市高级人民法院(以下简称上海高院)申请复议称,首先,四公司实质合并破产清算严重损害九江银行的合法权益,九江银行对海南华信的债权已进入强制执行阶段,准备进行股权资产拍卖等执行程序,实质合并破产清算阻碍了九江银行依法获取资产等赔偿的正常途径。其次,四公司资产负债情况未充分披露,无法保证清偿比例的公平与公开,在此情况下,实质合并破产清算不能提升债权人整体清偿利益,还损害了各清算企业原有债权的合法权益和相关合同的法律效力。最后,四公司的财产和财务可以进行区分,四公司的大额资金往来有明确记载和银行流水,不存在客观上难以区分的困难。

四公司联合管理人认为,首先,实质合并破产清算不损害九江银行合法权益。四公司已经出现严重的人格混同,将海南华信纳入实质合并破产程序有利于消除关联企业内部债权债务关系和保证担保关系,有利于全体债权人公平受偿。其次,上海市三中院在裁定四公司实质合并破产清算前,已经分别受理了上海华信、海南华信、中国华信的破产清算申请,即使不考虑实质合并破产清算,九江银行亦应当依法申报债权,实质合并破产清算并未阻碍其主张权利。

再次，四公司联合管理人正计划申请将更多“华信系”关联企业一并纳入实质合并破产清算的范围，若能实现，对于“华信系”企业主要融资平台的上海华信、海南华信以及“华信系”企业核心控制企业中国华信的债权人来说，大概率将提升普通债权清偿比例，九江银行的权益将因实质合并破产清算获得提升而非减损。最后，由于四公司在内的“华信系”各企业名下资产和债务均由中国华信同意调配和安排，即使发生九江银行在实质合并破产清算情况下其普通债权清偿比例下降的情况，也是对滥用关联关系严重损害债权人公平清偿利益所致后果的纠正而非对其合法权益的损害。

上海高院审查后，驳回九江银行的复议申请。

[裁判观点]

上海市三中院认为，对于实质合并破产清算是否有利于债权人利益，通常来讲，债权人受益标准的判断有两种情况：一是实质合并有利于所有债权人，即不会造成任何债权人损失；二是实质合并产生的利益大于其造成的损害，即对部分债权人而言，实质合并会带来损失，但其损失不会超过其他债权人或整体债权人可从实质合并破产清算程序中获得的收益，该种情况下，须从损失合理性、公平性等方面进行利益权衡后作出判断。实质合并一方面使四公司财产归集后，由四公司联合管理人负责四公司对外债权清收和财产取回，四公司债权人在同一程序中按照法定顺序受偿，有利于确保全体债权人公平受偿；另一方面使四公司内部债权债务归于消灭，将节约大量时间、人力、财务成本。此外，还有利于上海华信联合管理人准确核查四公司资产负债，从整体上安排债权申报、审查、审计评估、资产调查、处置、召开债权人会议等工作，大幅提升破产程序效率，切实保障债权人公平清偿利益。

对于北京佳隆关于“在上海华信联合管理人未充分披露三公司资产负债情况的前提下，实质合并破产清算势必影响众多海南华信债权人利益。海南华信持有海南石油基地6.67%股权，不加区分地采用实质合并破产方式将严重影响北京佳隆的利益”的异议，上海市三中院认为，首先，在实质合并破产清算情形下，不排除部分企业债权人清偿率可能降低的情况，但该差异源于“华信系”关联企业之间的不当关联关系，海南华信的股权与资产系“华信系”统一调配安排的结果，实质合并破产清算正是对该种不当滥用关联关系的矫正，是清理债务公平公正宗旨之所在。其次，实质合并衡量的是全体债权人的整体利益,而非个别债权人的个体利益。适用实质合并破产清算的前提并非要确保每一位债权人的清偿利益均高于分别破产时,而是指不明显损害或有益于大多数债权人利益。若从损失合理性、公平性等方面权衡整体债权人利益后,实质合并破产清算仍作为与法律后果、成本收益相匹配的程序,则应依法适用该程序。

上海高院认为,复议申请人九江银行所主张的在单独破产清算程序下可能获得的高清偿率,实际源于中国华信对各"华信系"关联企业在经营决策、资金或财产调配等方面的统一安排以及不当滥用关联交易。若对四公司分别破产清算,必然由于互负债务、关联担保等错综复杂的债权债务关系,影响全体债权人的公平受偿。实质合并破产清算可以客观、真实地反映四公司的资产和对外债务,有效解决企业运用关联交易逃废债务损害债权人利益的情况。合并清算后,四家公司之间互负债务抵销,债权人以合并后的资产按法定程序公平受偿,能保护绝大部分债权人的利益。同时实质合并破产清算有利于降低清算成本,提高清算效率,保障包括债务人、全体债权人在内的各方当事人之间的实质公平,从而实现整体上的公平。

2. 部分关联企业成员的债权人清偿率高可能系关联企业成员之间不当关系的结果,应予纠正

案例8 ｜ (2021)黑04破1之一号、(2022)黑破监1号

[审理法院]

黑龙江省鹤岗市中级人民法院、黑龙江省高级人民法院

[案情简介]

黑龙江省鹤岗市中级人民法院(以下简称鹤岗中院)于2019年11月21日根据海红家电、康维生物和恒昌顺商贸的申请,分别裁定受理该三公司破产清算案件,并指定黑龙江某律师事务所担任三公司破产管理人。三公司管理人履职过程中,发现海红家电、康维生物的法定代表人均为孟某,恒昌顺商贸的实际控制人亦是孟某。三公司以海红家电为中心,作为一个整体生产经营,三公司实际控制人相同,实际经营地址相同,财务、经营办公场所和资产均混同。三公司管理人委托某会计师事务所对三公司进行财务专项审计工作,某会计师事务所于2020年4月29日出具破产清算案件审计初步查看情况及意见,载明其在初步审计及勘察过程中发现:三公司实物资产中的固定资产无法明确账载明

细,无法区分资产的具体归属,也无法获取入账原值,累计折旧等金额,无法与科目余额表中金额配比、核对;恒昌顺商贸的业务在海红家电和康维生物中进行账务处理,恒昌顺商贸不存在独立账套,导致财务收支配比不合理,财务处理出现合并处理情况;三公司之间存在数量庞大且密切交叉的资金往来、相互担保、相互抵押,贷款单位与贷款实际使用单位出现混合使用情况,存在占用其他单位贷款资金情况;三公司资产负债项目中债权债务、实物资产重叠程度过高,存在账务处理收支不配比,占用贷款资金以及相互抵押担保形成的债权债务不清晰等情况;初步审计及现场勘查过程中,已经花费了大量人力、物力和时间去追溯,但三公司人员已经发生大量流动,相关问题没有知情人、经手人、责任人,无法明确实际业务的连贯性及合理性,无法明确实际的债权债务情况,无法严格区分三公司的收支及财产情况,初步认定三公司财务资产存在混同,无法区分。

三公司管理人于2021年1月9日向鹤岗中院申请对三公司实质合并破产清算。鹤岗中院审查后,裁定三公司合并破产清算。而后龙江银行鹤岗分行向黑龙江省高级人民法院(以下简称黑龙江高院)申请复议,称三公司系三家经营范围不相同且无业务联系的独立法人,仅是关联企业,但关联企业实质合并破产清算应具备高度人格混同。鹤岗中院认定三公司实际控制人相同,实际经营地址相同,财务、经营办公场所和资产均混同,但未列举相应事实依据,不足以认定三公司达到高度人格混同,不应予以实质合并破产清算。

复议审查过程中,黑龙江高院查明,海红家电与康维生物在某处均有经营场所,该房产为康维生物所有;恒昌顺商贸与海红家电共用一个账套;三公司记账凭证、其他应收款明细账与银行业务凭证上均有案外人史某某名字;康维生物向鹤岗市市区农村信用合作联社借款1700万元,恒昌顺商贸向复议申请人借款800万元,款项均由海红家电入账;恒昌顺商贸向鹤岗市市区农村信用合作联社借款998万元,康维生物以其自有房产及土地为该借款提供抵押担保,该款项亦由海红家电入账;康维生物向复议申请人借款1952.5万元,海红家电以其自有房产及土地为该借款提供抵押担保;案外人张某、王某向农行鹤岗大陆支行借款共计700万元,康维生物以其自有房产为该两笔借款提供抵押担保,该款项亦由海红家电入账。黑龙江高院审查后,驳回龙江银行鹤岗分行的复议申请。

［裁判观点］

黑龙江高院认为，对于海红家电是否属于关联企业并存在法人人格高度混同情形的问题，三公司虽然形式上是三个独立的企业法人，但三公司在人事管理、经营场所和经营业务范围、财务管理等三方面持续高度混同，足以认定三公司作为关联企业已经丧失法人意志独立性和法人财产独立性。对于区分三公司财产成本是否过高的问题，根据某会计师事务所的审计意见，结合三公司在财务管理方面存在无法区分相关款项交易的性质和实际使用借款的主体不明等问题，厘清三公司的债权债务关系难度较大，足以认定区分三公司财产成本过高。对于实质合并破产清算是否损害三公司债权人利益问题，在三公司已具备破产原因，三公司系关联企业且法人人格高度混同，且区分财产成本过高的情况下，三公司实际上已不具备单独破产清算的条件。若三公司各自单独破产清算，则即使部分关联企业债权人的债权清偿率相对较高，也系因关联企业之间的不当关联关系所致，其他债权人的公平清偿利益将受到损害。而且，三公司进行实质合并破产清算可以使各关联企业之间的债权债务归于消灭，有利于缩短清理关联企业资产、负债的时间，降低清理成本，更有利于从实质上公平保护关联企业债权人的整体清偿利益。

人民法院案例库对该案进行了收录，裁判要旨中提到：对于严重损害债权人公平清偿利益的裁判标准，应从实质合并破产能否对债权人公平清偿的角度进行审查。一方面，关联企业成员往往在财务往来和经营业务上存在联系，因此关联企业成员资产在有效整合基础上进行一并处置能在更大程度上增加破产财产总量。另一方面，实质合并破产清算是为了追求整体的实质公平，避免企业以法律上的独立地位造成的实质性不公平。在实质合并破产清算中，关联企业成员的财产将产生“1 + 1 > 2”的互增效益和减少区分关联企业成员财产成本的效益。

笔者观点

《企业破产法》对合并破产没有具体规定，而 2018 年《全国法院破产审判工作会议纪要》第 32 条明确规定：“关联企业实质合并破产的审慎适用。人民法院在审理企业破产案件时,应当尊重企业法人人格的独立性,以对关联企业成员的破产原因进行单独判断并适用单个破产程序为基本原则。当关联企业成员之间存在法人人格高度混同、区分各关联企业成员财产的成本过高、严重损害债权人公平清偿利益时,可例外适用关联企业实质合并破产方式进行审理。"其中"法人人格高度混同、区分各关联企业成员财产的成本过高"是关联企业实质合并破产的行为要件,"严重损害债权人公平清偿利益"是结果要件。

关联企业,特别是集团型关联企业成员之间,不可避免会涉及人员、业务、财产等交叉甚至混同的情形,但笔者认为,并非只要关联企业间发生"人员、业务、财产混同情形",便必然导致关联企业实质合并破产,仍然需要结合上述三个标准,逐一论证,层层递进。

首先,司法实践中,"法人人格高度混同"系认定实质合并破产的核心要件,法院除注重对关联企业意志、财产、人员、场所等混同表征的审查外,还会注重对财务数据的审查。如果关联企业之间虽发生多笔关联交易,但关联企业均独立建账核算,往来款项均已入账,且账目余额核对一致,未发现不作财务记载的情况,那么法院倾向于认定,关联企业财产独立,且财产及债权债务可以区分,从而可能不会因关联企业人员、办公场所等某些混同表征就认定关联企业"法人人格高度混同"。

其次,法院在认定"法人人格高度混同"时,也兼顾"区分成本过高"标准。实践中,如果关联企业发生人员、业务、资金管理等方面长期高度混同情形,特别是关联企业间频繁资金划拨,财务资料只体现银行流水,没有相应的合同交易凭证,会导致区分关联方交易的真实性、合法性和有效性的难度较大。一些案件中,即使关联企业财产状况表现相对独立,但如果其资金源于集团内部不加区分的资金池,可能也会导致法院的不利认定。例如,上海市第三中级人民法院在"上海葳蕤股权投资基金管理有限公司、浙江葳蕤股权投资基金管理有限公司、上海葳蕤股权投资基金有限公司与中国华信等十六家关联企业进行实质合并破产清算"案[案号:(2020)沪03破9号之二十四号]中就提到,"葳蕤管理的注册资本金1.05亿元均由中国华信设计注资路径,由'华信系'关联企业注入,区分中国华信等已纳入实质合并破产的关联企业与葳蕤管理之间各自的财产已无任何意义"。

最后,是否损害债权人公平清偿利益可以通过清偿率高低进行量化判断。

这里的“债权人”包括拟进入破产程序各单体企业的债权人。考虑到集团内部优良资产可能会集中在特定成员处，是否进行实质合并破产，将导致各成员企业偿债能力产生较大的差异，不排除部分企业债权人清偿率可能因实质合并破产而降低。如果对各关联企业模拟单体和实质合并破产模式下偿债能力进行量化分析，且实质合并破产相较于单体破产模式，提升了大多数企业普通债权清偿率，则法院倾向于认定“实质合并破产的实际效果能够增加多数债权人的清偿利益”，从而支持实质合并破产的认定。当然，量化并非唯一的标准，如果法院认定，实质破产清算情形下，部分企业债权人清偿率可能降低的根源在于各关联企业之间的不当关联关系，那么法院有权通过实质合并破产清算，对不当滥用关联关系进行矫正，保障全体债权人的整体利益，从而实现公平公正清理债务的宗旨。

10

破产程序中对管理人合同解除权行使之简析

汤玲玲

规定索引

《中华人民共和国企业破产法》

第十八条 人民法院受理破产申请后,管理人对破产申请受理前成立而债务人和对方当事人均未履行完毕的合同有权决定解除或者继续履行,并通知对方当事人。管理人自破产申请受理之日起二个月内未通知对方当事人,或者自收到对方当事人催告之日起三十日内未答复的,视为解除合同。管理人决定继续履行合同的,对方当事人应当履行;但是,对方当事人有权要求管理人提供担保。管理人不提供担保的,视为解除合同。

《中华人民共和国民法典》

第五百六十二条 当事人协商一致,可以解除合同。当事人可以约定一方解除合同的事由。解除合同的事由发生时,解除权人可以解除合同。

第五百六十三条第一款第五项 有下列情形之一的,当事人可以解除合同:

(五)法律规定的其他情形。

第七百二十五条 租赁物在承租人按照租赁合同占有期限内发生所有权变动的,不影响租赁合同的效力。

第七百二十六条 出租人出卖租赁房屋的，应当在出卖之前的合理期限内通知承租人，承租人享有以同等条件优先购买的权利；但是，房屋按份共有人行使优先购买权或者出租人将房屋出卖给近亲属的除外。出租人履行通知义务后，承租人在十五日内未明确表示购买的，视为承租人放弃优先购买权。

第九百三十三条 委托人或者受托人可以随时解除委托合同。因解除合同造成对方损失的，除不可归责于该当事人的事由外，无偿委托合同的解除方应当赔偿因解除时间不当造成的直接损失，有偿委托合同的解除方应当赔偿对方的直接损失和合同履行后可以获得的利益。

从上述法律规定可以看出，破产程序中的解除权有别于民法体系中一般的法定解除权，赋予了管理人打破合同僵局的权利，使管理人能更好地接管并处置债务人的全部财产，也能使全体债权人利益最大化，但实际上与民法中保护承租人利益的价值导向相悖，因此该法条不能脱离民法规定的解除权体系单独适用，否则会为管理人赋予无限的选择权，引发新的争议和冲突。

问题的提出

《企业破产法》所规定的合同解除权虽为特别法，但双务合同类型复杂，显然会发生与其他民事单行法规或社会公共利益冲突的情形。对于此，法学界人士均已认识到管理人选择解除权不受限制所带来的问题，认为应当限制管理人的选择权。然而在《最高人民法院第二巡回法庭2020年第9次法官会议纪要》中，最高人民法院法官认为从立法论的角度看，前述观点作为一种学术主张，尚可以进一步探讨。但从解释论和司法审判角度看，《企业破产法》以特别法形式赋予管理人对待履行合同单方决定解除与否的选择权，管理人因行使选择权而解除合同系法定解除权，目的在于通过解除租赁合同、收回并顺利处分租赁物，以实现破产程序中房屋价值的最大化，保障债权人整体利益。在法律已有明确规定的情况下，主张在我国司法实务中为保障个别承租人的利益而限制管理人的法定解除权，于法无据，不应得到支持。因此在司法实践中往往以解除房屋租赁合同为原则。不过多数学者及笔者均不赞同这一观点，“一刀切”的适用会使管理人的权利无限膨胀，对合同相对方的个人利益造成严重侵害。可虽然专家学者们均认可这一权利需要被限制，但对于如何进行限制及限制的程度都有不同观点，那如何兼具公平、效益地行使管理人解除权？司法实践中将如何对此进行限制？本文将聚焦不同角度，对管理人行使解除权的限制进行探讨。

司法实践

若需对破产管理人的合同解除权加以限制，其合同本身显然也需存在特殊利益，才能使得在公正层面对其特殊处理。如具有社会公共服务属性的合同，关乎众多公民的基本生活，管理人不能擅自解除。例如房屋买卖合同，在房地产开发商完成交付但未配合办理过户登记，购房者未结清房款的情况下，双方均未完全履行自身义务，管理人擅自解除合同，显然是对买受人利益的严重损害。本文以检索案例结合笔者自身承办的不动产租赁合同纠纷对此问题展开分析。

首先在司法实务中，管理人解除不动产租赁合同引发的诉讼争议极为高发。截至2024年3月，在威科先行数据库中以《企业破产法》第18条为关键词进行检索，在757件民事案件中，存在217件租赁合同纠纷案件。从已有的案例来看，前些年我国司法实践中基本上无条件地认可出租人破产时管理人可任意选择解除不动产租赁合同。而这一现象的存在会对社会公共利益造成相当程度的损害。首先，《民法典》第725条规定的"买卖不破租赁"规则给予了租赁权对抗物权的效力，承租人基于此种信赖，在实践中常对长期租赁物进行装修、改善，《民法典》第715条亦认可了承租人经出租人同意改善和增设他物的权利。如果出租人在破产程序中任意解除合同，承租人为改善租赁物而支出的大笔有益费用就可能付之东流。更有甚者会在原价值较低的租赁土地上建造住房或者工业厂房。

随着破产案件的增多，主审法官或仲裁员也认识到，任由破产方解除合同将会给承租人造成重大损失。由于众多破产案件清偿困难，承租人的损失无法通过分配程序得到填补。而由笔者团队承办的一起仲裁案件，虽然存在一定的特殊性，但仲裁员的说理也表达了其对于租赁合同解除的看法。

案例1 ｜ (2023)沪仲字第0488号

[审理法院]

上海仲裁委员会

[裁判要旨]

确认管理人的解除行为无效,案涉合同继续履行。

[案情简介]

2016年某企业与我方当事人签订了《商铺租赁合同》,约定由我方当事人向该企业承租某商场,租期为2016年至2030年。而后双方分别于2018年、2020年签订多份补充协议,对原租赁合同约定的租赁面积、租金单价标准以及租期进行了调整。2020年年末,上海市第三中级人民法院指定某律师事务所处理该企业的强制清算事宜。2021年,清算组成员发函要求我方当事人支付租金,租金标准按照最新的补充协议计算。2023年,上海市第三中级人民法院裁定受理该企业破产清算案,管理人在接管后,向我方当事人发函要求解除后续所有的补充协议,仅维持双方最初签订的租赁合同。因此,笔者团队向上海仲裁委员会申请仲裁,请求确认解除行为无效,要求继续履行。

[裁判观点]

(1)管理人依据程序,对涉案的补充协议分别进行了明示解除和默示解除。(2)鉴于涉案租赁房屋绝大部分已被申请人对外转租的状况和特殊性,被申请人行使解除权需要受到限制,不但要符合《企业破产法》第18条之规定,还要遵守《民法典》第725条规定的"买卖不破租赁"规则、第726条规定的"优先购买权"规则的限制,以平衡多方权益。(3)双方签订的多份协议均合法有效,且统一连贯,不能片面和割裂理解,被申请人的解除行为实质变更了双方的权利义务,加重了申请人的合同义务。(4)被申请人的解除行为不能必然促成房屋拍卖成功致使破产案件债权人利益最大化。(5)被申请人的解除行为会引起连锁反应,侵害了大量次承租人利益,存在影响社会稳定的潜在风险。

案例2 ｜ (2020)沪03民终65号

[审理法院]

上海市第三中级人民法院

[裁判要旨]

同通公司已履行租金约定,支付了6年的全部预付租金。科鑫公司也已经实际交付租赁物,这一阶段履行完毕后,双方尚未履行的租期部分可予解除。

[案情简介]

2013年11月25日,科鑫公司取得上海市嘉定区科福路厂房的房地产权证。2015年10月30日,科鑫公司(甲方,出租方)与同通公司(乙方,承租方)签订《厂房租赁合同》一份,约定甲方将涉案房屋出租给乙方使用,租赁期限19年,自2015年11月30日至2034年11月29日。前6年整体租金1000万元整,自第7年起,每1年为一个环年,在前一个环年的租金基础上递增3%,即第7年租金是第6年租金的103%,以此类推。

2015年11月30日,科鑫公司签署《授权经营管理委托书》一份,授权同通公司负责转租管理系争房屋,有效时间为2015年11月30日至2034年11月29日。之后,同通公司对系争房屋进行装修,并对外转租。

2018年7月24日,一审法院受理科鑫公司的破产清算申请。2018年8月16日,一审法院出具(2018)沪0114破15号决定书,指定上海市华诚律师事务所担任科鑫公司管理人,管理人的负责人为朱某苏。同年9月10日,科鑫公司管理人向同通公司发出关于解除《厂房租赁合同》的通知书。

2018年9月30日,同通公司向科鑫公司管理人发出关于解除《厂房租赁合同》的通知书回复函,称因其按约支付1000万元租金,经过科鑫公司授权,其对厂房进行分割、装修花费700余万元,并对外转租15家公司,各次承租人承租厂房后也都花费大量资金和人力对房屋进行了装修,若解除合同将对其造成巨大违约责任,且难以估算装修、搬迁等费用,即使可申报债权也只属于普通债权,对其极为不公平,故其不同意解除《厂房租赁合同》,继续履行《厂房租赁合同》能最大限度地维护各方利益。

2018年10月12日,科鑫公司管理人向同通公司发出关于搬离科福路××× 号的通知,再次通知同通公司在2018年10月25日之前搬离系争房屋等。随后,管理人于2019年向法院起诉要求确认合同解除。

[裁判观点]

本案合同约定了合同租期为19年,如此长的合同期限显然不利于破产清算程序的进行,也不利于保护破产企业债权人的利益,合同可以解除。但合同约定2015年11月30日至2021年11月29日的6年租金同通公司一次性付清,同通公司也已履行该约定,支付了该6年的全部预付租金。科鑫公司也已经实际交付租赁物，同通公司占有租赁物后投入大量资金已开展生产经营。该阶段的合同义务双方均已完成标的物交付，合同得以部分履行，也没有发现双方有恶意损害破产企业债权人的行为。因此，该期间的双方合同履行行为已经有效完成。根据合同法及企业破产法的规定，合同已依约合法履行的不得请求解除返还。即使基于管理人依企业破产法赋予的合同解除选择权解除合同，也应对剩余租金及合法添附物损失等予以合理补偿，以保护承租人的合法权益。因该补偿事项管理人及债权人会议并未确认，基于公平原则，管理人的诉请也不应获得支持。此外，同通公司承租租赁房屋后，基于租期较长，投入较大资金开展生产经营，并另行租赁给众多次承租人，次承租人也投入大量资金开展经营活动。况且该先期履行部分剩余时间并不漫长，并不严重影响破产清算程序的进行。若合同即时解除返还，同通公司及次承租人将蒙受重大损失，也陡然增加科鑫公司的破产清算成本，不利于科鑫公司债权人的利益。显然，本案合同的即时解除返还既损害同通公司等承租人的重大利益，也损害科鑫公司债权人的利益，不具有正当性，也有违公平正义，原审法院不应支持。而 2021 年 11 月 30 日后双方尚未履行的部分可予解除，合同解除后，同通公司应返还房屋。至于同通公司合同解除后的损失，应循破产程序另行主张权利。

案例 3 | (2017)湘民再 461 号

[审理法院]

湖南省高级人民法院

[裁判要旨]

文某华于株洲市石峰区人民法院对株洲千姿置业有限公司(以下简称千姿公司)破产财产作出处置裁定之日起一个月内搬离千姿公司所有的位于株洲市石峰区响田东路 337 号女人街商业城地下车库(总面积 3900 平方米)；确认文某华与千姿公司的房屋租赁合同解除后，千姿公司应当返还文某华剩余租期 16 年租金 1,525,987.9 元，文某华对该共益债权享有从千姿公司破产财产中优先于普通债权受偿的权利。

[案情简介]

2013 年 6 月 15 日，文某华与千姿公司签订协议书一份，约定按(2010)株石法民一初字第 341 号民事调解书，千姿公司总计应付文某华本息为 969,560

元，千姿公司将千姿广场地下车库租予文某华使用或经营，千姿公司应收文某华租金冲抵千姿公司应付文某华欠款。该协议书还约定，因地下车库通道不畅、地面破烂、下水四溢，整体使用功能不够完善，需投资改造和维护，双方共同确定改造维修工程预算，由文某华垫资改造和维修，在双方确认的数额内，文某华垫资冲抵其应付千姿公司租金。2013年6月18日，双方就地下车库维修改造工程有关事项签订维修改造合同一份，该合同约定承包方式为包工包料，工程价格为937,924.88元，一次性包干，不作任何调整，付款方式为按双方认可的937,924.88元，以地下车库租金抵扣。2013年6月23日，双方签订租赁合同一份，千姿公司将地下车库，总面积3900平方米（已出售使用权的车位除外）租给文某华经营，租赁期为20年，自2013年12月1日至2033年11月30日，租赁期内总租金1,907,486.88元，以出租方应付承租方工程欠款969,560元和车库改造垫资工程款937,924.88元互相冲抵，即租金已付清。2014年8月4日，法院受理千姿公司的破产清算，并于2014年9月23日指定湖南天地人律师事务所担任管理人。千姿公司破产管理人依据《企业破产法》第18条的规定，通知文某华解除与千姿公司签订的租赁合同，文某华收到该通知后，未作答复亦未搬出其所承租的房屋。另查明，株洲市石峰区响田东路337号女人街商业城[总层数4/101(1001)]所有人为千姿公司。

[裁判观点]

二审法院认为，本案系房屋租赁合同纠纷。双方于2013年6月先后签订协议书、维修改造合同、租赁合同各一份，系双方当事人真实意思表示，内容不违反法律、行政法规的强制性规定，应认定有效。本案的争议焦点是千姿公司破产管理人是否有权解除租赁合同。双方于2013年6月23日签订租赁合同，千姿公司将女人街地下车库，总面积3900平方米（已出售使用权的车位除外）租给文某华经营，租赁期为20年，自2013年12月1日至2033年11月30日，并约定租赁期内总租金1,907,486.88元，以出租方应付承租方工程欠款969,560元和承租人车库改造垫资工程款937,924.88元冲抵租金，应当认定承租人合同义务已履行完毕。但是“买卖不破租赁”的特殊性是基于普通债权而言的，破产清算是破产财产处置的特殊程序，如果采用对租赁权进行特殊保护原则，势必影响破产财产的变现。2014年8月4日，株洲市石峰区人民法院受理千姿公司的破产清算后，破产管理人根据《企业破产法》第18条的规定行使解除权符合立法精神。文某华提出已全部履行完毕，破产管理人无权解除租赁合同的理由不能成立。二审法院依法不予支持。至于租赁合同解除后，文某华已交付的租金以及对车库改造垫资工程款937,924.88元，可在破产中依法行使权利。一审判决认定事实清楚，适用法律正确，判决并无不当。

再审法院认为，本案的争议焦点有两个：一是房屋租赁合同能否解除。二是合同解除后，剩余租期的租金如何处理。第一，关于房屋租赁合同能否解除。虽然合同法对合同的解除明确规定必须满足一定条件，但《企业破产法》第18条规定："人民法院受理破产申请后，管理人对破产申请受理前成立而债务人和对方当事人均未履行完毕的合同有权决定解除或者继续履行，并通知对方当事人，管理人自破产申请受理之日起二个月内未通知对方当事人，或者自收到对方当事人催告之日起三十日内未答复的，视为解除合同。管理人决定继续履行合同的，对方当事人应当履行；但是，对方当事人有权要求管理人提供担保。管理人不提供担保的，视为解除合同。"该条赋予了破产管理人单方解除合同的特别权利，只要该合同同时满足"破产申请前成立"和"债务人和对方当事人均未履行完毕"两个条件，管理人即可单方解除合同，这也是企业破产法作为特别法的特殊性。由于租赁合同具有继续性的重要特点，交纳租金只是承租人的主要合同义务而非全部合同义务，承租人尚有保管租赁物、返还租赁物的义务以及通知等附随义务等，所以在租期届满承租人返还租赁物之前，承租人始终处于履行租赁合同过程中；同样，出租人将租赁物的占有、使用权利让与承租人，也是处于履行租赁合同的过程中。因此，租赁合同只要在租赁期内，承租人与出租人的义务即均未履行完毕，千姿公司管理人单方解除该租赁合同有法律依据。文某华主张本案合同不能解除，没有法律依据，不予支持。千姿公司管理人向文某华下发解除合同通知书，双方合同解除。第二，合同解除后，剩余租期的租金如何处理。虽然原审中，文某华仅抗辩破产管理人不能解除合同，没有提出合同解除后主张优先权的要求。但再审中，双方当事人均同意对此一并作出判决，根据最高人民法院《关于适用〈中华人民共和国民事诉讼法〉的解释》(2015年)第405条之规定，再审法院予以同意。《合同法》(已失效)第97条规定："合同解除后，尚未履行的，终止履行；已经履行的，根据履行情况和合同性质，当事人可以要求恢复原状、采取其他补救措施，并有权要求赔偿损失。"关于合同解除是否有溯及力，我国法律尚未明确规定，通常认为，若为非继续性合同的解除，原则上有溯及力；若为继续性合同的解除，原则上无溯及力。再审法院认为，案涉租赁合同即继续性合同，对承租人而言，合同解除后负有返还租赁物的义务；对出租人而言，合同解除后，多收的剩余租期租金即构成不当得利，根据权利义务对等原则，亦应予以返还。本案中，承租人不当得利的返还请求权有别于《企业破产法》第53条规定的损害赔偿请求权，不应当作普通债权对待。参照最高人民法院（2016）最高法民他93号《关于破产企业签订的未履行完毕的租赁合同纠纷法律适用问题的请示》中"租赁合同如判解除，则预付租金构成不当得利应依法返还，根据《中华人民共和国企业破产法》第四十二条第三项的规定，该不当得利返还债务应作为共益债务，由破产企业财产中随时返还"的答复意见，本案租赁合同解除后，文某华应将承租的所有人为千姿公司的地下车库返还给对方，千姿公司也应将剩余租期的租金返还给文某华。

案例4 | （2019）粤民终2560号

[审理法院]

广东省高级人民法院

[裁判要旨]

驳回王某琼确认金凯进公司管理人解除房屋租赁合同的行为无效的诉讼请求。

[案情简介]

2013年12月13日，王某琼与金凯进公司签订了房屋租赁合同，合同约定：金凯进公司将其所有的深圳市宝安××金凯进厂区二10,598.17平方米、宿舍一2618.84平方米出租给王某琼，租赁期限为180个月，自2013年12月9日起至2028年12月8日。租金每月为83,333.33元，王某琼一次性支付96个月的租金共计800万元，王某琼转账到金凯进公司名下银行卡，合同签订后，王某琼委托案外人钟某华、蔡某权分别向金凯进公司指定的收款账户转账300万元、500万元，合计800万元，王某琼已按照涉案租赁合同的约定履行了支付96个月租金的付款义务。涉案房产已交由王某琼占有使用。

2017年2月24日，广东省深圳市中级人民法院作出（2016）粤03破申7号民事裁定书，裁定受理金凯进公司破产清算案，并于2017年4月25日指定广东融关律师事务所担任金凯进公司管理人。

2017 年 12 月 25 日,金凯进公司的管理人向王某琼发出解除租赁合同通知书,通知王某琼解除双方签订的房屋租赁合同。

［裁判观点］

本案系房屋租赁合同纠纷。本案的争议焦点是金凯进公司管理人是否有权解除案涉房屋租赁合同。王某琼与金凯进公司仅签订有一份房屋租赁合同,该租赁合同约定,金凯进公司将其所有的深圳市宝安××金凯进厂区二10,598.17 平方米、宿舍一 2618.84 平方米出租给王某琼,租赁期限为 180 个月,自 2013 年 12 月 9 日起至 2028 年 12 月 8 日,王某琼先一次性支付 96 个月的租金等。该租赁合同作为一个整体,是双方的真实意思表示,成立于金凯进公司破产申请受理前。王某琼上诉主张租赁合同因其先行支付了部分租金而被拆分为独立的两个租赁期限合同既不符合双方租赁合同的约定,亦无相应法律依据。王某琼和金凯进公司在深圳市宝安区人民政府租赁管理部门办理已交付租金的租期备案,仅是政府管理部门对租赁行为的行政管理,该行为不具有将双方租赁合同拆分为两个独立租赁合同的法律效力,也不构成对双方租赁合同的变更或替代。房屋租赁合同属于继续性合同,交付租赁物是出租人在双方约定的租赁期限内的持续义务,至金凯进公司被受理破产清算申请之日,其持续提供租赁物的合同义务尚未履行完毕;王某琼作为承租方亦尚有 84 个月的租金未交纳,依照《企业破产法》第 18 条第 1 款"人民法院受理破产申请后,管理人对破产申请受理前成立而债务人和对方当事人均未履行完毕的合同有权决定解除或者继续履行,并通知对方当事人。管理人自破产申请受理之日起二个月内未通知对方当事人,或者自收到对方当事人催告之日起三十日内未答复的,视为解除合同"的规定,本案金凯进公司管理人有权基于保障破产财产价值最大化的原则决定是否解除案涉租赁合同。无论金凯进公司是破产重整还是破产清算,均应适用《企业破产法》的相关规定,从而最大限度保障全体债权人的利益。王某琼上诉认为金凯进公司管理人解除案涉租赁合同损害了王某琼个人的利益及影响其次承租方的生产经营,其可依照《合同法》及《企业破产法》的相关规定在金凯进公司破产程序中进行主张。至于金凯进公司是否应当破产的问题,并非本案房屋租赁合同纠纷的审理范围,王某琼可另循法律途径解决。

案例5 | (2019)皖民终1128号

[审理法院]

安徽省高级人民法院

[裁判要旨]

(1)解除巨力公司与华诚公司签订的《场地租赁协议》《场地租赁补充协议》。(2)华诚公司于判决生效之日起30日内搬出巨力公司场地。(3)华诚公司于判决生效之日起30日内一次性给付巨力公司租金及占有使用费,自2019年6月26日起按年租金10万元计算至场地交付之日;支付违约金,以年租金10万元为基数,自2019年6月26日起按照人民银行同期同类贷款基准利率的1.3倍计算至场地交付之日。(4)驳回巨力公司的其他诉讼请求。

[案情简介]

2018年3月22日,巨力公司与华诚公司签订《场地租赁协议》,约定华诚公司为利用建筑材料废弃物再生加工项目的需要,租赁巨力公司的场地。巨力公司将位于枞阳县工业园,面积20亩(路南、路北总体面积)的场地出租给华诚公司使用。租赁期限暂定为5年,如果华诚公司需要继租,同等条件下优先。租赁费用按华诚公司生产吨位每吨1元计算,一年保底10万吨。巨力公司提供变电400千伏的变压器、地磅、办公地点、工人宿舍及必要的生活设施等。

2018年6月26日,巨力公司与华诚公司签订《场地租赁补充协议》,约定巨力公司将横埠镇工业园巨力公司面积约20亩即办公楼正面及东南边的场地租给华诚公司有偿使用,租赁期限自2018年6月26日至2023年6月25日。根据主协议第4条,巨力公司提供给华诚公司硬件设施(含因供电需要以华诚公司名义申报的变压器),因巨力公司原因产生的法律责任由其全权承担。华诚公司经营期满,如果不再续租,华诚公司申报的变压器无条件过户给巨力公司。在合同期限内,巨力公司应全权保证华诚公司能充分使用所租用的场地达到最大化。确保该场地没有任何第三方的权利主张或者其他因素给华诚公司造成使用上的障碍而产生损失。如果不可抗力因素致使华诚公司不能续租使用,华诚公司在土地上的建筑物钢结构厂房及场地整平硬化投入,应按市场价由巨力公司补给华诚公司,由双方友好协商解决。如果华诚公司不能按时向巨力公司交纳场地租金,逾期按每天100元违约金向巨力公司支付,以此所产生的法律相关费用及律师费都由违约方承担，等等。双方签订上述协议后，巨力公司依约将场地交付华诚公司，华诚公司自2018年6月26日起使用至一审期间。华诚公司于2018年6月3日、2018年9月5日分两次向巨力公司交纳了2018年6月26日至2019年6月25日的租金共计10万元。

2018年11月19日，一审法院作出(2018)皖07破申7号民事裁定，依法受理了巨力公司破产清算申请，并于2018年12月11日指定安徽景旺律师事务所为巨力公司的管理人。在受理破产申请后两个月内，管理人未通知华诚公司决定继续履行或者解除巨力公司与华诚公司签订的《场地租赁协议》《场地租赁补充协议》。

[裁判观点]

本案的争议焦点是案涉租赁合同应否解除，以及拖欠的租金和违约金如何认定。

《企业破产法》第18条第1款规定："人民法院受理破产申请后，管理人对破产申请受理前成立而债务人和对方当事人均未履行完毕的合同有权决定解除或者继续履行，并通知对方当事人。管理人自破产申请受理之日起二个月内未通知对方当事人，或者自收到对方当事人催告之日起三十日内未答复的，视为解除合同。"本案中，巨力公司管理人请求解除与华诚公司签订的《场地租赁协议》《场地租赁补充协议》，符合法律规定，法院予以支持。同时，华诚公司搬出巨力公司场地。

根据双方合同约定，一年租金保底10万元。华诚公司已交纳2018年6月26日至2019年6月25日的租金共计10万元。此后租金自2019年6月26日起按年租金10万元计算至华诚公司交付场地之日。

最高人民法院《关于适用〈中华人民共和国合同法〉若干问题的解释(二)》(已失效)第29条规定："当事人主张约定的违约金过高请求予以适当减少的，人民法院应当以实际损失为基础，兼顾合同的履行情况、当事人的过错程度以及预期利益等综合因素，根据公平原则和诚实信用原则予以衡量，并作出裁决。当事人约定的违约金超过造成损失的百分之三十的，一般可以认定为合同法第一百一十四条第二款规定的'过分高于造成的损失'。"本案中，巨力公司与华诚公司签订的《场地租赁协议》约定违约金按每天100元计算。华诚公司拖欠租金，造成巨力公司租金的利息损失，但是双方约定的违约金计算标准过分高于法定标准，因此，本院认定违约金为以年租金10万元为基数，自2019年6月26日起按照人民银行同期同类贷款基准利率的1.3倍计算至场地交付之日止。

案例6 | (2020)最高法民申3311号

[审理法院]

最高人民法院

[裁判要旨]

判决驳回宝万陆公司确认利恒新星公司管理人解除房屋租赁合同行为无效的诉讼请求。

[案情简介]

2014年7月17日，深圳市规划国土委第一直属管理局出具《关于第壹世界广场裙楼某商铺改扩建方案设计审查意见的复函》(深规土一局函〔2014〕05号)，同意利恒新星公司关于将第壹世界广场裙楼某商场、酒店配套改为商业功能并对内部空间进行改建和细分的申请，并要求其在完成消防申报、取得施工图合格意见后另行申请改建施工图报建。2014年9月12日，深圳市公安局福田分局消防监督管理大队向利恒新星公司出具《建设工程消防设计审核意见书》(深公福消字〔2014〕第06号)，同意利恒新星公司申报的工程消防设计，并要求利恒新星公司在工程竣工后，向其申报消防验收。

2014年9月25日，利恒新星公司与宝万陆公司签订房屋租赁合同，约定利恒新星公司将位于福田区的第壹世界广场裙楼租赁给宝万陆公司，建筑面积为8040.92平方米；租赁期限为15年，自2014年10月1日至2029年9月30日；房屋交付时，双方须对房屋的状况作书面确认并记载交付时间；宝万陆公司应于每月10日前交付当月租金。上述合同还约定了每两年的租金标准。宝万陆公司在一审庭审中陈述，改建是出于其实际使用需要。

2016年3月5日，利恒新星公司法定代表人丁某向景田派出所报案。丁某在接受民警询问时陈述，租赁合同约定利恒新星公司办完审批后再向宝万陆公司移交第壹世界广场裙楼某房产，但因未审批下来而一直未能移交，该日5点，第壹世界广场裙楼物业电话告知丁某，宝万陆公司大约50人强行进入第壹世界广场裙楼，将利恒新星公司施工所建隔墙全部拆除，后不允许利恒新星公司再进入。深圳市恒茂物业管理公司于2016年7月7日出具情况说明,陈述2016年3月,宝万陆公司带领大量人员占领第壹世界广场裙楼,利恒新星公司到场后,双方严重对峙,并有警察到场控制局面,后宝万陆公司拒不退出房屋,并继续占领第壹世界广场裙楼。宝万陆公司提交的承诺书载明:利恒新星公司因无法向叶某偿还借款本息,承诺用应收取的第壹世界广场裙楼的15年租金及管理费抵偿叶某的借款本息。该承诺书加盖有利恒新星公司公章以及利恒新星公司法定代表人私章,但未签署出具时间。宝万陆公司主张利恒新星公司出具该承诺书的时间为2015年9月。

另查,2016年7月28日,原审法院裁定受理利恒新星公司破产清算一案,并依法指定管理人。2016年9月23日,利恒新星公司管理人向宝万陆公司送达解除合同通知书,解除涉案房屋租赁合同。

2016年10月28日,叶某向利恒新星公司管理人申报的债权金额为191,644,461元,其中本金117,360,892元,利息74,283,569元。2017年3月6日,叶某又以债权申报错误为由,撤回其债权申报。

[裁判观点]

关于案涉房屋租赁合同是否属于破产申请受理前双方当事人均未履行完毕的合同的问题。《企业破产法》第18条第1款规定,人民法院受理破产申请后,管理人对破产申请受理前成立而债务人和对方当事人均未履行完毕的合同有权决定解除或者继续履行,并通知对方当事人。管理人自破产申请受理之日起2个月内未通知对方当事人,或者自收到对方当事人催告之日起30日内未答复的,视为解除合同。依照房屋租赁合同的属性,判断房屋租赁合同双方是否均履行完毕,主要包括承租人是否履行完毕支付租金的义务,以及出租人是否履行完毕交付房屋并提供一定期限房屋使用权的义务。本案中,第一,宝万陆公司是否以利恒新星公司对叶某的欠款代替支付了案涉房产15年的租金。利恒新星公司出具的收款收据载明,案涉借款的出借人均系叶某,实际付款人亦为叶某,而非宝万陆公司。案涉确认书第3条约定,叶某作为宝万陆公司的委托人,不得以自己的名义向王某军及利恒新星公司行使债权人权利,在案涉承诺书中却约定将案涉房产15年的租金及管理费抵偿给叶某,而非宝万陆公司,这与上述确认书相矛盾。叶某向利恒新星公司管理人进行破产债权申报时,明确写明其享有案涉房产15年的出租收益权,该申报行为本质是申报其对利恒新星公司的债权，因此叶某申报破产债权的行为与上述确认书相矛盾。即使叶某之后将破产债权申报撤回，也不能否认宝万陆公司的主张与叶某的行为之间存在矛盾。另外，案涉确认书与承诺书均无落款日期，宝万陆公司未能提供其他证据证明其系案涉债权的真正债权人，也未能提供其他证据证明三者就案涉房产的15年租金及管理费的支付事项达成合意，应承担举证不能的后果。宝万陆公司主张其已履行完毕支付租金的义务，理据不足，法院不予支持。第二，利恒新星公司是否将案涉房屋转移交付给宝万陆公司并持续提供使用。根据原审查明的事实，2016年3月5日，宝万陆公司入驻案涉房产时，利恒新星公司的法定代表人丁某向广东省深圳市福田区景田派出所报案称宝万陆公司大约50人强行进入案涉房产，说明宝万陆公司系通过自行占据获得案涉房产使用权的，利恒新星公司并非自愿将案涉房产交付给宝万陆公司。在租期届满前，破产管理人提出解除案涉房屋租赁合同，利恒新星公司尚未履行完毕持续提供15年房屋使用权的合同义务。宝万陆公司提出利恒新星公司已经履行完毕租赁合同义务的主张，无事实和法律依据，法院不予支持。

笔者观点

在案例1中，管理人仅要求解除后续的补充协议，而非全部协议，这一行为是对租赁合同权利义务的割裂，使这个案件较为特殊，若不加以限制，管理人可以以此为据对多份合同中不利于己的部分均以解除处理，直接损害合同相对方的合法权益。但这一裁决中也看到了仲裁员对于管理人解除租赁合同限制的看法，破产中的合同解除权也需放在民法解除权的框架中予以限制，需同时遵守《民法典》第725条规定的“买卖不破租赁”规则与第726条规定的“优先购买权”规则，增加了管理人对解除权行使的考量。而案例2中，虽然法院解除了租赁合同，但也表示出于对社会公共利益的考量，给予了合同相对方一段时间的宽限进行调整。上述案例均体现了保护原合同履行的考虑，即使存在破产事宜需要解除合同，也需在可履行的范围给予合同相对方一定的履行期限来避免造成合同相对方甚至第三方的损失。

案例3与案例2恰恰相反，坚持维护破产管理人解除权的同时，对于预付的租金采取直接返还的模式，将压力转移到合同相对方，仅给出一个月的宽限期。

接着从案例 2 至案例 6 中都可以看出，在司法实践中，法院坚持以解除不动产租赁合同为原则，对所有合同相对方所提出的应对破产管理人的解除权予以限制的说法用于法无据来一笔带过。这从案件的角度来看简洁明了，但是由此衍生的可能存在的承租人和次承租人群体的问题，法院就不再处理了，只能通过债权申报去弥补损失，然而在破产中真正受偿的只是一小部分，只能由承租人自行承担剩余的损失，这是以侵害个体债权人的利益的方式来扩大全体债权人利益，既不公平也不能高效处理相关的争议。然而笔者在检索案例的过程中发现，绝大部分案例均以案例 3、案例 4、案例 5 的模式直接处理。

最高人民法院案例 6 的裁判观点中兼采了案例 2 和案例 4、案例 5 的观点，认为合同应当整体看待，若未能支付全额的租金，应当自通知日即可解除，也是从中给到承租人一定的空间，在察觉出租人经济状况不佳的情况下，可以以全额履行的方式避免合同被解除。但也有部分高级人民法院认为承租人除支付租金外仍存在保管、维护义务等，认定为双方均未履行完毕的合同，从而确认解除行为的合法性。也就是说，目前的司法实践中承租人或其他特殊双务合同的相对方很难得到权益的保障。在大部分的案例中，法院对本文讨论的破产管理人合同解除权的限制避而不谈。

笔者认为，首先，在任何情形下，不动产租赁合同都不应当以解除为原则。只有原则上解除成本小于履行成本的合同才得以解除。租赁合同中，继续履行可获得持续的租金收入，不必然妨碍以拍卖的方式处置破产财产，而不继续履行还可能因损害赔偿增加破产债权。因此，不动产租赁合同应当以继续履行为原则，在特别情形下才赋予管理人解除合同的选择权。

其次，管理人解除已经交付租赁物的不动产租赁合同时，应特别考量承租人对合同履行的依赖。基于此种特殊的法律关系，承租人很可能已花费较大成本改善租赁物，进一步提升租赁物的无形价值。因此，管理人应谨慎考量解除带来的收益与付出的成本是否不成比例，以此选择是否解除合同。

再次，实务中存在租赁业务的破产企业若要解除租赁合同，往往涉及人员范围极广，其解除行为会引起一定程度的连锁反应，侵害大量承租人或者次承租人利益，引发社会问题。

最后,若租赁物尚未交付,管理人可以选择解除合同。由于“买卖不破租赁”等特别保护均以承租人实际占有租赁物为要件。《民法典》第 725 条也明确了“实际占有”是“买卖不破租赁”的适用前提。在交付租赁物之前承租人对于合同履行不应有特别信赖,企业破产法在此时也不需要进行特殊限制。

除去本文重点讨论的不动产租赁合同纠纷以外,还存在几类特殊的双务合同也应当有所限制,具体如下:

1. 所有权保留买卖合同。当出卖人为债务人时,破产管理人可以解除合同,相对人提出的抗辩如其不存在违约情形等是无效的,不妨碍作为出卖方的债务人取回标的物。我国破产立法认为所有权保留买卖合同属于债权行为,管理人可以行使待履行合同解除权,但同时为平衡合同相对方利益,赋予其享有共益债务的权利。但即使是共益债务,在破产程序中也不代表必然偿还。因此,合同相对方即买受人可以一次性支付尚未支付完毕的价款,或在履行双方约定的尚未履行完毕的义务时,破产管理人不必行使解除权,反之,则可以依据《企业破产法》第 18 条的规定予以解除。

2. 经预告登记后的商品房买卖合同。预告登记后的商品房买卖合同已经具备了民法规定的物权效力,且其直接关乎不动产买受人的居住权以及预告登记制度本身存在的意义,应当受限,否则将导致大批量买受人在购房入住的临门一脚前重回原点,对市场秩序造成严重破坏。

3. 居住商品房买卖合同。若买受人名下无其他居住房屋,以居住为目的购置了债务人出卖的房屋,则这一合同不宜解除,否则其居住权将受到重大影响,引发较大的社会问题。

4. 知识产权许可合同。知识产权许可合同与不动产租赁合同存在许多共性。均属于以使用、收益为目的的继续性合同。知识产权许可合同同样应以继续履行为原则。从实践情况来看,此两类合同在履行过程中往往存在标的物因使用权人一方付出努力而增值的情形,其中存在相当高的信赖利益,也会直接影响到合同相对方企业的生产经营。因此,在破产程序中,知识产权许可合同应如上述不动产租赁合同一样限制管理人选择解除。

以上观点都较为笼统,主要聚焦于管理人应当慎重考虑是否行使解除权。而如何兼具公平、效益地行使管理人解除权,应当从这些案例中以及相关的法条中进一步提炼。

公平即不仅考虑破产企业的利益,还要考量合同相对方的利益。仅考虑破产企业的方案不足以保护破产企业之外主体的利益,且从管理人自身能尽快获取报酬的角度来看,这种公平的需求就被进一步放大了,因此需要从公平的角度对管理人的选择权进行限制,以合理保护其他市场主体。此外,管理人的解除权比起民法中规定的解除权体系而言,后果显著轻微,不仅是法定解除,还无须考虑赔偿事宜,解除之损害赔偿仅为普通债权,并不能如同未破产情形一样得到完全清偿,会给合同相对方带来不成比例的重大损失,因此不同的合同是否可以直接解除,必须结合双方利益进行考量,以减少对合同相对方的影响。

效益可以拆为两块来看待,分别为效率和收益。效率是指迅速梳理破产企业相关信息包括但不限于法律诉讼、资产情况等内容,提高破产程序效率,以便及时向债权人分配财产,也可促进破产重整的进行,切断债务膨胀以及对债权人资金的进一步压榨,避免破产程序期限拖延,破产财产长期无法得到确认,并因拖延导致货币化处置困难,陷入无法分配的僵局。《企业破产法》第 18 条规定在一定期限经过后就视为解除合同,本质上是对破产管理人接管效率要求的体现。效率既会影响债权人所得资金的时间成本,又会因拖长破产程序,增加破产费用,间接影响最终分配额。除此之外,法院也会规定一债会的召开时间来加快管理人的工作进程。

而收益是指将债务人(破产企业)的价值最大化。这二者缺一不可,管理人应尽可能使债务人总资产价值得以维持甚至增加,从而确保每个债权人的获偿状态趋于更佳,选择是否对未履行完毕的双务合同进行解除。但笔者认为这一点往往是最容易引发争端的,若一味地考虑增加破产企业价值,在实务中就会以解除合同的方式损害合同相对方的利益,以达到这一目的,如本文的案例 1,管理人试图以解除后续补充协议的方式来增加合同相对方的租金义务,为破产企业取得更高的收益;又如房屋买卖合同纠纷中,在产权尚未登记时,要求解除合同,以退房款再拍卖房屋的方式,赚取房屋增值的差额,对合同相对方的权益造成严重的损害。若履行原合同并未侵害破产财产最大化原则,也就不会使破产方陷入不能履行的境地,管理人选择权应受到效益性标准的限制,具体的判断标准在于管理人选择继续履行是否给债务人造成损失,未有损失时应以履行为原则。

破产程序的司法实践中，管理人选择权过于强势，虽然是不得已而为之，将群体利益置于个人利益之上的处理方式，但也不能毫无顾忌地损害合同相对方的利益，这同样是对民法精神的破坏。因此应当从效益和公平两方面进行考虑，互相制约，如此才能使得管理人在合理的范畴内行使企业破产法给予的合同解除权。前者关注破产程序的进程和财产的数额，后者关注破产企业和合同相对人权益的平衡。管理人若坚持在这两个原则的基础上再行使其合同解除权，显然能在其履职的过程中减少新争议的产生。

11

破产取回权纠纷

许建斌

规定索引

《中华人民共和国企业破产法》

第三十八条　人民法院受理破产申请后，债务人占有的不属于债务人的财产，该财产的权利人可以通过管理人取回。但是，本法另有规定的除外。

第三十九条　人民法院受理破产申请时，出卖人已将买卖标的物向作为买受人的债务人发运，债务人尚未收到且未付清全部价款的，出卖人可以取回在运途中的标的物。但是，管理人可以支付全部价款，请求出卖人交付标的物。

第七十六条　债务人合法占有的他人财产，该财产的权利人在重整期间要求取回的，应当符合事先约定的条件。

《最高人民法院关于适用〈中华人民共和国企业破产法〉若干问题的规定(二)》

第二条　下列财产不应认定为债务人财产：

(一)债务人基于仓储、保管、承揽、代销、借用、寄存、租赁等合同或者其他法律关系占有、使用的他人财产；

(二)债务人在所有权保留买卖中尚未取得所有权的财产；

(三)所有权专属于国家且不得转让的财产；

(四)其他依照法律、行政法规不属于债务人的财产。

第二十六条 权利人依据企业破产法第三十八条的规定行使取回权，应当在破产财产变价方案或者和解协议、重整计划草案提交债权人会议表决前向管理人提出。权利人在上述期限后主张取回相关财产的，应当承担延迟行使取回权增加的相关费用。

第二十七条 权利人依据企业破产法第三十八条的规定向管理人主张取回相关财产，管理人不予认可，权利人以债务人为被告向人民法院提起诉讼请求行使取回权的，人民法院应予受理。

权利人依据人民法院或者仲裁机关的相关生效法律文书向管理人主张取回所涉争议财产，管理人以生效法律文书错误为由拒绝其行使取回权的，人民法院不予支持。

第二十八条 权利人行使取回权时未依法向管理人支付相关的加工费、保管费、托运费、委托费、代销费等费用，管理人拒绝其取回相关财产的，人民法院应予支持。

第二十九条 对债务人占有的权属不清的鲜活易腐等不易保管的财产或者不及时变现价值将严重贬损的财产，管理人及时变价并提存变价款后，有关权利人就该变价款行使取回权的，人民法院应予支持。

第三十条 债务人占有的他人财产被违法转让给第三人，依据民法典第三百一十一条的规定第三人已善意取得财产所有权，原权利人无法取回该财产的，人民法院应当按照以下规定处理：

（一）转让行为发生在破产申请受理前的，原权利人因财产损失形成的债权，作为普通破产债权清偿；

（二）转让行为发生在破产申请受理后的，因管理人或者相关人员执行职务导致原权利人损害产生的债务，作为共益债务清偿。

第三十一条 债务人占有的他人财产被违法转让给第三人，第三人已向债务人支付了转让价款，但依据民法典第三百一十一条的规定未取得财产所有权，原权利人依法追回转让财产的，对因第三人已支付对价而产生的债务，人民法院应当按照以下规定处理：

（一）转让行为发生在破产申请受理前的，作为普通破产债权清偿；

（二）转让行为发生在破产申请受理后的，作为共益债务清偿。

第三十二条 债务人占有的他人财产毁损、灭失，因此获得的保险金、赔偿金、代偿物尚未交付给债务人，或者代偿物虽已交付给债务人但能与债务人财产予以区分的，权利人主张取回就此获得的保险金、赔偿金、代偿物的，人民法院应予支持。

保险金、赔偿金已经交付给债务人，或者代偿物已经交付给债务人且不能与债务人财产予以区分的，人民法院应当按照以下规定处理：

（一）财产毁损、灭失发生在破产申请受理前的，权利人因财产损失形成的债权，作为普通破产债权清偿；

（二）财产毁损、灭失发生在破产申请受理后的，因管理人或者相关人员执行职务导致权利人损害产生的债务，作为共益债务清偿。

债务人占有的他人财产毁损、灭失，没有获得相应的保险金、赔偿金、代偿物，或者保险金、赔偿物、代偿物不足以弥补其损失的部分，人民法院应当按照本条第二款的规定处理。

第三十五条　出卖人破产，其管理人决定继续履行所有权保留买卖合同的，买受人应当按照原买卖合同的约定支付价款或者履行其他义务。

买受人未依约支付价款或者履行完毕其他义务，或者将标的物出卖、出质或者作出其他不当处分，给出卖人造成损害，出卖人管理人依法主张取回标的物的，人民法院应予支持。但是，买受人已经支付标的物总价款百分之七十五以上或者第三人善意取得标的物所有权或者其他物权的除外。

因本条第二款规定未能取回标的物，出卖人管理人依法主张买受人继续支付价款、履行完毕其他义务，以及承担相应赔偿责任的，人民法院应予支持。

第三十七条　买受人破产，其管理人决定继续履行所有权保留买卖合同的，原买卖合同中约定的买受人支付价款或者履行其他义务的期限在破产申请受理时视为到期，买受人管理人应当及时向出卖人支付价款或者履行其他义务。

买受人管理人无正当理由未及时支付价款或者履行完毕其他义务，或者将标的物出卖、出质或者作出其他不当处分，给出卖人造成损害，出卖人依据民法典第六百四十一条等规定主张取回标的物的，人民法院应予支持。但是，买受人已支付标的物总价款百分之七十五以上或者第三人善意取得标的物所有权或者其他物权的除外。

因本条第二款规定未能取回标的物，出卖人依法主张买受人继续支付价款、履行完毕其他义务，以及承担相应赔偿责任的，人民法院应予支持。对因买受人未支付价款或者未履行完毕其他义务，以及买受人管理人将标的物出卖、出质或者作出其他不当处分导致出卖人损害产生的债务，出卖人主张作为共益债务清偿的，人民法院应予支持。

第三十八条　买受人破产，其管理人决定解除所有权保留买卖合同，出卖人依据企业破产法第三十八条的规定主张取回买卖标的物的，人民法院应予支持。

出卖人取回买卖标的物，买受人管理人主张出卖人返还已支付价款的，人民法院应予支持。取回的标的物价值明显减少给出卖人造成损失的，出卖人可从买受人已支付价款中优先予以抵扣后，将剩余部分返还给买受人；对买受人已支付价款不足以弥补出卖人标的物价值减损损失形成的债权，出卖人主张作为共益债务清偿的，人民法院应予支持。

第三十九条　出卖人依据企业破产法第三十九条的规定，通过通知承运人或者实际占有人中止运输、返还货物、变更到达地，或者将货物交给其他收货人等方式，对在运途中标的物主张了取回权但未能实现，或者在货物未达管理人前已向管理人主张取回在运途中标的物，在买卖标的物到达管理人后，出卖人向管理人主张取回的，管理人应予准许。

出卖人对在运途中标的物未及时行使取回权，在买卖标的物到达管理人后向管理人行使在运途中标的物取回权的，管理人不应准许。

第四十条　债务人重整期间，权利人要求取回债务人合法占有的权利人的财产，不符合双方事先约定条件的，人民法院不予支持。但是，因管理人或者自行管理的债务人违反约定，可能导致取回物被转让、毁损、灭失或者价值明显减少的除外。

问题的提出

破产取回权与破产撤销权、破产抵销权、破产别除权被同称为破产程序中的“四大权利”。破产取回权是财产权利所有人在破产程序中对不属于破产企业财产享有的一项基本权利，涉及一系列比较复杂的法律程序问题。例如，在相对方破产时,权利人对哪些财产享有取回权?取回权有哪些种类和情形?财产权利人应该如何取回自己的财产?财产灭失或损毁无法取回时应该采取什么措施?

本文将适用司法判例,从多个角度分析各类财产取回权的种类、行使途径、方式、法院裁判观点及口径等问题。

司法实践

经研究和检索,笔者发现司法实践中大抵有以下几种取回权情形和相关纠纷的裁判思路。

一、出资款未用于约定用途的,出资人可以主张取回

案例1 | (2023)粤1502民初2319号(广东省汕尾市城区人民法院)

[案情简介]

原告的配偶施某生前是被告的职工,被告于1994年5月建宿舍,原告的配偶施某遂以80吨水泥计款人民币37,040元给被告作为出资款,但后因资金不到位,被告停止建设宿舍,被告于1995年9月1日出具收条给施某,并承诺从1994年5月1日起按2.5%计息。1997年4月9日,被告与施某签订《抵押协议》,被告将厂内基建地的基础地四间中的靠东第二间约100平方米的土地作为施某出资款的抵押地。但此后被告没有再建设宿舍,而施某亦于2012年2月26日去世。原告作为施某生前的配偶,其以涉案债权属于其夫妻共同债权为由向法院起诉,要求返还上述建房出资款。

[裁判观点]

本案案由应定为一般取回权纠纷。原告的配偶施某生前以80吨水泥计款人民币37,040元给被告作为被告建设宿舍的出资款,但被告并没有建设宿舍,而施某亦已逝世,其生前的出资目的无法实现,原告作为施某生前的配偶以该出资属于夫妻共同债权为由要求被告返还水泥款37,040元的请求,予以支持。

二、货币作为特殊资产，对货币行使取回权应当以该部分货币已“特定化”为前提

案例2 | (2023)浙02民终211号(浙江省宁波市中级人民法院)

[案情简介]

2014年7月29日，名邦公司、马某义签订《施工合作协议》一份，约定：名邦公司将案外人恒元置业开发的悦城壹号营销体验中心的装饰工程交由马某义施工，总价款890,584元，最终按本工程决算总价为准；双方确认本工程管理费(含税金)6%；本工程投标保证金200,000元，由马某义汇入名邦公司账户后由名邦公司汇入建设单位账户，待建设单位退回后再由名邦公司退还给马某义。之后马某义依约交纳保证金200,000元，并开始进场实际施工。

后来案外人恒元置业被法院裁定进入破产清算程序。2019年1月8日，案外人恒元置业破产管理人向名邦公司出具《债权认定通知书》，确认最终审定名邦公司债权总额为421,618元，其中优先债权221,618元(工程款)，普通债权200,000元(投标保证金)。2019年9月25日，名邦公司向案外人恒元置业破产管理人出具《委托付款函》，确认案涉工程的实际施工人为马某义，要求将可分配的上述全部债权直接汇付至马某义账户。

2021年4月26日，名邦公司亦进入破产清算申请。案外人恒元置业破产管理人于2022年6月28日、6月30日分别向名邦公司管理人账户汇款207,620.37元(工程款，优先债权)、178,103.36元(投标保证金，普通债权)，合计385,723.73元。

马某义向法院提出诉讼，请求确认恒元置业支付给名邦公司的373,266.51元不属于名邦公司的破产财产；判令名邦公司支付马某义上述工程款373,266.51元。

一审法院支持了马某义的诉讼请求。

名邦公司不服提出上诉，认为取回权作为破产法上的一项特殊权利，其基础是民法上的返还请求权，权利人向破产企业主张行使取回权的前提系其对要求取回的标的物享有所有权，且该标的物应为特定化的客观存在。可见，取回权系以所有权或他物权为基础的具有物权属性的权利。本案中，名邦公司与马

某义之间系基于《施工合作协议》产生的债权关系，并不适用民法上的返还请求权。马某义应当进行债权申报，而非行使取回权。返还原物请求权不适用于高度流通物，如货币。货币作为一般种类物，如未经特定化，应适用“占有即所有”原则。对于货币是否特定化，不能仅以其名为“保证金”直接加以认定，还应审查对该“保证金”是否设立专门账户等方式，以达到与占有人其他资金相区别的效果。然而各方在实际履行时对案涉款项未设立专项账户以区分其他资金，并未完成货币的特定化。

[裁判观点]

一审法院认为，根据《企业破产法》第 38 条的规定，人民法院受理破产申请后，债务人占有的不属于债务人的财产，该财产的权利人可以通过管理人取回。本案中，马某义系案涉工程的实际施工人，而案外人恒元置业破产管理人分配的工程款 207,620.37 元属于马某义实际施工的案涉工程所对应的特定财产，分配的投标保证金 178,103.36 元系马某义进场前所实际交纳，并未与其他货币财产混同。马某义作为案涉工程的实际施工人对案涉工程交纳投标保证金，实际投入了人力、物力及资金，名邦公司仅作为转包方收取管理费，并未实际投入资金等，该部分款项对应马某义的实际产出，应属于实际施工人所有的财产。马某义主张在工程款中扣除合同约定的管理费 6% 后将工程款 373,266.51 元(207,620.37 元 ×94% +178,103.36 元)予以取回，符合法律规定，予以支持。

二审法院认为，涉案的争议焦点为马某义能否对案涉款项行使取回权。名邦公司主张，取回权系民法上物之返还请求权在破产程序中的一种表现形式，而其与马某义之间系债权关系，并不适用该请求权；案涉财产为货币，其作为一般种类物，如未经特定化，则不能适用取回权的相关规定。对此二审法院认为，马某义作为案涉工程的实际施工人，支付投标保证金并投入相应人力、物力及资金，而名邦公司作为转包方仅收取相应管理费，并未参与案涉工程的实际施工。可见，案涉款项实为马某义应享有的工程款和其支付的保证金。并且，名邦公司出具的《委托付款函》载明“案涉工程由马某义实际施工，工程款由马某义享有”，并要求恒元置业破产管理人将可分配的全部债权直接付给马某义。一审认定案涉款项为马某义所有并无不当。关于案涉款项的特定化问题，特定化的目的是识别和区分，货币本身是一种具有高度替代性的种类物，不加以特定则难以区分。对于通常的货币占有即所有原则，主要应当从货币对外公示的标识作用来理解，但不能一概而论。本案的特点是，在名邦公司进入破产程序前，其要求案外人恒元置业破产管理人直接将案涉工程款和保证金汇给马某义，已经将案涉款项从其公司财产中排除出来；在名邦公司进入破产程序后，案外人恒元置业破产管理人将工程款和保证金汇入名邦公司管理人账户，并在汇款时对工程款和保证金进行清晰标注，使得案涉款项具备了特定化的条件。因案涉纠纷发生在名邦公司破产清算阶段，故名邦公司管理人是否通过限制款项的流通性等手段，赋予货币特定化的外观，并不能影响对案涉款项的特定化判断。据此，二审法院认定马某义有权取回其所有的案涉款项，名邦公司的上诉请求不能成立，应予驳回。二审法院维持了一审判决。

三、没有"特定化"的货币财产不能行使取回权，应作为普通债权进行申报

案例3 ｜ (2023)浙07民终1671号(浙江省金华市中级人民法院)

［案情简介］

2013年7月31日，成龙公司与义乌市城西街道何泮山村委会签订《何泮山旧村改造19号楼工程施工合同》一份，约定何泮山村委会将何泮山旧村改造19号楼建筑及水电安装工程发包给成龙公司。2013年9月4日，李某中与成龙公司签订《工程项目经济责任承包合同》，约定：成龙公司将上述工程整体承包给李某中施工；实行包工包料、自负盈亏；成龙公司与建设单位最终决算总价的88.8%作为该工程的承包价，最终决算总价的11.2%作为管理费用、税金、五费合征费用、安全和质量基金等在建设单位支付工程进度款时按该比例由成龙公司同步扣取。此后，李某中投入人力、物力按协议约定履行了合同义务。

因何泮山村委会在工程完工后拖欠工程款，成龙公司在2019年9月26日起诉何泮山村委会主张工程款、赔偿款及利息，该院经审理作出(2019)浙0782民初17588号民事判决。嗣后该案进入执行程序，执行到款项1,785,720.57元，该执行款项经执行专户于2020年9月14日转入成龙公司账户。2020年10月10日，经成龙公司审定应支付给李某中1,608,728.56元，因其他案件当事人对成龙公司账户申请了财产保全，故上述款项被该院冻结无法转出。

2021年9月22日，成龙公司进入破产程序，李某中向成龙公司破产管理人申请上述应付工程款的取回权。

［裁判观点］

一审法院认为，货币作为一种特殊动产，其特性一般表现为占有即所有，银行账户是货币占有的一种表现形式。因此，除特定专用账户中的货币（如质押保证金、基金托管专户资金等）不能简单根据占有即认定所有。除根据账户当事人对该货币的特殊约定及相关法律规定判断货币权属外，一般应以银行账户名称作为货币权属判断的基本标准。本案中案涉款项并未特定化，理由：首先，成龙公司涉案账户系用于一般日常结算，并非特定专用账户，并不具有特定化的功能；其次，成龙公司涉案账户除有案涉工程款项汇入外，尚有众多其他款项进出，账户内资金完全混同，无法区分，因此，汇入成龙公司涉案账户内的案涉工程款项无法认定已经特定化。据此，李某中主张案涉工程款已经特定化，其有权行使取回权，缺乏事实和法律依据，难以成立。

二审法院认为，《企业破产法》第38条规定的取回权实质上是民法上物的返还请求权在破产程序中的一种表现形式。在破产程序中，权利人依据该规定行使权利应以享有民法上的所有权或其他物权为基础。由于货币是一种特殊的动产，其特性一般表现为占有即所有。银行账户是货币占有的一种表现形式，除特定专用账户中的货币应根据账户当事人对该货币的特殊约定及相关法律规定判断货币权属外，一般应认定银行账户当事人即为货币的所有权人。本案中，李某中主张的工程款系基于其与成龙公司签订的《工程项目经济责任承包合同》，其享有的仅仅是一种债权请求权。李某中上诉称李某中系案涉工程的实际施工人，成龙公司于2020年10月10日审定应支付给李某中1,608,728.56元工程款，前述工程款即属于李某中的特定财产，故李某中有权取回属于其所有的1,608,728.56元对应数量的货币。但如前所述，对货币行使取回权应当以该部分货币已“特定化”为前提。关于2020年9月14日转入成龙公司账户中的案涉工程款，无法认定已经“特定化”，实际施工人以及成龙公司于2020年10月10日审定应支付给李某中1,608,728.56元工程款等事实，并未赋予货币特定化的外观，亦不能据此作出李某中所主张的工程款已“特定化”的判断。故李某中对诉争的工程款行使取回权，缺乏事实与法律依据，二审法院不予支持。

案例4 | (2023)京01民终3678号(北京市第一中级人民法院)

[案情简介]

环境公司成立于2000年9月14日。环境烟台分公司成立于2017年10月26日,负责人夏某,于2018年10月31日办理注销登记手续。2015年1月29日,夏某向环境公司名下账号为X*********的账户(以下简称50008账户)分四次转入5万元、5万元、5万元、2.5万元,共计17.5万元,备注均为“烟台分公司质保款”。

2021年8月2日,环境公司进入破产清算程序。2021年9月25日,夏某向环境公司管理人申报债权,请求将案涉“烟台分公司质保款”款项取回。环境公司管理人认定该债权属于普通债权,夏某对此不予认可,将环境公司诉至法院,主张取回权。

庭审中双方当事人确认,环境公司于中国银行王府井支行开立的5701账户为环境公司的保证金专用账户,50008账户系环境公司于兴业银行北京分行东单支行开立的一般存款账户。关于因增设环境烟台分公司何时向5701账户增存质保金一事,环境公司表示,每增设一个分公司,就有增存一笔质保金的义务,管理人没有对每一家分公司什么时候增存哪一笔质保金的具体细节进行核查,但认可确实因增设环境烟台分公司向5701号账户增存了相应的质保金。根据环境公司的申请,一审法院向中国银行王府井支行调取了5701账户自2009年9月21日开立至2022年7月31日的交易流水,并向该行工作人员进行了调查。环境公司提交了5701账户2022年8月1日至2022年10月31日的交易流水。交易流水显示:5701账户自2009年9月21日开立至今,交易明细中无用途与环境烟台分公司有关的入账。2022年9月21日,该账户内有多笔出账,其中摘要为“烟台分公司暂退100%旅行社质量保证金”的款项金额为17.5万元。

夏某表示,质保金均由分公司负责人个人出资,环境公司代为缴纳的,但与环境公司签署相关协议的是分公司,如果分公司还存续,则款项归分公司所有,如果分公司已经注销,则分公司的负责人作为款项的出资人,应该是相关款项的所有权人。

[裁判观点]

一审法院认为,《企业破产法》第38条规定:“人民法院受理破产申请后,债务人占有的不属于债务人的财产,该财产的权利人可以通过管理人取回。但是,本法另有规定的除外。”本案中,环境公司已进入破产清算程序,对环境公司占有的不属于环境公司的财产,该财产的权利人有权通过管理人取回,管理人不同意取回的,该财产的权利人有权向人民法院提起诉讼。取回权是以物权为基础的请求权。本案的争议焦点为:夏某是否为案涉17.5万元旅游服务质量保证金的所有权人,能否行使取回权。

货币系种类物,通常情形下,占有即所有,应当以占有状态确定货币的所有权人。故而对于一般账户内的货币,应当以账户名称作为权属判断的标准。对于特定专用账户中的货币,应根据各方当事人对该货币的特殊约定以及相关法律规定来判断资金权属。就本案而言,夏某主张取回的款项系5701账户中的17.5万元,但首先,5701账户属于环境公司名下的账户;其次,从事实看,夏某支付至50008账户的款项并非5701账户入账的款项,而5701账户内入账的款项在进入5701账户后,也已经与该账户内其他款项混同,并未特定化。虽然5701账户的性质属于专门的保证金账户,非经法律规定、环境公司与中国银行王府井支行约定的原因不能随意支取、使用,但该保证金账户所“特定化”的货币系针对5701账户内所有款项这一整体而言,而非针对其中某一笔转入的款项。

最高人民法院《关于适用〈中华人民共和国担保法〉若干问题的解释》(已失效)第85条规定:“债务人或者第三人将其金钱以特户、封金、保证金等形式特定化后,移交债权人占有作为债权的担保,债务人不履行债务时,债权人可以以该金钱优先受偿。”本案中,夏某并未提交证据证明其交给环境公司的17.5万元款项已经以特户、封金、保证金等形式予以特定化,即举证证明该款项在交付环境公司后仍能与环境公司账户内其他资金清晰区分。故而夏某对案涉17.5万元款项享有债权,其可在破产程序中按一般债权进行申报,但不享有所有权,对夏某以一般取回权主张取回该17.5万元的诉讼请求,因无事实与法律依据,一审法院不予支持。

二审法院认为,根据双方当事人的诉辩称主张,本案的争议焦点是夏某是否有权要求取回17.5万元旅游服务质量保证金。

根据《旅行社条例》的规定,为成立分社,环境公司须向其专门的旅游服务质量保证金账户增存质量保证金。夏某向环境公司一般账户即50008账户转入17.5万元用于缴纳“烟台分公司质保款”。该款项进入环境公司一般银行账户后，其所有权变动已经完成。该笔 17.5 万元款项与环境公司账户内其他款项已经混同，不具有可区分性。即便环境公司将同样数额的 17.5 万元款项转入 5701 账户，用于增存质量保证金，但该款项已非夏某给付的特定款项。需要指出的是，根据《旅游法》《旅行社条例》关于旅游服务质量保证金的相关规定，旅行社开立的质量保证金账户中的款项系用于旅游者权益损害赔偿和垫付旅游者人身安全遇有危险时紧急救助的费用。因此 5701 账户虽具有专款专用的属性，但针对旅游者而言，其中款项并非用于担保环境公司与夏某之间权利义务关系实现。故夏某向环境公司给付的 17.5 万元款项并不具有物权属性。综上，夏某无权对环境公司质量保证金账户内的款项行使取回权，夏某的上诉请求不能成立，应予驳回。

四、所有权保留合同中，在标的物所有权未依法转移给买受人前买受人破产的，出卖人主张过支付货款债权请求的，不影响享有对标的物的所有权

案例 5 | (2020)皖 11 民终 1948 号(安徽省滁州市中级人民法院)

[案情简介]

海力公司(供方)与奥泰公司(需方)于 2013 年 9 月至 2015 年 5 月分别签订了 5 份《工矿产品购销合同》，分别约定海力公司向奥泰公司提供型号分别为 HPP－1600P(1 台)、HPP－600PS(1 台)、HPP－600PS(2 台)、HPP－1000P(1 台)、HPP－600PH(1 台)的全自动粉末成型机，5 份合同均约定货款未付清前，设备所有权归海力公司所有。海力公司按约定向奥泰公司供应 6 台全自动粉末成型机。后因奥泰公司未按合同约定付款，海力公司于 2018 年 6 月 25 日向江苏省仪征市人民法院提起民事诉讼，江苏省仪征市人民法院于 2018 年 8 月 28 日作出(2018)苏 1081 民初 2835 号民事判决，判令奥泰公司于判决生效之日起 10 日内支付海力公司货款 1,156,763.18 元及利息(自 2018 年 1 月 1 日起按年利率 6% 计算至实际给付之日止)。

2017 年 7 月 13 日、2017 年 9 月 7 日、2018 年 1 月 23 日，奥泰公司将从海力公司购买的 6 台全自动粉末成型机先后全部抵押给皖东农商行城中支行，并办理了抵押登记。

2019 年 1 月 29 日，安徽省滁州市中级人民法院裁定受理奥泰公司破产清

算案。2019 年 4 月 25 日，海力公司向奥泰公司管理人发出《通知书》，要求依据双方签订的《工矿产品购销合同》，向管理人主张 HPP－1000P、HPP－600PH 两台全自动粉末成型机的所有权，并征询管理人是否解除或者继续履行合同。奥泰公司管理人向海力公司发出复函，载明：海力公司与奥泰公司买卖合同纠纷，已由海力公司向江苏省仪征市人民法院依法提起诉讼，海力公司在诉讼过程中已对取回 HPP－1000P、HPP－600PH 两台全自动粉末成型机的所有权和支付货款两项权利作出了明确的选择，法院也依法对海力公司主张作出了判处，故海力公司对 HPP－1000P、HPP－600PH 两台全自动粉末成型机不再享有所有权，海力公司与奥泰公司仅为要求支付货款的普通债权，请海力公司及时到奥泰公司管理人处申报债权。海力公司诉至法院，主张奥泰公司所欠货款及利息为共益债务。

［裁判观点］

一审法院认为，案涉 5 份合同均约定货款未付清前，设备所有权归海力公司所有。该 5 份合同约定的所有权保留买卖的权利义务关系应为有效的合同条款，对双方当事人均具有拘束力。海力公司通过诉讼方式向奥泰公司主张给付欠付货款，是其行使合同债权的法律手段，没有法律规定或合同上约定通过诉讼主张了债权，即视为放弃了所有权保留合同中相应的所有权。所有权的灭失应当由权利人作出明确表示放弃的意思表示或债的清偿、标的物灭失等法律事实的发生完成。海力公司于 2019 年 4 月 25 日向奥泰公司管理人发出《通知书》，依据双方签订的《工矿产品购销合同》，向管理人主张与所欠货款价值相当的 HPP－1000P、HPP－600PH 两台全自动粉末成型机的所有权，并征询管理人是否解除或者继续履行合同。说明海力公司在行使取回权，并未放弃案涉设备的所有权。案涉设备被奥泰公司抵押给皖东农商行城中支行，且第三人是善意取得，海力公司行使取回权有了阻碍，但并不因此当然不再享有设备所有权。故而该院对奥泰公司管理人关于案涉设备已抵押给第三方，海力公司对案涉设备不再享有所有权的辩解意见，不予采纳。

最高人民法院《关于适用〈中华人民共和国企业破产法〉若干问题的规定（二）》（2013 年）（以下简称《企业破产法解释二》）第 37 条第 3 款规定："因本条第二款规定未能取回标的物，出卖人依法主张买受人继续支付价款、履行完毕其他义务，以及承担相应赔偿责任的，人民法院应予支持。对因买受人未支付价款或者未履行完毕其他义务,以及买受人管理人将标的物出卖、出质或者作出其他不当处分导致出卖人损害产生的债务,出卖人主张作为共益债务清偿的,人民法院应予支持。”该条款是就所有权保留买卖合同中共益债务认定的特别规定。现因奥泰公司未支付价款,海力公司诉称将货款1,156,763.18元确认为共益债务清偿,符合《企业破产法解释二》(2013年)第37条第3款关于共益债务认定的条件,该院予以支持;但利息72,920.22元系未按时付款产生的损失并非合同价款,不符合《企业破产法解释二》第37条第3款关于共益债务认定的条件,该院对海力公司要求将利息72,920.22元确认为共益债务不予支持。

二审法院认为,奥泰公司与海力公司签订5份《工矿产品购销合同》,均约定货款未付清前,设备所有权归海力公司所有。根据最高人民法院《关于审理买卖合同纠纷案件适用法律问题的解释》(2012年)第35条第1款规定:“当事人约定所有权保留,在标的物所有权转移前,买受人有下列情形之一,对出卖人造成损害,出卖人主张取回标的物的,人民法院应予支持:(一)未按约定支付价款的;(二)未按约定完成特定条件的;(三)将标的物出卖、出质或者作出其他不当处分的。”《企业破产法解释二》(2013年)第2条规定:“下列财产不应认定为债务人财产:(一)债务人基于仓储、保管、承揽、代销、借用、寄存、租赁等合同或者其他法律关系占有、使用的他人财产;(二)债务人在所有权保留买卖中尚未取得所有权的财产;……”本案中,海力公司未按约定支付价款,且将标的物抵押给皖东农商行城中支行,根据上述司法解释的规定,债务人奥泰公司对海力公司出售的全自动粉末成型机在未付清货款前尚未取得所有权,该全自动粉末成型机不属于奥泰公司财产。虽然奥泰公司将案涉机器设备抵押给皖东农商行城中支行,皖东农商行城中支行取得抵押物权,但海力公司并不因此而丧失抵押物所有权。海力公司依据所有权保留买卖合同向江苏省仪征市人民法院提起诉讼,主张奥泰公司支付所欠货款,但并未放弃标的物所有权,也并不当然丧失标的物所有权。

在标的物所有权尚未转移的情况下,奥泰公司破产,根据《企业破产法解释二》(2013年)第34条关于“买卖合同双方当事人在合同中约定标的物所有权保留,在标的物所有权未依法转移给买受人前,一方当事人破产的,该买卖合同属于双方均未履行完毕的合同”的规定,案涉《工矿产品购销合同》应属于未履行完毕的合同。根据《企业破产法解释二》(2013年)第37条第2款的规定:

“买受人管理人无正当理由未及时支付价款或者履行完毕其他义务，或者将标的物出卖、出质或者作出其他不当处分，给出卖人造成损害，出卖人依据合同法第一百三十四条等规定主张取回标的物的，人民法院应予支持。但是，买受人已支付标的物总价款百分之七十五以上或者第三人善意取得标的物所有权或者其他物权的除外。”该条第3款规定：“因本条第二款规定未能取回标的物，出卖人依法主张买受人继续支付价款、履行完毕其他义务，以及承担相应赔偿责任的，人民法院应予支持。对因买受人未支付价款或者未履行完毕其他义务，以及买受人管理人将标的物出卖、出质或者作出其他不当处分导致出卖人损害产生的债务，出卖人主张作为共益债务清偿的，人民法院应予支持。”本案中，奥泰公司未全面履行《工矿产品购销合同》约定的付款义务，并对标的物作出不当处分，第三人皖东农商行城中支行已善意已取得合同标的物的抵押物权，导致海力公司权益受损。奥泰公司已进入破产程序，海力公司主张因标的物权益受损产生的债务即所欠货款作为共益债务，符合上述司法解释的规定，原审予以支持并无不当。二审法院遂驳回奥泰公司上诉请求。

五、所有权保留买卖合同中，双方未履行完毕合同之前买受人破产的，管理人决定解除合同的，即使出卖人按照管理人要求申报了普通债权，仍不能排除其行使取回权

案例6 ｜ (2020)最高法民申3415号(最高人民法院)

［案情简介］

2012年9月11日，天地公司与都格煤矿签订《工业品买卖合同》，约定都格煤矿向天地公司采购价值2314.81万元的采煤设备一套，合同第7条约定：“标的物所有权自货物到使用现场时起转移，但买受人未履行支付价款义务的，标的物属于出卖人所有。”事后，都格煤矿向天地公司支付了463万元的价款，剩余1851.81万元未支付。2016年5月23日，债权人贵州贵能投资股份有限公司以都格煤矿明显缺乏清偿债务能力为由申请对其进行破产清算，该院于2016年11月29日作出(2016)黔02破2号民事裁定书，裁定受理贵州贵能投资股份有限公司对都格煤矿的破产清算申请。

2017年3月1日，天地公司向都格煤矿申报债权，申报债权金额1851.81

万元。2017 年 8 月 21 日,都格煤矿审查初步核定天地公司债权为 1851.81 万元。2017 年 11 月 22 日,该院作出(2016)黔 02 破 2－1 号民事裁定书,确认贵州贵能投资股份有限公司等 185 位债权人的债权,其中天地公司审核确定的金额为 1851.81 万元,天地公司于 2018 年 5 月 28 日签收该民事裁定书。2018 年 6 月 15 日,都格煤矿管理人召集召开第五次债权人会议,就都格煤矿整体竞买方案等事项进行表决,并在六盘水日报刊登《都格煤矿整体出让公告》。后天地公司向都格煤矿管理人发函要求对都格煤矿综采成套设备所有权收回,2018 年 7 月 19 日都格煤矿管理人回复天地公司驳回该公司的取回申请。天地公司诉至法院,要求确认其对被都格煤矿占用的采煤设备享有取回权;对都格煤矿未支付的设备款 1851.81 万元确认为都格煤矿的共益债务。

一审法院驳回了天地公司的诉讼请求,二审法院改判支持了天地公司的诉讼请求。都格煤矿不服判决,申请再审。

[裁判观点]

最高人民法院认为,关于天地公司是否放弃取回权而成为普通破产债权的问题。首先,都格煤矿管理人在法院受理破产申请后,并未依据破产法相关规定对案涉《工业品买卖合同》决定解除或者继续履行,也没有在两个月内通知天地公司,依法应视为都格煤矿管理人决定解除都格煤矿与天地公司在 2012 年 9 月 11 日签订的《工业品买卖合同》,则天地公司依法享有解除合同后的标的物返还请求权。其次,本案中管理人未正确区分破产财产与他人财产,在选择解除合同后仍然通知天地公司申报债权,天地公司在收到破产管理人的通知后填写债权申报表的行为,是债权人的合理反应,不能因此而认定天地公司选择放弃取回权。最后,如申请人所述,都格煤矿第一次至第四次债权人会议中并无针对天地公司采煤设备作为普通债权进行处理的决议,自不能认定天地公司同意将其采煤设备作为普通债权进行处理,而第五次债权人会议将案涉采煤设备纳入都格煤矿财产变价方案,天地公司更是明确表示"不同意"。原审相关认定不缺乏事实和法律依据。

关于天地公司是否应受债权人会议约束或只能请求法院撤销债权人会议决议的问题。《企业破产法解释二》(2013 年)第 2 条第 2 项规定:"下列财产不应认定为债务人财产:……(二)债务人在所有权保留买卖中尚未取得的财产……";第 26 条规定:"权利人依据企业破产法第三十八条的规定行使取回权,应当在破产财产变价方案或者和解协议、重整计划草案提交债权人会议表决前向管理人提出。权利人在上述期限后主张取回相关财产的,应当承担延迟行使取回权增加的相关费用。”从该条文内容可知,破产取回权的权利人行使取回权的时间应为从人民法院受理破产开始至破产程序终结,不受破产管理人是否已经将破产财产变价方案或者和解协议、重整计划草案提交债权人会议讨论等时间节点的限制,只是若在相关节点后行使取回权,应当承担相关增加的费用。据此,天地公司仍可主张取回权,但依法应当承担延迟行使取回权增加的相关费用。都格煤矿的相关申请事由不能成立。

关于原审适用法律是否正确的问题。都格煤矿管理人并未依法决定案涉合同解除或者继续履行,也没有在两个月内通知天地公司,亦未确区分破产财产与他人财产通知天地公司申报债权,在天地公司主张取回权后仍处分相关设备,原审适用相关司法解释的规定支持天地公司的取回权适用法律并无不当。

关于共益债务的认定问题。案涉采煤设备在内的都格煤矿整体资产已于2019年1月23日转让给贵州贵能投资股份有限公司,天地公司已无法行使对采煤设备的取回权。而《企业破产法解释二》第37条第3款规定,“因本条第二款规定未能取回标的物,出卖人依法主张买受人继续支付价款、履行完毕其他义务,以及承担相应赔偿责任的,人民法院应予支持。对因买受人未支付价款或者未履行完毕其他义务,以及买受人管理人将标的物出卖、出质或者作出其他不当处分导致出卖人损害产生的债务,出卖人主张作为共益债务清偿的,人民法院应予支持”。原审据此再结合本案设备使用时间、价款支付比例等实际情况,将案涉采煤设备价款1851.81万元作为共益债务由都格煤矿予以清偿,且明确管理人可在清偿时将因天地公司延迟行使取回权而增加的费用进行抵扣,适用法律亦无不当。

六、租赁人对租赁物上的添附物如不可拆除,无法取回原添附物,但是享有投资货币补偿款取回权

案例7 | (2021)鲁04民终1383号(山东省枣庄市中级人民法院)

[案情简介]

东大公司与储运站于2002年7月19日、2005年6月27日、2009年3月

29日分别签订了租赁经营合同、补充合同，合同期限自2002年7月19日起至2015年7月18日止。租赁期间东大公司对储运站相关设施设备、场地等进行相应的投资改造。2014年12月29日储运站被法院裁定宣告破产。2020年9月7日，山东兴安资产评估有限公司按受市中区财政局的委托对储运站地面附着物价值进行了评估，评估价值10,664,945.37元（其中含案外人济钢集团石门铁矿有限公司资产为112,384.09元）；2020年9月30日，山东兴安资产评估有限公司按受一审法院的委托对储运站管理人提供的破产财产进行评估，评估价值为7,066,703.74元。2020年11月18日，市中区人民政府关于收回储运站使用土地及地上资产的处置意见："……储运站地上建筑物、附着物资产已经评估，评估价值为10,664,945.37元，由市中区政府负责补偿。补偿后，将该宗土地及土地资产一并交由山东财汇控股集团有限公司进行管理使用。"东大公司诉请取回租赁场地上所建道路、大坝、货场、房屋、设备等固定资产，后更改诉请为取回投资货币补偿款。

[裁判观点]

一审法院认为，原、被告之间签订的租赁经营合同、补充合同系双方当事人的真实意思表示，合法有效。现因储运站被宣告破产，政府收回储运站使用的土地及资产。东大公司租赁经营期间对储运站设施设备、场地等进行的相应投资改造，因系对国有土地上的道路、大坝、货场、房屋等固定资产上投资改造，且原告投资已形成添附不可拆除，故原告要求确认其享有投资取回权货币补偿金额的诉讼请求，一审法院予以支持。

二审法院认为，人民法院受理破产申请后，债务人占有的不属于债务人的财产，该财产的权利人可以通过管理人取回。取回权是一种优先权，具备3个基本特征：(1)取回权的标的物不属于破产人所有；(2)取回权是对特定财产的请求返还权；(3)取回权不依破产程序行使。财产所有权人可取回破产企业代为保管的财产。东大公司在租赁储运站期间，因经营需要，对储运站的设施设备、场地等进行投资改造，对国有土地上的道路、大坝、货场、房屋等固定资产上投资改造，且其投资已形成添附不可拆除，由于储运站宣告进入破产程序，东大公司根据法律规定对其享有所有权的资产行使取回权具有法律依据。

案例8 | (2018)辽05民终1143号(辽宁省本溪市中级人民法院)

[案情简介]

2006年12月30日,詹某东以灯塔市铧禹水泥厂(乙方)的名义与桓仁水泥公司(甲方)签订了租赁合同书,甲方将该公司的水泥生产设备、设施、场地、办公楼等房屋设施,房屋使用权,生产经营权,化验室验收合格证,土地使用证,矿山开采证,火品许可证等全部证照印件等相关证照全部交给乙方保管,由乙方生产经营使用。租赁期限两年,自2007年1月8日起至2008年12月31日止。合同签订后,詹某东投入了资金进行设备改造,詹某东除投资可以拆除的独立的设备外(该部分设备已归詹某东),还投资价值1,177,968.09元改造了设备。2010年12月7日,桓仁水泥公司被裁定破产。桓仁水泥公司破产管理人将詹某东投资改造桓仁水泥公司的设备列入了破产财产。詹某东起诉请求桓仁水泥公司返还属于詹某东所有的设备或赔偿原告设备款1,177,968.09元。

[裁判观点]

一审法院认为,非产权人在使用他人的财产上增添附属物,财产所有人同意增添,并就财产返还时附属物如何处理有约定的,按约定办理;没有约定又协商不成,能够拆除的,可以责令拆除;不能拆除的,也可以折价归财产所有人;造成财产所有人损失的,应当负赔偿责任。在租赁期间,詹某东对桓仁水泥公司的机器设备进行了改造,双方的设备组装混合在一起无法拆除。因此,詹某东花1,177,968.09元改造设备的投入应认定为在桓仁水泥公司处的债权。现桓仁水泥公司已宣布破产,詹某东应当以1,177,968.09元进行债权申报。

二审法院认为,詹某东投入桓仁水泥公司生产线中的非独立设备,即本案争议设备,属于添附于生产线中的从物,如果拆除相应设备归还詹某东,势必造成整体生产线的过度贬值,侵害桓仁水泥公司破产清算其他参与各方的合法利益。桓仁水泥公司管理人已在破产清算程序中依法对整体生产线进行拍卖的行为并无不当,争议设备的所有权已经合法转让,故詹某东关于行使取回权的诉讼请求亦已无事实基础。因桓仁水泥公司处于破产清算期间,詹某东请求桓仁水泥公司赔偿损失,一审判决结果的表述确认了桓仁水泥公司所欠詹某东赔偿设备损失的数额,未影响詹某东对桓仁水泥公司的实体权利,詹某东可依据桓仁水泥公司资产变现情况实现债权。

七、消费性购房者在人民法院查封之前已签订合法有效的书面买卖合同，并且已支付房屋价款超过50%的，房产开发公司破产的，可以主张取回权

案例9 ｜ (2022)闽08民终2299号(福建省龙岩市中级人民法院)

［案情简介］

2010年12月，黄某健的配偶张某婷出资1,500,000元购入辛耕公司1,500,000股股份，该股份由长汀一建公司代持，占公司总股比的0.5%。2013年6月9日，辛耕公司以派发新股的形式向股东分红，张某婷名下派发300,000股新股，价值300,000元人民币，张某婷名下持有辛耕公司股份增加为1,800,000股，价值1,800,000元人民币。恒宝房地产公司因经营“汀州大院”开发建设需要向辛耕公司贷款，由恒宝集团公司提供担保。恒宝房地产公司系恒宝集团公司的全资子公司，恒宝集团公司、长汀一建公司系辛耕公司的股东。贷款到期后，恒宝房地产公司、恒宝集团公司未能归还贷款。长汀一建公司、辛耕公司、恒宝房地产公司和恒宝集团公司四方于2015年7月签订《股权置换资产协议》一份，约定：①长汀一建公司自愿将其持有的辛耕公司股权2,080,000股(作价2,080,000元)，置换恒宝房地产公司名下汀州大院7B房产。②股权直接转入恒宝集团公司指定人名下，由恒宝集团公司指定人与长汀一建公司签订股权转让协议；汀州大院7B房产转让给长汀一建公司或其指定方黄某健。上述《股权置换资产协议》签订后，长汀一建公司同意将汀州大院7B房产作价2,080,000元与黄某健配偶张某婷所有的辛耕公司1,800,000股股份进行置换，差额280,000元黄某健以现金补足。2015年7月22日，黄某健将差额280,000元现金转入长汀一建公司指定的银行账户。黄某健与恒宝房地产公司就案涉房产签订《商品房买卖合同(预售)》并进行了备案、缴纳了房产专项维修资金、办理了房屋交接手续并签署《房屋交接清单》、预交了水电费和装修保证金。

2020年11月4日，因他案诉讼，恒宝房地产公司名下房屋被法院查封，包括黄某健所购房屋。2021年3月25日，龙岩市中级人民法院裁定受理恒宝房地产开发公司的破产清算。黄某健向恒宝房地产公司管理人提交《关于协助办理长汀县汀州大院7B房产产权登记手续的申请报告》，2022年3月31日，

恒宝房地产公司管理人作出回复函,答复黄某健不予配合办理 7B 房产产权变更登记手续。

［裁判观点］

一审法院认为,对于已经支付了全部购房款,但未办理所有权转移登记的房屋,《企业破产法》等法律并未有特别规定,因此,对其权属认定应当以登记生效为原则。案涉房屋虽办理了备案登记,但尚未登记至黄某健名下,依法应当认定案涉房屋的所有权属于恒宝房地产公司。关于黄某健要求恒宝房地产公司协助变更登记的诉讼请求,分析如下:首先,长汀一建公司将持有的辛耕公司 6,660,000 股股份以 6,660,000 元的价格转让给恒宝房地产公司指定人黄某思代持,该股权转让虽有股权转让协议,长汀一建公司、辛耕公司和恒宝房地产公司均认可该股份已转让,但该股份代持人黄某思并未支付相应的对价给恒宝房地产公司,该股权转让未办理工商变更登记手续,对外不能对抗第三人。而且恒宝房地产公司也未出具销售不动产统一发票给黄某健证明该公司收到购房款,本案现有证据无法证明恒宝房地产公司有实际收到购房款或股权的事实。其次,黄某健于 2015 年 7 月 23 日与恒宝房地产公司就案涉房产签订《商品房买卖合同(预售)》时名下拥有两处住宅,案涉房产交付后,黄某健至今未装修入住,虽然黄某健在长汀目前除案涉房产外无其他房产,但黄某健的案涉房屋性质属以房抵债,不符合消费者一般商品房买卖的情形,不具备债权具有特定性和优先性,不享有优先保护的特殊利益。现黄某健诉请要求恒宝房地产公司承担办理房屋变更登记手续的义务,属于要求恒宝房地产公司及其管理人对其债权进行个别清偿,违反了《企业破产法》的宗旨和相关规定。

二审法院认为,本案中长汀一建公司已将案涉置换房产的股权"转让"给恒宝集团公司指定的黄某思,恒宝集团公司将其持有的含案涉置换股权在内的辛耕公司 8.63% 的股权(3885 万股)委托黄某思代为持有;辛耕公司、股权代持方长汀一建公司和恒宝房地产公司,均认可"股权置换房产"方案且股份已实际转让;2016 年 8 月 10 日,黄某思作为置换股权的代持人以新增股东的身份出席了股东大会,大会通过了案涉股权转让事宜;一审法院调取的相关证据证明黄某思作为置换股权的代持人以新增股东的身份出席了股东大会,股权转让获得了长汀县经济信息科学技术局和龙岩市经济和信息化委员会的审核批准,辛耕公司股东名册上已登记记载了黄某思个人为公司股东及其持有的股份。根据上述事实，恒宝房地产公司的管理人对本案上诉人已全部履行了合同义务的《商品房买卖合同》和《股权置换资产协议》无权解除，应当根据《民法典》第509条的规定，按照合同约定继续全面履行自己的义务。

最高人民法院《关于人民法院办理执行异议和复议案件若干问题的规定》(以下简称《执行异议复议规定》)第28条或第29条之规定，汀州大院7B房产应当认定为系破产债务人(恒宝房地产公司)占有的不属于债务人的财产，上诉人据此行使取回权，应当予以支持：首先，对照《执行异议复议规定》第28条之规定，在法院查封之前，上诉人已签订合法有效的《商品房买卖合同》，开发商亦已将商品房交付上诉人合法占有、使用，且上诉人已支付全部购房款，完全满足该条规定的第1、2、3项情形。就该条第4项情形，房产未过户登记至上诉人名下，不是因上诉人自身征信、故意不提供登记所需资料或经通知后不配合办理等，而系开发商欠缴税费所致。其次，根据《执行异议复议规定》第29条的3个条件，在法院查封之前，上诉人亦已支付了全部房价款，已经依法完全履行《商品房买卖合同》约定义务。上诉人黄某健为改善住房而购置案涉汀州大院7B别墅，并因此出售原有房产，购置案涉房产系为了生活和退休后养老所需，而非为了投资。根据一审向长汀县不动产登记中心调取的不动产登记信息，可以证实汀州大院7B别墅是上诉人目前在长汀拥有的唯一房产。综上，上诉人行使一般取回权，于法有据且理由充分，应当予以支持。

八、债务人占有的他人财产毁损、灭失，因此获得的保险金、赔偿金、代偿物尚未交付给债务人，或者代偿物虽已交付给债务人但能与债务人财产予以区分的，权利人有权主张取回就此获得的保险金、赔偿金、代偿物

案例10 | (2019)粤01民终12579号(广东省广州市中级人民法院)

[案情简介]

2010年9月28日，旧水坑村经济社与梦都美公司签订《租赁合同》，约定由旧水坑村经济社将位于番禺区××水坑村××二工场厂房出租给梦都美公司作工业用途使用，租赁期限自2010年10月1日至2020年9月30日。2011年7月4日，梦都美公司向太平洋保险广州分公司购买财产综合险，其中建筑物投保的保险金额为1500万元、保险费7500元；机器设备的保险金额为800

万元、保险费4000元；仓储物（原材料、半成品、成品）的保险金额为2700万元、保险费13,500元。2012年5月24日4时45分，因电源线路短路引燃可燃物发生火灾，导致涉案厂房二至四层坍塌，梦都美公司自2012年6月开始未缴纳租金等费用。太平洋保险公司最终确定火灾赔偿金额2700万元，其中400万元先行支付给了梦都美公司，剩余2300万元尚未支付。

2013年3月27日，广州仲裁委员会受理了旧水坑村经济社与梦都美公司的租赁合同纠纷的仲裁申请，并依申请进行了财产保全，将太平洋保险公司未支付的2300万元赔偿款提存至法院指定账户。广州仲裁委员会根据保险金额的比例推定针对涉案厂房能获得的保险金为810万元，涉案厂房修复造价损失共10,870,304.6元，旧水坑村经济社自行投保所获得的保险金984,865.25元，剩余损失中梦都美公司按80%比例还应赔偿1,428,351.48元。2015年4月7日，广州仲裁委员会作出裁决书，针对就赔偿厂房修复费用一项裁决梦都美公司应向旧水坑村经济社赔偿厂房修复费用9,528,351.48元（810万元+1,428,351.48元），以及应支付租金损失、律师费、其他损失费等。

2016年11月15日，梦都美公司被法院裁定进行破产清算。2017年10月12日，旧水坑村经济社提交《债权申报申请书》，申报已查封于法院的2300万元的保险赔偿金中的810万元归旧水坑村经济社，扣减810万元后剩余的1490万元的保险赔偿金，申报人与其他债权人按债权比例参与分配。2018年8月29日，梦都美公司管理人根据各债权人提交的债权申报表制定第一次破产财产分配方案，将旧水坑村经济社所有债权的作为普通债权参与分配。2018年9月30日，旧水坑村经济社向一审法院提起破产取回权诉讼，要求确认太平洋保险广州分公司就涉案厂房烧毁后赔付的810万元保险金归其所有。

［裁判观点］

一审法院认为，根据《企业破产法》第38条第1句关于“人民法院受理破产申请后，债务人占有的不属于债务人的财产，该财产的权利人可以通过管理人取回”的规定，取回权是民法上物的返还请求权在破产程序中的一种表现形式。因此，在破产程序中权利人根据本条规定行使权利的基础为民法的所有权和其他物权性质的权利。一审案件中，旧水坑村经济社要求取回的保险金是基于其是涉案厂房的物权权属人，故旧水坑村经济社有权依据该条规定行使取回权。《物权法》（已失效）第244条规定：“占有的不动产或者动产毁损、灭失，该不动产或者动产的权利人请求赔偿的，占有人应当将因毁损、灭失取得的保险金、赔偿金或者补偿金等返还给权利人；权利人的损害未得到足够弥补的，恶意占有人还应当赔偿损失。”可见，财产灭失后取得的保险金，本质是财产灭失后的替代物，应归属财产权属人所有。

租赁期间，梦都美公司就涉案厂房及其自有生产设备、储物、原材料、半成品等财产向太平洋保险广州分公司分别购买了财产综合险，其中就涉案厂房投保的保险金额为1500万元，就生产设备、储物、原材料、半成品等投保的保险金额为3500万元，太平洋保险公司最终赔付金额2700万元。其中针对厂房赔付的保险金能够区分于针对其他财产所赔付的保险金，不存在与梦都美公司其他财产混同的情形，具备向权利人返还的条件。因此，旧水坑村经济社要求取回厂房毁损的保险金，合法有据，一审法院予以支持。

二审法院认为，因货币是种类物，在货币金额可以确定与区分的情况下，即可将款项特定化。一审法院认为针对厂房的保险金能够区分于针对其他财产的保险金、具备向权利人返还的条件是正确的。梦都美公司以法院未将2300万元开设专门账户进行管理，主张该款已于其他款项混同，理由亦不成立，二审法院不予支持。最后，太平洋保险广州分公司虽已将剩余的2300万元保险金提存至法院指定的账户，但并不能因此证明上述2300万元就是梦都美公司的破产财产。一审法院根据《物权法》（已失效）第244条、《企业破产法解释二》（2013年）第32条第1款的规定，认定太平洋保险广州分公司赔付的厂房保险金归旧水坑村经济社所有，有充分事实及法律依据，本案予以维持。

笔者观点

破产取回权是指对于不属于破产人的财产，财产权利人依法通过管理人取回该财产的权利。《企业破产法》第38条对取回权作了规定。《企业破产法解释二》第2条用列举的方式规定了哪些财产不属于破产债务人财产。凡是属于该条规定的财产，财产权利人都需要行使取回权。

取回权有四大特征：(1)取回权以所有权及其他物权为基础，具有物权性；(2)取回权的标的物是不属于破产人所有的占有财产；(3)取回权人对取回权的标的物享有所有权或支配权;(4)取回权的行使不通过破产程序,但必须以破产管理人为相对人。

同时,取回权分为一般取回权和特别取回权。

一、一般取回权疑难问题的把握

《企业破产法》第 38 条规定:"人民法院受理破产申请后,债务人占有的不属于债务人的财产,该财产的权利人可以通过管理人取回。但是,本法另有规定的除外。"该条中规定的就是一般取回权。取回权并非破产法新创设的权利,而是在民事实体法上已经存在的权利。

对《企业破产法解释二》第 2 条规定的财产,权利人可以行使一般取回权。对于一般取回权,主要存在以下几个极易引起争议的问题。

1. 所有权保留买卖中,权利人在买受人破产前已经通过诉讼程序主张未付款项债权的,能否主张取回权

从本文案例 5 的裁判观点看,权利人主张给付欠付货款,是其行使合同债权的法律手段,没有法律规定或合同上约定通过诉讼主张了债权,即视为放弃了所有权保留合同中相应的所有权。所有权的灭失应当由权利人作出明确表示放弃的意思表示或债的清偿、标的物灭失等法律事实的发生完成。故而权利人主张债权的行为并不当然导致丧失标的物所有权,不影响行使物权取回权。但是,司法实践中,也有不同的裁判观点,比如河南省周口市中级人民法院审理的(2019)豫 16 民终 1249 号案件中,法院认为:"破产债权请求权与一般取回权请求权发生竞合时只能选择其一。

"本案中,南阳防爆集团电气系统工程有限公司就涉案设备先向南阳市中级人民法院提起诉讼,要求郸城财鑫糖业有限责任公司支付设备价款,其胜诉后又向破产管理人申报破产债权,然后又向债务人主张一般取回权,南阳市中级人民法院作出民事判决书确认了该设备债权,该设备债权已得到司法既判力的保护。因此,南阳防爆集团电气系统工程有限公司不再享有对涉案设备的一般取回权的请求权。"

2. 所有权保留买卖中,买受人支付全部价款前破产,如果权利人已经向管理人申报了债权,甚至债权已经法院裁定确认的情况下,能否主张取回权

从本文案例 6 来看,最高人民法院认为,债权人申报债权的行为不能视为

放弃财产所有权，也不能视为放弃财产取回权。然而，广东省佛山市高明区人民法院审理的（2022）粤0608民初3271号案件中，法院认为“原告已向×××公司管理人申报了该项债权，×××公司管理人也确认了该项债权。涉案《发电机组采购合同》实际已履行完毕。在原告已就发电机组货款143,020元申报了债权的情形下，原告要求解除涉案《发电机组采购合同》并取回设备的主张没有事实和法律依据，本院不予支持”。所以对于此种情形案件，还需要具体问题具体分析。

3. 货币财产取回权，需要注意该财产是否与其他财产混同，是否已经特定化

拟取回财产为货币的，其作为一般种类物，如未经特定化，则不能适用取回权的相关规定，应适用“占有即所有”原则。对于货币是否特定化，不能仅以其名为“保证金”直接加以认定，还应审查对该“保证金”是否设立专门账户等方式，以达到与占有人其他资金相区别的效果。

4. 所有权保留买卖中，主张取回权是否必须以权利人已完成权利登记为前提

对于这个问题，要具体情况具体分析。一般情况下，特定物权（除登记生效外）需要登记才能对抗第三人，如果未经登记，则无权行使取回权。

在浙江省宁波市宁海县人民法院审理的（2022）浙0226民初2277号案件中，法院认为，“出卖人对标的物保留的所有权，未经登记，不得对抗善意第三人。本案中，原告与被告于2021年1月15日签订的《工业品买卖合同》，虽约定被告未履行完支付货款义务，标的物属于原告所有，但因该《工业品买卖合同》项下的1台电动单梁起重机的所有权未经登记，且被告破产清算一案已被本院裁定受理，故原告主张取回涉案的1台电动单梁起重机，本院不予支持”。但是在江苏省无锡市锡山区（市）人民法院审理的（2019）苏0205民初7291号案件中，法院观点为“本院亦关注到，即将施行的民法典第六百四十一条第二款中出卖人对标的物保留的所有权，未经登记，不得对抗善意第三人的规定，该规定实际上系以登记对抗的方式对出卖人保留的所有权进行了限制。本院在援引民法典之规定时没有参考该条的立法理念，原因在于本案的所有权保留买卖交易系发生在民法典颁布实施之前，理应适用现行法律规定，且当事人无法预料新的法律规定会对交易规则进行怎样的变更，若在本案审理中适用新规苛

责交易当事人需办理所有权保留的登记，显然不利于保护雪人公司的合法利益”。故而法院支持了未经登记的权利人取回权请求。

事实上，这两个案件有明显的区别，(2022)浙0226民初2277号案件中双方签订合同时间为2021年1月15日，是在《民法典》生效之后，而(2019)苏0205民初7291号案件中所有权保留交易时间是在《民法典》实施之前。

二、特别取回权需要特别注意的问题

特别取回权也称特殊取回权或特种取回权，包括代偿取回权和出卖人取回权。对于代偿取回权，是指应当取回的标的物被破产人非法转让给他人或灭失时，取回人享有的取回受让人的对价给付物或代偿金的权利。本文案例8、案例10都涉及特别取回权。

在行使特别取回权中，同样也要注意对标的物的处分价款是否与债务人其他财产混同，是否“特定化”。

辽宁省高级人民法院审理的(2020)辽民终976号案件，法院认为“一般取回权的标的通常只限于原物，华建公司本应对案涉财产享有取回权，但案涉财产在广源公司进入破产程序前，因广源公司外欠债务，被其债权人申请执行，与广源公司的其他财产被法院整体拍卖，拍卖价款转入破产管理人账户，与债务人广源公司的财产发生混同，由此，案涉财产通过拍卖程序从实物形态转化为货币形态，同时，华建公司对物的请求权亦转换成债的请求权。故而华建公司对案涉财产所享有取回权的基础消失，其只能对案涉财产物的请求权转换成债的请求权，按普通债权向破产管理人申报债权”。然而案例10中，保险理赔款就是可以区分于其他财产。《企业破产法解释二》第32条对此也作了规定，“债务人占有的他人财产毁损、灭失，因此获得的保险金、赔偿金、代偿物尚未交付给债务人，或者代偿物虽已交付给债务人但能与债务人财产予以区分的，权利人主张取回就此获得的保险金、赔偿金、代偿物的，人民法院应予支持”。

但是，对于所有权保留交易中的取回权，主要依据《企业破产法解释二》第37条第3款：因本条第2款规定未能取回标的物，出卖人依法主张买受人继续支付价款、履行完毕其他义务，以及承担相应赔偿责任的，人民法院应予支持。对因买受人未支付价款或者未履行完毕其他义务，以及买受人管理人将标的物出卖、出质或者作出其他不当处分导致出卖人损害产生的债务，出卖人主张作为共益债务清偿的，人民法院应予支持。

三、消费性居住购房者的权利保护问题

《执行异议复议规定》第29条规定：金钱债权执行中，买受人对登记在被执行的房地产开发企业名下的商品房提出异议，符合下列情形且其权利能够排除执行的，人民法院应予支持：(1)在人民法院查封之前已签订合法有效的书面买卖合同；(2)所购商品房系用于居住且买受人名下无其他用于居住的房屋；(3)已支付的价款超过合同约定总价款的百分之五十。

在房地产企业破产案件中，购房者的权利保护同样适用《执行异议复议规定》第29条规定。本文案例9即适用了上述规定维护了购房人的权利。但是对于非消费性居住购房，一般则不能适用上述规定。在山东省菏泽市（地区）中级人民法院审理的(2023)鲁17民终1493号案件中，"案涉房产为商业用房，一审法院认定不属于消费性购房，驳回赵文英诉讼请求并无不当，本院依法予以维持"。福建省宁德市中级人民法院审理的(2023)闽09民终321号案件，法院认为，"原告主张其已实际占有案涉房产，并以以物抵债方式支付全部购房款，其对案涉房屋享有物权请求。以物抵债协议仍属于债权请求权……原告主张行使取回权不符合《中华人民共和国企业破产法》第三十八条的规定，其无权取回案涉36套房屋"。以此，购买非居住商业性用房和依据以房抵债协议主张取回权，均不能得到法院支持。

不同的司法实践案例显示，法院对于取回权的行使条件、权利人的义务以及取回权与其他权利的关系等问题持有不同的观点。因此，在行使取回权时，权利人应当充分了解相关法律规定，并结合具体案件情况，谨慎评估并合理行使自己的权利，以确保取回权的顺利实现。同时，司法机关在审理相关案件时，也应当充分考虑破产取回权的特殊性质，依法公正、合理地作出裁决，维护各方当事人的合法权益。

12

撤销权纠纷

余志农

规定索引

《中华人民共和国企业破产法》

第三十一条 人民法院受理破产申请前一年内，涉及债务人财产的下列行为，管理人有权请求人民法院予以撤销：

（一）无偿转让财产的；

（二）以明显不合理的价格进行交易的；

（三）对没有财产担保的债务提供财产担保的；

（四）对未到期的债务提前清偿的；

（五）放弃债权的。

第三十二条 人民法院受理破产申请前六个月内，债务人有本法第二条第一款规定的情形，仍对个别债权人进行清偿的，管理人有权请求人民法院予以撤销。但是，个别清偿使债务人财产受益的除外。

第六十四条第二款 债权人认为债权人会议的决议违反法律规定，损害其利益的，可以自债权人会议作出决议之日起十五日内，请求人民法院裁定撤销该决议，责令债权人会议依法重新作出决议。

《最高人民法院关于适用〈中华人民共和国企业破产法〉若干问题的规定(二)》

第九条第一款 管理人依据企业破产法第三十一条和第三十二条的规定提起诉讼,请求撤销涉及债务人财产的相关行为并由相对人返还债务人财产的,人民法院应予支持。

第十二条 破产申请受理前一年内债务人提前清偿的未到期债务,在破产申请受理前已经到期,管理人请求撤销该清偿行为的,人民法院不予支持。但是,该清偿行为发生在破产申请受理前六个月内且债务人有企业破产法第二条第一款规定情形的除外。

第十三条 破产申请受理后,管理人未依据企业破产法第三十一条的规定请求撤销债务人无偿转让财产、以明显不合理价格交易、放弃债权行为的,债权人依据民法典第五百三十八条、第五百三十九条等规定提起诉讼,请求撤销债务人上述行为并将因此追回的财产归入债务人财产的,人民法院应予受理。

相对人以债权人行使撤销权的范围超出债权人的债权抗辩的,人民法院不予支持。

第十四条 债务人对以自有财产设定担保物权的债权进行的个别清偿,管理人依据企业破产法第三十二条的规定请求撤销的,人民法院不予支持。但是,债务清偿时担保财产的价值低于债权额的除外。

第十五条 债务人经诉讼、仲裁、执行程序对债权人进行的个别清偿,管理人依据企业破产法第三十二条的规定请求撤销的,人民法院不予支持。但是,债务人与债权人恶意串通损害其他债权人利益的除外。

第十六条 债务人对债权人进行的以下个别清偿,管理人依据企业破产法第三十二条的规定请求撤销的,人民法院不予支持:

(一)债务人为维系基本生产需要而支付水费、电费等的;

(二)债务人支付劳动报酬、人身损害赔偿金的;

(三)使债务人财产受益的其他个别清偿。

《中华人民共和国民法典》

第一百五十七条 民事法律行为无效、被撤销或者确定不发生效力后,行为人因该行为取得的财产,应当予以返还;不能返还或者没有必要返还的,应当折价补偿。有过错的一方应当赔偿对方由此所受到的损失;各方都有过错的,应当各自承担相应的责任。法律另有规定的，依照其规定。

问题的提出

撤销权是撤销民事法律行为的权利，在破产程序中，其主要包括债权人的撤销权与破产管理人的撤销权。本文从破产管理人、债权人的不同视角，试提取司法实践经验，结合相关法律及司法解释的规定，探讨如何行使撤销权。

司法实践

一、破产程序中的债权人撤销权

（一）债权人对债权人会议决议的撤销权

《企业破产法》第 64 条第 2 款规定，“债权人认为债权人会议的决议违反法律规定，损害其利益的，可以自债权人会议作出决议之日起十五日内，请求人民法院裁定撤销该决议，责令债权人会议依法重新作出决议”。最高人民法院《关于适用〈中华人民共和国企业破产法〉若干问题的规定（三）》（以下简称《破产法司法解释三》）第 12 条列明了违反法律规定，损害其利益决议的具体类型，即债权人会议的召开违反法定程序、债权人会议的表决违反法定程序、债权人会议的决议内容违法、债权人会议的决议超出债权人会议的职权范围。

（二）债权人代位行使撤销权

最高人民法院《关于适用〈中华人民共和国企业破产法〉若干问题的规定（二）》（以下简称《破产法司法解释二》）第 13 条赋予了债权人在管理人怠于行使撤销权时，代位行使撤销权的权利，但该权利仅适用于债务人在破产受理前一年内有无偿转让财产、以明显不合理的价格进行的交易、放弃对外债权等情形。

二、破产程序中的管理人撤销权

管理人的撤销权，即破产撤销权，是指破产管理人请求法院对破产债务人在被法院裁定受理破产案件前法定期限内实施的损害破产债权人利益的行为予以撤销的权利，是撤销权在破产法上的扩张适用。破产撤销权的目的在于纠正债务人在破产受理前的临界期内的不当处分财产行为，恢复债务人的财产，以保护全体债权人公平受偿的机会，实现破产财产公平有序分配。

（一）破产撤销权以诉讼方式行使

《企业破产法》第 31 条、第 32 条规定“管理人有权请求人民法院予以撤销”，故破产撤销权必须以诉讼方式行使。

（二）破产撤销权的行使期限不受一年除斥期间限制

案例 1 ｜ （2021）最高法民申 2580 号

［审理法院］

最高人民法院

［案情简介］

2015 年 6 月 10 日，四川瑞象农资有限公司以“四川元丰化工股份有限公司已经严重资不抵债、不能清偿法院生效判决确定的付款义务”为由，向一审法院申请对元丰化工公司进行破产清算。2015 年 9 月 21 日，一审法院根据四川瑞象农资有限公司的申请，裁定受理元丰化工公司破产清算案。2015 年 10 月 13 日，一审法院指定四川中源会计师事务所有限公司担任元丰化工管理人，李某美为负责人。

管理人主张元丰化工公司在 2015 年 7 月 27 日对许某清偿债务时存在《企业破产法》第 2 条第 1 款规定的情形，且个别清偿行为发生在破产申请受理前 6 个月内，故应当被撤销。再审申请人主张《企业破产法》中的撤销权应受《民法总则》（已失效）关于撤销权一年除斥期的限制，本案中破产管理人未在一年除斥期内行使撤销权，撤销权已消灭。

［裁判观点］

关于破产撤销权行使期限的问题。根据《企业破产法》第123条第1款第1项的规定，自破产程序依照该法第43条第4款或者第120条的规定终结之日起二年内，发现有依照该法第31条、第32条、第33条、第36条规定应当追回的财产的，债权人可以请求人民法院按照破产财产分配方案进行追加分配。即在破产程序终结之日起二年内，债权人尚可针对个别清偿行为所涉及的财产向法院主张进行追加分配。

［笔者观点］

关于破产撤销权的行使期限，《企业破产法》及其司法解释并无明确规定，但可以明确的是其不受一般撤销权的一年除斥期间的限制。其可撤销范围，对《企业破产法》第31条规定的偏颇性清偿行为，为法院受理破产申请前一年内；对《企业破产法》第32条规定的个别清偿行为，为法院受理破产申请前6个月内。实践中也有法院认为，虽然破产法对破产撤销权行使的期间未作明文规定，但破产撤销权的行使贯穿整个破产程序，甚至延续至破产程序终结后的2年内。因此，管理人行使破产撤销权的期间应当自管理人开始执行职务时起，至破产程序终结、管理人依法停止执行职务时止，不受《民法典》所规定的合同撤销权除斥期间的限制［见（2022）沪7101民初1475号民事判决书］。

（三）破产撤销权的权利类型

1. 破产撤销权纠纷中的偏颇性清偿撤销权

（1）无偿转让财产。

①债务人转让财产行为发生在受理破产申请前一年内，非为全体债权人之利益，亦未使债务人受益，系无偿转让财产，应予以撤销。

案例2 ｜ （2021）沪03民初152号

［审理法院］

上海市第三中级人民法院

［案情简介］

2020年4月22日，上海市第三中级人民法院作出（2020）沪03破100号民事裁定书，裁定受理卓展公司的破产清算申请，同年5月11日指定上海九威清算事务有限公司担任卓展公司管理人。

经管理人调查,浙江泰隆商业银行股份有限公司出具的支付业务回单载明,2020 年 1 月 20 日,卓展公司转账给被告 30 万元,在该回单上还记载“附言:代还担保起款”。卓展公司在 2020 年 1 月 31 日记账凭证载明:“摘要:付款 - 徐某(担保款),会计科目:其他应收款/个人/徐某一担保款,借方金额:300,000;摘要:付款 - 徐某(担保款),会计科目:银行存款/浙江泰隆商业银行股份有限公司,贷方金额:300,000。”

2020 年 7 月 3 日,管理人向被告发函,要求被告在收到通知之日起的 5 个工作日内将 30 万元退回管理人账户。同年 7 月 8 日,被告发出异议函,称该 30 万元是拟用于还款案件处理的,后续由于未达成相关事项,资金未使用,现已于 2020 年 7 月 7 日将 30 万元转回卓仕公司的账户,在账务处理上相应减少与卓展公司的往来款,此款是卓仕公司的资金,理某退还给卓仕公司。同年 7 月 14 日,管理人再次向被告发函,要求被告将 30 万元退回至管理人账户。

[裁判观点]

《企业破产法》第 31 条规定:“人民法院受理破产申请前一年内,涉及债务人财产的下列行为,管理人有权请求人民法院予以撤销:(一)无偿转让财产的……”从本案实际情况看,法院于 2020 年 4 月 22 日受理卓展公司破产清算一案,卓展公司向被告支付 30 万元的行为发生在 2020 年 1 月 20 日,转让行为发生在受理破产申请前一年内;卓展公司向被告支付 30 万元的行为系无偿转让财产,非为全体债权人之利益,亦未使卓展公司财产受益。故而卓展公司向被告支付 30 万元的行为构成债务人无偿转让财产而应予撤销。

②债务人在破产申请前一年内,为他人提供担保且无相应对价,属于无偿转让财产。

案例 3 | (2021)最高法民申 2231 号

[审理法院]

最高人民法院

[案情简介]

案涉债权债务发生于 2017 年 12 月,后期存在对该债务展期的行为,但是并非形成新的债权债务关系。新光控股分别于 2017 年 12 月 5 日、2017 年 12

月21日与华融资产签订《保证协议》《质押协议》,约定以新光控股的应收账款、持有的股权等向华融资产出质。之后华融资产与新光控股于2018年6月15日签订的《质押协议》中载明,新光控股以其持有的新光圆成2200万股的限售流通股及其派生的权益向华融资产出质。同年6月27日,新光控股与华融资产再次签订《质押协议》,新光控股以其持有的新光圆成1000万股的限售流通股及其派生的权益出质。

[裁判观点]

《企业破产法》第31条规定,人民法院受理破产申请前一年内,涉及债务人财产的下列行为,管理人有权请求人民法院予以撤销:(1)无偿转让财产的;(2)以明显不合理的价格进行交易的;(3)对没有财产担保的债务提供财产担保的;(4)对未到期的债务提前清偿的;(5)放弃债权的。新光控股在破产申请前一年内,为他人提供担保且无相应对价,因此新光控股为他人提供担保与《企业破产法》第31条第1项"无偿转让财产"的情形无本质区别。虽然二审法院适用《企业破产法》第31条第3项确有不当,但是判决结果正确,同时一审法院认为本案符合破产法撤销权设立的立法目的,据此判断管理人享有撤销权并无不当。

[笔者观点]

是否属于无偿转让财产的判断标准在于转让行为是否有利于债务人或使债务人责任财产增加,对于债务人取得合理对价的前提下,为他人提供担保的,一般不应认定为可撤销行为。

(2)以明显不合理的价格进行交易。

①交易对价的合理性须综合各种因素作出判断,市场价格仅是参考因素之一而非唯一判断标准。

案例4 | (2022)鲁04民终709号

[审理法院]

山东省枣庄市中级人民法院

[案情简介]

2021年5月16日,伦达公司与被告欧泰公司签订《股权转让协议》,将其持有的第三人中伦公司90%股权(实缴出资额945万元)以1元的价格转让给被告欧泰公司，并已办理工商变更登记。2021 年 9 月 8 日，被告欧泰公司又将其取得的上述中伦公司股权 945 万元转让给杨某峰，并已办理工商变更登记。中伦公司注册资本 1050 万元，实缴资本 1050 万元，公司名下有无抵押的工业用地面积 87,344 平方米，该土地上建有工程总造价为 23,195,500 元的厂房。伦达公司股东、法定代表人吴某威因犯拒不执行判决、裁定罪于 2020 年 7 月 13 日被刑事拘留，并于 2021 年 4 月 28 日被浙江省永康市人民法院判处有期徒刑 3 年 4 个月，刑期自 2020 年 7 月 13 日至 2023 年 11 月 12 日止。2021 年 8 月 19 日，滕州市人民法院作出(2021)鲁 0481 破申 1 号民事裁定，受理金某对伦达公司的破产清算申请，并于 2021 年 8 月 31 日指定山东真谛律师事务所担任管理人。

[**裁判观点**]

对价的合理性须综合各种因素作出判断，市场价格仅是参考因素之一而非唯一判断标准，还应当参考其他因素，包括债务人与相对人有无关联关系或其他利益关系、债务人的交易动机和目的、债务人的支付能力状况以及交易程序等。综合分析如下：(1)从文义解释的角度，伦达公司在中伦公司出资 945 万元、持股 90%，单纯从数字来看，一般公众会对 1 元对价的合理性产生怀疑。(2)从交易形式看，双方签订股权转让协议时虽加盖了双方公章，但伦达公司股东、法定代表人吴某威正被羁押服刑，且其称对股权转让不知情，足以使人对股权转让的合法性产生怀疑。(3)从交易主体间关联关系看，首先，吴某威自始至终未参与股权转让，也不知情，在法定代表人缺位的情况下，公司决策人身份不明，决策程序也不透明；其次，施某是欧泰公司法定代表人，也是中伦公司原股东，欧泰公司提交的材料中称其还系中伦公司经理，施某还曾以伦达公司代理人身份参加了第一次债权人会议，其多重身份难免令人对案涉交易产生合理怀疑；最后，中伦公司始终未参与一、二审程序，而其相关证据材料却由欧泰公司掌控，此明显不符合常理。(4)从对价支付情况看，欧泰公司一审称其已现金支付 1 元股权转让款，但未提交相关证据。公司依法应建立严格的财务制度，即便是 1 元钱也应当如实作出财务记录。综合判断，双方之间的 1 元股权转让交易并不具备合理性。在欧泰公司无证据证明其已支付 1 元对价但却获得股权的情况下，一审判决即便作出“近乎白送”“无代价”的表述也未尝不可，一审判令撤销双方之间股权转让并无不当。

②转让关联企业之一公司股份的，应以裁定实质合并审理之日为其破产申请之日计算一年期限。

案例5 | (2022)辽11民终266号

[审理法院]

辽宁省盘锦市中级人民法院

[案情简介]

盘锦兴隆物业于2006年10月23日注册成立，注册资本为3,000,000元。股东为沈阳博雅公司和辽宁兴隆宝通，沈阳博雅公司占股比例为20%，认缴资本600,000元，辽宁兴隆宝通占股比例为80%，认缴资本2,400,000元。2019年1月18日沈阳博雅公司与被告李某凤签订《股东转让出资合同书》，约定沈阳博雅公司将在盘锦兴隆物业的货币出资额600,000元(占公司注册资本的20%)全部转让给李某凤，转让金额为人民币1元；沈阳博雅公司自转让出资合同生效之日起，不再是公司股东，不得以公司名义对外从事任何活动。同日辽宁兴隆宝通亦与本案五被告分别签订《股东转让出资合同书》，约定辽宁兴隆宝通将其在盘锦兴隆物业的货币出资额2,400,000元(占公司注册资本的80%)转让给被告李某凤50%、被告唐某涛12%、被告符某岫12%、被告姜某华3%、被告杨某雨3%，转让金额均为人民币1元。辽宁兴隆宝通自转让出资合同生效之日起，不再是公司股东，不得以公司名义对外从事任何活动。2019年2月12日，盘锦兴隆物业股东变更登记为李某凤、符某岫、姜某华、唐某涛、杨某雨，注册资本300万元，实缴资本3,000,000元。另查：2019年11月21日沈阳市中级人民法院裁定受理了沈阳博雅公司重整一案；2020年5月11日盘锦市中级人民法院裁定辽宁兴隆宝通进入破产重整程序；2020年10月15日沈阳市中级人民法院裁定包括兴隆百货集团在内的共92家相关联兴隆企业重整实质合并审理，第三人盘锦兴隆物业不包括在该92家重整兴隆企业中。

[裁判观点]

众多相关联兴隆企业重整实质合并审理系因其企业人格高度混同，系列关联企业间债权债务难以厘清，故在其中一家企业出现破产重整危机时，其他相关联企业难以避免陷入同样危机，该事实从兴隆系列企业相继进入重整程序即可确知；而被上诉人与本案上诉人及第三人在明知相关联系列兴隆企业已陷入严重信用危机即将破产重整的情况下，在未对盘锦兴隆物业实际财产价值进行有效评估确认即完成股权接近于无偿的1元超低价格转让及股东变更等个别清偿行为，使盘锦兴隆物业财产脱离兴隆百货集团控制未计入破产重整财产；被上诉人与上诉人间将即将破产重整的兴隆企业财产以1元超低价格转让的行为存在转移财产逃避履行债务的主观恶意，严重侵害了案外众多债权人的公平受偿权，故原审法院认为以2019年11月21日即沈阳博雅公司等系列兴隆企业被沈阳市中级人民法院裁定重整的时间来认定本案破产重整时间，更有利于保护众多债权人利益，原审法院对此予以确认。按该申请破产重整日期计算，被上诉人要求撤销辽宁兴隆宝通将第三人股权以1元超低价转让给上诉人的行为符合法律规定，故原审法院判决上诉人支付被上诉人配件款和利息正确。因上诉人在二审中未提其不应车撤销股权转让的有效证据，二审法院对上诉人的上诉请求因依据不足不予支持。

[笔者观点]

市场价格的判断标准主要见于《全国法院贯彻实施民法典工作会议纪要》第9条规定"……人民法院应当以交易当地一般经营者的判断，并参考交易当时交易地的物价部门指导价或者市场交易价，结合其他相关因素综合考虑予以认定。转让价格达不到交易时交易地的指导价或者市场交易价百分之七十的，一般可以视为明显不合理的低价；对转让价格高于当地指导价或者市场交易价百分之三十的，一般可以视为明显不合理的高价。当事人对于其所主张的交易时交易地的指导价或者市场交易价承担举证责任"。而对被裁定实质合并审理的多家债务人涉及其股权转让的，破产撤销权的一年期可撤销范围的起算点应为裁定实质合并审理之日，但经笔者不完全检索，上述起算方式可能并未在司法实践中被广泛运用。

(3)对没有财产担保的债务提供财产担保。

①"没有财产担保的债务"仅限于破产债务人自有的没有财产担保的债务，"提供财产担保"仅限于破产债务人提供的物权担保。

案例6 | (2018)湘民终848号

[审理法院]

湖南省高级人民法院

[案情简介]

2014年11月18日,中以光公司与中格公司签订二代光纤生产基地建设项目施工《协议书》,中格公司按照《协议书》的内容向中以光公司支付工程预约金1300万元。后因中以光公司没有施工项目给中格公司承建,双方遂协商退款并陆续退还部分款项。中以光公司于2016年10月20日向中格公司出具《还款承诺书》,承诺于2017年3月底前分三次偿还中格公司本息及违约金合计人民币12,958,550元,其中本金665万元,利息及违约金6,308,550元。同日,华兰德公司就中以光公司与中格公司之间的债务向中格公司出具《还款担保书》,承诺以公司资产为中以光公司与中格公司之间的债务(本金及利息违约金)予以担保。2016年10月21日,华兰德公司及符某华的妻子朱某波通过银行转账的方式支付了中格公司担保款120万元。另查明,中以光公司是华兰德公司的股东,中以光公司法定代表人符某华与华兰德公司的法定代表人符某阳系兄妹关系。常德市中级人民法院于2017年7月19日裁定受理华兰德公司破产重整案,并指定常德东山清算服务有限公司担任华兰德公司管理人。重整期间,该院认为华兰德公司的经营状况和财产状况继续恶化,已无挽救可能,且华兰德公司也以无法融资到位为由,请求终止重整程序,该院遂于2017年9月13日终止华兰德公司重整程序,宣告华兰德公司破产。

[裁判观点]

本案中,华兰德公司向中格公司出具《还款担保书》,承诺以其公司资产为中以光公司的债务提供担保。虽然该行为发生在人民法院受理华兰德公司破产申请一年内,但该债务并非华兰德公司自身的债务,而是中以光公司的债务,且华兰德公司为其提供的并非物权担保,而是保证担保,因此,华兰德公司的上述行为不属于《企业破产法》第31条第3项规定的"对没有财产担保的债务提供财产担保"的情形。

②"借新还旧"非对旧贷的特殊展期,债务人破产申请受理前一年内"借新还旧"并新设抵押的不应予以撤销。

案例7 | (2020)最高法民再296号

[审理法院]

最高人民法院

[案情简介]

农行辽源分行与麦达斯公司于2016年12月20日签订一份编号为22010120××00007××的《流动资金借款合同》(以下简称743号《借款合同》),约定:麦达斯公司向农行辽源分行借款9700万元,借期一年,用途购原辅材料、借新还旧,担保方式单人担保;若采取最高额担保方式担保的,担保合同编号为22100620××00014××。双方于当日签订尾号为1405的《最高额抵押合同》(以下简称1405号《最高额抵押合同》),约定:麦达斯公司以机器设备为双方之间发生于2016年12月20日至2018年12月20日的借款提供抵押担保,担保限额为15,036万元;在该合同约定的期间和最高余额内,抵押权人发放该合同约定的贷款或者提供其他银行信用时无须逐笔办理担保手续。同日,双方办理了编号为0437开发201612200052号的《动产抵押登记书》。2017年12月21日,双方置换了部分抵押物,办理了变更登记。2016年12月29日,农行辽源分行与麦达斯公司签订编号为22010120××00007××的《流动资金借款合同》(以下简称780号《借款合同》),约定:借款金额为5300万元,借期一年,借新还旧;担保方式为单人担保及通用设备抵押,若采用最高额担保方式担保的,担保合同尾号为1405。

2016年12月29日,农行辽源分行与麦达斯公司签订编号为22010120××00007××的《流动资金借款合同》(以下简称782号《借款合同》),约定:借款金额5500万元,借期一年,借新还旧,担保方式为单人担保。

2017年10月11日,农行辽源分行与麦达斯公司签订1011号《最高额抵押合同》,约定:麦达斯公司以机器设备(清单编号20171010)为与农行辽源分行之间发生于2017年10月11日至2019年10月10日的贷款业务提供抵押担保,担保限额5936万元;在该合同约定的期间和最高余额内,抵押权人发放该合同约定的贷款或者提供其他银行信用时无须逐笔办理担保手续。双方在该《最高额抵押合同》第17条中约定,为麦达斯公司在农行辽源分行处合同编号尾号为782的5500万元的借款合同提供补充抵押担保。2017年10月26日,双方办理了6046号《动产抵押登记书》。

2018年3月15日,农行辽源分行与麦达斯公司签订编号为22010120××00001××的《流动资金借款合同》(以下简称123号《借款合同》),约定:借款金额1.99亿元,借期三年,借新还旧;担保方式单人担保及通用设备抵押,若采取最高额担保方式担保的，担保合同编号尾号为1405号及1011号。

借款到期后，除借款本金5300万元（780号《借款合同》项下借款）被偿还过600万元本金外，743号和782号《借款合同》项下借款均未偿还本金。为此，麦达斯公司与农行辽源分行就以上三笔借款的尚欠本金为本金，采取借新还旧的方式签订123号《借款合同》，将三笔借款进行展期，并以1405号和1011号《最高额抵押合同》共同提供抵押担保。

一审法院于2018年4月2日作出民事裁定，受理麦达斯公司破产重整申请，并指定吉林省启明破产清算有限公司为管理人。

[裁判观点]

一审法院认为，123号《借款合同》的贷款用途是借新还旧与贷款人用自有资金归还贷款，从而消灭原债权债务的行为有着本质的区别。虽然新贷代替了旧贷，但贷款人与借款人之间的债权债务关系并未消除，客观上只是以新贷的形式延长了旧贷的还款期限，该借新还旧的贷款行为本质上是旧贷的一种特殊形式的展期。故而农行辽源分行的抗辩不能成立。麦达斯公司破产管理人基于法律规定的职责行使破产撤销权并无不当。

二审法院认为，虽然新贷代替了旧贷，但实际上贷款人与借款人之间的权利义务除了延长还款时间外，并无变化。故而一审法院将本案中“借新还旧”行为视为旧贷的一种特殊形式的展期并无不当。双方于2017年10月11日签订的1011号《最高额抵押合同》为5500万元无抵押借款提供补充抵押担保，并在2017年10月26日办理了6046号《动产抵押登记书》，且该行为发生在人民法院裁定受理债务人破产重整前一年内。又因为之后双方签订的123号《借款合同》应视为对之前贷款的一种特殊形式的展期，故该抵押合同应视为对展期的借款又进行了补充抵押担保。一审法院判决撤销就1011号《最高额抵押合同》项下抵押物设立动产抵押的行为正确。农行辽源分行的“贷新还旧”行为没有使得麦达斯公司的财产增加，反而减少了麦达斯公司的无抵押债务并增加了有抵押债务。该行为损害了全体债权人的利益，一审判决并不违反《企业破产法》立法精神。

最高人民法院再审认为，123号《借款合同》并无对上述三笔共1.99亿元旧的借款债务进行展期的约定，并非对上述三笔旧的借款所涉借款合同的补充变更，明确约定借款用途是“借新还旧”，一、二审法院认定123号《借款合同》

是对旧的借款的展期与合同约定不符，没有事实和法律依据，最高人民法院予以纠正。贷款到期后，借款人与贷款人订立新的借款合同，将新贷用于归还旧贷。旧贷因清偿而消灭，为旧贷设立的担保物权也随之消灭。1011号《最高额抵押合同》约定的抵押是为1.99亿元新的债务提供担保，而不是为破产申请受理前一年内原本存在的无担保的债务提供担保，故不应撤销。

③可撤销期内的新生债务在最高额抵押担保额度、期限内的，不属于“没有财产担保的债务”，“对没有财产担保的债务提供财产担保”的认定应考虑是否侵犯其他债权人利益及债务人是否获益。

案例8 | (2020)粤民终156号

[审理法院]

广东省高级人民法院

[案情简介]

一审法院于2016年6月29日裁定受理深圳市深煊华新型材料有限公司提出的对福昌电子的破产重整申请，而福昌电子于2015年9月30日与中国银行龙岗支行签署145-2号《最高额抵押合同》，并于2015年10月12日办理了案涉土地的抵押登记手续，福昌电子管理人据此主张上述最高额抵押担保落入了“人民法院受理破产申请前一年”的破产临界期内而应当予以撤销。

[裁判观点]

最高额抵押所担保的债权具有变动性、代替性，担保范围包括债务人现在及将来应负之债务。福昌电子与中国银行龙岗支行在145-2号《最高额抵押合同》中约定主合同包括145号授信合同、88号借款合同及89号借款合同，福昌电子以案涉土地为上述合同项下债务提供最高额抵押。145-2号《最高额抵押合同》所称的88号、89号借款合同签订于2012年1月21日，福昌电子当时即以涉案土地为88号、89号借款合同项下债务设定了最高额抵押担保。随后双方于2014年1月20日签订48号授信协议，福昌电子仍以案涉土地为48号授信协议及88号、89号借款合同项上债务及此前有效的《授权额度协议》或类似协议及其单项协议、福昌电子在中国银行龙岗支行已发生的授信余额提供抵押担保。在48号授信协议以案涉土地设定的最高额抵押有效期内，中国银行龙岗支行与福昌电子于2015年2月4日签订了145号授信协议。从145号授信协议的内容看,145号授信协议即是48号授信协议的补充协议。故而,145-2号《最高额抵押合同》项下债务不属于“没有财产担保的债务”。

中国银行龙岗支行自2012年开始向福昌电子提供授信额度,福昌电子亦一直以案涉土地为其债务设定抵押担保,双方的抵押贷款关系具有相当的连续性和一致性。中国银行龙岗支行暂时性注销案涉土地抵押的行为是为了帮助福昌电子企业经营发展而应福昌电子的要求所作,福昌电子当时亦承诺该解除抵押及注销抵押登记的行为不影响中国银行龙岗支行合法权利的存续和行使、不代表福昌电子抵押担保责任的免除。中国银行龙岗支行临时性注销抵押登记后双方并未因此产生抵押权受损的法律纠纷,福昌电子在取得案涉土地建筑物房产证后即立即与中国银行龙岗支行签订了与145号授信合同内容完全一致的145-2号《最高额抵押合同》及办理案涉土地抵押登记,145-2号《最高额抵押合同》的签订反映了双方当事人的真实意思表示。中国银行龙岗支行本是案涉抵押物的抵押权人,其受偿地位并未因破产临界期内恢复原有的抵押登记而得到提升。故而福昌电子于2015年10月12日以案涉土地为88号、89号借款合同、145号商业汇票承兑协议恢复设置的抵押不属于“对没有财产担保的债务提供财产担保”。

145号融易达合同及145号流动资金借款合同是法院受理福昌电子破产重整前一年内的新债,福昌电子为上述新债务提供担保实质上具有主合同对价利益,该担保行为不但没有减少福昌电子被假设已丧失清偿能力当时所拥有的责任财产,该交易还给福昌电子带来了新的财产利益和营运价值。故福昌电子在可撤销期间内进行的新贷款及为其设定的抵押,不属于“对没有财产担保的债务提供财产担保”情形。

[笔者观点]

在认定破产债务人的行为是否属于“对没有财产担保的债务提供财产担保”时,应注意把握两点:第一,“没有财产担保的债务”仅限于破产债务人自有的没有财产担保的债务,而不包括他人的债务。当破产债务人为他人债务提供担保时,不适用该项规定予以撤销。第二,《企业破产法》第31条第3项所指的“提供财产担保”,仅限于破产债务人提供的物权担保,不包括非物权的保证担保、定金担保等。当破产债务人提供保证担保时,不适用该项规定予以撤销。因为非物权财产担保在破产程序中不享有优先受偿权,设立非物权财产担保后，特定债权人并不能由此取得优先受偿地位，不违反破产法集体清偿、公平清偿的原则。对涉及以旧贷偿还新贷与最高额抵押的情形，应参考(2020)最高法民再296号、(2020)粤民终156号的裁判观点，根据具体情况予以分析。

(4)对未到期的债务提前清偿。

案例9 ｜ (2017)苏05民终2171号

[审理法院]

江苏省苏州市中级人民法院

[案情简介]

鸿诠公司于2015年8月12日向交通银行昆山分行借款35万美元，约定到期还款日为2016年1月5日。2015年10月21日，交通银行昆山分行扣划鸿诠公司资金145,585.75美元、人民币205,330.12元。2015年12月3日，昆山市人民法院裁定受理鸿诠公司的破产清算申请。

[裁判观点]

《企业破产法》第31条规定："人民法院受理破产申请前一年内，涉及债务人财产的下列行为，管理人有权请求人民法院予以撤销：……(四)对未到期的债务提前清偿的……"交通银行昆山分行2015年10月21日扣划鸿诠公司账户资金行为的法律效果系清偿了鸿诠公司所负的未到期债务，且该行为发生于一审法院受理鸿诠公司破产申请前一年内，故对鸿诠公司主张撤销上述行为的请求，应予支持。交通银行昆山分行上诉主张双方约定了加速到期条款，其扣划属于偿还到期债务，但该行未向法院提交相应证据证实其在扣划前已向鸿诠公司宣布提前到期，故法院对其该主张不予采纳。

(5)放弃债权。

放弃债权主要是指签订协议免除债务人的债务，以通知的形式免除债务人的债务等。广义上讲，债务人各种消极放弃诉讼权利的行为也属于放弃债权。

2. 请求撤销个别清偿行为纠纷中的个别清偿撤销权

案例10 ｜ (2021)皖10民终165号

[审理法院]

安徽省黄山市中级人民法院

［案情简介］

2017年12月2日，神力公司向张某钧、邵某萍出具《承诺函》，承诺神力公司作为发起人将严格按照协议书约定履行义务，按时完成公司设立，并愿意以安驰公司3年的租金共计99.9万元向张某钧、邵某萍作为履约保证。后张某钧、邵某萍持承诺书向安驰公司主张赔偿款。安驰公司依照承诺书约定于2018年10月11日将神力公司2018年租金向张某钧、邵某萍各支付161,700元，共计支付323,400元。2019年3月15日，法院裁定受理昌辉汽车电器（黄山）股份公司对黄山市神力金属制品有限公司（以下简称神力公司）的破产清算申请案，并于2019年3月20日指定安徽地平律师事务所为管理人。管理人接手公司后，发现安驰公司向张某钧、邵某萍支付赔偿金的时间，在法院受理破产清算前6个月内。故依法诉至法院，请求撤销个别清偿行为。

［裁判观点］

人民法院受理破产申请前6个月内，第三人根据事先约定将应支付给债务人的应付账款代债务人用于个别清偿，对其他债权人的清偿利益造成损害的，管理人根据《企业破产法》第32条规定请求人民法院予以撤销的，人民法院应予支持。

［笔者观点］

个别清偿是指破产申请受理前6个月内，债务人有《企业破产法》第2条第1款规定的情形，仍对个别债权人进行清偿。其构成要件主要为：(1)个别清偿行为发生在人民法院受理破产申请前6个月内；(2)债务人已经不能清偿到期债务，且符合破产条件；(3)个别清偿不具有使债务人财产受益的情形。

（四）破产撤销权的例外

1. 对自有财产设定担保物权的债权进行的个别清偿

《破产法司法解释二》第14条规定，债务人对以自有财产设定担保物权的债权进行的个别清偿，管理人依据《企业破产法》第32条的规定请求撤销的，人民法院不予支持。但是，债务清偿时担保财产的价值低于债权额的除外，即当担保财产价值高于债权额时，担保行为不损害其他债权人公平受偿，故管理人不可撤销。

2. 债务人经诉讼、仲裁、执行程序对债权人进行的个别清偿

《破产法司法解释二》第 15 条规定,债务人经诉讼、仲裁、执行程序对债权人进行的个别清偿,管理人依据《企业破产法》第 32 条的规定请求撤销的,人民法院不予支持。但是,债务人与债权人恶意串通损害其他债权人利益的除外。也就是说,除非债务人与债权人恶意串通损害其他债权人利益,否则管理人无权撤销。

(1)恶意串通损害其他债权人利益的举证责任。

依据现行举证责任分配通说,主张权利发生的当事人对权利发生的要件事实承担举证责任,即"谁主张,谁举证",管理人对债务人与债权人是否为恶意串通承担举证责任。

(2)恶意串通损害其他债权人利益的认定标准。

恶意串通属于主观要件,管理人证明起来十分困难,其认定标准可以参考(2009)民申字第 1760 号民事裁定中的认定。

案例 11 | (2009)民申字第 1760 号

[审理法院]

最高人民法院

[案情简介]

碧波公司与奥康公司于 2007 年 12 月 28 日签订解除协议,该项目已有部分房屋竣工,绝大部分房屋已取得预售许可证,在即将取得项目预期利润时,碧波公司与奥康公司签订解除协议,仅由奥康公司支付 300 万元违约金,将项目归属于奥康公司,奥康公司已将土地实际交与碧波公司开发,履行了合同主要义务,没有明显违约行为,而解除协议约定由奥康公司支付碧波公司 300 万元违约金。

[裁判观点]

构成恶意串通确需行为人明知或应知该行为侵害国家、集体、第三人利益,即行为人主观上具有恶意,而判断行为人主观上是否有恶意则需结合具体案情综合评判。本案二审判决根据奥康公司与碧波公司签订解除协议当时和之后的具体情况,结合《股东合作协议》、联合开发合同及包销协议的约定和履行情况,综合评判奥康公司和碧波公司是否构成恶意串通,证明方法并无不当。

［笔者观点］

恶意串通的证明负担较大，即使本文所参考判例也历经一审、二审、再审，才最终确认其属于恶意串通。同时，有司法观点认为，《破产法司法解释二》第15条明确了债务人经诉讼、仲裁、执行程序对个人债权人进行清偿，以不撤销为原则，以撤销为例外［见（2021）苏1183民初7994号判决书］。这导致债务人经诉讼、仲裁、执行程序对债权人进行的个别清偿，管理人在审查债权过程中一般倾向于直接予以确认。

3. 对特殊债权的清偿

《破产法司法解释二》第16条规定，债务人对债权人进行的以下个别清偿，管理人依据《企业破产法》第32条的规定请求撤销的，人民法院不予支持：

（1）债务人为维系基本生产需要而支付水费、电费等的；

（2）债务人支付劳动报酬、人身损害赔偿金的；

（3）使债务人财产受益的其他个别清偿。

案例12 ｜ （2022）皖03民终2300号

［审理法院］

安徽省蚌埠市中级人民法院

［案情简介］

2020年6月5日大众金融公司与联众公司签订《债权债务结清证明》（以下简称《证明》）载明："甲乙双方确认：一、截止本证明签订日，乙方欠甲方融资款合计人民币19,963,754.16元。二、乙方承诺向甲方退回融资车辆共计116辆（详见清单），甲乙双方确认该批车辆价值为人民币15,634,251.2元。乙方承诺向甲方退回自有车辆共计7辆（详见清单），甲乙双方确认该批车辆价值为人民币1,289,174元，甲方认可这两批车辆退回事宜，并同意在乙方交付完毕后以这两批车辆冲抵乙方等额欠款。三、乙方同意被甲方冻结在上海上汽大众销售有限公司的返利款人民币1,227,229.09元，冲抵对甲方的欠款，并配合甲方办理相关手续。四、乙方同意将存于甲方的保证金1,900,000元，由甲方直接冲抵乙方欠款。五、经双方确认甲乙双方再无债权债务关系，同意并解除安徽房地产综合开发集团蚌埠市公司及李某杨为本循环授信协议的连带担保责任。"2020年7月13日，蚌埠市中级人民法院作出（2020）皖03破申5号民事裁定书，裁定受理联众公司破产清算申请。

［裁判观点］

《企业破产法》第32条规定，人民法院受理破产申请前6个月内，债务人有该法第2条第1款规定的情形，仍对个别债权人进行清偿的，管理人有权请求人民法院予以撤销。但是，个别清偿使债务人财产受益的除外。依据该条但书的规定，债务人针对个别债权人的清偿尽管从表面上看损害了其他债权人的利益，但是，个别清偿对于整个债务人财产来说是有利的，从实质上来说最终也有利于全体债权人权利的保护。在这种情况下，这种个别清偿不应该在法律上予以撤销。

13

追收企业人员非正常收入纠纷

丁振波

规定索引

《中华人民共和国企业破产法》

第二条第一款 企业法人不能清偿到期债务，并且资产不足以清偿全部债务或者明显缺乏清偿能力的，依照本法规定清理债务。

第三十六条 债务人的董事、监事和高级管理人员利用职权从企业获取的非正常收入和侵占的企业财产，管理人应当追回。

第四十八条第二款 债务人所欠职工的工资和医疗、伤残补助、抚恤费用，所欠的应当划入职工个人账户的基本养老保险、基本医疗保险费用，以及法律、行政法规规定应当支付给职工的补偿金，不必申报，由管理人调查后列出清单并予以公示。职工对清单记载有异议的，可以要求管理人更正；管理人不予更正的，职工可以向人民法院提起诉讼。

第一百一十三条 破产财产在优先清偿破产费用和共益债务后，依照下列顺序清偿：

（一）破产人所欠职工的工资和医疗、伤残补助、抚恤费用，所欠的应当划入职工个人账户的基本养老保险、基本医疗保险费用，以及法律、行政法规规定应当支付给职工的补偿金；

（二）破产人欠缴的除前项规定以外的社会保险费用和破产人所欠税款；

（三）普通破产债权。

破产财产不足以清偿同一顺序的清偿要求的，按照比例分配。

破产企业的董事、监事和高级管理人员的工资按照该企业职工的平均工资计算。

《最高人民法院关于适用〈中华人民共和国企业破产法〉若干问题的规定（一）》

第一条 债务人不能清偿到期债务并且具有下列情形之一的，人民法院应当认定其具备破产原因：

（一）资产不足以清偿全部债务；

（二）明显缺乏清偿能力。

相关当事人以对债务人的债务负有连带责任的人未丧失清偿能力为由，主张债务人不具备破产原因的，人民法院应不予支持。

第二条 下列情形同时存在的，人民法院应当认定债务人不能清偿到期债务：

（一）债权债务关系依法成立；

（二）债务履行期限已经届满；

（三）债务人未完全清偿债务。

第三条 债务人的资产负债表，或者审计报告、资产评估报告等显示其全部资产不足以偿付全部负债的，人民法院应当认定债务人资产不足以清偿全部债务，但有相反证据足以证明债务人资产能够偿付全部负债的除外。

第四条 债务人账面资产虽大于负债，但存在下列情形之一的，人民法院应当认定其明显缺乏清偿能力：

（一）因资金严重不足或者财产不能变现等原因，无法清偿债务；

（二）法定代表人下落不明且无其他人员负责管理财产，无法清偿债务；

（三）经人民法院强制执行，无法清偿债务；

（四）长期亏损且经营扭亏困难，无法清偿债务；

（五）导致债务人丧失清偿能力的其他情形。

《上海法院企业破产案件管理人工作职责指引》

第二十五条 （财产追收）管理人应当依照《企业破产法》的相关规定，积极追收下列财产：

（一）债务人财产和对外债权；

（二）出资人未缴出资和抽逃出资；

（三）债务人的有关人员所侵占的财产和非正常收入。

管理人认为难以追收或者追收成本过高的，应提请债权人会议或者债权人委员会决定是否予以追收。

《最高人民法院关于适用〈中华人民共和国企业破产法〉若干问题的规定（二）》

第二十四条 债务人有企业破产法第二条第一款规定的情形时，债务人的董事、监事和高级管理人员利用职权获取的以下收入，人民法院应当认定为企业破产法第三十六条规定的非正常收入：

（一）绩效奖金；

（二）普遍拖欠职工工资情况下获取的工资性收入；

（三）其他非正常收入。

债务人的董事、监事和高级管理人员拒不向管理人返还上述债务人财产，管理人主张上述人员予以返还的，人民法院应予支持。

债务人的董事、监事和高级管理人员因返还第一款第（一）项、第（三）项非正常收入形成的债权，可以作为普通破产债权清偿。因返还第一款第（二）项非正常收入形成的债权，依据企业破产法第一百一十三条第三款的规定，按照该企业职工平均工资计算的部分作为拖欠职工工资清偿；高出该企业职工平均工资计算的部分，可以作为普通破产债权清偿。

《中华人民共和国劳动法》

第四十六条第一款 工资分配应当遵循按劳分配原则，实行同工同酬。

第四十七条 用人单位根据本单位的生产经营特点和经济效益，依法自主确定本单位的工资分配方式和工资水平。

《关于贯彻执行〈中华人民共和国劳动法〉若干问题的意见》

第五十三条 劳动法中的"工资"是指用人单位依据国家有关规定或劳动合同的约定，以货币形式直接支付给本单位劳动者的劳动报酬，一般包括计时工资、计件工资、奖金、津贴和补贴、延长工作时间的工资报酬以及特殊情况下支付的工资等。"工资"是劳动者劳动收入的主要组成部分。劳动者的以下劳动收入不属于工资范围：(1)单位支付给劳动者个人的社会保险福利费用，如丧葬抚恤救济费、生活困难补助费、计划生育补贴等；(2)劳动保护方面的费用，如用人单位支付给劳动者的工作服、解毒剂、清凉饮料费用等；(3)按规定未列入工资总额的各种劳动报酬及其他劳动收入，如根据国家规定发放的创造发明奖、国家星火奖、自然科学奖、科学技术进步奖、合理化建议和技术改进奖、中华技能大奖等，以及稿费、讲课费、翻译费等。

《中华人民共和国公司法》

第一百七十九条 董事、监事、高级管理人员应当遵守法律、行政法规和公司章程。

第一百八十条 董事、监事、高级管理人员对公司负有忠实义务，应当采取措施避免自身利益与公司利益冲突，不得利用职权牟取不正当利益。

董事、监事、高级管理人员对公司负有勤勉义务，执行职务应当为公司的最大利益尽到管理者通常应有的合理注意。

公司的控股股东、实际控制人不担任公司董事但实际执行公司事务的，适用前两款规定。

第一百八十一条 董事、监事、高级管理人员不得有下列行为：

(一)侵占公司财产、挪用公司资金；

(二)将公司资金以其个人名义或者以其他个人名义开立账户存储；

(三)利用职权贿赂或者收受其他非法收入；

(四)接受他人与公司交易的佣金归为己有；

(五)擅自披露公司秘密；

(六)违反对公司忠实义务的其他行为。

第二百六十五条 本法下列用语的含义：

(一)高级管理人员，是指公司的经理、副经理、财务负责人，上市公司董事会秘书和公司章程规定的其他人员。

(二)控股股东，是指其出资额占有限责任公司资本总额超过百分之五十或者其持有的股份占股份有限公司股本总额超过百分之五十的股东；出资额或者持有股份的比例虽然低于百分之五十，但依其出资额或者持有的股份所享有的表决权已足以对股东会的决议产生重大影响的股东。

(三)实际控制人，是指通过投资关系、协议或者其他安排，能够实际支配公司行为的人。

（四）关联关系，是指公司控股股东、实际控制人、董事、监事、高级管理人员与其直接或者间接控制的企业之间的关系，以及可能导致公司利益转移的其他关系。但是，国家控股的企业之间不仅因为同受国家控股而具有关联关系。

问题的提出

当企业面临破产清算或破产重整时，如何确定破产企业的财产范围以及不同的债权清偿顺序关乎公平清理债权债务，保护债权人和债务人的合法权益。企业中有一类人扮演着非常重要的角色，即董事、监事和高级管理人员。这些人员薪资水平一般远高于普通职工，与此同时背负着更多的责任和忠实义务。然而，因其职权优势也更易于从企业中获取利益，实践中不乏企业董事、监事和高级管理人员侵占企业财产或者利用职权从企业获得非正常收入的情形。针对上述现象，《企业破产法》第 36 条规定："债务人的董事、监事和高级管理人员利用职权从企业获取的非正常收入和侵占的企业财产，管理人应当追回。"

随着企业破产现象频发，追收企业人员非正常收入纠纷案件数量激增。其中，非正常收入的认定尤为关键和重要，同时也越来越复杂。通过案例检索发现，司法实践中非正常收入纠纷一般指追收董事、监事和高级管理人员利用职权从企业获取的非正常收入和侵占的企业财产的纠纷。

针对非正常收入的认定及因此形成的破产债权处理问题，最高人民法院《关于适用〈中华人民共和国企业破产法〉若干问题的规定（二）》第 24 条规定："债务人有企业破产法第二条第一款规定的情形时，债务人的董事、监事和高级管理人员利用职权获取的以下收入，人民法院应当认定为企业破产法第三十六条规定的非正常收入：（一）绩效奖金；（二）普遍拖欠职工工资情况下获取的工资性收入；（三）其他非正常收入。债务人的董事、监事和高级管理人员拒不向管理人返还上述债务人财产，管理人主张上述人员予以返还的，人民法院应予支持。债务人的董事、监事和高级管理人员因返还第一款第（一）项、第（三）项非正常收入形成的债权，可以作为普通破产债权清偿。因返还第一款第

(二)项非正常收入形成的债权,依据企业破产法第一百一十三条第三款的规定,按照该企业职工平均工资计算的部分作为拖欠职工工资清偿;高出该企业职工平均工资计算的部分,可以作为普通破产债权清偿。”

在处理破产企业债权债务时,员工绩效奖金和工资涉及职工债权。根据《企业破产法》的规定,职工债权按照第一顺位清偿,职工债权认定与处理的重要性不言而喻。而根据最高人民法院《关于适用〈中华人民共和国企业破产法〉若干问题的规定(二)》第24条规定,因返还非正常收入形成的债权中,除因返还第2项非正常收入中按照该企业职工平均工资计算的部分作为职工债权外,其他几项债权只能作为普通破产债权处于清偿顺序末尾。可见职工债权与前述因返还非正常收入形成的普通破产债权清偿顺序存在很大的差别,对破产企业债权人及董事、监事和高级管理人员带来的影响重大,涉及公平清理破产企业的债权债务,实现破产法的功能与目的问题。因此,如何认定企业破产背景下董事、监事及高级管理人员的非正常收入是司法实践中不容忽视的问题,也是破产管理人履职过程中的重要职责之一。

如今,随着市场经济的飞速发展,董事、监事和高级管理人员侵占企业财产的手段和方式也纷繁复杂,“非正常收入”的表现形式也已经不局限于前述几类。因此,如何认定非正常收入是解决此类纠纷的关键和难题。

本文将分类梳理和分析司法实践中追收企业人员非正常收入的纠纷,总结非正常收入的表现形式及司法实践中此类纠纷的裁判思路。在此基础上,本文将对重要争议焦点进行分析并提出建议。

司法实践

一、侵占财产型

(一)支取型

裁判要旨:董事、监事、高级管理人员利用其职务之便,采取公司部分收入和支出不入账等方式占有公司财产是对公司财产的侵占,根据《企业破产法》第36条的规定,管理人有权且有职责依法予以追回。

案例1 ｜（2020）湘1123民初870号

［审理法院］

湖南省双牌县人民法院

［案情简介］

湖南省双牌县人民法院于2018年8月22日依法作出（2018）湘1123破1号民事裁定书，受理了湖南省华长源交通设施工程有限责任公司破产申请，并于2018年9月7日作出（2018）湘1123破1号决定书指定破产管理人。

管理人在履职过程中，为厘清华长源公司财务状况，委托会计师事务所对公司进行了财务收支专项审计，审计报告显示：债权债务相抵后，贺某星尚欠该公司43,822.49元人民币款项，至今尚未偿还。

经查明，2015年至2018年8月，贺某星在原湖南省华长源交通设施工程有限责任公司负责财务工作，其在任职期间通过公司账户外"体外循环"的方式处理公司资金往来业务，共占有原湖南省华长源交通设施工程有限责任公司资金43,822.49元尚未还给公司。

［裁判观点］

法院认为，追收非正常收入是管理人在破产程序中，对于债务人的董事、监事和高级管理人员利用职权从企业获取的非正常收入和侵占的企业财产予以追回。被告贺某星作为公司的财务负责人，利用经管公司财务的职务之便，采取公司部分收入和支出不入账的方式，共占有公司资金43,822.49元长期未还，是对公司财产的侵占，根据《企业破产法》第36条的规定，管理人有职责依法予以追回。

案例2 ｜（2022）沪7101民初1029号

［审理法院］

上海铁路运输法院

［案情简介］

2020年3月9日，上海市第三中级人民法院（以下简称上海三中院）裁定受理郑某玲对原告的破产清算申请。2020年3月24日，上海三中院作出决定书，指定立信会计师事务所（特殊普通合伙）担任管理人。2020年11月13日，上海三中院作出（2020）沪03破58号民事裁定书裁定受理原告的重整申请。2021年8月1日，上海三中院作出（2020）沪03破58－4号民事裁定书裁定批准原告《重整计划》、终止原告重整程序。

根据管理人在破产程序中接管到的原告会计凭证，1997年3月25日至2017年1月23日，记载在被告名下的应收款为105,299,075.81元。在此期间，被告向原告还款共计58,696,024.26元，两项扣减后，原告账面显示原告对被告的应收款为46,603,051.55元。

管理人在破产程序中接管到的原告财务资料缺失严重，其依据已接管到的财务资料，于2020年6月9日出具《汇琴公司财务状况审计报告》，该报告载明：截至2020年3月9日，原告对被告有其他应收款74,206,843.04元。

经审核，原告财务账簿中涉及被告的部分会计凭证，存在以下情形：

1. 部分会计记账凭证未附付款凭证，涉及金额共计2,274,000元；

2. 部分会计记账凭证虽然记账在被告名下，但付款凭证所记载的付款对象并非被告，涉及金额共计19,381,680元。

后，被告称其另行发现部分原告会计凭证，并于2023年5月12日向法院提交18份原告会计凭证。对此，经法院组织原、被告证据交换及质证，原告认为18份记账凭证上"（闵总）"系事后填写，被告对此予以确认。据此，被告提交的该部分证据，法院仅采信2013年1月15日收据、2013年11月4日上海农商银行收款通知，即仅认可被告分别于2013年1月5日、2013年11月4日向原告支付现金10万元、转账167万元。

[裁判观点]

法院认为，公司的董事、监事、高级管理人员应当遵守法律、行政法规和公司章程，对公司负有忠实义务和勤勉义务。董事、监事、高级管理人员不得利用职权从企业获取非正常收入和侵占企业财产，是其负有的法定义务。被告作为原告的法定代表人兼执行董事，在公司经营期间，从公司没了属于公司所有的款项。管理人在原告被裁定适用破产程序后，有权予以追回。

至于被告侵占原告款项的具体金额，原告现依据其管理人在破产程序中接管到的部分会计凭证所记载的金额进行主张。根据原告现有会计凭证：（1）自1997年3月25日至2017年1月23日，被告从原告支取资金共计105,299,075.81元，但其中有合计2,274,000元的款项在相应记账凭证后未附付款凭证；（2）另有合计19,381,680元的款项虽然会计凭证上记账在被告名下，但付款凭证所记载的付款对象并非被告；（3）对于原告2,274,000元款项的去向，因无相关付款凭证，现有证据不足以证明该部分款项系由被告收取，故虽然记账在被告名下，但也不能认定为被告从原告支取的款项；(4) 对于原告19,381,680 元款项的去向，因付款凭证显示该部分款项并非直接支付给被告，原告也无法提供证据证明其公司相关人员系根据被告指示，代被告将某原告支取的该部分款项直接支付给案外人。故而现有证据不足以证明被告侵占了原告支付给案外人的款项 19,381,680 元，即原告不能仅因会计凭证将账目记在被告名下，就认为该部分汇至案外人账户的款项系由被告支取。

因此，前述款项 19,381,680 元、2,274,000 元应在被告从原告司某的款项总额中扣除，扣除后，被告从原告共支取款项 83,643,395.81 元。

关于被告已向原告返还款项的金额，原、被告根据管理人已接管到的会计凭证，均确认被告已向原告还款 58,696,024.26 元。另外，被告在本案审理中又提交了部分管理人在破产程序中未接管到的会计凭证，根据该部分会计凭证显示，被告分别于 2013 年 1 月 5 日、2013 年 11 月 4 日向原告现金支付 10 万元、转账支付 167 万元，该部分款项合计 177 万元亦应作为被告对原告的还款。被告还辩称其账户收取了与原告相关款项后，又将相关款项用以支付原告的货款、利息、日常支出等费用，其代原告支付的款项远多于原告现诉请主张的金额46,603,051.55 元。对于该辩称，法院认为，被告未提交转账凭证、合同等证据材料，证明其在收到原告款项后，又代原告支付了相应的款项。因被告未就其辩称提供确实充分的证据予以证明，应承担举证不能的不利后果。

综上，依据现有证据，被告从原告共支取款项 83,643,395.81 元，扣减被告已向原告返还的款项 60,466,024.26 元，被告现仍侵占原告款项 23,177,371.55 元，该部分款项应作为被告的非正常收入予以返还。

（二）转账型

裁判要旨：《公司法》第 179 条、第 180 条规定，董事、监事、高级管理人员应当遵守法律、行政法规和公司章程，对公司负有忠实义务和勤勉义务。董事、监事、高级管理人员不得利用职权收受贿赂或者其他非法收入，不得侵占公司的财产。《企业破产法》第 36 条规定，债务人的董事、监事和高级管理人员利用职权从企业获取的非正常收入和侵占的企业财产，管理人应当追回。

管理人证明董事、监事、高级管理人员收取公司向其个人账户转账的款项时，其未能举证证明其收取上述款项具有合法依据的，其行为给公司财产造成损失，损害公司债权人的共同清偿利益，应向公司返还上述款项。

案例3 ｜ (2022)粤06民终9698号

[审理法院]

广东省佛山市中级人民法院

[案情简介]

2021年6月16日，佛山市泰屹模具有限公司（以下简称泰屹公司）被法院裁定破产并指定破产管理人。管理人在履职期间发现：刘某兴任法定代表人兼执行董事期间，泰屹公司账户向刘某兴个人账户转款如下：(1)2013年3月15日转款50,000元；(2)2016年2月2日分两笔分别转款35,874元、50,000元；(3)2016年2月4日分三笔分别转款50,000元、50,000元、28,889.01元；(4)2016年9月19日分两笔分别转款14,909.32元、50,000元；(5)2017年8月28日分两笔分别转款36,660.51元、50,000元；上述款项合计416,332.84元，分别备注为"还借款"或"还款"。刘某兴于2015年3月11日、2016年3月24日存入泰屹公司银行账户20,000元、8500元，合计28,500元。

之后，管理人为查清公司财产，要求刘某兴提供其与泰屹公司之间存在真实借款关系的证据材料。因刘某兴未提供上述材料，管理人向法院提起诉讼。

经审查，上述事实属实且刘某兴未能举证证明其在担任泰屹公司法定代表人、经理、执行董事、财务负责人等职务期间，收取泰屹公司向其个人账户转入的相关款项具有合法依据。

[裁判观点]

法院认为，刘某兴未能证明其收取泰屹公司向其个人账户转入的相关款项具有合法依据，其行为给泰屹公司财产造成损失，损害泰屹公司债权人的共同清偿利益。将刘某兴向泰屹公司转入的款项扣除后，核定刘某兴应向泰屹公司返还387,832.84元。

案例4 ｜ (2022)浙0402民初8328号

[审理法院]

浙江省嘉兴市南湖区人民法院

［案情简介］

2022年8月15日南湖区法院作出(2022)浙0402破申21号民事裁定书，依法裁定受理嘉兴朗图电子有限公司破产清算案，并于同日以(2022)浙0402破23号决定书指定破产管理人。

管理人在履职过程中查询了嘉兴朗图电子公司全部银行流水，发现公司法人及实际控制人王某多次将公司资金转入自己账户，上述款项共计984,109.36元；经管理人向王某进行核实，其未能配合解释转账的合理性。管理人遂以王某转移公司资金的行为侵害公司及债权人的合法权益为由提起诉讼，要求王某返还32万元。

经法院审查，上述事实属实且王某未能就上述资金去向向管理人作出合理的说明或解释，其未能举证证明其收取上述款项具有合法依据。

［裁判观点］

法院认为，王某转移资金的行为侵害了公司及债权人的合法权益，管理人有权并且也有义务去追回并将其纳入破产财产的范围。另鉴于嘉兴朗图电子有限公司现已确认的普通债权为272,963.5元，进入破产程序后还会产生相关破产费用，法院判决支持原告主张向被告王某追回32万元的请求。

（三）截留型

裁判要旨：董事、监事、高级管理人员利用职权占有公司财产且未能举证证明具有合法依据的，其行为损害公司的利益，损害公司债权人的共同清偿利益，应向公司返还并支付相应的利息。

案例5 ｜ (2021)鲁0211民初6542号

［审理法院］

山东省青岛市黄岛区人民法院

［案情简介］

2020年9月16日，山东省青岛市黄岛区人民法院裁定受理青岛清正新型建材有限公司（以下简称清正公司）破产重整申请并于9月22日指定破产管理人。股东孙某清任清正公司的董事、法定代表人。

2017年3月，清正公司（出租方）与王某（承租方）签订企业租赁经营合同一份,约定王某取得清正公司 2017 年 3 月 1 日至 2024 年 2 月 28 日的经营权,每月租金 40 万元,由王某每月 19 日前以现金或银行转账的方式支付给清正公司或指定的收款人。

2017 年 8 月 25 日,山东森泰源市政园林建设集团有限公司(甲方)、清正公司(乙方)与王某(丙方)签订协议书,三方约定自 2017 年 10 月 1 日起,王某将应支付给清正公司的租赁费直接支付给山东森泰源市政园林建设集团有限公司,收到租金费后,首先支付给孙某清部分生活费用,余款用于陆续归还清正公司的贷款本息,直至山东森泰源市政园林建设集团有限公司为清正公司在金融机构提供担保的贷款本息归还完毕时止。

协议签订后,王某依约向山东森泰源市政园林建设集团有限公司支付了租金。2017 年 10 月 20 日至 2019 年 12 月 9 日,孙某清委派韩某振从山东森泰源市政园林建设集团有限公司领取款项共计 1,280,000 元。2021 年 3 月 17 日,清正公司管理人与韩某振谈话并形成书面笔录,韩某振表示:孙某清委托其从山东森泰源市政园林建设集团有限公司领取的 1,280,000 元按照孙某清要求进行了处理,没有转到清正公司账户。

[裁判观点]

法院认为,孙某清利用其清正公司股东及法定代表人的身份,将应属于清正公司的租金 1,280,000 元委托韩某振领取后未划入清正公司账户,而是按其要求进行了处理。孙某清领取租金 1,280,000 元的行为,损害了清正公司的利益,应将相应款项返还清正公司。孙某清未到庭参加诉讼,并拒绝返还 1,280,000 元租金,故孙某清应自起诉之日即 2021 年 3 月 1 日起至实际返还款项之日止,参照全国银行间同业拆借中心公布的贷款市场报价利率向清正公司支付利息。

孙某清主张股东享有对公司的所有权、控制公司的经营权,作为股东的孙某清有权决定清正公司经营权是否出租并收取租金,不应返还清正公司 1,280,000 元租金的抗辩意见。孙某清作为清正公司股东,有权根据股东身份参与清正公司经营利润分配,但孙某清未经过法定程序直接将清正公司收入用于个人生活消费,明显损害了清正公司利益,故法院对孙某清的上述答辩意见不予采纳。

（四）其他

裁判要旨：董事、监事、高级管理人员利用职权、通过各种手段占有公司财产且没有合法依据或未能举证证明具有合法依据的，其行为损害公司的利益，应返还公司财产。

案例6 ｜ （2020）渝0153民初334号

［审理法院］

重庆市荣昌区人民法院

［案情简介］

2018年1月23日，重庆市荣昌区人民法院裁定受理贝博公司强制清算案，并于2018年5月28日指定北京大成（重庆）律师事务所为清算组。

股东李某兰为贝博公司法定代表人，职务为执行董事，任职期间与公司发生如下交易往来：（1）2013年7月19日通过案外人周某惠从贝博公司取走125,000元；（2）收取案外人赵某向贝博公司投资的480,000元；（3）2014年12月18日至2016年7月27日，贝博公司向其个人账户转账的49,471元；（4）2013年10月24日至2013年11月11日，贝博公司财务人员刘某旭将贝博公司财产56,512元转至其账户。

贝博公司清算组起诉李某兰向公司返还财产710,983元。

［裁判观点］

法院认为：（1）关于2013年7月19日通过案外人周某惠从贝博公司取走的125,000元，被告李某兰当庭认可收到款项的事实，称已将该款项转至案外人许某琳名下但不能举证证明该主张，由其自行承担举证不能的法律后果。（2）2014年12月18日至2016年7月27日，贝博公司向被告个人账户转账的49,471元，被告李某兰不能举证证明其将上述款项向其他人支付或用于公司经营，自行承担举证不能的法律后果。（3）2013年10月24日至2013年11月11日，贝博公司财务人员刘某旭转至被告账户的56,512元，被告李某兰称确实收到并用于发放工资，但其不能举证证明其主张，故依法由其承担举证不能的法律责任。（4）关于案外人赵某交付给被告李某兰的480,000元，该笔款项属于赵某向贝博公司支付的投资款，属于贝博公司的财产。被告李某兰收取上述投资款后未向公司提交,侵占公司财产。

综上,依照《公司法》(2018 年)第 184 条,《企业破产法》第 36 条、《民事诉讼法》(2017 年)第 64 条第 1 款之规定,被告李某兰应返还原告贝博公司 710,983 元。

案例 7 ｜ (2023)辽 01 民终 7584 号

[审理法院]

辽宁省沈阳市中级人民法院

[案情简介]

2019 年 4 月 2 日,沈阳市铁西区人民法院作出(2019)辽 0106 破申 3 号民事裁定受理申请人株式会社 JRC 对被申请人沈阳皆爱喜输送设备有限责任公司(以下简称皆爱喜公司)的破产清算申请,并于 2019 年 4 月 4 日指定破产管理人。

被告杜某鹏系原告皆爱喜公司的法定代表人,职务为董事长,是一名董事。其通过向其他董事发送公司当年的审计报告、财务报表等材料的形式将工资从 29,800 元调整到 50,400 元,但未履行召开董事会前通知其他股东、召开时制作会议记录、会后董事在会议记录上签字等召开董事会的相应程序。

根据原告皆爱喜公司《2016 年 12 月、2017 年 1 ~ 12 月工资表》《2018 年 1 ~ 12 月工资表》,被告杜某鹏在 2017 年 2 月之前固定工资 29,800 元,所属期间工龄工资 400 元。2017 年 2 ~ 5 月工资 50,400 元,2017 年 6 ~ 12 月工资 50,450 元,2018 年 2 ~ 5 月工资 50,450 元,2018 年 6 ~ 12 月工资 50,500 元。其中,2017 年 8 月工资 28,450 元,2018 年 1 月工资 100,450 元。被告杜某鹏从公司多领取的工资总计 495,650 元。

另外,根据辽宁光明会计师事务所有限责任公司作出的《沈阳皆爱喜输送设备有限公司专项审计报告》及不动产登记查询证明,皆爱喜公司自 2015 年 1 月到 2017 年 10 月向杜某鹏所有的两处房屋:沈河区沈水路 600 - 1 号、浑南新区临波路 10 - 7 号支付房屋租金共计 564,000 元。

[裁判观点]

法院认为,第一,杜某鹏工资调整事项未按照章程约定,未经董事会表决通过,系滥用职权获取的非正常收入,符合《企业破产法》第 36 条应予返还的情形。第二,被告利用职权便利将公司款项通过房租报销的形式转至个人名下,主张上述款项系公司对于企业高管的一种福利和补贴。但是，为企业高管以房屋租金形式发放福利和补贴既不符合《劳动合同法》的规定，也违背企业章程规定的发放程序。而且该款项的支出应该经过召开董事会或者以明确的文件传阅形式正式达成合意来确认，而被告主张通过递交财务报表的形式作为文件传阅来达成董事会决议不能支撑该项费用程序上的合理支出，符合《企业破产法》第36条予以返还的情形。综上，被告应向原告返还上述495,650元和564,000元。

二、绩效奖金型

裁判要旨：在债务人企业出现资不抵债、丧失清偿能力等破产原因时，债务人的董事、监事和高级管理人员基于其特殊身份或依职权所获得的绩效奖金等收入应认定为非正常收入，应向公司返还上述非正常收入。

案例8 ｜ (2021)湘01民终15612号

[审理法院]

湖南省长沙市中级人民法院

[案情简介]

2020年7月9日，长沙市中级人民法院作出(2020)湘01破申37号民事裁定书，裁定受理南方搏云公司破产清算案，并于2020年7月24日作出(2020)湘01破16号决定书指定破产管理人。

张某任南方搏云公司副总经理，南方搏云公司分别于2020年2月11日、3月11日通过广发银行向张某转账2笔，每笔金额均为5258元，合计10,516元，每笔交易类型均为工资发放，对应的转账附言分别为1月高管绩效预发、2月高管绩效预发。

破产管理人在履职过程中，认为张某于2020年1月至2月获得的10,516元性质为绩效奖金，属于非正常收入，应予追回，遂诉至法院。

[裁判观点]

法院认为：(1)中兴财光华(京)审会字[2020]第01036号《审计报告》及大信专审〔2020〕27－00032号《清产核资专项审计报告》均显示南方搏云公司的全部资产不足以偿付全部负债，且南方搏云公司清算组亦以南方搏云公司已具备破产原因,无法正常完成自行清算为由向法院申请破产清算,故南方搏云公司主张2019年12月31日已具有破产原因。(2)企业根据生产经营特点和经济效益可以依法自主确定绩效奖金,南资公司核定的领导人员薪酬结构包括基本年薪、绩效年薪、专项奖励,其中绩效年薪以基本年薪为基数,根据绩效考核成绩和相应的绩效年薪系数计算。根据2020年9月14日,南资公司党委审议通过的《关于湖南南方搏云新材料股份有限公司领导人员2020年度年薪收入的通知》明确未承担清算相关主要工作的人员,原则上不发放绩效年薪。张某虽系南方搏云公司的高级管理人员及公司清算组成员,但根据《2020年度控股企业领导人员年薪收入备案表》,南资公司对张某的绩效考核并无考核结果,也未核定张某的绩效年薪分配比例,绩效年薪当期兑现额确定为0元。(3)在张某未举证证明其完成了绩效指标考核任务并承担了与公司清算有关的主要工作的情况下,南方搏云公司向其预发的绩效年薪10,516元无事实依据和法律依据。综上,上述预发的绩效年薪不属于张某的正常收入,应向公司返还。

案例9 | (2020)云2504民初3812号

[审理法院]

云南省弥勒县人民法院

[案情简介]

2019年12月30日,云南省弥勒县人民法院作出(2019)云2504破申1号民事裁定书,裁定受理弥勒市农业农村和科学技术局及杨某福等264人对力生公司的破产清算申请,并于同日指定破产管理人。

力生公司自2017年12月1日起停产并对全体员工放假;2017年8月3日,云南省弥勒县人民法院作出(2017)云2504执380号执行裁定书,对弥勒市人民政府糖业办公室申请执行力生公司案裁定终结本次执行程序。另外,张某琼为力生公司总经理,于2017年12月至2019年7月从原告力生公司处领取3480元/月的绩效工资,合计69,600元。

[裁判观点]

法院认为:(1)原告力生公司自2017年12月1日起具有破产原因。(2)被告领取的绩效工资应当与企业利润相挂钩,在企业已具备破产原因的情形下,已无向职工发放绩效工资的基础。综上,被告张某琼自2017年12月至

2019 年 7 月领取的绩效工资应属非正常收入的范畴，应向公司返还。

三、普遍拖欠职工工资情况下获取的工资性收入型

裁判要旨：在债务人企业出现资不抵债、丧失清偿能力等破产原因时，债务人的董事、监事和高级管理人员基于其特殊身份或依职权在债务人企业普遍拖欠职工工资情况下获取的工资性收入应认定为非正常收入，应向公司返还上述非正常收入。

案例 10 ｜ （2022）桂 0328 民初 296 号

［审理法院］

广西壮族自治区龙胜各族自治县人民法院

［案情简介］

自 2014 年 10 月起恭城恒兴公司就开始拖欠公司职工的工资，恭城恒兴公司大部分工程也于 2015 年开始处于停工状态。桂林市中级人民法院于 2020 年 1 月 6 日作出（2020）桂 03 破申 1 号民事裁定书，裁定受理苏某对恭城恒兴公司的破产清算申请，并于 2020 年 2 月 15 日指定破产管理人。

被告钟某达为恒兴公司的董事、副总经理，在 2015 年 4 月至 2016 年 11 月，从恭城恒兴公司领取工资 56, 185 元；以吴某远名义从恭城恒兴公司领取工资 31, 375 元；以王某平名义从恭城恒兴公司领取工资 19, 820 元；以俸某敏名义从恭城恒兴公司领取工资 24, 775 元；以吴某兵名义从恭城恒兴公司领取工资 24, 775 元；以杨某俊名义从恭城恒兴公司领取工资 46, 840 元。以上合计 203, 770 元。另外，2018 年 8 月 6 日，原告与广西磊大投资有限公司签订“恭城《茶江名城》委托管理合同”，广西磊大投资有限公司依合同向原告指定的临时账户余某弟转账 10 万元，而被告钟某达用此款向其本人支付 2018 年 1～12 月的工资每月 4000 元，共计 48, 000 元。上述款项共计 251, 770 元。

［裁判观点］

法院认为，2014 年 10 月起恭城恒兴公司就开始拖欠公司职工的工资，大部分工程也于 2015 年开始处于停工状态。被告在公司普遍拖欠职工工资情形下仍领取工资 203, 770 元，及将桂林百节电子商务有限公司支付的 10 万元启动资金，给自己发放工资 48, 000 元。故上述 251, 770 元属非正常收入，为原告

的财产,被告应向公司返还。

案例11 | (2020)苏0509民初14013号

[审理法院]

江苏省苏州市吴江区人民法院

[案情简介]

2020年8月4日,苏州市吴江区人民法院裁定受理对罗珏公司的破产清算申请,并指定破产管理人。

史某清自2014年9月6日起担任罗珏公司监事职务,虽然名义上于2017年10月24日被免去该职务,但其仍在该公司工作,且从罗珏公司的货款、员工费用报销等财务流程看,其享有罗珏公司财务负责人的权力,是罗珏公司的高级管理人员。史某清任职期间税后工资为25,600元/月。2020年4月22日、2020年6月2日,罗珏公司分3笔向史某清发放2020年2月、3月工资合计51,200元。

[裁判观点]

法院认为,罗珏公司不能清偿到期债务,并且明显缺乏清偿能力,但史某清作为罗珏公司高级管理人员利用职权在普遍拖欠职工工资情况下获取工资51,200元,属于非正常收入,应向公司返还。

四、其他非正常收入

裁判要旨:在债务人企业出现资不抵债、丧失清偿能力等破产原因时,债务人的董事、监事和高级管理人员利用其特殊身份或依职权通过违规分红等形式获取公司财产的,属于其非正常收入,应向公司返还。

案例12 | (2019)浙10民终593号

[审理法院]

浙江省台州市中级人民法院

[案情简介]

2016年8月17日、浙江省三门县人民法院作出(2016)浙1022破申1号民事裁定书,裁定受理李某燕、王某平对台州天安砂石有限公司的破产清算申请并于2016年9月29日作出(2016)浙1022破1-2号决定书指定破产管理人。2016年12月30日,因原告资不抵债,不能清偿到期债务、浙江省三门县人民法院裁定宣告其破产。

被告陈某玉、甄某花为夫妻,原告天安公司与案外人丁某连及被告甄某花于2013年3月19日签订了一份股权转让协议,约定由案外人丁某连及被告甄某花受让原告天安公司的30.0612%股权。2013年4月3日、经工商变更登记确认被告陈某玉享有原告20.0608%的股权。2014年9月至2016年7月,原告处于亏损状态,而被告陈某玉从原告处共收取股东分红款11,272,073.98元。

[裁判观点]

法院认为,《公司法》(2018年)第166条第1款、第2款规定,公司分配当年税后利润时,应当提取利润的10%列入公司法定公积金,公司的法定公积金不足以弥补以前年度亏损的,在依照前款规定提取法定公积金之前,应当先用当年利润弥补亏损。原告天安公司在处于亏损状态且未弥补亏损和提取法定公积金的情形下,被告等股东故意绕开公司的账户,选择通过甄某良及许某燕等个人账户进行分红,应当推定被告等人在明知原告处于亏损状态下违规分红。综上,被告陈某玉必须将从原告处违规分红所得11,272,073.98元退还公司。

案例13 ｜ (2023)鲁0323民初7号

[审理法院]

山东省沂源县人民法院

[案情简介]

2019年12月23日,淄博市中级人民法院作出(2019)鲁03破申37号民事裁定书,裁定受理沂源县宝丰粮油有限公司的破产重整申请,并将该案交沂源县人民法院审理,沂源县人民法院于2021年1月15日作出(2021)鲁0323破1号决定书指定管理人。

法院查明,重整期间管理人接管该企业后,聘请沂源源大有限责任会计师事务所对宝丰公司的财务状况进行审计。经审计发现,宝丰粮油账面记载自2008年起,账上以工资表的形式分三笔转入沈某清、李某兰等11人账户资金合计9,479,598.00元。2020年12月31日将以上资金9,479,598.00元及挂账利息 4,665,624.00 元,合计 14,145,222.00 元,从其他应收款科目转入管理费用科目。2014 年 4 月 2 日、2014 年 7 月 24 日、2014 年 12 月 7 日、2021 年 12 月 1 日沂源县公安局经侦大队对被告李某兰以涉嫌职务侵占罪分别进行询问,并于2014 年7 月10 日作出源公诉字〔2014〕00222 号起诉意见书表明2008 年、2009 年、2010 年沂源县宝丰粮油有限公司沈某清等 11 名领导班子成员,利用职务上的便利,未经公司全体股东开会表决同意,分三次利用发工资的名义私分公司资金达 9,479,598.00 元,获取的资金实际是分别按照其股权的 60%、70%、100% 的比例进行分配:(1)其中李某兰 2008 年 7 月发放 309,000.00 元,2009 年 7 月发放 360,500.00 元,2010 年 6 月发放 515,000.00 元,累计获取 1,184,500.00 元;(2)沈某清累计发放 2,352,437.00 元;(3)唐某旭累计发放 920,044.00 元;(4)周某涛累计发放 898,380.00 元;(5)徐某和累计发放 698,970.00 元;(6)王某累计发放 920,015.00 元;(7)唐某累计发放 138,551.00 元;(8)杨某剑累计发放 710,081.00 元;(9)刘某士累计发放 127,500.00 元;(10)王某升累计发放 1,118,800.00 元;(11)江某礼累计发放 410,320.00 元。

当时公司处于亏损状态,为了公司的亏损显得更小,当时的法定代表人安排会计王某将上述资金列入公司的其他应收款。

另查明,被告李某兰在 2008～2010 年任沂源县宝丰粮油有限公司监事会成员。被告陈某玉、甄某花为夫妻,原告天安公司与案外人丁某连及被告甄某花于 2013 年 3 月 19 日签订了一份股权转让协议,约定由案外人丁某连及被告甄某花受让原告天安公司的 30.0612% 股权。2013 年 4 月 3 日、经工商变更登记确认被告陈某玉享有原告 20.0608% 的股权。2014 年 9 月至 2016 年 7 月,原告处于亏损状态,而被告陈某玉从原告处共收取股东分红款 11,272,073.98 元。

[裁判观点]

法院认为,《公司法》(2018 年)第 147 条第 2 款规定,董事、监事、高级管理人员应当遵守法律、行政法规和公司章程,对公司负有忠实义务和勤勉义务,不得利用职权收受贿赂或者其他非法收入,不得侵占公司的财产。第一,本案中被告李某兰作为原告宝丰公司的监事,在公司经营期间,未经公司全体股东开会表决同意,分三次利用发工资的名义私分公司资金,获取的资金实际是分别按照其股权的 60%、70%、100% 的比例进行分配,其中 2008 年 7 月发放 309,000.00 元,2009 年 7 月发放 360,500.00 元,2010 年 6 月发放 515,000.00

元,累计1,184,500.00元,2020年12月31日将以上资金,从其他应收款科目转入管理费用科目。故而该部分款项视为被告李某兰侵占,应作为被告李某兰的非正常收入予以返还。李某兰辩称涉案行为发生时原告并未出现破产原因,涉案行为发生时原告是否出现破产原因与该行为的定性无直接因果关系;李某兰辩称并未通过涉案行为获得收入,但会计资料显示原告宝丰公司已经向李某兰等11名董监事发放现金,且被告自认领取该报酬的方式为现金、割账及抵顶购房款等,即便其没有全部领取现金,但其通过上述各种方式均已获得了同等货币价值的利益,被告也未提供反证予以证明,因此被告的辩称意见不成立,法院不予采纳;被告李某兰辩称原告亦为普通员工出具欠付工资书面凭证的行为与本案无关。据此,原告的诉讼请求有事实和法律依据,法院予以支持。第二,关于利息问题,原告要求按月息1.5%计算,无事实和法律依据,被告占有原告资金期间,被告应按同期银行贷款利率赔偿原告经济损失。

笔者观点

一、争议焦点

(一)董事、监事及高级管理人员身份认定

《企业破产法》第36条规定:“债务人的董事、监事和高级管理人员利用职权从企业获取的非正常收入和侵占的企业财产,管理人应当追回。”在追收企业人员非正常收入纠纷中,如何认定董事、监事和高级管理人员在司法实践中具有重要的现实意义。

《公司法》第八章专章设置了“公司董事、监事、高级管理人员的资格和义务”,董事、监事及高级管理人员有着特殊的管理职权和对应的忠实勤勉义务。其重要性不言而喻。根据《公司法》第265条的规定,高级管理人员,是指公司的经理、副经理、财务负责人,上市公司董事会秘书和公司章程规定的其他人员。此外,证券监督管理委员会、人民银行、证券交易所等相关部门出台专门的规章制度,对证券公司、期货公司、保险公司、金融控股公司、上市公司等特殊类型公司的董事、监事和高级管理人员任职资格和监督管理等重大内容进行了详

细的规定。

《公司法》等法律法规对于董事、监事和高级管理人员的规定相对比较完善和详细。然,由于商事活动的复杂多样性和不断发展,实践中常常出现诸如公司总监、主管、首席等各式职位、身处管理岗位并享有管理职权但并不具有法律或章程规定的高级管理人员身份、股权代持情形下形式上显名股东为高级管理人员而实际上由隐名股东行使相关权力、未在章程中进行明确规定但通过决议或决议性文件等将某些岗位定义为高级管理人员且进行授权等纷繁复杂的情形,导致董事、监事及高级管理人员的认定复杂。

司法实践中对于董事、监事及高级管理人员的认定存在一定的争议。一类观点认为应当采取形式审查标准,依据公司章程、《公司法》第265条的规定进行认定。另一类观点则主张采取实质审查标准,认为应综合劳动合同、岗位名称、职权、薪酬、任职程序等要素实质审查并在实践中发展和细化出了多种审查要素。

笔者认为,根据商事外观主义原则,首先应根据《公司法》第265条所列举的经理、副经理、财务负责人,上市公司董事会秘书和公司章程中记载的董事、监事及高级管理人员来认定。例如在股权代持情形下,公司章程等工商材料中记载的显名股东应当承担返还财产的责任,至于其是代他人代持股权且实际由隐名股东实施侵占行为或未取得非正式收入的抗辩理由不能对抗善意的第三方。

若经形式审查发现相关人员既非《公司法》第265条规定的经理、副经理、财务负责人,上市公司董事会秘书,也非公司章程中明确记载的董事、监事及高级管理人员,应根据其职责范围、管理范围、汇报对象、层级结构中的位置、薪金报酬标准、非正常收入款项的去向等多个因素进行实质审查确定是否为高级管理人员。例如,身处管理岗位并享有管理职权但并不具有法律或章程规定的高级管理人员身份、未在章程中进行明确规定但通过决议或决议性文件等将某些岗位定义为高级管理人员且进行授权等情形。

例如,在苏州罗珏服装有限公司与史某清追收非正常收入纠纷案[(2020)苏0509民初14013号]中,根据公司相关材料,史某清因刑事犯罪已于2017年10月24日被免去职务。关于其是否为高级管理人员,法院认为史某清自2014年9月6日起担任罗珏公司监事职务,虽然名义上于2017年10月24日被免去该职务,但其仍在该公司工作,且从罗珏公司的货款、员工费用报销等财务流程看,其享有罗珏公司财务负责人的权利,因此认定史某清属于罗珏公司高级管理人员。

(二)公司出现破产原因时间点的界定

在追收董事、监事和高级管理人员利用职权从企业获取的非正常收入时,由于公司高级管理人员利用职权获得的工资、绩效奖金等具有长期连续性,破产企业出现破产原因时间点的确定对于非正常收入与否的定性问题和非正常收入的定量问题都具有重要意义。

《企业破产法》第 2 条第 1 款规定:"企业法人不能清偿到期债务,并且资产不足以清偿全部债务或者明显缺乏清偿能力的,依照本法规定清理债务。"可见,企业出现破产原因的标准为:(1)企业法人不能清偿到期债务并且资产不足以清偿全部债务。(2)企业法人不能清偿到期债务并且明显缺乏清偿能力。

对于企业法人不能清偿到期债务的判断,最高人民法院《关于适用〈中华人民共和国企业破产法〉若干问题的规定(一)》第 2 条规定:"下列情形同时存在的,人民法院应当认定债务人不能清偿到期债务:(一)债权债务关系依法成立;(二)债务履行期限已经届满;(三)债务人未完全清偿债务。"

对于企业资产不足以清偿全部债务的判断,最高人民法院《关于适用〈中华人民共和国企业破产法〉若干问题的规定(一)》第 3 条规定:"债务人的资产负债表,或者审计报告、资产评估报告等显示其全部资产不足以偿付全部负债的,人民法院应当认定债务人资产不足以清偿全部债务,但有相反证据足以证明债务人资产能够偿付全部负债的除外。"

对于企业明显缺乏清偿能力的判断,最高人民法院《关于适用〈中华人民共和国企业破产法〉若干问题的规定(一)》第 4 条规定:"债务人账面资产虽大于负债,但存在下列情形之一的,人民法院应当认定其明显缺乏清偿能力:(一)因资金严重不足或者财产不能变现等原因,无法清偿债务;(二)法定代表人下落不明且无其他人员负责管理财产,无法清偿债务;(三)经人民法院强制执行,无法清偿债务;(四)长期亏损且经营扭亏困难,无法清偿债务;(五)导致债务人丧失清偿能力的其他情形。"

(三)认定非正常收入是否以董事、监事、高级管理人员对企业出现破产原因有认识为前提要件

司法实践中对于是否将董事、监事及高级管理人员对企业破产原因存在主观认识作为认定非正常收入的前提要件存在两种不同的观点:第一种观点认为,根据主客观相一致原则,应以董事、监事及高级管理人员对企业出现破产原因有认识为前提。第二种观点认为,追收董事、监事及高级管理人员非正常收入时要求企业客观上出现破产原因,但并不以董事、监事及高级管理人员对企业出现破产原因有认识为前提。

例如,在(2018)苏10民终3130号案件中,江苏省扬州市中级人民法院认为:“对于周某忠主张其本人并非股东,作为普通劳动者无权查阅三叶公司财务报表,对三叶公司在何时资不抵债并不知情的上诉理由,本院认为,周某忠作为三叶公司副总经理,属于三叶公司高级管理人员,对企业高级管理人员而言,其绩效奖金是与企业当年的整体经营利润相挂钩的。在企业法人不能清偿到期债务,且资产不足以清偿全部债务或者明显缺乏清偿能力的情形下,企业高级管理人员在客观上已经丧失了获取绩效奖金的基础,故对于董事、监事和高级管理人员利用职权从企业获取的非正常收入的认定,并不以其对企业资不抵债具有主观认识为前提。”

笔者赞同第二种观点,最高人民法院《关于适用〈中华人民共和国企业破产法〉若干问题的规定(二)》第24条规定:“债务人有企业破产法第二条第一款规定的情形时,债务人的董事、监事和高级管理人员利用职权获取的以下收入,人民法院应当认定为企业破产法第三十六条规定的非正常收入……”首先,根据文义解释方法,认定董事、监事及高级管理人员非正常收入要求债务人在客观上出现破产情形,并未要求董事、监事及高级管理人员对此有主观上的认识。另外,根据目的解释,法律规定追收破产企业董事、监事及高级管理人员非正常收入的根本目的在于公平处理债务人债权债务,公平分配债务人的有限财产。然而,如果要求高级管理人员对企业破产原因存在主观认识,极有可能导致相关人员均以其对企业破产原因不知情为由进行抗辩,而破产管理人难以举证证明董事、监事及高级管理人员对此有主观认识,最终很可能导致立法目的落空。

二、律师建议

首先，债务人的董事、监事和高级管理人员利用职权从企业获取的非正常收入和侵占的企业财产是对债务人财产的侵犯，应当予以追回并将其纳入债务人财产的范围。管理人在人民法院受理破产申请指定管理人后，应当接管债务人的所有财产，并在破产程序进行期间负责管理和处分债务人的财产，其有权利并且也有义务对上述企业人员的非正常收入进行追收。

对于董事、监事及企业高管的非正常收入的追回，管理人注意做好以下三点工作：(1)应当在接管企业之后立即开始调查债务人的资产负债表等，确定破产企业破产原因出现的准确时间并以此为起点调查“董、监、高”的财务账册、工资发放表以及自前一年至破产宣告当年的企业平均工资，核实工资的发放情况等。(2)若发现董事、监事、高级管理人员获取非正常收入，应尽快向其发放书面通知，要求其在规定的时间内向管理人予以说明并返还相应财产；另外应明确告知其不及时向管理人说明并返还相应财产的后果，如管理人将代表债务人向受理破产申请的法院提起诉讼，追究其法律责任等。(3)管理人向董事、监事、高级管理人员寄发书面通知书后，如果董事、监事、高级管理人员在规定的时间内不予答复或者拒绝向管理人返还相应财产，管理人有权且有义务向受理破产申请的人民法院提起诉讼，要求董事、监事、高级管理人员返还相应财产。

其次，建议企业在经营过程当中应当严格遵守《公司法》等相关法律、行政法规的规定，遵守社会公德、商业道德，诚实守信，接受政府和社会公众的监督，承担社会责任：(1)依法制定企业的章程等材料；(2)定期召开股东会或者股东大会、董事会等会议并形成相关会议记录，会议召集程序、表决方式、内容等均不得违反法律、行政法规或者公司章程的规定；(3)依照法律、行政法规和国务院财政部门的规定建立本公司的财务、会计制度，按要求编制财务会计报告、完成会计师事务所审计工作、依法履行向股东或社会披露等工作；(4)应当设立企业专用账户、严格区分企业与董事、监事及高级管理人员等企业人员的行为与财产，杜绝出现混同情形；(5)妥善整理和保存企业所有的会计账簿、发票等财务及合同等其他资料，以免后续发生追收相关人员非正常收入纠纷时出现举证困难、承担举证不能责任的情形。

最后,针对企业人员而言,董事、监事、高级管理人员等企业人员应当遵守法律、行政法规和公司章程,履行忠实义务和勤勉义务,不得利用职权收受贿赂或者其他非法收入,不得侵占公司的财产。具体而言,在企业经营当中,企业人员不得挪用公司资金;将公司资金以其个人名义或者以其他个人名义开立账户存储;违反公司章程的规定,未经股东会、股东大会或者董事会同意,将公司资金借贷给他人或者以公司财产为他人提供担保;违反公司章程的规定或者未经股东会、股东大会同意,与本公司订立合同或者进行交易;未经股东会或者股东大会同意,利用职务便利为自己或者他人谋取属于公司的商业机会,自营或者为他人经营与所任职公司同类的业务;接受他人与公司交易的佣金归为己有等。

我们可以发现,在不少案例中,董事、监事及高级管理人员等企业人员存在企业与个人行为及财产难以区分、企业人员代收企业应收账款、垫付对外债务、用个人账户支付企业在日常经营过程当中产生的租金、会计费等费用后企业再向其支付相应费用等情形。然而,若产生追收企业人员非正常收入之纠纷,董事、监事及高级管理人员等企业人员应承担未侵占企业财产或获得非正常收入的举证责任。若没有保留足够的证据,届时需承担举证不能的责任。因此,笔者建议严格区分企业与企业人员个人的行为、账户及财产,企业的所有开支坚持公对公支付,减少代付、垫付等情形发生。同时一旦发生相关行为,应当及时履行符合财务规范要求的报销流程,及时报销并保存相关的证据材料。

14

管理人责任纠纷

陈龙飞

规定索引

《中华人民共和国企业破产法》

第二十三条第一款　管理人依照本法规定执行职务，向人民法院报告工作，并接受债权人会议和债权人委员会的监督。

第二十五条　管理人履行下列职责：

（一）接管债务人的财产、印章和账簿、文书等资料；

（二）调查债务人财产状况，制作财产状况报告；

（三）决定债务人的内部管理事务；

（四）决定债务人的日常开支和其他必要开支；

（五）在第一次债权人会议召开之前，决定继续或者停止债务人的营业；

（六）管理和处分债务人的财产；

（七）代表债务人参加诉讼、仲裁或者其他法律程序；

（八）提议召开债权人会议；

（九）人民法院认为管理人应当履行的其他职责。

本法对管理人的职责另有规定的，适用其规定。

第二十七条　管理人应当勤勉尽责，忠实执行职务。

第一百三十条　管理人未依照本法规定勤勉尽责，忠实执行职务的，人民法院可以依法处以罚款;给债权人、债务人或者第三人造成损失的,依法承担赔偿责任。

《最高人民法院关于适用〈中华人民共和国企业破产法〉若干问题的规定(二)》

第九条第二款 管理人因过错未依法行使撤销权导致债务人财产不当减损,债权人提起诉讼主张管理人对其损失承担相应赔偿责任的,人民法院应予支持。

第二十三条 管理人或者相关人员在执行职务过程中,因故意或者重大过失不当转让他人财产或者造成他人财产毁损、灭失,导致他人损害产生的债务作为共益债务,由债务人财产随时清偿不足弥补损失,权利人向管理人或者相关人员主张承担补充赔偿责任的,人民法院应予支持。

上述债务作为共益债务由债务人财产随时清偿后,债权人以管理人或者相关人员执行职务不当导致债务人财产减少给其造成损失为由提起诉讼,主张管理人或者相关人员承担相应赔偿责任的,人民法院应予支持。

问题的提出

管理人在企业破产程序中承担重要职能。依据《企业破产法》第 25 条,管理人需要全面接管债务人财产、调查债务人财产状况、决定债务人内部管理事务等。可见,管理人是破产程序的重要推动者和破产事务的具体执行者。《企业破产法》既给予了管理人广泛的权利,也规定了管理人应当勤勉尽责、忠实执行职务,同时对管理人违反上述义务所应承担的责任予以明确,实现了管理人权利、义务、责任的统一。

管理人责任纠纷为民事责任纠纷,理论界对于管理人责任纠纷普遍存在违约责任说和侵权责任说两种。违约责任说认为,管理人承担责任的基础是因为违反了契约义务。在德国破产法、日本破产法中均有管理人违约责任的规定。破产管理人是破产财团的代表,破产管理人和破产财团之间存在契约责任,破产管理人是法院选定的破产财团的独立执行机关,代表破产财团执行法定职务。如果认定破产管理人和破产财团之间存在契约关系,则可以按照违约责任追究管理人的民事责任。侵权责任说则认为,若要认定管理人的违约责任,需破产管理人和法院或者是破产管理人和债务人之间存在契约关系。但是我国破产管理人由法院指定,处于中立地位,独立履行职责,管理人并未和法院、债权人、债务人签订任何服务协议。管理人既不是受托人也不是代理人,故认定管理人的违约责任缺乏事实基础。在我国《企业破产法》的框架下,破产管理人并不隶属于任何主体,其职责并不来自合同约定,而是来自法律规定。如《企业破产法》第 27 条规定:管理人应当勤勉尽责,忠实执行职务;《企业破产法》第 130 条规定,管理人未依照本法规定勤勉尽责,忠实执行职务的,人民法院可以依法处以罚款;给债权人、债务人或者第三人造成损失的,依法承担赔偿责任。可见管理人的勤勉义务和忠实义务来自于法律的强制性规定。此外,最高人民法院《关于适用〈中华人民共和国企业破产法〉若干问题的规定(二)》(以下简称《企业破产法解释二》)第 9 条、第 33 条均有对于管理人承担责任的规定。因此,管理人责任属于侵权责任。

目前司法实务层面,普遍认为管理人责任属于侵权责任,即管理人违反勤勉、忠实义务,不当履行职责,给债权人、债务人或者第三人造成损失时,受害人有权要求管理人承担民事赔偿责任。在一般过错侵权责任情形中,责任构成要件有四个:一是侵权人实施了侵权行为;二是侵权人实施行为有过错;三是被侵权人产生了损害结果;四是侵权行为与损害结果之间有因果关系。具体到管理人责任纠纷案件中,根据目前的司法裁判精神,判决管理人需承担赔偿责任需要满足以下条件:(1)管理人客观上实施了违反勤勉尽责义务和忠实义务的行为;(2)因管理人的不当行为对债权人、债务人或第三人造成了损失;(3)管理人的不当行为与债权人、债务人或第三人所遭受的损失之间存在一定范围的因果关系;(4)管理人在主观上存在故意或过失。但具体而言,破产管理人是否履行忠实、勤勉义务,其判断标准如何?当管理人违反勤勉、忠实义务,不当履行职责时,法院判决承担赔偿责任的赔偿标准又应当如何确定?鉴于目前法律对此尚无统一定论,本文拟通过结合管理人责任纠纷案由下的典型案例,对上述问题进行归纳总结。

司法实践

一、管理人违反忠实、勤勉义务的判断标准

1. 如果破产管理人在保管、评估、拍卖、变现、移交破产财产等各环节不存在过错行为与违法情形，人民法院应当认定破产管理人没有违反勤勉义务。

案例1 | (2021)最高法民申1207号

[案情简介]

2018年5月2日，嘉峪关市某啤酒花种植有限公司因无法按期偿还到期债务向甘肃省嘉峪关市中级人民法院(以下简称嘉峪关中院)提出破产清算申请。该院裁定受理兴盛公司破产清算，指定甘肃某律师事务所担任嘉峪关市某公司破产管理人。

该律所接受指定后，对某银行的担保财产进行了审计和评估作价。管理人在司法拍卖网络平台先后针对该担保财产进行了多轮拍卖，均流拍。其间，管理人也将拍卖信息通过微信公众号、微信朋友圈及多家媒体发布了拍卖公告信息，但该担保财产未能成功变现。

之后管理人就担保债权以实物进行优先受偿的事宜与某银行等4家担保权人进行面谈，并送达了《关于担保权以实物优先受偿的通知书》。在约谈笔录中，某银行明确表示同意以实物优先受偿其担保债权，但对3号冷库的受偿数量和2号冷库的抵押数量提出异议。

债务人第三次债权人会议上，通过了《嘉峪关市某啤酒花种植有限公司破产清算案破产财产分配方案》等议案，案涉担保财产清偿某银行的债权15,115,033.28元，剩余债权共计11,470,207.72元列为普通债权，并按照分配方案确定的清偿比例进行清偿，某银行获偿的金额为525,798.91元，同时扣除其应承担的评估费、审计费、管理人报酬219,860.32元。

之后某银行向嘉峪关中院起诉，认为管理人在未经债权人会议对破产财产分配方案进行审议通过和人民法院裁定认可的情况下直接以案涉担保财产抵偿银行债务违反法定程序、违反破产管理人的忠实和勤勉义务，请求判令该管理人承担因其违法行为和违反忠实、勤勉义务给某银行造成的损失。

[裁判观点]

最高人民法院经审查认为,原判决参考《全国法院破产审判工作会议纪要》第25条会议精神,管理人在保障债权人的优先受偿权的过程中处置担保财产不以债权人会议作出决议为必经程序,并无不妥。而且某律所接受指定后,对某银行的担保财产进行了审计和评估作价。管理人在司法拍卖网络平台先后针对该担保财产进行了多轮拍卖,均流拍。其间,管理人也将拍卖信息通过微信公众号、微信朋友圈及多家媒体发布了拍卖公告信息,某银行主张该律所在保管、拍卖、处置案涉担保财产时未履行破产管理人忠实、勤勉义务的主张,缺乏事实和法律依据。

2. 管理人未勤勉尽责,忠实执行职务的判断标准应当限定于管理人有故意或者重大过失的范围内,即必须有充分证据证明管理人在履行职务过程中因故意或重大过失造成破产财产损失时,才可追究管理人的民事赔偿责任。

案例2 | (2014)民申字第827号

[案情简介]

因经营困难,某公司董事会于2011年3月22日决定终止经营,进行清算,并公布了《员工分流安置方案》,由该公司股东垫资支付经济补偿金。

2011年8月19日,江苏省南京市中级人民法院裁定受理对该公司的破产清算申请,同时指定江苏某律师事务所担任破产管理人。

2012年4月23日,南京市中级人民法院裁定宣告某公司破产。

2012年8月3日,南京市中级人民法院裁定确认了管理人制作的《破产财产分配方案》,其中职工债权总额为225,713,659.93元,该金额中包括一次性补助。2012年9月24日、2012年9月29日,管理人分别向垫资单位偿还了其垫资款项。2012年9月24日、2012年10月12日、2012年12月11日,管理人分别向未签署《终止劳动合同补偿协议书》的57名员工发放了经济补偿金及测算的一次性补助。

普通债权人河南某公司认为管理人在履行职务时,未将职工债权进行公示,将不属于职工债权中的4100万元列入所谓的"职工安置奖励费",该部分费用不应参与破产受偿,更不能按第一顺序进行清偿。管理人的行为违反法律规定,未尽到勤勉尽责、忠于执行职务的义务,严重侵害债权人河南某公司的合法权益,造成重大损失。故而请求判令管理人赔偿其损失12,030,220元。南京市中级人民法院未支持其诉讼请求。之后河南某公司不服,上诉至江苏省高级人民法院(以下简称江苏高院),江苏高院判决驳回上诉,维持原判。河南某公司仍不服,向最高人民法院申请再审,最高人民法院裁定驳回其再审申请。

[裁判观点]

根据我国《企业破产法》的规定,管理人应当勤勉尽责,忠实履行职务;管理人未勤勉尽责,忠实执行职务,给债权人、债务人或者第三人造成损失的,应当依法承担赔偿责任。管理人对谨慎、忠实、信用、注意等基本义务的违反,是其承担民事责任的前提和依据。管理人未勤勉尽责,忠实执行职务的判断标准应当限定于管理人有故意或者重大过失的范围内,即必须有充分证据证明管理人在履行职务过程中因故意或重大过失造成破产财产损失时,才可追究管理人的民事赔偿责任。《企业破产法》第48条规定职工债权不必申报,由管理人调查后列出清单并予以公示,其立法目的在于从债权申报的角度减轻职工的申报负担,以便提高清算效率,即使管理人未予公示清单的,提出异议的主体应是职工债权人而非其他债权人。其他债权人对于职工债权的数额以及定性等的异议,应当依法向人民法院提起职工破产债权异议之诉予以解决。河南某公司对其案涉职工债权异议未提起诉讼,管理人按照无异议债权予以确认,并无不当。

3. 管理人存在的轻微履职瑕疵不宜认定为故意或重大过失,不能据此认定管理人未尽到勤勉尽责和忠实义务。

案例3 | (2020)苏02民终3112号

[案情简介]

2017年7月18日,江阴市人民法院作出裁定书,裁定受理崇华公司的破产清算,并于同日指定某会计师事务所为崇华公司管理人。2018年2月12日,一审法院裁定宣告崇华公司破产。2018年8月15日,一审法院在阿里巴巴司法拍卖网络平台发布竞买公告及须知,拍卖崇华公司房屋所有权、出让土地使用权、装饰装修、公共配套设施及基础设施等地上附着物、其他设备,起拍价5600万元,保证金800万元,拍卖成交后的次日起10日内付清全部成交款。2018年9月17日,盈昱公司以7640万元在拍卖中竞价成功,但迟迟未支付剩余拍卖款。2018年12月24日,崇华公司管理人发出《通知书》一份,要求盈昱公司于2019年1月15日前付清剩余全部拍卖款及承担逾期付款的法律责任，否则管理人即视为盈昱公司悔拍，并按悔拍的相关法律规定进行处理。

2018年12月29日，崇华公司债权人安恒公司向管理人发出《要求重新拍卖的函》，认为盈昱公司未在拍卖成交后的次日起10日内付清全部成交款项。延期付款后，盈昱公司向管理人出具书面承诺书，承诺在2018年12月10日前付清余款，逾期则没收保证金等已付款项。但12月10日届满后，盈昱公司仍未付清所有剩余款项，管理人不仅未没收盈昱公司已交付的所有款项，且仍同意盈昱公司继续延期付款。该行为减少了崇华公司的财产，严重侵犯了全体债权人的合法权益。盈昱公司延期付款的行为，给全体债权人造成了如下严重损失：(1)减少了崇华公司取得该款项后可以产生的利息收入。(2)因延期付款，使管理人无法及时将上述资产移交盈昱公司，产生了额外的看管费用及其他各项费用。(3)管理人同意盈昱公司延期付款的行为，属于变相的变更拍卖条件，严重侵犯了崇华公司（崇华公司也是竞买人之一）及其他竞买人公平竞拍的权利。(4)在盈昱公司再次逾期付款后，管理人未及时没收已付款项，减少了崇华公司的财产。为此，特书面函告管理人：要求管理人没收盈昱公司已付款项，并立即对崇华公司上述资产进行重新拍卖，维护全体债权人的合法权益。

2019年1月15日，盈昱公司付清了全部款项，但安恒公司起诉认为管理人在盈昱公司逾期付款后未按照悔拍处理，没收盈昱公司800万元保证金，因此因管理人的过错客观上造成了800万元的损失。另管理人应承担2018年9月27日至盈昱公司实际清偿之日的逾期付款利息损失，应以年利率24%计算。

一审法院经审理认为，盈昱公司于2018年9月17日以7640万元在拍卖中竞得案涉崇华公司的资产，按照拍卖公告其应在拍卖成交后的次日起10日内付清全部成交款。但在实际履行过程中盈昱公司至2019年1月15日才将拍卖余款付清，崇华公司管理人在盈昱公司一再延期支付拍卖余款的情况下，仍多次给予盈昱公司相应的宽限期，致使拍卖款的实际支付时间远远超出了拍卖公告所要求的付款时间，其行为违反了上述法律所规定的“勤勉尽责”“忠实执行职务”的义务，对造成的损失应承担相应的赔偿责任。但盈昱公司已实际支付全部拍卖款，崇华公司相应资产也已交付，合同已履行完毕。本案中，安恒公司提供的证据不能证明存在800万元保证金损失，其应承担举证不能的法律后果。退一步讲,即使竞买人盈昱公司悔拍,根据竞买须知第10条约定,盈昱公司所缴纳的保证金首先用于弥补重新拍卖的价款和原拍卖价款的差价,并不必然导致破产财产的增加。故而安恒公司主张800万元保证金的损失无事实和法律依据,不予支持,但安恒公司仍可主张相应的逾期付款利息损失。考虑到盈昱公司在支付拍卖余款时多次逾期,且逾期时间长达近4个月,酌定相关逾期付款利息应按照中国人民银行同期同类贷款基准利率的1.5倍计算,盈昱公司已支付了按中国人民银行同期同类贷款基准利率的1.3倍计算的逾期利息,故管理人应对剩余部分损失承担赔偿责任。又因安恒公司并非崇华公司的唯一债权人,其损失应按破产财产分配方案所确定的比例计算。

一审判决后,双方均不服,上诉至无锡市中级人民法院。

[裁判观点]

无锡市中级人民法院经审理认为,破产管理人的工作确有不当。管理人在执行破产财产变价方案、进行第三次拍卖时,买受人盈昱公司未按约付款。对此,已有担保的债权人安恒公司提出应当没收盈昱公司的保证金、重新拍卖,该主张有一定依据。管理人如若认为重新拍卖不利于保护全体债权人利益、不同意重新拍卖,不应自行作出决定,而是应当将是否重新拍卖这一问题提交债权人会议作出决议,再按债权人会议决议执行。管理人虽征求了债权人意见,但并未形成决议。在此情况下,管理人直接决定不重新拍卖,不符合《企业破产法》第61条的精神,存在一定的履职瑕疵。

虽然管理人所作决定存有程序瑕疵,但尚不能认定该决定给债权人造成了损失。何况,盈昱公司也承担了拍卖款逾期付款利息(按照人民银行同期贷款利率上浮30%计算)及逾期付款期间发生的保安费、保险费和水费等,即赔偿了债权人的利息损失和破产费用损失。故而对于安恒公司要求管理人赔偿800万元保证金损失以及逾期付款利息的请求不予支持。

4.判断管理人是否尽到勤勉尽责、忠实执行职务,不宜单纯从结果上判断其履职是否勤勉、尽责、忠诚。法院对于破产管理人勤勉义务的关注点主要表现在以下三个方面:第一,破产企业财产是否客观上减少;第二,破产管理人是否实施了积极行为或消极行为,财产减少是否与破产管理人的行为存在关联;第三,破产管理人是否存在故意或重大过失。

案例4 ｜ (2018)粤03民初1358号

[案情简介]

2016年10月31日,深圳市中级人民法院裁定受理深圳某科技有限公司破产清算案,并指定深圳某会计师事务所有限公司担任破产管理人。原告陈某作为破产企业债权人,认为管理人没有正确履行法律赋予的职权,勤勉尽责,忠实履行义务,导致破产企业的财产严重流失以及被超低价拍卖。例如,没有依法告知或者通过受理破产法院责令破产企业相关人员全面交出所有的财务账册和债权债务依据,致使破产企业截止到2015年8月3日的账面资产总额12,515,648.34元在管理人接管后去向不明,直接造成债权人的损失等未依法履职行为,故起诉要求管理人赔偿其损失490,032元。

诉讼中,管理人抗辩称已通过公告、邮寄告知函、实地走访等方式履行了对破产企业的告知接管职责,并通过多种调查途径,对破产企业的财产进行了充分调查。对于破产企业的应收账款,由于没有有效的追收证据资料,管理人无法通过法律程序进行追收,故不同意原告的诉讼请求。

[裁判观点]

管理人是经人民法院指定,在破产程序中履行接管调查、权利审核、财产管理、会议召集等职责的社会中介机构,管理人应当勤勉尽责、忠实执行职务。综合本案管理人在破产清算程序中开展工作的情况,基本可以认定其主观上已经尽到了必要的注意义务,客观上已经实施了对债务人财产的调查、接管行为,至于其实际上是否接管到债务人财产,并非其单方能够决定,不宜单纯从结果上判断其履职是否勤勉、尽责、忠诚。

5. 管理人作出继续经营的决定不违反《企业破产法》规定且相关决定系基于维护社会秩序稳定等公共利益的需要时,不应当认定管理人具有侵权行为。

案例5 ｜ (2020)苏04民终412号

[案情简介]

2015年7月20日,常州市天宁区人民法院依法裁定受理华光公司破产清算案并指定乐天所和恒信所为华光公司破产清算案的管理人。

在债权人申报债权过程中,农商行依据由江苏省无锡市中级人民法院作出的民事调解书确认的对华光公司的担保债权向管理人申报。该调解书明确农商行有权以华光公司抵押的土地使用权折价或者拍卖、变卖所得价款在3200万元范围内优先受偿。经管理人确认,农商行申报的债权合计39,824,333.41元,其中3200万元为优先债权,7,824,333.41元为普通债权,该经确认的债权已列入华光公司破产债权表,并已于2016年3月26日经第二次债权人会议审核通过。

2016年4月15日,一审法院作出民事裁定书,以华光公司已经严重资不抵债为由宣告华光公司破产。2018年11月13日,农商行将上述债权转让给恒元公司。

2015年11月28日,一审法院召开了华光公司破产清算案第一次债权人会议,破产管理人向债权人报告了清算阶段性工作。其中涉及在建、停建工程情况报告中载明:27号楼高层住宅由于欠付工程款已在2014年年底停工;27号楼关系到69户拆迁安置户及其他购房户利益,已引起群体性上访和关联诉讼案件激增,当地政府为了保民生维护社会稳定,通过多方努力,已正式复工,现尚在续建中。

恒元公司认为,管理人在执行职务中存在不当行为,续建27号楼的决定对其造成了侵害。并且管理人将破产财产拍卖所得价款部分用于27号楼续建费用,其预测已丧失了实现抵押权的可能性,故要求管理人赔偿其损失1700万元。

[裁判观点]

一审、二审法院认为,管理人责任纠纷,其本质上属于侵权责任纠纷。侵权责任的构成要件一般包括具有侵权行为,存在实际损害后果,侵权行为与损害后果之间存在因果关系等。本案中,管理人决定续建27号楼并不违反《企业破产法》第25条、第26条、第27条之规定,且均履行了各项程序性义务,不存在擅自作出决定的行为。而且,华光公司的债权人类型主要包括被拆迁人、消费购房人、建设工程债权及担保债权人等共计1127户,该部分债权人申报债权总金额约8.2亿元。涉及人数众多、债权金额巨大,特别是被拆迁人、消费购房人明确要求交付商品房,其诉求直接与大多数债权人的生存权保护有关,基于维护社会秩序稳定等公共利益的需要,管理人决定续建前述在建工程等执行职务行为难于认定为侵权行为。依照相关规定,房地产企业破产债权的清偿顺位为:破产费用及共益债务、支付全部或大部分购房款的消费购房债权、建设工程债权、物权担保债权、劳动债权、税收债权、普通债权。被拆迁人利益出于社会公共利益保护等因素的考量，也应赋予其相应债权优先性，作为第一顺位保护。本案涉及的债权人类型众多，管理人为继续经营而使用、支配破产财产，目的在于各类债权的最终实现。如因前述清偿顺位的规定，而导致抵押债权不能实现，并不足以认定为存在侵权事实。

6. 破产管理人作出债权审查结论的同时说明了不予确认的理由及救济途径，应认定为管理人已尽到勤勉尽责义务。

案例6 ｜ (2023)桂02民终1212号

[案情简介]

某水泥厂因不能清偿到期债务，且明显缺乏清偿能力，法院裁定受理申请人对该水泥厂的破产清算申请，同日指定广西某律师事务所担任破产管理人。之后杨某向管理人申报了债权，管理人对其申报的债权做了核查。杨某不服该认定意见，申请债权复核。2019年9月26日，管理人作出最后的债权复核意见。之后杨某先后两次以破产管理人债权审核计算错误导致其债权未得以确认为由向一审法院提起破产债权确认纠纷诉讼并要求管理人赔偿其应获得的债权清偿款180,838.14元及利息。

[裁判观点]

管理人有审核认定债权的权利，债权人对管理人审核认定的债权有异议的有向管辖法院提起诉讼的权利。管理人依法审核认定了杨某的债权，出具了债权复核意见，亦告知了救济途径，已经履行了管理人的义务。杨某在收到管理人送达的债权复核意见时，若对该债权认定有异议，应当就全部未予认定的债权提起债权确认之诉。其没有就管理人未予确认的全部债权提起确认之诉是其对自己权利的处分，其应自行承担不利后果。

[笔者观点]

管理人违反了勤勉尽责义务和忠实义务是管理人承担责任的基础，然而，法律并未对“忠实义务和勤勉义务”作出规范表述。笔者认为，破产管理人履行勤勉义务时，应当以善良破产管理人之注意，即具备相当知识与经验之人对一定事件所采用的注意为判断标准。从既有检索案例来看，债权人往往以破产企业资产的流失、债权未能追回、处置资产价格偏低等事由主张权利，但债权人对勤勉义务的评价标准通常是单一的，即可清偿破产企业的财产减少，间接导致了债权清偿比例降低。对此笔者认为，判断破产管理人履职是否勤勉之时，首先，应判断客观上是否存在破产企业财产减少的问题，排除非破产企业财产、呆坏账、已有生效判决处置等情形，避免因债权人主观判断形成内心确认而偏听偏信所引发的对于破产管理人的不信任之诉；其次，如果客观上确实产生了破产企业财产减少的情形，应当正确分析该等财产减少的行为是否因破产管理人故意或重大过失造成，客观看待因破产管理人正常履职避免财产进一步贬损而采取的措施，不应苛责管理人作为非行业专业人士，因对市场未能充分、有效判断而作出的决策，应以一般善良破产管理人所能采取的合理注意行为为标准。除此之外，应充分关注因果关系，即破产管理人的故意或重大过失与破产企业财产减少之间是否存在直接的因果关系，避免产生市场波动或政策影响导致的企业财产贬损而主观归罪于破产管理人。所以，评价破产管理人是否尽勤勉义务不应是同类债权人以财产的金额、实现的期限去判断，而应结合破产企业的自身情况、市场行情、债权人类型等因素综合分析、客观评价，才能正确认识破产管理人的勤勉义务。

对于破产管理人是否履行忠实义务的判断，笔者认为，忠实义务要求管理人遵守谨慎诚信原则，忠诚尽力地处理破产企业的事务，在自身利益和破产企业、债权人利益发生冲突的时候，要选择破产企业利益或者债权人的利益优先。同时，根据《企业破产法》的相关规定及司法实践，可以参照《公司法》对公司高管忠实义务的要求，要求管理人不得与债务人进行自我交易、不得收受贿赂、不得与债务人开展非法竞争、不得泄露债务人秘密等。另外，忠实义务还要求破产管理人应当处于主体中立的地位。破产管理人只有站在中立的立场上，才能忠实地履行自己的职责，客观公正地履行破产清算的职责，公平地保护与破产财产有关的各方的合法利益。

二、管理人承担民事责任的赔偿标准

1. 管理人所承担赔偿责任的确定，应当是与其过错相当的，债权人、债务人或者第三人利益受到了实际损失。不应当将破产过程中破产资产的自然贬损及受市场行情等多种因素影响所造成的财产贬值全部归咎于破产管理人，从而加大管理人的职业风险。

案例7 ｜(2019)苏11民终3217号

[案情简介]

2013年6月3日,丹阳市人民法院裁定受理某电器公司破产清算。2013年7月3日,丹阳市人民法院指定某事务所为管理人。2013年11月14日,丹阳市人民法院召集管理人、保管员孙某清点破产资产,并经各方确认,制作了详细清单。管理人委托某电器公司的留守人员孙某对破产资产进行保管。2016年10月14日,丹阳市人民法院裁定宣告某电器公司破产。2017年9月30日,管理人委托镇评估公司对破产资产(机器设备及存货)进行价值评估,评估价值为993,390元,评估基准日为2017年9月30日,有效期为1年。2018年5月17日,丹阳市人民法院工作人员和破产管理人及具有破产资产竞拍意愿人员到破产资产存放处看样时发现存放破产资产的部分仓库已经被拆除,破产资产堆放凌乱,已经存在缺失情况。2019年1月25日,管理人委托评估对现存破产资产进行了评估,评估价值为29,700元,评估基准日为2019年1月25日,有效期为1年。

后某电器公司向一审法院提起诉讼,要求该管理人赔偿损失993,390元。

一审法院认为破产管理人,对某电器公司的破产资产未能勤勉尽责,怠于行使管理人对破产财产的管理职能,致使破产财产灭失,应承担赔偿责任。依据侵权赔偿的相关规定,财产损失按照损失发生时的市场价格或者其他方式计算,电器公司因财产灭失而产生的损失应为963,690元(原评估价993,390元减去现存资产价值29,700元)。故管理人应赔偿电器公司损失963,690元。

管理人不服一审判决,遂提起上诉。

[裁判观点]

关于损失数额的确定问题。二审法院认为,虽然根据第一份评估报告,破产财产评估价为993,390元,但该评估报告有效期为1年,自评估基准日2017年9月30日起,至2018年9月29日止,该评估报告已经失效。且案涉破产财产经过3次拍卖均流拍,第三次拍卖的起拍价为636,000元(以993,390元为基数下浮两次,每次下浮20%)。管理人所承担赔偿责任的确定,应当是与其过错相当的,债权人、债务人或者第三人利益受到了实际损失,而不应当将破产过程中破产资产的自然贬损、受市场行情等多种因素影响所造成的财产贬值全部归咎于破产管理人,从而加大管理人的职业风险。因此,一审法院以已经失效的评估价来确定管理人应当赔偿的损失额欠妥，二审法院不予支持。鉴于案涉破产财产已大部分灭失，结合第三次流拍的起拍价为636,000元，法院对该起拍价酌情下浮20%后的508,800元，作为确定破产财产实际价值的依据。扣减现存资产价值29,700元后，管理人应赔偿电器公司损失479,100元。

2. 对于破产程序正在进行中的案件，债权人向管理人主张因未履行勤勉尽责、忠实履职的义务导致的损失，需债权人能否得到清偿、能得到多少清偿、是否因管理人的责任而发生不能依法得到清偿的损失，均处于未最终确定的状态，债权人以法院裁定确认的债权数额向管理人主张因未履行勤勉尽责、忠实履职的义务导致的损失，于法无据。

案例8 ｜ (2019)皖民终536号

[案情简介]

2013年7月22日，法院裁定受理某置业公司破产重整案，并指定安徽某会计师事务所为某置业公司管理人。2014年5月8日，法院裁定确认某置业公司608位债权人的债权，其中高某债权额1,553,869.17元。2015年9月17日，法院裁定宣告某置业公司破产，2015年12月17日裁定认可管理人制作的破产财产变价方案。之后管理人依据该方案委托拍卖机构对置业公司破产财产进行三次拍卖均未成交，故拟对置业公司茶府项目未售在建工程和土地使用权及所有应收债权一并进行变卖。2017年9月15日，管理人将置业公司债权人委员会讨论通过的《破产财产变卖方案》予以公示。最终确定与上海某投资公司签订《破产财产转让意向协议》。

高某认为管理人在公开招募破产财产竞买人时违反招募程序，在同各意向受让方签订破产财产转让意向协议时私自同上海某投资公司签订正式的破产财产转让协议，其行为构成恶意串通。故向法院起诉要求确认《破产财产变卖方案》无效，管理人赔偿其损失1,553,869.17元。

[裁判观点]

法院经审理认为，由于管理人民事赔偿责任在性质上属于侵权责任，按照侵权责任的构成要件，管理人承担民事责任须同时具备以下四个条件：(1)管理人实施了违反勤勉尽责义务和忠实义务的客观行为；(2)管理人的不当行为对债权人、债务人或第三人造成损失；(3)管理人的不当行为与债权人、债务人或第三人所遭受的损失之间存在一定范围的因果关系；(4)管理人在主观上存在故意或过失。因此，高某请求某会计师事务所、上海某投资公司赔偿其损失，不仅应当证明管理人未履行勤勉尽责、忠实履职的义务，其损失系管理人的不当行为所致，而且要证明相关损失的具体数额。因置业公司破产程序尚在进行中，高某的债权额1,553,869.17元能否得到清偿、能得到多少清偿、是否因管理人的责任而发生不能依法得到清偿的损失，均处于未最终确定的状态，故对于高某的请求不予支持。

3. 管理人在处置破产企业财产时，因未尽勤勉尽责义务，致使他人财产被拍卖的，因此获得的成交款由管理人直接支付给权利人。在财产移交过程中，因管理人未谨慎盘点，导致其他财产被一并拆除的，若不具备司法鉴定条件的，由法院进行市场询价，根据询价结果确定管理人的赔偿数额。

案例9 ｜ (2020)苏1322民初12215号

［案情简介］

2013年3月25日，沃某公司(甲方)与金某公司(乙方)签订《转让合同》，约定甲方将其于2012年在厂区内西南角处建成年产5万吨全套甲醛生产线的所有设备及附属设施转让给乙方，乙方在该生产线原址进行生产经营。合同约定转让价款为300万元。合同附件载明：5万吨甲醛生产线生产设备及附属设备设施交接清单包括甲醇中间槽、甲醛装车泵等。2015年至2016年，沃某公司及金某公司相继停止生产经营。

2018年1月11日，法院裁定受理申请人刘某对被申请人沃某公司破产清算申请。2018年1月12日，法院指定某律师事务所担任沃某公司破产管理人。

管理人在接管沃某公司财产过程中了解到，位于厂区内西南角一处围墙隔离区域内的财产不属于沃某公司所有。在处置财产过程中，管理人先通过阿某网络平台拍卖沃某公司所有的资产，其中动产由案外人威特公司竞得，成交时间为2020年6月17日。

之后金某公司向法院提起诉讼，其认为在破产清算过程中，管理人未通知原告，擅自将原告位于沃某公司院内资产进行处置，原告金某公司得知涉案财产被处置之后，与管理人就赔偿财产损失问题进行协商未果，形成本案诉讼，对此应当赔偿原告损失80万元。

法院经审理查明，管理人决定处置财产之前，未对围墙内财产情况进行核查登记，制作财产清单，也没有采取录音录像或通过第三方见证等方式固定该部分财产的名称、数量、规格等。买受人向管理人支付价款13.1万元后，管理人未按照要求通知买受人规范办理财产移交手续，未制作财产移交清单，甚至对如何移交财产的过程都陈述不清。2020年8月22日，买受人将位于沃某公司院内西南角围墙内的储罐拆除并再次转让。

[裁判观点]

法院认为，《企业破产法》第130条规定："管理人未依照本法规定勤勉尽责，忠实执行职务的，人民法院可以依法处以罚款；给债权人、债务人或者第三人造成损失的，依法承担赔偿责任。"本案中，管理人为了破产清算工作顺利进行，处置原告所有的位于沃某公司院内的财产，系执行职务行为，应当勤勉尽责，忠实执行职务。作为专业的法律服务机构，管理人在明知围墙内财产不属于破产财产的情况下，处置财产时理应更加慎重、细致、严谨地处理盘查清点、评估拍卖、财产移交等各个环节。但是，从本案查明的事实来看，管理人未做好财产处置的任一个环节，移交财产仍未尽责，导致原告所有的不锈钢甲醛储罐被买受人一并拆除。对由此给原告造成的财产损失，管理人应当承担赔偿责任。对已经通过司法拍卖平台拍卖的3个储罐，因买受人已将价款13.1万元汇入破产管理人账户，故该款项由管理人从该账户中支付给金某公司。关于规格为11.4m×9m的不锈钢甲醛储罐的价格如何确定的问题，由于该储罐已被拆除，已不具备司法鉴定的条件，故法院通过向从事金属容器的加工、销售、收购等工作的专业人员询价的方式进行确定。经综合考量咨询结果，并结合本案查明的其他事实，酌情确定涉案规格为11.4m×9m的不锈钢甲醛储罐价格为285,000元，管理人应再赔偿原告损失285,000元。

4. 管理人未尽勤勉尽责的义务对债权人的损失具有过错，但若权利主张方对其自己的损失也存在过错，根据过错相抵规则，法院可酌情确定破产管理人承担赔偿的比例。

案例10 ｜ (2014)绍越商初字第2382号

[案情简介]

2013年10月8日，绍兴市越城区人民法院裁定受理艾尔公司及其关联企业浙江艾尔公司的合并破产清算一案，并于同日指定绍兴某会计师事务所有限公司担任管理人。管理人接手后，通过书面方式通知有联系地址、方式的债权人及时申报债权，并公告通知债权人应于2013年11月30日前向管理人申报债权。

2014年4月28日，越城区人民法院召开第二次债权人会议，通过了艾尔公司及浙江艾尔公司的破产财产分配方案。管理人于同年5月20日刊登公告告知债权人本次分配为第一次分配，确定于2014年6月5日开始实施。之后，戴某向管理人邮寄债权申报表一份，要求对其债权本金3900万元及相应利息进行确认。之后管理人对戴某的债权进行了审查，对于生效判决书认定的1416万元债权予以确认，对剩余债权不予确认，且管理人告知戴某，因第一次分配方案已经通过，戴某不能再进行第一轮的分配。

戴某认为，法院或管理人从未就破产一事通知原告，原告也从未收到过债权申报的通知，且破产分配方案的通过与破产财产的分配系两个不同的概念，原告理应参加第一轮的财产分配。并且在1416万元的债权参加第一轮分配仅能获得1.9%、第二轮分配更少的情况下，被告又要收取1万余元的申报费用，明显造成原告利益的二次损失，故起诉要求管理人赔偿损失26.904万元（仅就其中已知的1416万元按分配比率1.9%计算）。

［裁判观点］

法院认为，本案的争议焦点为管理人在履职过程中是否存在过错。第一，《企业破产法》属程序法，参与破产程序一般需以债权申报为前提。同时，债权人对于债务人的资产状况负有注意义务，根据《企业破产法》第44条和第48条的规定，债权人应在人民法院确定的债权申报期限内申报债权，否则将可能导致无法参与分配；第二，管理人庭审中陈述曾联系过原告，但其仅凭债权人的口头弃权即确定原告不具有债权人的地位过于轻率，且对于其所陈述的债权人存在口头弃权的行为，亦未能提供证据；第三，管理人在制作分配方案并提请债权人会议表决时应当明知无证据表明债权人已明确放弃权利，在制作债权分配方案时应当考虑到该事项，应按分配比例予以预留并提交债权人会议就预留金额、时间等事项进行表决。由于管理人未考虑上述情形，导致原告作为债权人丧失了按照第一次分配方案确定的数额进行分配的可能，管理人对此未尽到勤勉尽责的义务，对原告的损失存在一定过错。但原告未及时申报债权对于其损失具有主要过错,被告未尽勤勉尽责的义务对原告的损失具有次要过错,根据过错相抵规则,法院确定被告赔偿的比例为40%。据此对原告合理部分的诉讼请求,法院予以支持,超出部分不予支持。

[笔者观点]

因管理人未尽勤勉、忠实义务给债权人、债务人或第三人造成了损失,是管理人承担侵权赔偿责任的核心。这就要求:(1)管理人实施了违反勤勉尽责义务和忠实义务的客观行为;(2)前述行为给债权人、债务人或第三人造成损失;(3)损失与管理人的不当行为之间存在因果关系;(4)管理人在主观上存在故意或过失。管理人违反勤勉尽责义务和忠实义务造成的损失,主要是对于债权人、债务人和第三人而言。对于给债权人造成的损失,笔者认为,结合当前的司法判决方向,给债权人造成的损失应当是终局状态下确定的损失,而非可能造成的损失。对于给债务人造成的损失,通常体现为债务人财产的减少,如果是因管理人未尽到对债务人财产的保管,使债务人财产发生了损毁、灭失的情形,则该部分损失可以通过询价等司法程序确定价值。但如是针对管理人处置债务人财产的行为提出索赔,笔者认为还需要结合商业逻辑和市场行情,因本质上管理人处置债务人财产属于商业行为,资产价格存在波动的风险。因此在破产过程中,破产财产的自然贬损及受市场行情等多种因素影响所造成的财产贬值并不能归责与管理人,只要管理人在决策时点做出合乎商业逻辑和价值的行为,后续资产价格波动造成的损失不能归咎于管理人,否则管理人的责任将无限扩大。对于第三人的损失往往相对直观且易通过鉴定、询价等司法程序确定。

实务总结

笔者认为,管理人赔偿责任纠纷所存在的目的不是惩罚管理人,也不是给债权人、第三人等利益攸关方提供制衡管理人的工具,而是督促管理人积极、依法、谨慎履职。正如(2018)粤03民初1358号判决书中法官在判决之外的寄语:希望管理人能够更加谨慎、细致地全面开展工作,并加强与债权人的沟通,及时将案件进展情况通报债权人,使债权人在破产程序中获得充分的知情权。

破产乃不幸之事，债务人面临资不抵债的困境，不管对债权人还是债务人而言，在此困境下均需共同面对和承担市场风险带来的损失。管理人于此时介入破产清算程序，是法律法规、制度所需，职责所在，管理人理应按照法律规定，按照管理人制度设计的初衷，按照履职规范勤勉、尽责、忠诚执行职务。但面对错综复杂的矛盾纠纷、面对此消彼长的利益纠葛，一旦结果不尽如人意便将矛盾焦点指向管理人，不仅不利于当前破产清算案件的进程，从长远来看，必将严重影响从业人员的工作积极性，影响破产制度的发育水平，最终受损的仍是诚实守信的债权人和债务人。

此外，对于管理人责任纠纷案件，从解决纠纷方式上看，除了通过司法裁判加以解决，还可尝试引入诉前调解、中立评估等非诉解决手段，形成能够满足破产案件主体多元化需求的争议解决程序和路径体系。总体而言，管理人利益和债权人等相关方利益本质上是一致的，除管理人提高自身履职能力和水平外，债权人等利益攸关方也应当给予管理人必要的宽容，只有各方相互协作、相互理解、相互包容，才能促使破产案件有效推进。

15

破产重整计划执行纠纷

殷　豪

规定索引

《中华人民共和国企业破产法》

第八十一条　重整计划草案应当包括下列内容：

（一）债务人的经营方案；

（二）债权分类；

（三）债权调整方案；

（四）债权受偿方案；

（五）重整计划的执行期限；

（六）重整计划执行的监督期限；

（七）有利于债务人重整的其他方案。

第八十九条　重整计划由债务人负责执行。

人民法院裁定批准重整计划后，已接管财产和营业事务的管理人应当向债务人移交财产和营业事务。

第九十二条第一款　经人民法院裁定批准的重整计划，对债务人和全体债权人均有约束力。

第九十三条第一款　债务人不能执行或者不执行重整计划的，人民法院经管理人或者利害关系人请求，应当裁定终止重整计划的执行，并宣告债务人破产。

《全国法院破产审判工作会议纪要》

第十九条 重整计划执行中的变更条件和程序。债务人应严格执行重整计划，但因出现国家政策调整、法律修改变化等特殊情况，导致原重整计划无法执行的，债务人或管理人可以申请变更重整计划一次。债权人会议决议同意变更重整计划的，应自决议通过之日起十日内提请人民法院批准。债权人会议决议不同意或者人民法院不批准变更申请的，人民法院经管理人或者利害关系人请求，应当裁定终止重整计划的执行，并宣告债务人破产。

第二十条 人民法院裁定同意变更重整计划的，债务人或者管理人应当在六个月内提出新的重整计划。变更后的重整计划应提交给因重整计划变更而遭受不利影响的债权人组和出资人组进行表决。表决、申请人民法院批准以及人民法院裁定是否批准的程序与原重整计划的相同。

《最高人民法院关于依法妥善审理涉新冠肺炎疫情民事案件若干问题的指导意见(二)》

第二十条第二款 对于重整计划或者和解协议已经进入执行阶段，但债务人因疫情或者疫情防控措施影响而难以执行的，人民法院要积极引导当事人充分协商予以变更。协商变更重整计划或者和解协议的，按照《全国法院破产审判工作会议纪要》第 19 条、第 20 条的规定进行表决并提交法院批准。但是，仅涉及执行期限变更的，人民法院可以依债务人或债权人的申请直接作出裁定，延长的期限一般不得超过六个月。

《最高人民法院关于适用〈中华人民共和国民事诉讼法〉的解释》

第四百六十一条 当事人申请人民法院执行的生效法律文书应当具备下列条件：

（一）权利义务主体明确；

（二）给付内容明确。

法律文书确定继续履行合同的，应当明确继续履行的具体内容。

《最高人民法院关于人民法院执行工作若干问题的规定(试行)》

第十六条 人民法院受理执行案件应当符合下列条件：

(1)申请或移送执行的法律文书已经生效；

(2)申请执行人是生效法律文书确定的权利人或其继承人、权利承受人；

(3)申请执行的法律文书有给付内容,且执行标的和被执行人明确;

(4)义务人在生效法律文书确定的期限内未履行义务;

(5)属于受申请执行的人民法院管辖。

人民法院对符合上述条件的申请,应当在七日内予以立案;不符合上述条件之一的,应当在七日内裁定不予受理。

从上述规定可以看出,就重整计划的执行,需要关注如下四个重要方面。

1. 重整计划执行主体

重整计划由债务人负责执行。债务人自行管理财产和营业事务的,按照重整计划管理财产和营业事务;管理人已接管财产和营业事务的,应向债务人移交财产和营业事务。

2. 重整计划执行内容

重整计划包括债务人的经营方案、债权分类、债权调整方案、债权受偿方案、重整计划的执行期限、重整计划执行的监督期限、有利于债务人重整的其他方案。因此,应根据重整计划予以执行。

3. 重整计划执行不能

《企业破产法》第93条将执行不能分为"不能执行"和"不执行"两种情况。根据《中国民法典适用大全·商事卷·企业破产法(二)》第93条释义,债务人不能执行重整计划,是指债务人客观上不能按照重整计划执行的情况,如政策调整、市场变化、意外灾害、投资人拒绝投资等。债务人不执行重整计划,是指债务人客观上能够履行重整计划规定的清偿义务,但是其主观上没有执行重整计划的诚意,因而不依据重整计划清偿债务等情形。

4. 重整计划执行不能的法律后果

债务人不能执行或者不执行重整计划的,人民法院经管理人或者利害关系人请求,应当裁定终止重整计划的执行,并宣告债务人破产。

考虑到重整计划执行的实际需要,在《企业破产法》的基础上,《全国法院破产审判工作会议纪要》第19条规定,因出现国家政策调整、法律修改变化等特殊情况,导致原重整计划无法执行的,债务人或管理人可以申请变更重整计划一次。另外,基于疫情原因,《关于依法妥善审理涉新冠肺炎疫情民事案件若干问题的指导意见(二)》明确规定,当事人协商变更重整计划或者和解协议的，按照《全国法院破产审判工作会议纪要》第19条、第20条的规定进行表决并提交法院批准。但是，仅涉及执行期限变更的，人民法院可以依债务人或债权人的申请直接作出裁定，延长的期限一般不得超过6个月。

问题的提出

法院在裁定批准重整计划的同时，会裁定重整程序终止。从法律角度，法院裁定后企业的重整程序已终止，但作为后续引入投资人、清偿债务、合规生产经营等方面的法律文件，重整计划的执行依赖债务人、投资人和利害关系人等当事人的实际履行。实务中，因种种情况，部分重整计划最终没有得到实际执行。在重整计划执行受阻的情况下，本文结合司法实践，就如何顺利执行重整计划进行总结并探索其救济途径。

司法实践

一、申请法院强制执行重整计划

案例1 ｜ (2020)沪0104破4号之三

[审理法院]

上海市徐汇区人民法院

[裁判观点]

法院经审查认为，未来伙伴公司进入破产重整程序，系因其资不抵债，未来伙伴公司财产不足以清偿全部债务。在未来伙伴公司资不抵债的情况下，债务清偿率达不到100%，未来伙伴公司的出资人权益是零，包括××公司在内的所有出资人权益均属于破产案件受理法院有权处置的破产财产。未来伙伴公司重整计划已由本院于2021年7月12日裁定批准，该重整计划对未来伙伴公司全体债权人、债务人、出资人均有约束力。重整计划载明的出资人权益调整不同于出资人的股权转让。根据未来伙伴公司重整计划，××公司已将原持有未来伙伴公司25.15%股权作注销处理，并由其他出资人及债权人通过债权出资方式原始取得。现未来伙伴公司仍处于重整计划执行过程中，山东省青岛市崂山区人民法院对××公司应排他性注销的未来伙伴公司25.15%股权采取冻结措施，显然无任何依据，应予解除。同理，其他司法机关亦不应对未来伙伴公司78.84%股权中的25.15%部分采取冻结措施；业已冻结的，亦应解除。鉴于未来伙伴公司重整计划已将××公司原持有未来伙伴公司25.15%股权作注销处理，××公司基于上述股权份额设立的质押权亦不复存在，相应质押登记也应予注销。退一步讲，即使未来伙伴公司未能执行重整计划，法院根据《企业破产法》第93条规定宣告未来伙伴公司破产，则未来伙伴公司所有股权价值为零，对××公司持有未来伙伴公司股权采取的冻结措施及质押登记亦不存在任何价值，均应予解除及注销。未来伙伴公司破产管理人为维护未来伙伴公司全体债权人的合法权利，保障未来伙伴公司重整计划的执行，向破产案件受理法院申请解除相应股权冻结并注销质押登记，应予准许。根据《企业破产法》第19条及国务院《关于开展营商环境创新试点工作的意见》的规定，本院作为破产案件受理法院，有权决定解除对债务人的财产保全或民事执行中的查封、扣押、冻结措施。

[案例分析]

《企业破产法》第81条规定，重整计划应当包括以下七方面内容：(1)债务人的经营方案；(2)债权分类；(3)债权调整方案；(4)债权受偿方案；(5)重整计划的执行期限；(6)重整计划执行的监督期限；(7)有利于债务人重整的其他方案。从上述规定可以看出，重整计划主要包括债务人经营方案和债务清偿方案两大部分。《企业破产法》没有明确规定重整计划能否强制执行，也没有规定除债务人外的投资人或其他利害关系人不执行重整计划的法律责任。

司法实践中，在《企业破产法》的基础上，部分地方法院单独或者联合相关政府部门，就重整计划可强制执行的具体内容作了细化规定，部分规定如表1所示。

表1 部分地方法院强制执行重整计划规定

序号	发布时间	发布主体	规范性文件	具体规定
1	2019年3月14日	深圳市中级人民法院	深圳市中级人民法院审理企业重整案件的工作指引(试行)	第一百零九条　重整计划对债务人、全体债权人有约束力。重整计划涉及出资人权益调整的事项，对债务人的全体出资人均有约束力。

续表

序号	发布时间	发布主体	规范性文件	具体规定
				债务人资不抵债,重整计划所调整的股权已设定质押的,质押权人应当配合办理解除股权质押手续。 第一百一十条　重整计划所调整的股权未被质押与冻结,但出资人拒不配合办理股权转让手续的,合议庭可以根据债务人的申请向有关单位发出协助执行通知书。 第一百一十一条　重整计划执行期间,合议庭可依据债务人的申请,协调办理债务人恢复正常生产经营的相关手续,包括移除经营异常名录、恢复营业执照、删除征信不良记录、移除纳税失信名单、删除失信被执行人信息等。
2	2019 年 12 月 30 日	北京市第一中级人民法院	北京破产法庭破产重整案件办理规范(试行)	第一百三十二条　重整计划执行期间,出资人、债权人等无正当理由拒不配合办理出资权益变更手续的,人民法院可以根据管理人、利害关系人的申请向有关单位发出协助执行通知书。 第一百三十三条　重整计划执行期间,管理人、利害关系人可就重整计划的执行向人民法院申请必要的协助。人民法院可以根据申请,向有关单位发出协助执行通知书,但不得强制执行重整计划的清偿方案。
3	2021 年 3 月 25 日	湖南省高级人民法院、湖南省市场监管局	关于推进企业破产程序中公司登记便利化的实施意见	六、规范破产重整企业变更股东登记 破产重整企业因出资人权益调整需要变更股东事项,但企业原股东持有的企业股权被质押或查封的,由人民法院出具解除质押或查封协助执行通知书,管理人可持案件受理裁定书、批准重整计划裁定书、指定管理人(清算组)决定书以及人民法院出具的解除质押或查封协助执行通知书等材料到商事登记机关办理股权变更登记。

续表

序号	发布时间	发布主体	规范性文件	具体规定
4	2021年11月16日	江苏省高级人民法院、江苏省市场监督管理局	关于做好破产企业登记事项办理优化营商环境的实施意见	5.依法办理破产企业股东变更登记。根据人民法院裁定批准的破产重整计划,需要办理破产重整企业股东登记事项变更,但因企业原股东持有的股权已被质押或被法院查封,管理人无法申请办理股东变更登记的,破产法院可以采取出具协助执行通知书的方式,通知市场监管部门协助解除查封、涤除质押,并办理股权变更登记。查封解除或者质押涤除后,破产法院应当及时将有关情况告知质押权人和原采取保全措施的法院。

从以上各地法院发布的文件来看,由法院出具协助执行通知书,强制执行的重整计划内容主要包括:(1)债务人资不抵债,重整计划所调整的股权已设定质押的,质押权人应当配合办理解除股权质押手续;(2)重整计划所调整的股权未被质押与冻结,但出资人拒不配合办理股权转让手续的,合议庭可以根据债务人的申请向有关单位发出协助执行通知书;(3)重整计划执行期间,合议庭可依据债务人的申请,协调办理债务人恢复正常生产经营的相关手续,包括移除经营异常名录、恢复营业执照、删除征信不良记录、移除纳税失信名单、删除失信被执行人信息等。

二、延长重整计划执行期限

案例2 | (2018)苏1282破4号之三

[审理法院]

江苏省靖江市人民法院

[裁判观点]

2019年5月10日,法院裁定批准江苏神龙海洋工程集团有限公司(以下简称神龙公司)重整计划草案并终止重整程序。2021年6月16日,管理人向法院提出申请,称神龙公司重整计划执行期限为3年,因重整计划执行期间,部分省市住建行政部门对神龙公司采取的限制市场准入等惩戒措施未能及时解除,加之2020年新冠疫情的重大影响,神龙公司的日常经营工作未能正常开展,重整投资人靖江新征程工程咨询有限公司(以下简称新征程公司)在完成第一期7500万元重整投资款的缴纳义务后,未能按期执行下余重整计划,现神龙公司和新征程公司拟定了《关于延长重整计划执行期限的方案》,制订了剩余投资款17,500万元的延期缴纳方案,管理人于2021年6月5日将上述方案寄送神龙公司160户有表决权的债权人,经普通债权人组书面表决并获通过,特请求法院裁定延长重整计划执行期限至2024年11月30日。

法院查明:根据神龙公司重整计划,新征程公司仅完成第一期7500万元重整投资款的缴纳,重整计划未能按期执行,神龙公司和新征程公司拟定了《关于延长重整计划执行期限的方案》,制订了剩余投资款17,500万元的延期缴纳方案,管理人于2021年6月5日将上述方案寄送神龙公司的普通债权人,经书面表决,普通债权人组58.125%的债权人同意上述方案,且其所代表的债权额占该组债权总额的75.23%。

法院认为,债务人应严格执行重整计划,重整计划执行过程中,因国家政策调整、法律修改变化等特殊情况,或确因其他客观原因使得原重整计划无法执行,管理人认为确有必要变更重整计划的,应当提交债权人会议表决。债权人会议决议同意变更重整计划的,应自决议通过之日起10日内提请人民法院批准。现神龙公司确因经营情况变化等客观原因导致原重整计划未能按期执行,神龙公司和新征程公司拟定的《关于延长重整计划执行期限的方案》经因重整计划变更而可能遭受不利影响的普通债权人组表决,普通债权人组的债权人半数同意上述方案,并且其所代表的债权额占该组债权总额的2/3以上,表决通过了重整计划的变更,故管理人请求延长重整计划执行期限至2024年11月30日的申请符合法律规定。

案例3 | (2019)云0322破2号之八

[审理法院]

云南省陆良县人民法院

[裁判观点]

2020年10月29日,法院裁定批准云南新蓥峰化工有限责任公司重整计划草案并终止重整程序。2020年12月30日,云南新蓥峰化工有限责任公司管理人向法院提出申请,称由于债务人股东拒不交还公章、营业执照,不配合办理股权变更手续,需要通过法院出具协助执行相关文书的方式办理股权变更事宜,需要一定的时间及流程,且就担保债权清偿事宜达成协议花费了一定的时间。另外,债务人股东李某荣代表债务人对安宁皓杰经贸有限公司、陆良县亿诚商贸有限公司、龚某源、龚某泽(云南玖俊矿业有限公司)、陆良县光才运输服务部四位债权人的四笔债权提起了债权确认之诉,目前尚在审理之中,该四笔债权需待诉讼程序完结后才能进行确认。重整计划中确定的执行期限和监督期限2个月,即到2020年12月31日。债务清偿及股权变更事宜虽基本按照重整计划有序进行,但在原执行期限内确实无法完成,考虑到重整计划的执行没有遇到无法执行不能克服的问题,仅是时间上有所延迟,管理人认为仍应继续保障重整计划能够执行完毕,这也符合债权人、债务人、职工、重整投资人等各方利益最大化的追求。请求法院批准延长重整计划的执行期限及监督期限至2021年3月31日。

法院查明的事实与云南新蓥峰化工有限责任公司管理人申请所称的事实一致。法院认为,因债务人云南新蓥峰化工有限责任公司原股东的原因使重整计划草案的执行受阻,并非重整投资人所致,云南新蓥峰化工有限责任公司管理人申请延长执行期限及监督期限于法有据,应予支持。

[案例分析]

《企业破产法》仅在第91条规定了重整计划执行的监督期限延长,并未规定重整计划执行期延长。为此,最高人民法院相继发布了《全国法院破产审判工作会议纪要》和最高人民法院《关于依法妥善审理涉新冠肺炎疫情民事案件若干问题的指导意见(二)》,就重整计划变更和执行期延长作了规定。

另外,部分地方法院也发布了相关重整计划执行期限延长的规定,部分规定如下:

1. 根据深圳市中级人民法院发布的《深圳市中级人民法院审理企业重整案件的工作指引(试行)》第108条规定,重整计划因客观原因未能在规定期限内执行完毕,债务人申请延长重整计划执行期限的,合议庭可以裁定准许。管理人同时申请延长监督期限至重整计划执行期限届满的,合议庭应当一并裁定准许。

2. 根据北京破产法庭发布的《北京破产法庭破产案件管理人工作指引(试

行)》第 115 条规定,债务人向人民法院申请延长重整计划执行期限的,管理人应当进行审查,并就重整计划实际执行进度、无法按期执行完毕的原因,以及债务人下一步工作计划的可行性等方面向人民法院提交监督意见,同时申请延长重整计划的监督期限。管理人认为存在需要延长重整计划执行的监督期限情形的,应当向人民法院提交书面报告并说明理由,申请人民法院裁定延长重整计划执行的监督期限。

3. 根据贵阳市中级人民法院和贵阳市破产管理人协会发布的《贵阳市中级人民法院贵阳市破产案件管理人工作指引(试行)》第 108 条规定,债务人向人民法院申请延长重整计划执行期限的,管理人应当进行审查,并就重整计划实际执行进度、无法按期执行完毕的原因,以及债务人下一步工作计划的可行性等方面向人民法院提交监督意见,同时申请延长重整计划的监督期限。管理人认为存在需要延长重整计划执行的监督期限情形的,应当向人民法院提交书面报告并说明理由,申请人民法院裁定延长重整计划执行的监督期限。

4. 根据济南市中级人民法院发布的《济南市中级人民法院破产案件管理人工作指引(试行)的通知》第 140 条的规定,债务人申请延长重整计划执行期限,应经债权人会议表决通过。管理人申请延长监督期限的,应在重整计划执行期限和监督期限届满前一个月,申请济南市中级人民法院裁定延长重整计划执行的监督期限。

5. 根据山东省高级人民法院发布的《山东省高级人民法院企业破产案件审理规范指引(试行)》第 156 条规定,重整计划因客观原因未能在规定期限内执行完毕,债务人申请延长重整计划执行期限的,人民法院可以裁定准许。管理人同时申请延长监督期限至重整计划执行期限届满的,人民法院应当一并裁定准许。

重整计划执行期限的延长是企业破产重整过程中的现实问题,也是健全破产制度的法律问题。发挥重整计划执行期延长对企业重整的积极作用,有效规制滥用期限延长行为,保障利害关系人的权益,是重整计划执行期限延长真正价值所在。因此,需要立法层面通过修订法律来确立重整计划执行期限延长法律制度。

三、变更重整计划

（一）因国家政策调整和法律修改变化等特殊情况变更重整计划

案例4 ｜ (2019)皖1525破申4号

［审理法院］

安徽省霍山县人民法院

［裁判观点］

2019年4月19日，安徽少安丝绸集团有限责任公司破产管理人向法院提出申请，称“2016年5月3日，霍山县人民法院(2015)霍民破字第00001－0005、000009－4号民事裁定书，批准了安徽少安丝绸集团有限责任公司等六公司重整计划，在重整计划执行期间，因政府规划政策的调整，导致少安大酒店二期开发项目及民营园开发项目发生诸多变化，时间有所拖延，且应民营园项目土地被收储，收益也所降低”，请求法院受理变更重整计划的申请。

法院认为，根据《全国法院破产审判工作会议纪要》第19条“债务人应严格执行重整计划，但因出现国家政策调整、法律修改变化等特殊情况，导致原重整计划无法执行的债务人或管理人可以申请变更重整计划一次。债权人会议决议同意变更重整计划的，应自决议通过之日起十日内提请人民法院批准”的规定，2019年4月15日，安徽少安丝绸集团开发有限责任公司等六公司债权人会议，实到债权人19名。其中，13票赞成，5票反对，1票弃权，超过有表决权的债权人人数的1/2，其所代表的表决权占无担保债权总数额的70.13%，超过无担保债权总额的1/2。债权人会议表决通过了《关于要求变更重整计划的申请》。

申请人的申请符合法律规定，根据《企业破产法》第64条、第90条第3款规定，经审判委员会讨论决定，裁定如下：

受理安徽少安丝绸集团有限责任公司破产管理人关于变更安徽少安丝绸集团有限责任公司、安徽源隆纺织服饰有限公司、安徽源海丝业有限责任公司、安徽源新纺织品有限公司、安徽少安红色生态旅游有限公司、安徽少安大酒店有限公司重整计划的申请并批准该申请。

［案例分析］

本案中，管理人认为在重整计划执行期间，因政府规划政策的调整使得少安大酒店二期开发项目及民营园开发项目发生诸多变化，时间有所拖延，且民营园项目土地被收储，收益也有所降低，因此管理人请求法院裁定批准变更后的重整计划。法院经审查认为，因政府规划政策发生了变化，影响到原重整计划的正常执行，且变更后的重整计划经债权人会议表决，债权人人数和代表的表决权占无担保债权总数额的比例均超过1/2，表决通过了变更后的重整计划，法院依法批准了变更后的重整计划。

（二）因投资人原因变更重整计划

案例5 ｜ (2017)鲁0983破1号之二

[审理法院]

山东省肥城市人民法院

[裁判观点]

全国法院破产审判工作会议纪要规定，因出现特殊情况使得原重整计划无法执行的，债务人或管理人可以申请变更重整计划一次，债权人会议决议同意变更重整计划的，应提请人民法院批准。本案因重整投资人不能按期缴纳保证金，致使重整计划无法按期执行，经泰安市润和置业有限公司第四次债权人会议决议同意变更重整计划，经第五次债权人会议就变更后的重整计划进行表决后申请人民法院裁定批准，符合会议纪要规定，程序合法。管理人提交的变更后的重整计划在债权人会议已经获得了除职工债权、普通债权组的其他组别的表决通过，表决过程公开、透明；对债权的调整实现了公平受偿；职工债权将获全额清偿；经营方案具有可行性。泰安市润和置业有限公司的重整有利于化解债务人的债务危机，能最大程度上保护包括职工债权在内的各债权人合法权益，重整续建完工后有利于经济效益、社会效益的最大化，能更好地保障购房群众的切身权益，维护社会稳定。综上，法院认为，变更后的重整计划符合法定批准条件，应予批准。

[案例分析]

因重整投资人违约不再根据重整计划规定履行投资义务或因自身资金问题无法继续完成投资义务，可能导致整个重整计划都无法执行。如果债务人有重整价值，债务人或管理人应向法院提出变更重整计划的申请，更换投资人或变更原重整计划的执行期限等。

（三）因重整计划执行期间出现补充申报债权而变更重整计划

案例6 ｜ （2017）粤1971破14－4号

［审理法院］

广东省东莞市第一人民法院

［裁判观点］

2019年4月22日，法院裁定批准东莞市雄基物业发展有限公司重整计划并终止重整程序。2020年6月8日，管理人向法院提交申请，称东莞市雄基物业发展有限公司重整计划尚未执行完毕，管理人收到一位债权人的补充申报债权材料，申报债权金额为18,330,757.77元；管理人建议就重整计划中的部分内容进行变更，并形成《关于变更重整计划的议案》提交债权人会议表决；《关于变更重整计划的议案》经债权人会议表决通过，故提请法院裁定批准变更重整计划。

法院查明，管理人于2020年6月2日以书面形式召开债权人会议，债权人会议对《关于变更重整计划的议案》进行了分组表决，其中担保债权组应到债权人1人，实到1人，同意1人；普通债权组应到21人，实到21人，同意17人，代表债权额123,780,268.05元，占该组债权总额的87.79%。

《关于变更重整计划的议案》载明："对补充申报债权按申报债权数额进行预留受偿额后，对现有债权人先行清偿，预留补充申报债权受偿额后，普通债权的清偿比例约为25.06%。如最终补充申报债权经管理人初步审核、债权人会议核查，并经法院裁定确认的债权数额为其申报数额，则管理人将于法院裁定确认其债权后对其进行清偿，如补充申报债权最终未能获得法院裁定确认或法院裁定确认的数额少于其申报的数额，则管理人将按照法院裁定确认的债权数额，按25.06%的比例计算受偿额后对其进行清偿，剩余预留款将与《重整计划》第七条'其他重要事宜'规定的其他后续收回款项一起对债权人进行清偿。"

法院认为，本案税务债权组、职工债权组均为全额清偿，变更重整计划的内容不涉及调整该两组的权益，参照最高人民法院《关于适用〈中华人民共和国企业破产法〉若干问题的规定（三）》（2019年）第11条第2款之规定，税务债权组、职工债权组不参与变更重整计划的表决。根据债权人会议的表决情况，《关于变更重整计划的议案》经债权人会议表决通过，管理人向法院申请裁定批准变更重整计划符合《企业破产法》第48条、第86条之规定。

[**案例分析**]

根据《企业破产法》,债权人未依照规定申报债权的,在重整计划执行期间不得行使权利,在重整计划执行完毕后,可以按照重整计划规定的同类债权的清偿条件行使权利。因此,不能因重整计划执行期间出现补充申报债权就对原重整计划进行变更。

(四)因变更重整投资人而变更重整计划

案例7 | (2019)闽03破1号之三

[**审理法院**]

福建省莆田市人民法院

[**裁判观点**]

2021年1月22日,本案裁定批准福建海峡国际商贸城实业有限公司(以下简称海峡商贸城公司)重整计划草案并终止重整程序。2021年4月16日,海峡商贸城公司管理人向法院提出申请,称因重整计划中确定的原重整投资人福州滨海房地产有限公司(以下简称滨海公司)违反重整计划约定,拒绝支付重整投资资金,管理人已按照重整计划启动再次公开竞价招募重整投资人的流程,为保障重整计划顺利执行完毕,请求法院批准重整计划执行期限及监督期限延长6个月,延长至2021年10月22日。

法院查明,2021年1月22日,法院裁定批准海峡商贸城公司重整计划草案并终止重整程序。在重整计划执行期限内,重整投资人滨海公司未按照重整计划的要求支付重整投资款。根据重整计划约定,滨海公司丧失重整投资人资格后,管理人可按重整计划启动再次公开竞价遴选重整投资人的流程。重整计划还约定,重整计划的执行期限和监督期限均为自法院裁定批准重整计划之日起90日;重整计划执行如受此次新型冠状病毒感染肺炎疫情影响需要顺延的,管理人可以相应顺延,因其他情形需要延期的,由管理人依法向人民法院申请延期。现管理人已按照重整计划,启动再次公开竞价遴选重整投资人的流程,但该流程尚未结束,本案尚未遴选到新的重整投资人。

法院认为,本案的重整投资人违反重整计划约定,导致管理人启动再次公开竞价遴选重整投资人的程序,进而影响重整计划的顺利执行,造成重整计划无法在执行期限内执行完毕。现管理人申请延长重整计划执行期限及监督期限,符合法律规定和重整计划约定,也有利于保障全体债权人的合法利益,应予准许。

[案例分析]

破产重整是一种再建型债务清偿程序,重整计划实质上是债权人和债务人之间的债权债务清偿安排,根据《企业破产法》第89条第1款“重整计划由债务人负责执行”及第92条第1款“经人民法院裁定批准的重整计划,对债务人和全体债权人均有约束力”可知,投资人并不受重整计划约束,也并非重整计划执行主体。因此,即使重整投资违反重整计划约定,债务人、管理人或债权人等相关主体也不能起诉重整投资人,要求重整投资人承担违约责任。

如在(2022)湘执复25号案件中,湖南省高级人民法院经审理认为:本案争议的焦点为在重整计划中对债务清偿承担连带责任的重整投资人未执行重整计划的,债权人能否以重整计划为依据向人民法院申请强制执行。《民事诉讼法》(2021年)第231条、最高人民法院《关于人民法院执行工作若干问题的规定(试行)》第2条、第16条规定,人民法院受理执行案件应当符合相关条件,包括法律规定由人民法院执行的法律文书,生效法律文书具有明确的给付内容等。金顺公司因不能清偿到期债务向怀化中院申请重整,金顺公司管理人制作了金顺公司重整计划,包括重整投资人为桐木公司、重整计划由债务人负责执行等内容。金顺公司的债权人陈某、申某玮、周某智因重整投资人桐木公司未执行重整计划,以重整计划等为依据向怀化中院申请强制执行桐木公司。根据上述有关法律规定,破产程序中的重整计划并非法律规定由人民法院执行的法律文书。陈某、申某玮、周某智上述强制执行申请,依据不足,怀化市中级人民法院驳回陈某、申某玮、周某智的执行申请,并无不当。

另外,《企业破产法》未对重整投资人不执行重整计划时的处理方式作出规定。由于《企业破产法》第93条第1款关于人民法院裁定终止重整计划的执行、宣告债务人破产,以债务人不能执行或者不执行重整计划为前提,在重整投资人不执行重整计划时,可能出现债权人既无法追究重整投资人违约责任、也无法申请人民法院宣告债务人破产的僵局情况。为解决该等问题,部分地方法院也发布了相关变更投资人的规定,部分规定如下:

(1)根据广东省高级人民法院《关于审理企业破产案件若干问题的指引》第100条规定,重整计划执行过程中,重整投资人不履行重整计划的,经债权人会议同意,管理人可以向人民法院申请由新的投资人承接原投资人的权利义务。

(2)根据深圳市中级人民法院《审理企业重整案件的工作指引(试行)》第115条规定,债务人或者管理人仅申请对重整计划所涉的重整投资人予以变更,重整计划其他内容不做调整的,合议庭可以不设定新的表决期间,直接裁定批准变更后的重整计划。

实务中,债务人的偿债资金主要来源于投资人投入的资金,少部分来自处置资产所得、重整过程中的经营收入。法院裁定批准重整计划后,因各种原因,投资人可能出现资金筹集困难,无法按期缴纳投资款,进而使得重整计划的债权清偿方案等无法推进。因此,对仍有重整价值的企业来说,应积极公开募集新的投资人,确保重整计划能继续推进,避免债务人被直接宣告破产。

(五)因变更出资人权益调整方案而变更重整计划

案例8 ｜ (2019)黑01破5－4号

[审理法院]

哈尔滨市中级人民法院

[裁判观点]

2020年5月22日,亿阳集团股份有限公司(以下简称亿阳集团)向法院提出申请,称《变更后的重整计划草案(万怡投资)》制定及表决程序合法、内容符合法律规定且具有可执行性,经债权人会议表决,有财产担保债权组、出资人组依法均表决通过,虽然普通债权组未表决通过,但参加表决的普通债权人93.37%同意该草案,且其所代表的债权数额达到该表决组债权总额的55.44%,该草案符合绝大多数债权人利益,请求法院批准《变更后的重整计划草案(万怡投资)》。

法院查明,2020年5月20日,亿阳集团以原重整计划投资人无法按期履行出资义务且债权人会议已决议同意变更重整计划为由,向法院申请变更重整计划,法院同日裁定准许。2020年5月20日下午,亿阳集团债权人会议主席召集债权人会议,组织债权人对《变更后的重整计划草案(万怡投资)》进行表决。《变更后的重整计划草案(万怡投资)》包括了亿阳集团基本情况、出资人权益调整方案、债权数额及分类、债权调整及清偿方案、未来经营方案、重整计划的表决和批准、重整计划的执行、重整计划执行的监督等多方面内容。

根据重整计划草案,重整后的亿阳集团将进一步确立高科技发展战略,更加重视和发展核心业务 IT 产业,继续发挥高科技公司的技术、市场等优势,逐步恢复经营能力和持续盈利能力,债权人清偿利益或将因此得到进一步扩大和提升。债务人亿阳集团申请法院裁定批准的《变更后重整计划草案(万怡投资)》制定及表决程序合法、内容符合法律规定且具有较强的可执行性,较之破产清算更体现、维护全体债权人的清偿利益,亦体现破产重整制度通过市场化、法治化途径挽救危困企业的价值和功能,该重整计划草案执行能够起到较好法律效果和社会效果。

[案例分析]

2020 年 2 月 29 日,哈尔滨市中级人民法院作出(2019)黑 01 破 5 - 2 号裁定书,裁定批准亿阳集团破产重整计划草案。但原重整投资人因受国内外疫情防控等因素的影响未能如期完成出资义务,亿阳集团未能按照《企业破产法》及相关规定履行原重整计划。根据原重整计划规定,上海华图无条件退出,亿阳集团可以重新确定重整投资人。如债权人会议表决通过重整计划事项,并且得到哈尔滨市中级人民法院裁定批准的,亿阳集团可以变更重整计划。在哈尔滨市中级人民法院、债委会和管理人的监督和指导下,亿阳集团与万怡投资达成投资意向,并根据与万怡投资签署的投资协议,对原重整计划进行变更。自变更后的重整计划经哈尔滨市中级人民法院裁定后,原重整计划作废。

变更后的重整计划主要内容如下:

1. 重整投资人向亿阳集团投资 10 亿元(其中 3 亿元现金,7 亿元资产),分别用于清偿债务、支付破产费用、补充公司后续发展所需资金;另外向亿阳集团提供为期 3 年的借款人民币 2 亿元支持重整后企业发展,2 亿元现金的借款,仅用于亿阳集团的流动资金,借款期限 3 年,借款利率按照贷款市场报价利率(Loan Prime Rate)执行。

2. 亿阳集团全体出资人无偿让渡其持有亿阳集团 100% 股份,全部由重整投资人有条件受让。增资扩股后亿阳集团的注册资本约为 3,921,568,627 元,其中,重整投资人持股51%,全体转股债权人持股49%。

本案中,为避免债务人亿阳集团破产清算,在原重整投资人未能如期完成出资义务的情况下,通过由重整投资人有条件受让亿阳集团全体出资人无偿让渡其持有亿阳集团100%股份方式,成功引进了新的重整投资人。

(六)因变更债权清偿方案而变更重整计划

案例9 | (2017)豫0323破3号之十三

[审理法院]

河南省新安县人民法院

[裁判观点]

法院查明,管理人编制提交的《重整计划草案(调整版)》载明,本次重整计划调整的主要内容是普通债权的清偿率由原来的80%调整为78%及适当延长重整计划执行期等,全体债权人参与了债权人会议,由受到不利影响的普通债权组对《重整计划草案(调整版)》进行了表决。本次债权人会议应到债权人267人,其所代表的无财产担保债权金额390,809,597.72元。实际出席会议有表决权的债权人190人,其中表决同意的债权人186人,其所代表的无财产担保债权金额319,719,220.87元。表决同意的债权人占出席会议有表决权债权人的97.89%,其所代表的债权额占全部无财产担保债权金额的81.81%,各债权组均参与了本次债权人会议。

法院认为,本案中,管理人提交的《重整计划草案(调整版)》,主要调整了普通债权的清偿率和重整计划执行期,该调整对普通债权组产生不利影响。因有财产担保债权组、税务债权组、社保债权组、职工债权组均为全额清偿,重整计划调整的内容不涉及上述各组的权益,依照最高人民法院《关于适用〈中华人民共和国企业破产法〉若干问题的规定(三)》第11条第2款之规定,有财产担保债权组、税务债权组、社保债权组、职工债权组不需参与变更重整计划的表决,因此本次债权人会议由普通债权组就《重整计划草案(调整版)》进行了表决,表决通过了该《重整计划草案(调整版)》。

综上,本次债权人会议的召开和表决程序合法,《洛阳万山湖旅游有限公司、洛阳荆紫仙山旅游开发有限公司合并重整案重整计划(调整版)》内容符合法律规定，经营方案具有可行性。

［案例分析］

债权清偿比例是重整计划的重要内容之一，在重整计划因各种因素不能继续履行的情况下，如果能通过适当调整债权清偿比例就能确保重整计划继续履行，且继续履行重整计划能使债权人获得比破产清算更高的清偿比例，债权清偿方案变更是个比较可行的办法。

（七）因变更经营方案而变更重整计划

案例10 ｜ 全国企业破产重整案件信息网［其他公告］（2018）川1124破1号四川国荣房地产开发2022－6－27

［审理法院］

四川省井研县人民法院

［裁判观点］

法院认为，四川国荣房地产开发有限公司管理人考虑到前述土地面临下清、交付和五通桥区房地产市场需求等情况，从有利于实现资产价值最大化角度出发，拟定了该土地处置调整方案，并于2022年5月提交了债权人大会进行表决，表决结果通过该土地处置调整方案，同意对四川国荣房地产开发有限公司所有的位于五通桥区竹根镇榕景路的土地［证号为五国用（2010）第1083、1084、1085号，面积24,590.1平方米］由政府收储。该方案经过债权人大会表决同意，不违反法律规定，法院予以认可。依照《企业破产法》第86条之规定，裁定如下：四川国荣房地产开发有限公司重整计划中第五部分经营方案中的涉及五通桥区竹根镇榕景路的土地［证号为五国用（2010）第1083、1084、1085号，面积24,590.1平方米］处置方式调整为由政府对该土地进行收储。

［案例分析］

经营方案是否可行决定了重整计划是否能顺利执行的关键因素，在经营方案因各种因素存在不能执行风险的时候，适当调整经营方案，能确保重整计划顺利执行，也能确保债务人重整和确保债权人获得清偿。

笔者观点

根据《民事诉讼法》的规定，发生法律效力的民事判决、裁定，当事人应当履行，否则另一方当事人可以申请人民法院执行。因此，在人民法院裁定批准重整计划后，重整计划作为发生法律效力的裁定，其涉及财产部分的内容，应具有强制执行效力。

由于重整计划涉及债务人的经营方案、债权调整和受偿方案以及其他相关方案，人民法院在执行重整计划时，需要考虑债务人、债权人和重整投资人等各方面的因素，平衡各方面的利益关系，避免陷入强制执行重整计划导致重整计划实质上无法继续履行的困境。

16

涉船舶企业破产的特殊问题探讨

徐剑锋

规定索引

《中华人民共和国企业破产法》

第三条 破产案件由债务人住所地人民法院管辖。

第二十一条 人民法院受理破产申请后，有关债务人的民事诉讼，只能向受理破产申请的人民法院提起。

第一百零九条 对破产人的特定财产享有担保权的权利人，对该特定财产享有优先受偿的权利。

第一百一十条 享有本法第一百零九条规定权利的债权人行使优先受偿权利未能完全受偿的，其未受偿的债权作为普通债权；放弃优先受偿权利的，其债权作为普通债权。

第一百一十三条 破产财产在优先清偿破产费用和共益债务后，依照下列顺序清偿：

（一）破产人所欠职工的工资和医疗、伤残补助、抚恤费用，所欠的应当划入职工个人账户的基本养老保险、基本医疗保险费用，以及法律、行政法规规定应当支付给职工的补偿金；

（二）破产人欠缴的除前项规定以外的社会保险费用和破产人所欠税款；

（三）普通破产债权。

破产财产不足以清偿同一顺序的清偿要求的，按照比例分配。

破产企业的董事、监事和高级管理人员的工资按照该企业职工的平均工资计算。

《中华人民共和国海事诉讼特别程序法》

第四条 海事法院受理当事人因海事侵权纠纷、海商合同纠纷以及法律规定的其他海事纠纷提起的诉讼。

第十条 海事法院与地方人民法院之间因管辖权发生争议，由争议双方协商解决；协商解决不了的，报请他们的共同上级人民法院指定管辖。

第三十三条第一款 海事法院应当在拍卖船舶三十日前，向被拍卖船舶登记国的登记机关和已知的船舶优先权人、抵押权人和船舶所有人发出通知。

第一百一十一条 海事法院裁定强制拍卖船舶的公告发布后，债权人应当在公告期间，就与被拍卖船舶有关的债权申请登记。公告期间届满不登记的，视为放弃在本次拍卖船舶价款中受偿的权利。

《最高人民法院关于适用〈中华人民共和国企业破产法〉若干问题的规定（二）》

第四十七条第三款 受理破产申请的人民法院，如对有关债务人的海事纠纷、专利纠纷、证券市场因虚假陈述引发的民事赔偿等案件不能行使管辖权的，可以依据民事诉讼法第三十七条的规定，由上级人民法院指定管辖。

《最高人民法院关于海事法院受理案件范围的规定》

第一百一十条 当事人提起的民商事诉讼、行政诉讼包含本规定所涉海事纠纷的，由海事法院受理。

第一百一十一条 当事人就本规定中有关合同所涉事由引起的纠纷，以侵权等非合同诉由提起诉讼的，由海事法院受理。

第一百一十二条 法律、司法解释规定或者上级人民法院指定海事法院管辖其他案件的，从其规定或者指定。

《江苏省高级人民法院民事审判第二庭关于印发〈破产案件审理指南（修订版）〉的通知》第二部分第（六）节

7. 有关债务人民事诉讼的管辖。人民法院受理破产申请后、破产程序终结前，当事人提起的有关债务人的第一审民事诉讼，由受理破产申请的人民法院管辖，但债务人作为无独立请求权第三人参加诉讼的除外。受理破产申请的人民法院经报请上级人民法院批准,可以在开庭前将有关债务人的第一审民事诉讼移交下级人民法院审理。

人民法院受理破产申请后,有关债务人的海事纠纷、专利纠纷、证券市场因虚假陈述引发的民事赔偿纠纷等案件,由受理破产申请的人民法院管辖。受理破产申请的人民法院因专业性不足等原因不能行使管辖权的,可以依据民事诉讼法第三十七条的规定,由上级人民法院指定管辖。

《山东省高级人民法院企业破产案件审理规范指引(试行)》

第七条第一款、第二款、第三款 人民法院受理破产申请后,有关债务人的民事诉讼,只能向受理破产申请的人民法院提起。

受理破产申请的人民法院管辖的有关债务人的第一审民事案件,可以依据民事诉讼法第三十八条的规定,由上级人民法院提审,或者报请上级人民法院批准后交下级人民法院审理。

受理破产申请的人民法院,如对有关债务人的海事纠纷、专利纠纷、证券市场因虚假陈述引发的民事赔偿纠纷等案件不能行使管辖权的,可以依据民事诉讼法第三十七条规定,请求上级人民法院指定管辖。

《广西壮族自治区高级人民法院执行案件移送破产审查的规范指引》

第二条 ……涉船企业破产案件由北海海事法院集中管辖。

《全国法院涉外商事海事审判工作座谈会会议纪要》

87.【光船承租人因经营光租船舶产生债务在光船承租人或者船舶所有人破产时的受偿问题】因光船承租人而非船舶所有人应负责任的海事请求,对光租船舶申请扣押、拍卖,如果光船承租人进入破产程序,虽然该海事请求属于破产债权,但光租船舶并非光船承租人的财产,不属于破产财产,债权人可以通过海事诉讼程序而非破产程序清偿债务。

因光船承租人应负责任的海事请求而对光租船舶申请扣押、拍卖,且该海事请求具有船舶优先权、抵押权、留置权时,如果船舶所有人进入破产程序,请求人在破产程序开始后可直接向破产管理人请求从船舶价款中行使优先受偿权,并在无担保的破产债权人按照破产财产方案受偿之前进行清偿。

88.【船舶所有人破产程序对船舶扣押与拍卖的影响】海事法院无论基于海事请求保全还是执行生效裁判文书等原因扣押、拍卖船舶,均应当在知悉针对船舶所有人的破产申请被受理后及时解除扣押、中止拍卖程序。

破产程序之前当事人已经申请扣押船舶，后又基于破产程序而解除扣押的，有关船舶优先权已经行使的法律效果不受影响。船舶所有人进入破产程序后，当事人不能申请扣押船舶，属于法定不能通过扣押行使船舶优先权的情形，该类期间可以不计入法定行使船舶优先权的一年期间内。船舶优先权人在船舶所有人进入破产程序后直接申报要求从产生优先权船舶的拍卖价款中优先受偿，且该申报没有超过法定行使船舶优先权一年期间的，该船舶优先权所担保的债权应当在一般破产债权之前优先清偿。

因扣押、拍卖船舶产生的评估、看管费用等支出，根据法发〔2017〕2 号《最高人民法院关于执行案件移送破产审查若干问题的指导意见》第 15 条的规定，可以从债务人财产中随时清偿。

《最高人民法院关于执行案件移送破产审查若干问题的指导意见》

15. 受移送法院裁定受理破产案件的，在此前的执行程序中产生的评估费、公告费、保管费等执行费用，可以参照破产费用的规定，从债务人财产中随时清偿。

《最高人民法院关于适用〈中华人民共和国企业破产法〉若干问题的规定（三）》

第一条 人民法院裁定受理破产申请的，此前债务人尚未支付的公司强制清算费用、未终结的执行程序中产生的评估费、公告费、保管费等执行费用，可以参照企业破产法关于破产费用的规定，由债务人财产随时清偿。

此前债务人尚未支付的案件受理费、执行申请费，可以作为破产债权清偿。

《中华人民共和国海商法》

第二十一条 船舶优先权，是指海事请求人依照本法第二十二条的规定，向船舶所有人、光船承租人、船舶经营人提出海事请求，对产生该海事请求的船舶具有优先受偿的权利。

第二十二条 下列各项海事请求具有船舶优先权：

（一）船长、船员和在船上工作的其他在编人员根据劳动法律、行政法规或者劳动合同所产生的工资、其他劳动报酬、船员遣返费用和社会保险费用的给付请求；

（二）在船舶营运中发生的人身伤亡的赔偿请求；

（三）船舶吨税、引航费、港务费和其他港口规费的缴付请求；

（四）海难救助的救助款项的给付请求；

（五）船舶在营运中因侵权行为产生的财产赔偿请求。

载运2000吨以上的散装货油的船舶，持有有效的证书，证明已经进行油污损害民事责任保险或者具有相应的财务保证的，对其造成的油污损害的赔偿请求，不属于前款第（五）项规定的范围。

第二十三条 本法第二十二条第一款所列各项海事请求，依照顺序受偿。但是，第（四）项海事请求，后于第（一）项至第（三）项发生的，应当先于第（一）项至第（三）项受偿。

本法第二十二条第一款第（一）、（二）、（三）、（五）项中有两个以上海事请求的，不分先后，同时受偿；不足受偿的，按照比例受偿。第（四）项中有两个以上海事请求的，后发生的先受偿。

第二十四条 因行使船舶优先权产生的诉讼费用，保存、拍卖船舶和分配船舶价款产生的费用，以及为海事请求人的共同利益而支付的其他费用，应当从船舶拍卖所得价款中先行拨付。

第二十六条 船舶优先权不因船舶所有权的转让而消灭。但是，船舶转让时，船舶优先权自法院应受让人申请予以公告之日起满六十日不行使的除外。

第二十七条 本法第二十二条规定的海事请求权转移的，其船舶优先权随之转移。

第二十八条 船舶优先权应当通过法院扣押产生优先权的船舶行使。

第二十九条 船舶优先权，除本法第二十六条规定的外，因下列原因之一而消灭：

（一）具有船舶优先权的海事请求，自优先权产生之日起满一年不行使；

（二）船舶经法院强制出售；

（三）船舶灭失。

前款第（一）项的一年期限，不得中止或者中断。

《全国法院破产审判工作会议纪要》

25. 担保权人权利的行使与限制。在破产清算和破产和解程序中，对债务人特定财产享有担保权的债权人可以随时向管理人主张就该特定财产变价处置行使优先受偿权，管理人应及时变价处置，不得以须经债权人会议决议等为由拒绝。但因单独处置担保财产会降低其他破产财产的价值而应整体处置的除外。

问题的提出

拥有船舶的造船和航运企业本身是重资产行业,其拥有的船舶具备高价值、高(物理)流动性、多境外注册的特点,故而在拥有船舶的造船和航运企业涉及破产时,船舶往往是主要的具有处置价值的破产财产。船舶作为"物",本身在实体上有位阶高的国家部门法《海商法》规制,在程序上有几乎与《民事诉讼法》并行的《海事诉讼特别程序法》的规制,在司法体制上有超越行政区域的专门法院——"海事法院"的专门管辖,故而拥有船舶的造船和航运企业涉及破产程序时,破产程序优先性与海事特别法律制度之间出现不少冲突或者说尚未理清的领域。因为企业破产是近10多年才普遍发生的程序,随着我国经济的发展,财产权利的种类和交易结构日益多元,海事企业[1]破产程序中也确实存在不少问题,需要进一步研究解决。

例如,2014年发生的钦州市桂钦海运集团有限公司(以下简称桂钦集团)破产重整案件,就桂钦集团所有的"盛安达68"轮的扣押、拍卖、处置,产生了受理船员扣押申请、拍卖"盛安达68"轮的宁波海事法院船舶扣押拍卖程序与受理桂钦集团破产重整案的广西壮族自治区钦州市中级人民法院破产程序的冲突,从2014年7月11日宁波海事法院根据船员申请扣押"盛安达68"轮到2016年7月27日宁波海事法院主持拍卖"盛安达68"轮,并以589万元的价格拍卖成交,船舶拍卖价款在清偿扣押、保管、评估、拍卖等强制执行费用200多万元后,移交钦州市中级人民法院受理桂钦集团破产重整案管理人按破产程序统一管理分配,历时两年多。[2]

---

〔1〕"海事企业"不是法律专有名词,海运业既涉及重资产的船舶建造、船舶运输企业、港口经营企业、大型物流仓储企业,也涉及轻资产的融资、代理、经纪、港口服务、数据服务、小型物流企业。本文使用该词概指涉及《海事诉讼特别程序法》及最高人民法院有关司法解释所规定的海事法院专门管辖的权属、债务问题的企业。

〔2〕章恒筑:《"一带一路"倡议推进背景下国际海事司法中心建设与海事破产法制的完善》,载《法律适用》2018年第23期。

再如，“浙江省舟山市中级人民法院课题调研发现，该市两级法院受理的船舶航运企业主要包括修造船企业、海工企业、航运企业和远洋渔业企业，其债权主要类型是融资性债权、供应商债权、工资债权，主要又反映了海事债权与岸上债权认定问题、商事留置权与海事留置权问题。这些债权争议形成的衍生诉讼，本来应该属于海事法院受理案件范围。破产衍生诉讼集中管辖后，意味着受理船舶航运破产案件的法院也要受理各类本属于海事法院专门管辖的案件”。[1]

这些问题，有的确有学理上的空白，有的与《企业破产法》的规定和理论并无学理冲突，仅是实践问题，但司法审判中尚缺乏统一认识和操作细节，有的涉及不同法域的规则和司法裁判程序的冲突，非纸面研究可以解决，属于实操的司法技艺问题。大体而言，笔者认为这些问题主要包括：

1. 涉船舶企业破产及其衍生诉讼的管辖问题；

2.《海商法》下船舶的所有权、抵押权、优先权、留置权的实体处理与破产法下财产处置规定的潜在冲突问题；

3.《海事诉讼特别程序法》下船舶的拍卖、公告、债权登记、宣告等程序性制度与破产法下财产处置规定的潜在冲突问题；

4. 海事法律中海事赔偿责任限制基金制度与破产法下财产处置规定的潜在冲突问题；

5. 涉船舶企业多发的跨国诉讼与第三方出具的（放船）担保、（建造）履约保函在破产程序中的处理；

6. 跨国诉讼长期性与破产程序的审理时限的矛盾；

7. 中国破产程序的境外效力问题以及外国破产程序的境内效力问题。

这些问题都不简单，需要众学者长期研究，本文仅就其中个别问题展开讨论。

---

〔1〕 笔者未找到该调研报告全文，此内容见于多篇法院工作人员文章中。

一、管辖权问题

（一）海事法院对破产案件的管辖讨论

前引《企业破产法》第 3 条、第 21 条规定非常明确，企业破产案件由债务企业住所地人民法院管辖，法院受理破产申请后，有关债务人的民事诉讼，只能向受理破产申请的人民法院提起。

《企业破产法》第 3 条虽然在法理上并无问题，但在实践中，因为海事专门法院的存在，还是衍生出一个问题：涉海事的企业破产案件是否可以由相对具备更丰富专业知识和审判队伍的海事法院管辖？我国的海事法院是改革开放后，随着海上运输和对外经济贸易事业的发展，为解决当时迫切需要的、涉外争议中数量最多的国际商品进出口所涉运输、保险、仓储、海上事故而专门设立的，参考了英国法系中高等法院单设商事庭的做法，具有相当的历史先进性，多年以来在处理涉及船舶的纠纷中积累了大量经验和人才，他们可否处理海事企业的破产案件？

2006 年制定的《企业破产法》没有考虑这个问题，在 2008 年全球金融危机后发生的不少船舶建造、航运企业的破产申请中发生了这个实践问题。但在现行法框架下，海事法院并无直接的法条依据直接受理关于海事企业的破产案件。最高人民法院关于海事法院收案范围的几个规定也没有将破产案件纳入，参考最高人民法院《关于适用〈中华人民共和国企业破产法〉若干问题的规定（二）》规定的受理破产申请的人民法院，如对有关债务人的海事纠纷可报请上级法院指定管辖的规定，考虑到最高人民法院内部对破产案件与海事案件业务归口传统上均归于不同部门，应该理解为最高人民法院目前并未认可需要由海事法院对破产案件进行管辖。

当然，这个主要是法院系统内协调处理的问题，对于当事人和代理律师而言，除了申请立案时，并无太多争议需要，实践中法院也还在探索中。目前，在浙江已经有了实践——2023 年 7 月，浙江省高级人民法院发布了 2018 年至 2022 年浙江法院海事审判典型案例，其中典型案例之十“探索船舶企业破产清算，推动海事审判‘三合一’改革一某造船集团有限公司破产清算案”的法院公开文件认为，“本案是全国海事法院审结的第一起真正意义上的船舶企业执行转破产清算案件，涉及向债务人境外股东通知和送达，对外资企业清算、注销、关联破产，以及海事诉讼与破产程序衔接等诸多问题，为海事法院审理海事破产案件破冰试水积累了经验。宁波海事法院于2017年启动海事审判‘三合一’改革，本案顺利审结，标志着海事破产审判迈出了坚实的第一步，并初步表明，海事法院管辖审理海事破产案件具有可行性，更能发挥海事法院专业优势，有利于海事、破产、执行等相关案件协调处理，有利于涉海法律的统一实施，也标志着海事破产审判制度初步形成，为海事法院开展海事破产审判工作打下了良好基础，为破解海事案件执行难开辟了一条全新的路径”。[1]

司法实践

案例1 | (2020)浙72破申1号

[审理法院]

宁波海事法院

[裁判观点]

法院认为，东方造船集团系船舶制造企业，其核准登记机关为温州市工商行政管理局，住所地在浙江省温州市，经浙江省高级人民法院指定，由法院管辖东方造船集团破产案件。

由上可见，该案实际是由浙江省高级人民法院指定宁波海事法院管辖，并非稳定的制度性安排。

但是，从非海事法院角度可以发现，海事企业破产案件由海事法院管辖同样面临海事法院突破自身管辖范围的问题。比如，在东方造船集团破产案中，宁波海事法院(2021)浙72民初1312号判决可见，该案涉及原告与债务人间《土地使用权转让合同》效力和债务人相应配合履行《土地使用权转让合同》及有关《协议书》所约定土地使用权和地上建筑物过户登记手续争议。此与海事完全无关，也非海事法院管辖范围。法院自己的判决也认定：“本院认为，本案

[1] 2018～2022年浙江法院海事审判典型案例，“浙江天平”澎湃号，2023－07－2615:02，来源：澎湃新闻·澎湃号·政务。

系被告进入破产清算程序后,原告因破产财产的权属发生纠纷提起的诉讼,立案案由定为海事海商纠纷不妥,现变更为与破产有关的纠纷。”

如果对于海事企业破产案件中牵涉的债务人海事案件集中归于受理破产清算案件的地方法院管辖有违现行程序法的话,那么破产过程中的许多衍生诉讼与海事债务没有任何关系,不属于法定的海事法院专门管辖范畴,在这种情况下难道海事法院就可以突破前述《海事诉讼特别程序法》等规定,去审理非海事案件了?如果说海事法院对于海事债权的审查有特定专业优势的话,那么是否意味着,其对于非海事债权,因平时并不属于其管辖范围,在专业度上显然又不如同地同级别的中级法院。

笔者观点

笔者认为,首先,讨论问题的逻辑应当具有前后连贯性,对于法律理论问题的讨论应当超越部门法和系统条块分割的利益局限。由上文对于当前实践和不同观点的梳理可见,由海事法院审理海事企业破产具有一定合理性,但并不宜或者说很难具体规定所谓海事企业破产由海事法院管辖。因为,第一,海事企业这个概念本身难以界定;第二,法理上,由海事法院管辖破产程序中必然涉及的非属海事法院专门管辖范围的债权债务案件(如涉及各种非海上、港航资产的、涉及股东出资义务的、涉及税收违法、涉及非与海上资产特定关联的融资借款的等)有违现行程序法和法院组织法。最高人民法院在 2008 年后的若干司法解释均未明确海事法院对破产案件的管辖权,不知是否有此考虑。

笔者认为,对于海事企业破产,根据个案情况由上级法院指定管辖的做法是最好的。因为:

第一,有《民事诉讼法》第 38 条作为程序法依据。

第二,可根据具体个案到底是涉及海事债权(指应由海事法院专门管辖的债权债务管辖)多还是非海事债权多、破产申请前是否在海事法院已经存在许多债务诉讼、执行未决案件等因素,来考虑是否由海事法院审理破产案件。比如,对于航运企业,现实中可能其债务涉及海事债权多;而纯造船企业就可能涉及复杂的土地建筑物产权等非海事债权。另外,考察现实可以发现,航运企业如果走向破产，多半涉及综合性经营（对于纯船舶营运而言，只要是海上航行船舶，有不少船东责任限制制度来保护航运业者、有成熟的保险制度保障船舶本身物理损失和其对第三者的责任，未必需要走向企业破产程序），这也就仍会涉及很多非海事资产和债权债务。若非多数或者（金额上）主要债权债务涉及海事债权，则无须由海事法院审理破产案件。

第三，即使指定由海事法院审理破产案件，其中涉及的非属海事法院专门管辖范围的债权债务案件宜一并另行指定破产企业所在地的地方法院集中管辖，以符合有关法律规定。

（二）海事法院对破产过程中债务人所涉债权债务案件或衍生诉讼案件的管辖讨论

如果说《企业破产法》第 3 条所涉破产案件整体的管辖问题主要还是立法和司法政策的问题，律师并无太对置喙余地的话，《企业破产法》第 21 条则与律师实践密切相关。考虑到我国多年的海事法院专门管辖制度，债务企业被受理破产申请之前，多半也已经有大量的涉及债务企业的海事案件在审理、保全、执行程序中，《企业破产法》第 21 条的规定在实践中会引发一定争议的。

如果说《企业破产法》第 3 条所涉破产案件整体的管辖问题法理上并无问题的话，《企业破产法》第 21 条就显得不周延了。该条显然是出于对债务人财产的统一处理与案件审理有效性的考虑，也基本符合法理，但不够周延。比如，对“海事侵权纠纷、海商合同纠纷以及法律规定的其他海事纠纷”由海事法院管辖是全国人大常委会制定的《海事诉讼特别程序法》的规定，是我国诉讼制度中的专门管辖规定，《企业破产法》第 21 条与之如何衔接？其所谓的“只能”是否超越、优先《海事诉讼特别程序法》的规定？从文字上看，似乎可以得出这样的结论，但这种结论显然与前述梳理的现行程序法律和法院组织法不相吻合。

在普通法院审理破产案件过程中，实际也已经产生了一个有关债务人衍生诉讼的管辖权冲突问题，即如果债务人是海事企业，有关海事诉讼应当向受理破产案件的人民法院提起还是向海事法院提起？破产受理法院不具有海事纠纷案件的管辖权，也欠缺相应的专业法律知识和审判经验，目前实践中，有的破产法院将债务人的海事海商纠纷案件径行委托或经上级法院指定本行政区海事法院[1]审理,也有的海事法院适用《企业破产法》集中管辖的规定,对已受理的海事纠纷案件中止审理并将该案裁定移送破产法院,也有互相发生观点不同或者某些实操问题无法协调一致而发生矛盾的情形。尤其是在启动于破产程序开始前的船舶扣押案件中,一方面,船舶本身是债务人企业的重大资产,破产管理人试图取回或掌握;另一方面,扣船本身有特定的《海事诉讼特别程序法》依托,实务中又往往发生扣船法院依惯例或者指令委托船舶停靠地港口航务企业甚至是船员自身,暂且自担费用看管、维护、保养船舶的工作。如果债务人不能偿付这种费用,而海事法院一旦中止拍卖程序,限于财政体制,根本无法支出船舶停靠地港口航务企业或者是船员自身垫付的看管劳力和费用,故扣押船舶的海事法院对于管理人要求中止执行、中止拍卖、移交船舶的要求有天然的反对倾向(参见后文有关船舶优先权行使的实务冲突)。

后续各地高级人民法院也通过指导文件的形式开始解决此问题,如前引广西、江苏、山东高级人民法院的相关规定均涉及此问题,江苏、山东的规定与最高人民法院的规定类似,都是开放性的规定,即受理破产申请的人民法院,如对有关债务人的海事纠纷认为有必要可报请上级法院指定管辖;广西则明确涉船企业破产案件由北海海事法院集中管辖,但似应仅局限于执行转破产案件。

也有海事法院主动在此方面进行探索。据公开报道,2022 年宁波海事法院与舟山市中级人民法院共同探索的“浙江推进‘破产案件与海事案件审理相互衔接’改革试点”成功入选最高人民法院服务保障自由贸易试验区建设亮点举措,“该纪要明确了破产衍生诉讼管辖原则、细化了被扣押船舶协同处置规则、确定了船舶拍卖价款分配顺序,同时畅通了海事海商案件‘执转破’渠道”[2]。纪要中有些原则性规定,比如以破产受理法院集中管辖有关债务人的民事诉讼案件,但有些专业性强的海事纠纷和破产债权确认案件,可以报请省高级人民法院指定海事法院管辖;破产后,海事扣押以解除为原则,继续保全为例外。

---

[1] 虽然在组织法上,海事法院并非按照行政区域设置,但是,现实中,已经形成除河北省,所有沿海省级行政区,各有一个海事法院的格局。

[2] 《“破产案件与海事案件审理相互衔接”改革试点成功入选人民法院服务保障自由贸易试验区亮点举措》,载澎湃网 2022 年 2 月 24 日,https://www.thepaper.cn/newsDetail_forward_16844724。

笔者观点

虽然《企业破产法》规定,破产债务人的相关民事纠纷均由破产法院集中管辖,这不能超越《海事诉讼特别程序法》中的专门管辖规定。无论是由海事法院受理针对海事企业的破产申请,还是由地方法院受理,《企业破产法》第21条有关“受理破产申请的人民法院”集中管辖新提起的有关债务人的诉讼应当仍然受专门管辖(或专属管辖)规则的约束;在实际操作上,在受理破产法院遇到专门管辖或专属管辖的案件时,应当报请相应层级的上级法院,指定法定的专门管辖或专属管辖法院审理相关案件,但是实体审判后确认的对破产企业的债权应当纳入破产债权按照《企业破产法》规定统一受偿(具备海事优先权的债权除外[1])。

二、船舶优先权问题

根据《海商法》第21条可知,“船舶优先权,是指海事请求人依照本法第二十二条的规定,向船舶所有人、光船承租人、船舶经营人提出海事请求,对产生该海事请求的船舶具有优先受偿的权利”。其并非船舶的优先权,系债权人对“船舶”(这一利益)具有优先于其他债权的权利。船舶优先权来源于英国法,对应英国法律中的“maritimelien”,与大陆法系的概念体系存在一定隔阂,其到底是一种实体权利还是程序权利,我国学术上似乎也没有普遍认可的观点。就法条运用,简单而言,笔者认为船舶优先权具有如下特点:

1. 优先性——具备优先权的海事请求权优先于留置权人的留置权、抵押权人的抵押权。

2. 法定性——船舶优先权系法律创设之权利,不因当事人约定而改变。

3. 对物性——船舶优先权可说是一种“物”产生的“债务”,或者说产生优先权的这些海事请求权的第一债务人是“船舶”本身,而不论船舶当时为谁拥有、使用或者收益。

4. 限定性——其一,船舶优先权情形有限,《海商法》第22条规定仅5种情

---

[1] 同理,若有其他实体法律规定的特殊债权也应作同样处理,只要法理通顺。

形下会产生船舶优先权;其二,优先权仅限对产生具备优先权的海事请求的船舶产生,而不及于债务人的其他财产。

5. 附随性——其一是对优先权的对象而言,船舶所有权转移的,优先权附随转移;其二是对产生优先权的海事请求权本身,请求权转移的,其船舶优先权随之转移。但是,以下三种情况下,优先权会消灭:(1)船舶转让时,船舶优先权自法院应受让人申请予以公告之日起满60日不行使的;(2)船舶经法院强制出售;(3)船舶灭失。

6. 行权的法定性——船舶优先权应当通过法院扣押产生优先权的船舶行使。

7. 时效性——具有船舶优先权的海事请求,自优先权产生之日起满一年不行使,则优先权消灭。

船舶优先权还涉及《海事诉讼特别程序法》中的船舶扣押、拍卖、债权登记与受偿程序、优先权催告程序等程序性规则。在我国海事诉讼中,诉前扣押船舶是不特别需要查清"被保全人"的主体名称的,被保全人常写作"××轮所有人或光船租船人"[1]。若是海事请求具备船舶优先权属性,扣船申请人能否查明船舶所有人更是无关紧要,因为船舶优先权不会因船舶转让而消灭,若非法院催告后经过法定期间或者经过一年,优先权随船而行,与物同在,海商法中戏称为"船上的幽灵"。此外,扣船保全执行后,当事人还可直接向执行扣船的海事法院提起诉讼,而不论基础的海事请求权原本的管辖规则如何。换言之,优先权制度使得相关联的基础的海事请求权超越了原本的管辖规则限制而可以在世界上任何船舶到达的地方通过扣押船舶来行使请求权。

由上从法条直接归纳出来的优先权特征和其运行的程序规则可见,所谓"船舶优先权"与大陆法系传统的权利概念体系是格格不入的,它具备浓厚的以"船舶"为中心的对物属性。它实际上来源于英国海事法律,与独特的赋予船舶拟制人格的"对物诉讼"制度对应,即将船舶拟人化,海事请求权人可直接对船舶提起诉讼,主张"船舶"应对侵权或违约行为承担责任。通过扣押船舶、对船舶送达海事令状和拍卖船舶来实现自己的债权。当然,一旦提起对物诉

---

[1] 《海事诉讼特别程序法》第25条规定:海事请求人申请扣押当事船舶,不能立即查明被请求人名称的,不影响申请的提出。

讼,而船舶利益主体出面应诉,那么还有相应的程序规则,也未必非要拍卖船舶。

破产法显然是个关于商事主体退出的法律,它的一切制度都是围绕"人"(尤其是公司,在没有自然人破产制度的情况下)来设定的。相较于船舶优先权行使以"船舶"为中心的对物程序而言,笔者认为两者在满足债权人债权的价值偏好、制度设计上存在显著的冲突。具体而言,笔者认为有以下两点。

第一,船舶优先权(包括相对来说与破产制度冲突小点的船舶抵押权、留置权制度)的价值偏好是突出地保护特定债权人;而破产制度价值偏好似乎是保护债务人、平等地保护全部债权人(虽然也有根据不同债权性质确定分配顺序的制度),或者说,破产制度是以适当解脱债务人的债务、实现债务人重整"新生"或者干脆"死亡"退出市场为价值取向,相对来说它不以清偿债权人的债权为优先价值取向。这决定了两者的制度设计、运行原理有本质上的冲突。

第二,船舶优先权的行使需通过船舶扣押来实现,一旦船舶被扣押而仍无适当主体来解决债务,那么就会进入船舶拍卖程序;而船舶拍卖同样有公告、债权人(不限于优先权人)申请登记、提供债权凭据、法院审查确权、组织债权人会议、分配船舶价款、拨付诉讼费用,为保存、拍卖船舶和分配船舶价款产生的费用以及为债权人的"共益费用"程序规则,这些与破产法的相应制度大体是重合的,那也就意味着可能会有矛盾、冲突。换言之,在船舶所有人企业破产前后,其名下船舶已经因为船舶优先权被扣押甚至拍卖,那么一旦进入破产程序,船舶扣押作为一种诉讼保全措施是否要解除?如果已经进入拍卖甚至拍卖完成,有了拍卖款,那么对拍卖款的分配是按照《海事诉讼特别程序法》进行,还是将之纳入破产财产大筐里,按照《企业破产法》的规定进行分配处理?

如前所述,《海事诉讼特别程序法》是全国人民代表大会常务委员会通过的法律,在位阶上与《企业破产法》并无明显高低区别,所以,如果没有学理讨论,仅凭《企业破产法》第 19 条"人民法院受理破产申请后,有关债务人财产的保全措施应当解除,执行程序应当中止"及其他有关财产归集、接管的规定,显然是无法解决问题的。

司法实践

过往,这个问题在实践中产生过较大争议。法院做法各不相同,从实践来看,显然许多时候法院也未必是出于完善的法律理念来处理,而是基于案件审理进度、扣押、拍卖船舶的费用能否解决等实务因素来考虑问题。过往比较引起关注的船舶优先权案件均是涉及债务人经营困难后拖欠船员工资的,两起涉及管理人异议的案件中,法院都未同意中止拍卖船舶、解除保全和直接移交破产企业所有的船舶,均继续进行了船舶拍卖,但各自对于为何继续拍卖程序的理由有较大不同,其解释也实际上关联了对于船舶优先权的实现与破产财产归集、破产申请受理后的法律效果的各自理解。

(一)认为附有船舶优先权的船舶不应认定为破产法意义上的债务人财产

“连润 6”轮船舶优先权实现与南京连润运输贸易有限公司破产案

背景:

1. 2015 年 10 月 9 日,应船员的诉前扣押船舶申请,上海海事法院裁定扣押南京连润运输贸易有限公司(以下简称连润公司)所有的“连润 6”轮。

2. 2015 年 11 月 3 日,上海海事法院受理船员劳务合同纠纷案,并于同年 12 月 18 日判决认定船员的工资报酬、确认船员就连润公司对工资报酬的给付义务对“连润 6”轮享有船舶优先权。

3. 2016 年 3 月 8 日,船员向上海海事法院申请执行。

4. 2016 年 3 月 28 日,上海海事法院作出执行裁定,查封、扣押、冻结、拍卖或变卖被执行人的相应财产。

5. 2016 年 5 月 5 日,被江苏省南京市六合区人民法院裁定进入破产清算程序。

6. 2016 年 6 月 13 日连润公司管理人向上海海事法院提出书面异议。

(2016)沪 72 执异 7 号执行裁定书,上海海事法院认定[1]:

---

〔1〕 此处及后文的法院文书均全面、详细论述了法院对于涉及船员工资优先权的船舶扣押及为何继续扣押、拍卖而不移交破产管理人的理由,也描述了海事法律下船舶扣押、拍卖的程序,本身很能说明问题,故笔者大量引用。

应谭某诉前扣押船舶申请，本院于2015年10月9日作出(2015)沪海法海保字第166号民事裁定，扣押连润公司所有的“连润6”轮，并于次日登船实施了扣押。2015年11月3日，本院受理原告谭某诉被告连润公司船员劳务合同纠纷案，并于同年12月18日作出(2015)沪海法商初字第2938号民事判决，判令……确认原告谭某就被告连润公司的上述给付义务对“连润6”轮享有船舶优先权。

谭某于2016年3月8日向本院申请执行，本院于同日立案执行，案号为(2016)沪72执107号。2016年3月14日，本院依据已经发生法律效力的上述民事判决，向被执行人连润公司发出执行通知、报告财产令。连润公司逾期未履行义务，但于同月23日，向本院邮寄了其填写的被执行人财产申报表。除“连润6”轮等五艘船舶外，连润公司未申报其他财产，且未与本院进行联络。同月28日，本院作出(2016)沪72执107号执行裁定，冻结、划拨被执行人的相应存款，查封、扣押、冻结、拍卖或变卖被执行人的相应财产。因被执行人始终未履行生效判决确定的义务，亦未对“连润6”被扣押后所产生的看管、移泊、维持等费用进行清偿或提供担保，本院决定拍卖“连润6”轮。

本院于2016年4月9日至11日连续三天在《解放日报》上刊登拍卖“连润6”轮的公告，同时在《航运交易公报》刊登公告一期，并在上海航运交易所网站、本院网站、本院微信公众号上发布该公告。2016年5月6日，六合法院向本院邮寄通知书，称：“2016年5月5日，本院根据债权人南京市广润科技小额贷款有限公司的申请，裁定受理南京连润运输贸易有限公司破产清算一案。根据《企业破产法》第十九条关于‘人民法院受理破产申请后，有关债务人财产的保全措施应当解除，执行程序应当中止’的规定，你单位应中止执行涉被执行人南京连润运输贸易有限公司的相关案件。”2016年5月10日，申请执行人在了解连润公司面临破产程序后，请求本院对“连润6”轮继续予以拍卖以维护并实现其船舶优先权。同月16日，本院函告六合法院，申请执行人请求继续对该轮予以拍卖以维护其合法权益，而被执行人连润公司或其他主体未向优先权人清偿债务或提供担保，故经研究决定，对“连润6”轮的拍卖不予中止。2016年5月18日15时，“连润6”轮拍卖如期举行，经竞价，最终于次日以1450万元成交。买受人已于同月27日付清船款，并于同月30日前来本院办理船舶交接手续。“连润6”轮系1679总吨散装化学品船，自2015年10月10日被本院扣押以来，由包括申请执行人谭某在内的船员自行看管，先后锚泊于上海港金山危险货物船舶锚地、长江口危险品船锚地等地，船上船员自行垫付船舶看管期间的生活、伙食费用，并垫付了该轮油料、物料等维持费用。2016 年 4 月 5 日，因航行灯等故障，“连润 6”轮发生修理，经与修理方上海东勤船舶修造有限公司协商，修理费最终以 1.3 万元进行结算，该款尚未支付。自“连润 6”轮被扣押以来，船员工资、修理维护、油料、物料等看管、维持费用持续产生，但连润公司及其管理人至今未清偿任何该等费用。

本院认为：异议人作为被执行人连润公司的管理人，以“连润 6”轮属于债务人财产，应由管理人依据《企业破产法》规定的程序进行管理和处置为由，请求本院中止执行程序。该异议不能成立，本院对异议请求不予支持。首先，《企业破产法解释二》第 3 条第 1 款规定，债务人已依法设定担保物权的特定财产，人民法院应当认定为债务人财产。其中，“特定财产”的定语为“债务人已依法设定担保物权”，故此处担保物权须为债务人设定。而根据《海商法》第 21 条、第 22 条的规定，船舶优先权系基于法律规定在特定情形下直接产生并依附于特定船舶的权利，并不需要由当事人进行设定。因此，《企业破产法解释二》第 3 条第 1 款并不适用于附有船舶优先权的“连润 6”轮，该船不应认定为破产法意义上的债务人财产，本院对该船的拍卖等执行程序无须中止。其次，从执行行为的合理性看，及时拍卖船舶，由申请执行人就拍卖款优先受偿，在依法实现申请执行人的船舶优先权前提下，还能避免“连润 6”轮净值的持续减少，更好地实现包括连润公司全体债权人的债权并符合连润公司自身的利益。自 2015 年 10 月“连润 6”轮被扣押至今，看船船员的工资、停/移泊费、燃油物料费、修理费等看管、维持费用不断产生并持续增加，数额已十分可观，连润公司及其管理人却未能清偿或提供担保。如不及时拍卖船舶，继续本案执行程序，该等费用必将日积月累，更加繁重，且该船的船况也将进一步恶化，船舶净值将显著减少，最终损害全体债权人债权受偿的比例和机会。此外，从体系解释的角度看，海事法院对船舶的扣押和拍卖程序具有相对独立性，在海事法院发布拍卖船舶公告并启动债权登记后，实际上已经启动针对特定船舶的债权清偿与债务清算程序，其进程具有一定的独立性，不受破产程序的影响。扣押与拍卖船舶程序具有独立性的原因与合理之处在于，在该程序中受偿的债权均是与被扣押、被拍卖的船舶有关的特定海事请求产生的债权，具有优先性和

"对物性"。例如,对光船承租人的海事请求依法可以从拍卖光租船的程序中实现,如因光租船所有人被申请破产清算而中止对光租船的拍卖受偿程序,则海事请求人本应依法享有的对光租船的权利将落空,且亦不能从光租船所有人的破产程序中得到救济。另外,在拍卖船舶程序中受偿的海事请求,一般依法优先于对船舶所有人的普通债权,故拍卖船舶程序的独立优先进行不会影响普通债权的受偿。如船舶优先权人等依法可就特定船舶优先受偿的权利人,在船舶所有人资能抵债、未进入破产程序时尚能通过拍卖船舶而受偿,却在船舶所有人不能清偿到期债务而进入破产程序后,反而不能在独立的拍卖船舶程序中顺利受偿,其优先权反而得不到体现和及时实现。

(2016)沪执复10号,上海高级人民法院对管理人的复议请求认定:

第一,上海海事法院的拍卖行为存在程序上的竞合。案涉判决的主文有两项:一是明确了连润公司应当向谭某支付工资报酬及利息,二是明确了谭某就该工资报酬及利息对案涉船舶享有优先权。因此,案件进入执行程序后,在连润公司未依法履行支付义务的情况下,上海海事法院拍卖案涉船舶的行为具有两重性:一方面,它是一个强制执行行为,旨在通过拍卖案涉船舶实现权利人的债权;另一方面,它同时又是一个船舶优先权人通过法院行使优先权的行为,旨在通过法院的拍卖实现判决确定的船舶优先权。虽然目标一致,但程序不同。强制执行的行为主要受民事诉讼法调整,行使优先权的行为主要受海商法和海事特别程序法调整,涉及拍卖被扣押船舶清偿债务的,又都适用最高人民法院《关于扣押与拍卖船舶适用法律若干问题的规定》。所以,上海海事法院拍卖案涉船舶的行为不同于普通债权的执行行为,在程序上存在债权执行程序与行使优先权程序的竞合。虽然《企业破产法》第19条规定,人民法院受理破产申请后,有关债务人财产的保全措施应当解除,执行程序应当中止,但,行使船舶优先权的程序是否也应当中止,法律并无明确规定。

第二,行使船舶优先权的案件属于海事法院专门管辖。根据《海商法》第28条的规定,船舶优先权应当通过法院扣押产生优先权的船舶行使,《海事特别程序法》及相关司法解释对船舶的扣押、拍卖也作了明确的规定,通过法院扣押、拍卖案涉船舶行使船舶优先权的案件属于海事法院专门管辖的范围。而且,船舶优先权有别于《企业破产法》第109条规定的担保权,是海商法上一项特殊的权利。船舶所有人被裁定进入破产程序后,对于海事法院扣押、拍卖中且附有优先权的船舶是否也应当纳入破产清算程序处理,法律并无明确规定。

综上,鉴于案涉船舶的拍卖程序已先于破产清算程序启动,在被执行人连润公司被裁定进行破产清算程序前,案涉船舶的拍卖委员会已经成立,船舶检验、评估已经完成,拍卖公告已经发布,又鉴于连润公司及其管理人既未清偿案涉债务,也未提供相应的担保,且案涉船舶的拍卖并未给船舶所有人及其他债权人造成实质性损害,故连润公司的复议请求本院难以支持。

(二)认可附有船舶优先权的船舶属于破产法意义上的债务人财产,但引用《企业破产法》第75条,认为担保物权有损坏或价值明显减少的可能,足以危害担保权人权利的,担保权人可以向法院请求恢复行使担保权,继续进行拍卖船舶和分配债权程序

"盛安达68"轮船舶优先权实现与钦州市桂钦海运集团有限公司破产重整案

背景:

(1)2014年8月27日,宁波海事法院应船员的工资请求权裁定扣押钦州市桂钦海运集团有限公司(以下简称桂钦集团)所有的"盛安达68"轮。

(2)2014年12月1日,该院作出执行裁定书,裁定拍卖"盛安达68"轮。

(3)2014年12月16日桂钦集团自己向法院申请破产重整。

(4)2014年12月25日,钦州市中级人民法院作出(2014)钦民破(预)字第1号裁定书,受理重整申请。之后,重整管理人向宁波海事法院提起执行异议。

宁波海事法院(2015)甬海法执异字第23号执行裁定书认定:

本院查明:周某与桂钦公司船员劳务合同纠纷一案,本院于2014年10月21日立案执行,案号为(2014)甬海法温执民字第113号。应周某的申请,本院于2014年8月27日作出(2014)甬海法温商初字第55号民事裁定书,扣押"盛安达68"轮。2014年12月1日,本院作出(2014)甬海法温执民字第113号执行裁定书,拍卖桂钦公司所有的"盛安达68"轮。因原在职船员张某等人没有按时领取船员工资,不愿继续留船工作,本院与桂钦公司联系也没有任何答复,故本院依法遣散原船员并指定温州市瑞洲海运有限公司看管该轮。2014年12月18日,本院向桂钦公司发送通知书,告知执行过程中发生的费用由桂钦公司

负担,若5日内仍怠于履行生效法律文书确定的义务,将依法拍卖“盛安达68”轮。2015年1月21日,本院收到广西永信会计师事务所有限公司的告知函,称钦州市中级人民法已启动对桂钦公司的重组程序,且指定该会计师事务所为桂钦公司的破产管理人,要求依照《企业破产法》第19条的规定,中止本案执行程序。本院收到函件后,暂缓对“盛安达68”轮的拍卖,并与桂钦公司破产小组沟通涉案船舶处置问题。本院要求移交船舶处置权之前,须结清前期船舶看管费用和享有船舶优先权的船员工资债权,但破产管理人表示需与各方协商,一直没有明确答复。2015年8月25日,本院向桂钦公司破产管理人发送(2014)甬海法温执民字第113号函,告知其因“盛安达68”轮存在安全隐患,温州海事局要求本院尽快处置该轮,且已产生看管费用近150万元,为防止损失进一步扩大,本院决定恢复对“盛安达68”轮拍卖裁定的执行。本院于2015年9月4日刊登拍卖公告,定于2015年10月10日拍卖“盛安达68”轮。

本院认为:根据最高人民法院《关于扣押与拍卖船舶适用法律若干问题的规定》第7条的规定,船舶扣押期间,船舶所有人不履行船舶管理职责的,海事法院可委托第三人或者海事请求人代为管理,由此产生的费用由船舶所有人承担,或在拍卖船舶价款中优先拨付。船舶系特殊动产,即使处于扣押状态,也会产生停泊费、燃油费、人员工资等费用,本院扣押“盛安达68”轮期间委托第三方看管,实质为代桂钦公司管理该船,会持续产生船舶看管费用。船舶看管费用是为了管理桂钦公司财产而发生的费用,应属于破产法规定的破产费用和共益债务。依据《企业破产法》第43条的规定,该费用应由桂钦公司财产随时清偿。桂钦公司破产管理人向本院提出解扣船舶申请,但对于先前发生的船舶看管费用未予清偿,本院难以支持。

“盛安达68”轮在本院所涉案件为船员劳务合同纠纷、船舶触碰损害责任纠纷等案件,债权人均对“盛安达68”轮享有船舶优先权。根据《海商法》第28条规定,船舶优先权属于担保物权并优先于船舶留置权、抵押权受偿。依照《企业破产法》第75条第1款的规定,“在重整期间,对债务人的特定财产享有的担保权暂停行使。但是,担保物权有损坏或价值明显减少的可能,足以危害担保权人权利的,担保权人可以向人民法院请求恢复行使担保权”。涉案船舶扣押期间,每月产生15万元左右的费用,担保物的净值明显减少,故享有该船船舶优先权的担保权人可以恢复行使担保权,并要求法院继续拍卖该船。而且,2015 年 10 月 26 日,钦州市中级人民法院虽然召开了债权人会议,但重整计划草案并没有通过。如果尽早拍卖涉案船舶,可避免损失进一步扩大,以维护全体债权人的权益。综上,桂钦公司破产管理人的异议理由不成立。

笔者观点

就桂钦集团破产重整案,经查询,2018 年 12 月,更换后的破产管理人发布《桂钦海运集团有限公司管理人关于公开招募重整投资人的公告》,向社会公开招募重整投资人。2019 年 6 月,钦州市中级人民法院作出(2014)钦民破字第 1 - 1 号裁定书,记载:管理人申请称自进入破产程序以来,未收到任何投资人提交的重整方案,同时重整计划草案也未获得债权人表决通过且不符合法定申请法院强制批准的条件,请求终止重整程序,法院认定,现因债务人的安全管理证书已经到期且未能通过广西海事局的审核,该公司现有的经营模式已经无法在继续维持……若继续重整程序,会导致债务人的经营状况和财产状况继续恶化,不利于债权人利益……终止债务人的重整程序。法院同时作出(2019)桂 07 破 1 号裁定,宣告桂钦集团破产。

就船员劳动报酬而言,桂钦集团破产重整不仅涉及宁波海事法院拍卖的“盛安达 68”轮所涉及的船员劳动报酬优先权主张,至少涉及 3 ~ 4 条船舶的船员工资债务。综合各种消息判断,前述宁波海事法院扣押债务人所属船舶后虽然驳回管理人异议、拍卖了船舶,虽经该轮轮船员反复申请,法院应并未分配、执行船员劳动报酬;因各种因素,宁波海事法院还是在扣除有关扣押、保管、评估、拍卖等强制执行费用后,将船舶拍卖余款划拨至破产管理人指定账户,要求船员向破产管理人请求分配、偿还劳动报酬。“盛安达 68”轮船员劳动报酬是否得到赔偿、何时得到赔偿,没有确切消息。

但是,看另一条船舶“盛安达 9”轮,根据网上公布的后续有关该债务人的裁判文书,直到 2022 年 12 月“盛安达 9”轮船员被拖欠的工资债权在尚处于债权确认和登记阶段[(2022)桂 72 民特 34 号民事裁定书],而该船员在 2016 年 7 月 26 日已经向厦门海事起诉,法院裁定移送北海海事法院处理[(2016)闽 72 民初 705 号裁定书],后者在 2016 年 11 月 10 日已作出判决确认桂钦集团对该船员存在拖欠的劳务报酬[(2016)桂72民初356号民事判决书]。

据网络查询,北海海事法院是由广西高院指定受理桂钦集团破产重整申请之后的海事海商纠纷案件。[1] 该破产案中有关船舶拍卖、债权登记后是按照《海事诉讼特别程序法》的规定立即进行债权分配,还是将拍卖款移交破产管理人、船员劳动报酬债权合并入破产债权等待破产管理人统一分配尚不清楚。查"全国企业破产重整案件信息网",有关桂钦集团破产重整和破产清算的信息极少,不知道船员劳动报酬债权是否得以分配、如何分配,也不知道当初的所谓重整计划草案是如何,以及为何迁延如此之久。

根据《企业破产法》第79条[2]、第81条,提交重整计划草案是有时限的,最长不得超过9个月;且重整计划草案本身应当包括债务人的经营方案;债权分类;债权调整方案;债权受偿方案和重整计划的执行期限等内容。桂钦集团从2014年12月16日申请重整到2019年6月被终止重整、宣告破产,居然长达4年半,其间,是否有所欠船员劳动报酬债务被先行偿还不清楚,从大量裁判文书和间接消息看,显然大量的船员劳动报酬债务未被偿还,桂钦集团的重整过程欠缺透明性。

笔者认为,该案中,非常明显,由于破产重整程序的启动,受《海商法》船舶优先权特别保护的船员劳动报酬权利实际被架空。不论工作时间,就是从起诉到破产程序中债权被确认,已经过了多年,船员长期得不到应得的劳动报酬,而且根据《企业破产法》第46条第2款[3],破产程序中对于债权利息一般都是不计的,那么船员得到程序正义与实质正义了吗? 如果在漫长的重整程序中,船舶灭失、价值贬损、维保费用持续发生,最终使得"船舶优先权"客体灭失,或者船舶价值而不足以覆盖维保费用和船员劳动报酬,那么船员劳动报酬的"船舶优先权"如何实现? 如果在破产重整开始前,船舶价值尚足以覆盖维保费用

〔1〕 参见梁炳扬、姚中伟:《破产程序中涉及船舶执行问题的困境与出路》,载搜狐网2018年11月25日,https://www.sohu.com/a/277743188_689962。

〔2〕 《企业破产法》第79条规定:债务人或者管理人应当自人民法院裁定债务人重整之日起6个月内,同时向人民法院和债权人会议提交重整计划草案。前款规定的期限届满,经债务人或者管理人请求,有正当理由的,人民法院可以裁定延期三个月。债务人或者管理人未按期提出重整计划草案的,人民法院应当裁定终止重整程序,并宣告债务人破产。

〔3〕 《企业破产法》第46条第2款规定:附利息的债权自破产申请受理时起停止计息。

和船员劳动报酬(一般情况都是成立的,因为船舶价值相对于船员劳动报酬而言要高得多),而由于破产程序的程序冲突或者相关主体处理不当,使得最终船员劳动报酬的“船舶优先权”无法实现或者无法全部实现或者迟延实现,这个责任谁来承担? 显然,几乎不会有人为此负责。

从上文的实例和船舶优先权的制度渊源来看,笔者认为应当保障船舶优先权的独立性、优先性。这不仅仅是实在法可以得出的结论,就船员劳动报酬债权和在船人身伤亡债权这点,也是我国应负的保护海员权益、保护人权的国际条约义务。

到 2021 年,《全国法院涉外商事海事审判工作座谈会会议纪要》对海事优先权与破产程序的问题有了一些新的指导意见。概括而言是这样的:

1. 重申船舶优先权、抵押权、留置权的“对物性”,即,即使产生债务的“人”不是破产企业而是他所有的“船”,这种债权仍及于“船舶”及其拍卖价款,且可直接向破产管理人请求受偿,不必拘泥于整体破产财产分配方案的作出(参见前引最高人民法院《全国法院破产审判工作会议纪要》第 25 条);

2. 总体而言,认可海事扣押和拍卖程序屈从于破产程序,体现在以下两点:(1)破产程序之前当事人已经申请扣押船舶,破产程序开始后法院应解除保全、中止拍卖,因扣押、拍卖船舶产生的评估、看管费用等支出,可以从债务人财产中随时清偿;(2)破产程序开始后,当事人不能申请扣押债务人所有的船舶,但是船舶优先权行使的期限中止。

《全国法院涉外商事海事审判工作座谈会会议纪要》没有明示但可以推断出以下内容:

1. 破产程序开始后,海事法院已经扣押的船舶是否应移交管理人/破产法院? 从规定可以推断,应当移交。而且,一旦明确因扣押、拍卖船舶产生的评估、看管费用等支出,可以从债务人财产中随时清偿,海事法院实务中的诉求可以得到满足,也没有继续扣押拍卖的动力。当然,如果破产企业无力支付因扣押、拍卖船舶产生的评估、看管费用等支出,实践中如何解决,还是会有问题。过往实践中,第三人产生的这个费用是被类同法院执行费用处理的,无须经过实体审判,法院凭委托评估或者看管协议,直接从拍卖款中优先拨付(如果是船员在看管期间留船照管,一般仍视同船员继续服务,在劳动报酬案件中按照工资确认为船员工资)。那么如果移交管理人,这些费用在实务中如何解决?

评估或者看管的第三方需要通过什么形式让接受船舶的管理人认可这些费用，甚至是继续看管会产生的费用？

2. 破产程序开始后，有关债务人或者“船舶”的本属海事法院管辖的民事诉讼，由谁受理？从该规定推断，最高人民法院的意思仍是只能向受理破产申请的人民法院提起。如前分析，这样的做法似乎是有违现行程序法和法院组织法的，在法理上如何解决？

《全国法院涉外商事海事审判工作座谈会会议纪要》尚没有解决的问题是：

1. 优先权、抵押权、留置权人主张拍卖、从这些权利对应的船舶的拍卖价款中优先受偿，基本没有程序保障。脱离了《海事诉讼特别程序法》，管理人何时拍卖、如何拍卖、何时分配都没有细则，拍卖前后要不要进行公告〔1〕、要不要通知已知的船舶优先权人、抵押权人和船舶所有人、如何接受债权登记、如何确权、审查，都没有明确规则了。管理人不同意单独处置或者拍卖船舶，或者因为重整需要，不愿意处置、拍卖船舶，又没有其他财产来置换、清偿产生优先权、抵押权、留置权的债务尤其是涉及船员人权的劳动报酬和人身伤亡债务，优先权、抵押权、留置权人有什么救济？实务中，预测仍会发生桂钦集团所属船舶船员迟迟无法得到劳动报酬的问题，从而实际上大大削减了优先权、抵押权、留置权制度的意义，尤其是大大减弱了对船员权益的保护，有违我国担负的国际海员保护的条约义务。

2. 管理人处置船舶不是法院强制出售，依法不能产生消灭船舶所附的优先权的效力，那么买卖双方如何保证船舶权利的“清洁”？从法律上分析，似乎受让人还是需要向海事法院申请船舶优先权催告，以消灭潜在的优先权，否则将自担风险。管理人处置船舶也不是司法拍卖，那么即使其作了拍卖公告，这种公告可以满足国际上要求的公示性原则从而可以消灭相应的附着于船舶的特

---

〔1〕《海事诉讼特别程序法》第32条第1款规定：海事法院裁定拍卖船舶，应当通过报纸或者其他新闻媒体发布公告。拍卖外籍船舶的，应当通过对外发行的报纸或者其他新闻媒体发布公告。

第33条第1款规定：海事法院应当在拍卖船舶30日前，向被拍卖船舶登记国的登记机关和已知的船舶优先权人、抵押权人和船舶所有人发出通知。

第39条规定：船舶移交后，海事法院应当通过报纸或者其他新闻媒体发布公告，公布船舶已经公开拍卖并移交给买受人。

定“权利”吗?[1]须知,对于国际航行船舶而言,优先权所保护的基础请求权有很多情况下都是发生在境外的。未及时看到公告而未申请登记债权的人,后续可否继续根据某些实体请求权主张对拍卖款受偿的权利?

3. 船舶优先权、抵押权、留置权所针对的“船舶”拍卖后仍不能满足债权的,剩余部分如何清偿?这个在法理上应该可以明确,因产生优先权、抵押权、留置权的这些海事请求权的第一债务人是拟人化的“船舶”本身,船舶拍卖后仍不能满足债权的部分,丧失“担保”利益(暂且不论优先权理论上是否属于担保物权),依其请求权性质分别归于职工债权、普通债权,参与破产财产分配,实务中可能还会有些细节性争议。

4. 由于船舶优先权、抵押权、留置权的“对物性”,如果产生这些权利的基础请求权针对的债务相对人不是破产企业(抵押权情形较少,但是优先权、留置权会经常有这种情况,比如服务船舶的船员的劳动合同并非与破产企业签署,而是与其他船员派遣公司、配员公司签署,或者是与破产企业隔离的某个第三方企业签署,有可能其对破产企业本身并无工资请求权,但仍有权就登船、在船工作、离船遣返过程产生的工资、费用对船舶行使优先权;再如,造船人、修船人的船舶留置权的对象是其修造过程中合法占有或控制的船舶,但修理合同的相对人并不一定是船舶所有人/破产企业),债权人直接向破产管理人请求受偿船舶拍卖价款,程序上如何操作?即使经过实体裁判,判决的被告(债务人)也可能不是破产企业。虽然《全国法院涉外商事海事审判工作座谈会会议纪要》很明确,优先权、抵押权、留置权是直接从产生优先权等的船舶的拍卖价款中优先受偿的,但是破产管理人的角色如何妥当摆正?毕竟管理人理论上是接管、处置“债务人”的财产、债权债务的,非属债务人债务,他以什么身份来分配、拨付船舶拍卖价款?当然,这算是枝节问题,如果将之视为对破产企业财产的一种处理,则只要实体法上有依据,法律文件手续上总是能说清楚的。

综上,可以认为虽然实务上各级法院在逐步解决问题,有关海事企业破产中,一些涉及海事特别程序、特别权利的制度在破产程序中如何有效实行,是否

---

[1] 《海事诉讼特别程序法》第111条规定:海事法院裁定强制拍卖船舶的公告发布后,债权人应当在公告期间,就与被拍卖船舶有关的债权申请登记。公告期间届满不登记的,视为放弃在本次拍卖船舶价款中受偿的权利。

需要继续给予特别保护,仍相当欠缺理论上的共识。有些问题是从业者对海商法律过于陌生导致认识错误,[1]有些问题是确实存在制度不足或学理争议,但个案中因为某些因素没有实际爆发(比如被欠薪船员分布全国各地、力量分散、破产企业所在地地方政府劳动部门实际上对之不关注,船员需继续出海工作、信息不畅、在陆地时间短,他们在破产程序中出于非常弱势的地位,没有强力行使自己的船舶优先权),或者因为有些债权因为破产企业尚有一定财产可供清偿而未凸显,但今次未发生不代表以后不发生,故还有很多问题需要研究、有些认识需要澄清。

---

〔1〕 比如,有观点认为享有属于船舶优先权范畴的劳动债权的船员同担保债权人处于相平等的地位,船员的劳动债权既属于有特定财产担保的债权,又属于劳动债权,其兼具特别优先权和一般优先权的属性。这里是完全不理解"船舶优先权"的内涵,同时也自说自话创造什么特别优先权和一般优先权的概念,因《企业破产法》根本没有使用这样的术语,破产法下的优先仅指某些债权或者破产费用在破产财产分配顺序上的清偿顺序优先,不能算一种权利。

17

上市公司破产重整：特殊资产投资的新视角

金震华

规定索引

《中华人民共和国企业破产法》

第三十一条 人民法院受理破产申请前一年内，涉及债务人财产的下列行为，管理人有权请求人民法院予以撤销：

（一）无偿转让财产的；

（二）以明显不合理的价格进行交易的；

（三）对没有财产担保的债务提供财产担保的；

（四）对未到期的债务提前清偿的；

（五）放弃债权的。

第三十二条 人民法院受理破产申请前六个月内，债务人有本法第二条第一款规定的情形，仍对个别债权人进行清偿的，管理人有权请求人民法院予以撤销。但是，个别清偿使债务人财产受益的除外。

第四十一条 人民法院受理破产申请后发生的下列费用，为破产费用：

（一）破产案件的诉讼费用；

（二）管理、变价和分配债务人财产的费用；

（三）管理人执行职务的费用、报酬和聘用工作人员的费用。

第四十二条 人民法院受理破产申请后发生的下列债务，为共益债务：

（一）因管理人或者债务人请求对方当事人履行双方均未履行完毕的合同所产生的债务；

（二）债务人财产受无因管理所产生的债务；

（三）因债务人不当得利所产生的债务；

（四）为债务人继续营业而应支付的劳动报酬和社会保险费用以及由此产生的其他债务；

（五）管理人或者相关人员执行职务致人损害所产生的债务；

（六）债务人财产致人损害所产生的债务。

第四十三条 破产费用和共益债务由债务人财产随时清偿。

债务人财产不足以清偿所有破产费用和共益债务的，先行清偿破产费用。

债务人财产不足以清偿所有破产费用或者共益债务的，按照比例清偿。

债务人财产不足以清偿破产费用的，管理人应当提请人民法院终结破产程序。人民法院应当自收到请求之日起十五日内裁定终结破产程序，并予以公告。

第四十六条 未到期的债权，在破产申请受理时视为到期。

附利息的债权自破产申请受理时起停止计息。

第八十一条 重整计划草案应当包括下列内容：

（一）债务人的经营方案；

（二）债权分类；

（三）债权调整方案；

（四）债权受偿方案；

（五）重整计划的执行期限；

（六）重整计划执行的监督期限；

（七）有利于债务人重整的其他方案。

第八十九条 重整计划由债务人负责执行。人民法院裁定批准重整计划后，已接管财产和营业事务的管理人应当向债务人移交财产和营业事务。

第一百二十四条 破产人的保证人和其他连带债务人，在破产程序终结后，对债权人依照破产清算程序未受清偿的债权，依法继续承担清偿责任。

问题的提出

在全球化经济的背景下,企业面临的市场环境和竞争压力日益加剧。特别是在经济周期波动、行业转型和技术革新的共同作用下,一些上市公司可能因经营不善、负债累累而走向破产边缘。

破产重整作为企业因负债问题无法继续经营,通过法律程序对企业资产、负债和经营进行重新组织和调整的过程,是挽救企业的重要程序。其目的是在保护债权人的利益的同时,尽可能地维持企业的经营,促进企业的复苏和持续发展。当前,随着经济结构的调整和金融市场的深化,重整投资正逐渐成为资本市场的新热点。一方面,它为投资者提供了获取高回报的可能性;另一方面,它也为困境中的企业提供了重生的机会,有助于优化资源配置,促进经济的健康发展。

本文就破产重整制度这一种资源优化配置手段,结合具体司法实践,探讨其实施过程中涉及的股权调整、债务重组、对外融资、资产置换、业务转让等资产和业务重组行为,不仅有助于实现企业的自我挽救,也为投资者提供了新的投资机会。

司法实践

一、破产债权收购模式

(一)超日案例

2003 年,随着光伏产业的兴起,上海超日太阳能科技股份有限公司(以下简称超日公司)诞生了,其后公司在光伏产业兴起的背景下,凭借市场红利实现了销售额的快速增长。然而,这种增长并没有带来稳定的盈利和健康的现金流,反而让公司创始人的野心膨胀,开始了借助金融杠杆的并购扩张之路。这种盲目扩张最终导致了现金流的枯竭,从而引发了“11 超日债”的公开违约,改写了中国债券市场零违约的历史。

在面临债务危机时,超日公司面临着多重问题难点。一方面,公司有大量的中小股东和债权持有人,其中不少投资者的资金是用于养老或治病的,因此处理债务问题必须谨慎而公正。另一方面,公司的债权债务关系复杂,合作方资金链断裂,大量应收账款成为坏账,同时供应商和银行纷纷查封公司资产,导致公司无法正常经营。

为了化解这些难题,长城资产联合协鑫集团提出了破产重整方案。通过增资方式为超日提供流动性资金,变现部分资产和银行借款回笼现金,以缓解公司的现金流压力。同时,他们还提出了基于中小债权人和弱势群体的保护机制的方案,确保这些群体在重组过程中得到公正的待遇。

在处置完债务危机后,长城资产进一步说服协鑫集团向超日注入高效优质资产,帮助超日实现业务转型和升级。通过这一系列的努力,超日公司最终恢复了上市和生产,协鑫集团和长城资产也通过现金增资和资产注入获得了可观的投资回报。

(二)破产债权收购模式的优势和风险

破产债权收购模式一般是指投资者通过公开竞标或者协议收购的方式,以相对于账面原值一定比例的折扣收购破产债权,获得债权管理主动权和处置价格优势,加快推动实现破产重整的方式盘活债务,提升资产的长期价值,实现最大程度的债权利益。投资者通过提前研判公司重整价值及升值空间,在重整计划实施前,主动收购公司的债权成为重要债权人,参与其重整计划的设计与表决,推进重整计划落地。

其优势为,为投资者提供了以相对较低的成本获取破产企业的债权,进而参与企业的重整过程。通过收购债权,投资者不仅能够获得潜在的高回报,还有机会在重整中对企业经营策略产生积极影响,从而为企业复苏贡献价值。

然而,该种投资模式也伴随一系列风险。首先,由于破产企业往往存在信息披露不完整或误导性的问题,投资者在评估债权价值和企业风险时可能面临信息不对称的困境;其次,重整过程本身充满不确定性,如市场环境变化、企业经营不善等因素可能导致重整失败,进而使投资者面临债权损失的风险;此外,破产债权收购涉及复杂的法律程序和诉讼风险,一旦出现法律纠纷,可能给投资者带来额外的损失和不确定性。

二、资本公积转增模式

(一) * ST 安通案例

在 * ST 安通的案例中,陕西金资作为财务投资人,通过受让资本公积转增股本的方式,为 * ST 安通提供了必要的资金支持。这一举措不仅满足了 * ST 安通在破产重整过程中的资金需求,还吸引了招商港口、辽港集团等战略投资人的参与,进一步推动了重整进程。在重整完成后,ST 安通的业绩得到了显著改善,归母净利润实现了大幅增长,净资产也由负转正,成功摆脱了债务危机。

(二) 资本公积转增模式的优势和风险

资本公积转增模式在破产重整过程中发挥着至关重要的作用。它不仅是资产管理公司作为财务投资人参与破产重整的有效方式,也是实现出资人权益调整的重要手段。其核心在于,通过利用公司的资本公积来增发新股,而不需要减少原有出资人持有的股票数量。这种模式使得重整公司在保持原股东权益的同时,能够增加股本,从而为公司注入新的资金活力。这种资金可以用于多个方面,包括处置变现、支付重整费用、补充流动资金等,有助于公司迅速恢复正常的经营状态。

资本公积转增模式的优势在于其灵活性和高效性。通过转增新股,公司可以在不增加负债的情况下筹集资金,避免了进一步加重财务负担的风险。同时,该模式还可以提高清偿率,保护债权人的利益,有助于维护市场的稳定和信心。

然而,该模式也存在一定的挑战和风险。例如,在确定转增新股的数量和价格时,需要充分考虑公司的实际情况和市场环境,以避免对原有股东的利益造成过大影响。此外,在吸引战略投资人时,也需要谨慎选择合作伙伴,确保其与公司的业务和发展战略相契合。

三、共益债务投资模式

(一) 华臣一品苑案例

华臣一品苑,这一位于温州苍南县灵溪镇的房地产项目,因资金链断裂而陷入烂尾困境，多年积累的债务本息总额近50亿元，但如今，它却成了一个典型的通过创新拯救模式实现高回报的案例。

在困境中，华臣一品苑项目引入了“共益债+代建代销”的拯救模式。光大金瓯资管作为关键投资人，出资3亿元作为共益债，同时与浙江蓝城等代建方紧密合作，共同策划、定位并提升项目标准。这种合作模式确保了项目的品质和市场竞争力，为投资人的回报奠定了坚实基础。

随着项目的顺利推进，投资人的回报也逐渐显现。通过债务重组、延期还款等方式，项目方成功降低了债务压力，提高了项目的盈利空间。同时，品牌代建方的引入也为项目带来了更高的市场认可度和附加值，进一步提升了投资人的回报预期。最终，华臣一品苑项目成功复工并完成首批交房，实现了从烂尾楼到品质住宅的华丽转身。投资人通过这一拯救模式，不仅成功挽回了损失，还获得了可观的回报。

这一案例的成功经验表明，在困境房企拯救过程中，通过引入社会资本和品牌代建方，创新运用了“共益债+代建代销”模式，该模式具有巨大潜力和优势。对于投资人而言，这一模式无疑为他们提供了一个全新的投资方向和机会。

（二）共益债务投资模式的优势

共益债务，顾名思义，即为满足全体债权人的共同利益以及确保破产程序顺畅进行而产生的债务，在破产重整的过程中，它扮演着至关重要的角色。当企业面临破产困境，共益债务融资成为其重整的关键手段，通过引入这种债权融资，企业能够获取必要的现金流，为恢复经营提供动力。

相较于传统的重整投资方式，共益债务投资对投资人而言具有诸多优势。首先，其省时省力，无须深入探究重整企业复杂的经营状况和盈利能力的不确定性。其次，从法律角度看，共益债务投资人享有较高的偿债优先级，仅次于管理人费用，这为其投资提供了法律保障。再次，债权投资的风险相对单一，主要集中在债权安全上，无须过多考虑股权投资中常见的市场风险和企业经营风险。最后，债权投资的回报周期相对较短，能够快速实现资金回笼，满足投资者的流动性需求。

对于那些因资金链断裂而濒临破产的企业，若其资产销售价值及周边配套设施价值均较为可观,采用共益债务方式进行重整投资将是一个明智的选择。这种方式不仅能在投资成本和价格上展现出明显优势,还能有效缩短投资回收周期,为投资者带来更高的投资回报。

(三)共益债务投资需注意的事项

首先,须取得经过法院司法确认的共益债务相关证明至关重要。这一步骤确保了投资协议签署前的事项明确无误,有助于避免潜在的风险和纠纷。通过法院的司法确认,投资者能够更有信心地参与共益债务投资,并确保自身权益得到充分保障。

其次,共益债务投资必须履行相关程序,以确保投资被全体债权人确认并按照优先级的顺序提前偿还。这要求投资者在投资过程中密切关注破产重整的进展情况,及时与债权人沟通协商,确保共益债务投资的合法性和有效性。

再次,取得债务人企业的担保或相关关联方的担保是降低投资风险的重要手段。尽管《企业破产法》赋予了共益债务一定的偿债优先级,但与有担保的债权相比,其优先级仍然较低。因此,投资者应尽可能争取取得债务人的担保,以增加投资的安全性和可靠性。

最后,加强对资金的监管是确保共益债务投资效益最大化的关键。投资者应密切关注债务人对资金的使用情况,确保其用于生产经营等合理用途。通过加强对资金的监管,投资者能够有效防止资金被滥用或挪用,从而保障自身投资的安全和回报。

四、债转股模式

(一)中国铁物案例

中国铁路物资集团总公司(以下简称中国铁物)是一家历史悠久的国务院直管中央企业,一度风光无限的央企巨头,却在非主业领域的过度扩张中陷入深渊。原本以铁路物资服务为主业的稳健经营,被钢铁托盘业务的疯狂扩张覆盖,最终导致企业在 2016 年爆发震惊市场的债券违约事件。巨额债务如巨石般压在企业和投资者心头,危机四伏。中国铁物的债务规模庞大,涉及银行贷款、短期融资券、中期票据和私募债等多种债务形式,总额高达数百亿元。在资不抵债的困境下,如何化解这笔巨额债务,成为摆在企业面前的一大难题。

面对危机,中国诚通控股集团有限公司(以下简称中国诚通)挺身而出,全面接管中国铁物,在变卖中国铁物部分资产、清收部分应收款基础上由中国诚通补充部分资金兑付 48 亿元超短融和 20 亿中期票据。针对 100 亿私募债,2017 年清偿 15% 本金,其余私募债展期 2 年,利率下浮 50%,同时保留“债转股”权利(对于确实不同意的投资人长城资产现金收购,对此,长城资产总共付出现金 17.6 亿);对于 178 亿银行贷款,在长城资产提供 100 亿授信后,让所有银行同意两年内清偿 30% 本金,剩余贷款展期 5 年,同时保留“债转股”权利。中国诚通帮助中国铁物恢复生产,同时积极变现多余闲置资产回收现金清偿部分债务。其后,国务院向中国铁物划拨一家上市公司(壳公司),中国铁物将其中的优质资源注入壳公司后,中国铁物将持有的部分壳公司股权向包括长城资产在内的其他拟实施债转股的机构公开现金转让,回收的现金用于清偿债务。

依托于中国铁物的经营实质好转以及对中国铁物旗下的上市公司整体资本化上市孵化运作,长城资产以及其他实施了债转股的机构均在收回投资基础上实现了可观的投资收益。

(二)债转股模式的优势和风险

债转股作为一种传统的不良资产处置方式,在破产重整程序中具有特殊意义。它通过将债权转化为股权,既有助于债务人企业缓解资金压力,也给予债权人一种潜在的资产增值机会。重整程序中的债务人企业,尽管面临困境,但往往仍具备重整价值。这种价值体现在企业的品牌、技术、市场渠道等多方面。当重整计划顺利执行完毕,企业的法人主体资格得以存续,其股权也就相应地恢复了价值。债转股模式尤其解决企业和债权人双方的困境中展现了显著的优势。首先,对于企业而言,债转股不仅减轻了其偿债负担,降低了负债压力,而且优化了企业的财务结构,使其得以重新焕发活力;其次,债权人转变为股东后,能够更直接地参与企业的经营决策,强化对企业的监督,有助于企业规范经营行为,提升经营效率;最后,在债务人资不抵债的情况下,股东通常无法享有分配权益的权利,但债转股模式却为股东提供了新的可能性。

然而,债转股方案并非没有风险。首先,债转股后形成的股权往往流通性较差,这可能会影响到资本市场的流动性,甚至可能引发新的市场风险。其次,债转股可能导致企业原有股东的股权被稀释,治理结构变得复杂,可能引发新的管理问题和利益冲突。此外,对于债权人来说,债转股意味着他们需要承担股权投资的风险,这对于风险承受能力较低的债权人来说是一个不小的挑战。最后,如果债转股方案实施不当,可能会加剧企业的财务困境,甚至导致企业破产,对债权人和社会造成更大的损失。因此,在推进债转股时,必须谨慎评估风险,制定完善的实施方案和风险控制措施,以确保方案的安全和有效。

笔者观点

对于具有敏锐投资眼光、熟悉重整法律制度的投资者来说,虽然通过重整投资有获得较高回报的可能性,但也需要充分评估重整计划的可行性和风险,确保投入的资金能够得到合理的回报。

一、重整计划无法通过、不能执行的风险

重整计划无法通过或不能执行的风险是企业在破产重整过程中面临的重要挑战。对于重整投资人来说,他们通常会对重整程序提供必要的支持,如提供现金流、维持生产经营和日常开支等,以期望在未来通过企业价值的提升获得回报。然而,如果重整计划无法获得表决通过,且法院也不同意进行强制裁定,那么重整程序可能会宣告失败,进而转入破产清算阶段。

在重整计划宣告失败的情况下,重整投资人之前已经投入的成本能否收回变得具有极大的不确定性。这主要是因为破产清算通常意味着企业的资产将被变卖以偿还债务,而重整投资人可能无法按照原先的预期获得回报,甚至可能面临投资损失。

此外,共益债权投资人和不良债权投资人也将面临所投资款项得不到司法确认的后果。共益债权投资人通常是为企业提供资金支持以维持其运营或实现重整目标的投资者,而不良债权投资人则是购买或持有企业不良债权的投资者。如果重整计划失败,这些投资人的权益可能无法得到法律的有效保护,导致投资失败。

因此,在进行重整投资时,投资人需要充分评估重整计划的可行性和风险,

确保投入的资金能够得到合理的回报。同时,企业也需要与投资人进行充分的沟通和协商,确保重整计划的顺利推进和实施,避免因为重整计划的失败而给投资人带来损失。

二、重整计划通过后存在执行风险、企业后续经营不善的风险

重整计划通过后,企业确实可能面临执行风险以及后续经营不善的风险,这些风险对投资人而言具有重大影响。投资人需要充分认识到这些风险,并在投资决策过程中进行充分考虑。

首先,执行风险主要来自重整计划的实施难度。重整计划往往涉及企业的债务重组、资产处置、业务调整等多个方面,实施过程中可能遇到各种预料之外的问题和挑战。例如,债务人的配合程度、债权人的态度、市场环境的变化等都可能影响重整计划的顺利执行。因此,投资人需要密切关注重整计划的执行情况,及时应对可能出现的问题。

其次,企业后续经营不善的风险也是投资人需要关注的重要方面。即使重整计划得以通过,企业也可能因为历史遗留问题、市场竞争压力、管理不善等经营不善。这种情况下,企业的盈利能力可能无法恢复,甚至可能再次陷入破产境地。对于投资人而言,这意味着他们的投资可能无法获得预期的回报,甚至可能面临投资本金无法收回的风险。

三、重整投资的风险防范措施

为防范以上风险,保障投资人获得预期的回报,投资人可以从以下几个方面入手。

(一)须对重整企业进行详细的尽职调查

对重整企业进行详细的尽职调查是投资人在考虑参与重整投资前必不可少的一步。由于重整企业往往存在经营管理不善、产权不清晰、债权债务混乱以及历史遗留问题多等复杂情况,投资人需要全面了解企业的法律、财务、业务等方面的状况,以评估投资风险并制定合理的投资策略。

在法律尽职调查方面,投资人需要重点关注企业的法律主体资格、合同审查、知识产权、诉讼仲裁情况、行政监管和处罚等问题。通过对企业法律合规性

的全面审查,可以确保投资人在后续的投资和重整过程中不会因法律问题而陷入困境。

财务尽职调查则主要关注企业的财务状况、会计政策、内部控制、资金流动性以及税务合规性等方面。通过对企业财务报表的详细分析,投资人可以了解企业的盈利能力、偿债能力以及运营效率,从而判断企业的真实价值和潜在风险。

业务尽职调查则需要深入了解企业的业务模式、市场定位、竞争优势以及行业发展趋势等。通过与企业管理层、员工以及客户的沟通交流,投资人可以评估企业的业务潜力和市场前景,从而决定投资的方向和重点。

通过详细的尽职调查,投资人可以全面了解重整企业的真实状况,评估投资风险,制定合理的投资策略。同时,尽职调查也有助于投资人在后续的重整过程中更好地与企业沟通协作,推动重整计划的顺利实施。

(二)熟悉重整制度特殊规则

重整制度作为《企业破产法》中的重要组成部分,确实是从国外引进的一种特殊机制,旨在帮助陷入困境的企业通过债务重组和业务重整实现再生。这一制度与传统的清算制度存在显著差异,因此,投资人在参与重整投资时,必须深入研究和熟悉重整的特殊制度和规则。

首先,投资人需要了解重整制度的核心目标,即通过债务和业务的重新安排,使企业恢复持续经营能力和偿债能力。这涉及对重整计划的制订、批准和执行等各个环节的深入理解。例如,重整计划必须符合法律规定的形式和内容要求,并经过债权人会议和法院的严格审查与批准。

其次,投资人需要明确各利益相关方在重整中的权利和义务。这包括债权人、债务人、股东以及重整投资人等各方的权益保障和利益平衡。投资人需要了解债权人在重整过程中的表决权、知情权等权利,以及债务人和股东在重整中的义务和责任。同时,投资人还需要关注自身在重整中的权益保障,如投资款项的安全性、投资回报的确定性等。

再次,投资人还需要熟悉重整程序中的操作环节和关键时点。这包括重整申请的提出、法院对重整申请的受理和审查、重整计划的制订和提交、债权人会议的召开和表决、法院的裁定批准以及重整计划的执行和监督等各个环节。投资人需要密切关注这些环节的进展情况,以便及时作出决策和调整投资策略。

最后,投资人还需要关注重整制度中的特殊规定和注意事项。例如,对于涉及跨境重整的案件,投资人需要了解不同法域之间的法律冲突和协调机制;对于涉及上市公司重整的案件,投资人还需要关注证券监管部门的相关规定和要求。

总之,熟悉重整制度的特殊规则对于投资人来说至关重要。只有深入了解重整制度的运作机制和各方权益保障措施,投资人才能更好地把握重整投资的机会和风险,制定出更为合理的投资策略。

(三)完善签署法律文件前的准备工作

在签署投资协议之前,投资人需要做好充分的准备工作。投资协议虽然与重整计划并非完全一致,但两者之间存在紧密的相关性。因此,投资人在决定参与重整投资之前,务必对重整计划的进度和具体方案进行详尽的调研和分析。

首先,投资人需要了解重整计划的完善程度。这包括审查重整计划是否涵盖了所有必要的法律、财务和业务要素,是否充分考虑了债权人的利益,以及是否具备可行性。如果重整计划存在明显的漏洞或不足之处,投资人可能需要谨慎考虑是否继续参与投资。

其次,投资人需要关注重整计划的执行隐患。这涉及对重整企业历史遗留问题、债权债务关系、产权清晰度等方面的深入调查。通过尽职调查,投资人可以评估重整计划的实施难度和风险,从而决定是否继续参与投资,以及投资金额和方式。

再次,投资人还需要了解重整计划的进度。这包括重整计划的制订、债权人会议的召开、法院的审查等环节。投资人需要密切关注重整计划的进展情况,以便在关键时刻作出决策。如果重整计划的进度过于缓慢或存在不确定性,投资人可能需要重新评估投资价值和风险。在了解重整计划方案的基础上,投资人还需要与重整企业、债权人、法院等相关方进行充分沟通。通过沟通,投资人可以进一步了解重整企业的实际情况和重整计划的可行性,同时也可以表达投资人的关切和诉求,争取在投资协议中达成对各方都更有利的条款。

最后,投资人在签署投资协议前还应仔细审查协议条款。这包括投资金额、股权比例、投资回报、退出机制等关键条款的明确性和合理性。投资人需要确保自身权益得到充分保障,并在协议中明确约定违约责任和解决争议的方式。

总之,完善签署法律文件前的准备工作是确保重整投资成功的重要一环。投资人需要充分了解重整计划方案,关注执行隐患和进度情况,与相关方进行充分沟通,并仔细审查投资协议条款。通过这些措施,投资人可以降低投资风险,提高投资成功的概率。

(四)积极与监管部门进行沟通

在重整过程中,积极与监管部门进行沟通是确保重整计划顺利实施和取得成功的关键一步。由于重整法律法规尚比较笼统,相关配套的法律法规及政策仍在不断完善中,这导致在重整程序中采取某些创新性的重整措施时,可能会面临无先例可循或缺乏明确法律依据的困境。因此,与监管部门保持密切沟通,争取其支持和指导,显得尤为重要。

首先,与监管部门沟通有助于了解政策动向和监管要求。监管部门是重整法律法规的制定者和执行者,对重整程序的运作和规则有着深入的理解和把握。通过与监管部门沟通,投资人可以及时了解最新的政策动向和监管要求,确保重整计划符合法律法规的规定,避免因违法违规而重整失败。

其次,与监管部门沟通有助于解决重整过程中的疑难问题。在重整过程中,可能会遇到各种复杂的问题和难题,如债权人的利益协调、资产处置、债务重组等。这些问题往往涉及法律法规的适用和解释,需要得到监管部门的指导和支持。通过与监管部门沟通,投资人可以获得专业的意见和建议,为解决问题提供有力的支持。

最后,与监管部门沟通还有助于推动重整制度的创新和完善。由于重整法律法规尚不完善,一些创新性的重整措施可能缺乏明确的法律依据。通过与监管部门沟通,投资人可以提出自己的建议和想法,推动监管部门对重整制度进行进一步完善和创新,为未来的重整工作提供更加有力的法律保障。

总之,重整投资在当今全球化经济的浪潮中,已经展现出其独特的魅力和价值。它不仅为投资者提供了一个新的视角和平台,去探索那些隐藏在破产重整背后的特殊资产投资机会,更是为困境中的企业提供了重生的可能,为经济的健康发展注入了新的活力。展望未来,我们相信,随着经济结构的不断调整和金融市场的日益深化,重整投资将会成为一个更加重要和广泛的投资领域,它将为投资者提供更多的机会和挑战,为企业和社会带来更多的机遇和发展。

18

执行案件移送破产审查制度的相关情形和裁判规则

桑林　王子豪　范君凤

引　言

执转破的有效实践对解决执行难、提升破产效率、实现当事人利益之公正分配具有重要意义。本文基于目前最高人民法院及部分地方人民法院颁布的有关于“执转破程序”的司法解释、规范性文件及实务案例等，分析梳理执行案件移送破产审查制度的概念、与一般破产程序的区别、破产原因认定基础及实务程序等部分内容。

规定索引

《最高人民法院关于适用〈中华人民共和国民事诉讼法〉的解释》

第五百一十一条　在执行中，作为被执行人的企业法人符合企业破产法第二条第一款规定情形的，执行法院经申请执行人之一或者被执行人同意，应当裁定中止对该被执行人的执行，将执行案件相关材料移送被执行人住所地人民法院。

第五百一十二条　被执行人住所地人民法院应当自收到执行案件相关材料之日起三十日内，将是否受理破产案件的裁定告知执行法院。不予受理的，应当将相关案件材料退回执行法院。

第五百一十三条　被执行人住所地人民法院裁定受理破产案件的，执行法院应当解除对被执行人财产的保全措施。被执行人住所地人民法院裁定宣告被执行人破产的，执行法院应当裁定终结对该被执行人的执行。

被执行人住所地人民法院不受理破产案件的，执行法院应当恢复执行。

第五百一十四条　当事人不同意移送破产或者被执行人住所地人民法院不受理破产案件的，执行法院就执行变价所得财产，在扣除执行费用及清偿优先受偿的债权后，对于普通债权，按照财产保全和执行中查封、扣押、冻结财产的先后顺序清偿。

第五百一十五条　债权人根据民事诉讼法第二百六十一条规定请求人民法院继续执行的，不受民事诉讼法第二百四十六条规定申请执行时效期间的限制。

第五百一十九条　在执行终结六个月内，被执行人或者其他人对已执行的标的有妨害行为的，人民法院可以依申请排除妨害，并可以依照民事诉讼法第一百一十四条规定进行处罚。因妨害行为给执行债权人或者其他人造成损失的，受害人可以另行起诉。

《最高人民法院印发〈关于执行案件移送破产审查若干问题的指导意见〉的通知》

一、执行案件移送破产审查的工作原则、条件与管辖

1. 执行案件移送破产审查工作，涉及执行程序与破产程序之间的转换衔接，不同法院之间，同一法院内部执行部门、立案部门、破产审判部门之间，应坚持依法有序、协调配合、高效便捷的工作原则，防止推诿扯皮，影响司法效率，损害当事人合法权益。

2. 执行案件移送破产审查，应同时符合下列条件：

（1）被执行人为企业法人；

（2）被执行人或者有关被执行人的任何一个执行案件的申请执行人书面同意将执行案件移送破产审查；

（3）被执行人不能清偿到期债务，并且资产不足以清偿全部债务或者明显缺乏清偿能力。

3. 执行案件移送破产审查，由被执行人住所地人民法院管辖。在级别管辖上，为适应破产审判专业化建设的要求，合理分配审判任务，实行以中级人民法院管辖为原则、基层人民法院管辖为例外的管辖制度。中级人民法院经高级人民法院批准,也可以将案件交由具备审理条件的基层人民法院审理。

二、执行法院的征询、决定程序

4. 执行法院在执行程序中应加强对执行案件移送破产审查有关事宜的告知和征询工作。执行法院采取财产调查措施后,发现作为被执行人的企业法人符合企业破产法第二条规定的,应当及时询问申请执行人、被执行人是否同意将案件移送破产审查。申请执行人、被执行人均不同意移送且无人申请破产的,执行法院应当按照《最高人民法院关于适用〈中华人民共和国民事诉讼法〉的解释》第五百一十六条的规定处理,企业法人的其他已经取得执行依据的债权人申请参与分配的,人民法院不予支持。

5. 执行部门应严格遵守执行案件移送破产审查的内部决定程序。承办人认为执行案件符合移送破产审查条件的,应提出审查意见,经合议庭评议同意后,由执行法院院长签署移送决定。

6. 为减少异地法院之间移送的随意性,基层人民法院拟将执行案件移送异地中级人民法院进行破产审查的,在作出移送决定前,应先报请其所在地中级人民法院执行部门审核同意。

7. 执行法院作出移送决定后,应当于五日内送达申请执行人和被执行人。申请执行人或被执行人对决定有异议的,可以在受移送法院破产审查期间提出,由受移送法院一并处理。

8. 执行法院作出移送决定后,应当书面通知所有已知执行法院,执行法院均应中止对被执行人的执行程序。但是,对被执行人的季节性商品、鲜活、易腐烂变质以及其他不宜长期保存的物品,执行法院应当在收到裁定书之日起七日内,将该价款移交受理破产案件的法院。

案件符合终结本次执行程序条件的,执行法院可以同时裁定终结本次执行程序。

9. 确保对被执行人财产的查封、扣押、冻结措施的连续性,执行法院决定移送后、受移送法院裁定受理破产案件之前,对被执行人的查封、扣押、冻结措施不解除。查封、扣押、冻结期限在破产审查期间届满的,申请执行人可以向执行法院申请延长期限,由执行法院负责办理。

三、移送材料及受移送法院的接收义务

10. 执行法院作出移送决定后,应当向受移送法院移送下列材料:

(1)执行案件移送破产审查决定书;

(2)申请执行人或被执行人同意移送的书面材料;

(3)执行法院采取财产调查措施查明的被执行人的财产状况,已查封、扣押、冻结财产清单及相关材料;

(4)执行法院已分配财产清单及相关材料;

(5)被执行人债务清单;

(6)其他应当移送的材料。

11. 移送的材料不完备或内容错误,影响受移送法院认定破产原因是否具备的,受移送法院可以要求执行法院补齐、补正,执行法院应于十日内补齐、补正。该期间不计入受移送法院破产审查的期间。

受移送法院需要查阅执行程序中的其他案件材料,或者依法委托执行法院办理财产处置等事项的,执行法院应予协助配合。

12. 执行法院移送破产审查的材料,由受移送法院立案部门负责接收。受移送法院不得以材料不完备等为由拒绝接收。立案部门经审核认为移送材料完备的,应以"破申"作为案件类型代字编制案号登记立案,并及时将案件移送破产审判部门进行破产审查。破产审判部门在审查过程中发现本院对案件不具有管辖权的,应当按照《中华人民共和国民事诉讼法》第三十六条的规定处理。

四、受移送法院破产审查与受理

13. 受移送法院的破产审判部门应当自收到移送的材料之日起三十日内作出是否受理的裁定。受移送法院作出裁定后,应当在五日内送达申请执行人、被执行人,并送交执行法院。

14. 申请执行人申请或同意移送破产审查的,裁定书中以该申请执行人为申请人,被执行人为被申请人;被执行人申请或同意移送破产审查的,裁定书中以该被执行人为申请人;申请执行人、被执行人均同意移送破产审查的,双方均为申请人。

15. 受移送法院裁定受理破产案件的,在此前的执行程序中产生的评估费、公告费、保管费等执行费用,可以参照破产费用的规定,从债务人财产中随时清偿。

16. 执行法院收到受移送法院受理裁定后，应当于七日内将已经扣划到账的银行存款、实际扣押的动产、有价证券等被执行人财产移交给受理破产案件的法院或管理人。

17. 执行法院收到受移送法院受理裁定时，已通过拍卖程序处置且成交裁定已送达买受人的拍卖财产，通过以物抵债偿还债务且抵债裁定已送达债权人的抵债财产，已完成转账、汇款、现金交付的执行款，因财产所有权已经发生变动，不属于被执行人的财产，不再移交。

五、受移送法院不予受理或驳回申请的处理

18. 受移送法院做出不予受理或驳回申请裁定的，应当在裁定生效后七日内将接收的材料、被执行人的财产退回执行法院，执行法院应当恢复对被执行人的执行。

19. 受移送法院作出不予受理或驳回申请的裁定后，人民法院不得重复启动执行案件移送破产审查程序。申请执行人或被执行人以有新证据足以证明被执行人已经具备了破产原因为由，再次要求将执行案件移送破产审查的，人民法院不予支持。但是，申请执行人或被执行人可以直接向具有管辖权的法院提出破产申请。

20. 受移送法院裁定宣告被执行人破产或裁定终止和解程序、重整程序的，应当自裁定作出之日起五日内送交执行法院，执行法院应当裁定终结对被执行人的执行。

六、执行案件移送破产审查的监督

21. 受移送法院拒绝接收移送的材料，或者收到移送的材料后不按规定的期限作出是否受理裁定的，执行法院可函请受移送法院的上一级法院进行监督。上一级法院收到函件后应当指令受移送法院在十日内接收材料或作出是否受理的裁定。

受移送法院收到上级法院的通知后，十日内仍不接收材料或不作出是否受理裁定的，上一级法院可以径行对移送破产审查的案件行使管辖权。上一级法院裁定受理破产案件的，可以指令受移送法院审理。

《上海市高级人民法院关于实施执行转破产工作的规范指引》(2022 年版)

第四条 【移送条件】执行案件移送破产审查，应当同时符合下列条件：

（一）被执行人为企业法人；

（二）符合《中华人民共和国企业破产法》第二条规定的破产原因；

（三）符合《最高人民法院关于严格规范终结本次执行程序的规定（试行）》第三条规定的执行中已穷尽财产调查措施；

（四）申请执行人之一或被执行人向执行法院申请或同意将执行案件移送破产审查。

《深圳市中级人民法院关于执行案件移送破产审查的操作指引（试行）》

第七条 执行案件移送破产审查应同时符合下列条件：

（一）被执行人为企业法人；

（二）被执行人或者有关被执行人的任何一个执行案件的申请执行人向执行法院申请或经征询同意启动执行案件移送破产审查程序；

（三）执行法院依职权采取查控措施，并对申请执行人提供的财产线索以及被执行人申报的财产核实、控制后，被执行人财产的处分价值明显不足以清偿全部债务；或者执行法院已依法裁定终结本次执行程序。

问题的提出

近年来，在国家整体经济下行的趋势下，以某大型地产企业商票爆雷，进入破产清算阶段为标志，诸多企业的财务状况存在资金链紧张的状况，一些企业被刻上失信的烙印，不少企业因巨额债务而步履维艰，在破产的边缘挣扎。其中，由于濒临破产的企业往往存在资产不足以清偿全部债务或者明显缺乏清偿能力的情况，债权人并不能通过正常途径来解决执行债务问题。为解决实务中的“执行难”问题，“执转破”也是近些年立法机关关切问题之一。

那么，什么是执行转破产？“执转破”案件与一般破产案件的区别又在哪儿呢？其中破产原因认定基础又有哪些？

一、执行转破产的概念

执行案件移送破产审查制度，简称“执转破”，是指人民法院在执行程序中发现作为被执行人的企业法人不能清偿到期债务且资不抵债或明显缺乏清偿能力，符合破产条件，经申请执行人之一或被执行人同意后裁定中止对该被执行人的执行，并将执行案件相关材料移送被执行人住所地法院进行破产审查的制度。

二、“执转破”案件与一般破产案件的区别

“执转破”案件与一般的破产案件既有共同的特点，也有差异性，区别主要有以下五点。

一是启动时点不同。“执转破”程序是在执行过程中启动的，而一般破产案件启动时间不确定。

二是启动方式不同。由执行人员在执行程序中对当事人征询、释明后启动，并由执行人员负责移送案件材料至破产法院，而一般破产程序完全由当事人意志决定申请与否并自行准备申请材料。

三是认定机制不同。“执转破”需经“两步认定”即第一次由执行法院主要依据强制执行的结果事实认定是否具备破产原因，且移送破产法院前需经过申请执行人之一或被执行人企业的同意，第二次由破产法院依据被执行人企业的资产状况、经营能力等认定是否具备破产原因。一般破产程序仅由破产法院作一次破产原因认定。

四是主要目的不同。“执转破”的主要目的是通过破产程序公平分配债权、化解滞留在执行程序中的执行案件，如针对“烂尾楼”的执行困难，人民法院引导债权人申请“执转破”，发挥破产程序的债务概括清偿功能，找到平衡各债权人以及债务人利益的最优解，从而完成破产重整；而一般的破产案件主要着眼于债权平等清偿和债务人的债务免除。

五是主要依据不同，“执转破”案件融合和叠加了执行程序和破产程序的效益和优势，灵活运用“执行转破产”“破产清算转重整”等程序，高效推进破产重整法律程序，提高了破产案件审理的效率；而一般的破产案件依据《企业破产法》规定程序审理，程序复杂、周期长、效率低。

三、“执转破”的破产原因认定基础

最高人民法院《关于执行案件移送破产审查若干问题的指导意见》出台后，地方各级法院也都相继出台了有关“执转破”的相关规范性文件，并对“执

转破”的移送条件进行了较为明确的规定。

以上海市高级人民法院《关于实施执行转破产工作的规范指引》(2022 年版)为例,不同于一般破产程序的破产受理条件,破产法院主要依据企业的资产状况、经营能力判断是否具备破产原因,“执转破”的第一步系由执行法院在企业已经具备资不抵债或明显缺乏清偿能力的基础上,再依据强制执行结果予以判断是否符合移送破产审查的条件,具体参考该规范指引第 4 条中“已穷尽财产调查措施”。

与此类似,深圳市中级人民法院《关于执行案件移送破产审查的操作指引(试行)》也明确增加了执行法院对于破产原因的证明义务,要求执行法院对被执行人的财产线索及财产采取查控措施,并核实财产的处分价值,或满足程序条件即已经执行法院裁定终结本次执行程序,具体参考该规范指引第 7 条。

司法实践

1. 裁判规则一:共同债务人对外均负有履行全部债务的义务,单一债务人不能仅因其无法清偿到期债务,并且资产不足以清偿全部债务或者明显缺乏清偿能力而申请移送破产。

[典型案例]

来凤县万湛房地产开发有限公司、湖北中恩建设有限公司建设工程合同纠纷执行复议执行裁定书[案号:(2021)鄂 28 执复 30 号]

[案件事实]

2020 年 12 月 18 日,被执行人万湛公司以其负债高于资产现有市值、现有资产明显不能清偿所有到期债务为由向来凤县人民法院书面申请移送破产审查,被执行人万湛公司所提供的债务凭证证实其负债总额为 4800 万元左右,该 4800 万元债务中有近 2000 多万元为被执行人万湛公司与吴某勇、付某华共同负担的债务。来凤县人民法院执行中评估拍卖的位于来凤县绿水镇四合新区的“来凤县绿水镇商贸城”1 - 4#商住楼仅为被执行人万湛公司资产,未包含吴某勇、付某华的个人资产。

［法院认为］

根据最高人民法院发布《关于执行案件移送破产审查若干问题的指导意见》，该指导意见明确规定，执行案件移送破产审查应同时符合以下三个条件：(1)被执行人为企业法人；(2)被执行人或者有关被执行人的任何一个执行案件的申请执行人书面同意将执行案件移送破产审查；(3)被执行人不能清偿到期债务，并且资产不足以清偿全部债务或者明显缺乏清偿能力。

本案中，复议申请人万湛公司虽申请将该公司作为被执行人的执行案件移送破产审查，但根据执行法院目前掌握的证据，该公司并不满足"资产不足以清偿全部债务或者明显缺乏清偿能力"这一法定条件。万湛公司提交的负债证据中，有近 2000 万元系由多份生效法律文书确认的与吴某勇、付某华共同负担的债务，且相关债权人均已申请执行。复议申请人万湛公司与吴某勇、付某华作为共同债务人，对外均负有履行全部债务的义务。因此，在共同债务人吴某勇、付某华个人财产清偿能力确定前，复议申请人万湛公司最终所负债务便不能确定。

综上，一审法院认定万湛公司申请移送破产审查不符合移送审查条件，不违反法律及司法解释的规定。

来凤县人民法院裁定(2020)鄂 2827 执恢 143 号案件不移送破产审查。

2. 裁判规则二：在执行程序转为破产程序后，应即循破产程序处理，且法院在强制执行期间对于其他法院的申请执行人负有通知参与分配的义务。

［典型案例］

江门市金信恒科技有限公司(以下简称金信恒公司)、张某英等劳动争议执行复议执行裁定书［案号：(2020)粤 07 执复 205 号］

［案件事实］

2019 年 7 月 15 日，广东省江门市江海区人民法院(以下简称江海法院)作出(2019)粤 0704 执 422 号、423 号、424 号、471 号《移送破产审查决定书》，载明：关于江海法院立案执行的以朗佛公司为被执行人的(2019)粤 0704 执 422 号、423 号、424 号、471 号系列案件，被执行人朗佛公司不能清偿到期债务，并且资产不足以清偿全部债务，经征询意见，申请执行人江门市中达实业有限公司、中山翰华锡业有限公司同意移送破产审查，决定将江海法院立案执行的以朗佛公司为被执行人的(2019)粤 0704 执 422 号、423 号、424 号、471 号案件移送江门市中级人民法院(以下简称江门中院)进行破产审查。

江门中院于2019年10月8日作出(2019)粤07破申15号民事裁定书,裁定受理申请人中山翰华锡业有限公司和江门市中达实业有限公司对被申请人朗佛公司的破产清算申请。2019年11月4日,江门中院作出(2019)粤07破1号决定书,指定广东巨信律师事务所为朗佛公司破产管理人。故而江海法院没有对拍卖所得的剩余款项进行分配。

江海法院认为,江门中院已裁定受理朗佛公司的破产清算申请并指定了破产管理人,根据《企业破产法》第19条"人民法院受理破产申请后,有关债务人财产的保全措施应当解除,执行程序应当中止"的规定,金信恒公司提出将拍卖朗佛公司资产所得的余下款项进行分配清偿的异议请求,缺乏理据,依法应予驳回。依照《民事诉讼法》第225条、最高人民法院《关于人民法院办理执行异议和复议案件若干问题的规定》第17条第1项的规定,裁定如下:驳回金信恒公司的异议请求。

金信恒公司向江门中院申请复议,请求:依法撤销(2020)粤0704执异25号执行裁定,并将(2018)粤0704执775-856号案件扣除工人工资及执行费用后剩余款项对金信恒公司的债权进行清偿。事实与理由如下:金信恒公司与朗佛公司买卖合同纠纷案的判决已生效并向蓬江法院申请执行。江海法院在没有对金信恒公司进行通知的情况下将朗佛公司的相关资产进行拍卖,拍卖所得在清偿工人工资后没有对金信恒公司的债权进行清偿。江海法院在未征询金信恒公司意见的情况下将朗佛公司作为被执行人的案件移送破产审查,导致金信恒公司的债权未得到任何清偿。

朗佛公司称,朗佛公司因严重资不抵债,2019年10月8日,江门中院依法受理中山翰华锡业有限公司和江门市中达实业有限公司对其的破产清算申请,并于2019年11月4日指定广东巨信律师事务所为朗佛公司破产管理人,目前朗佛公司仍处于破产清算程序。虽金信恒公司已就其对朗佛公司的债务纠纷提起诉讼并申请执行,但该执行案尚未执行完毕,根据《企业破产法》第19条以及最高人民法院《关于适用〈中华人民共和国企业破产法〉若干问题的规定(二)》第22条规定,以朗佛公司为被执行人的执行案件均应中止,债权人应向朗佛公司破产管理人申报债权。金信恒公司提及的"江海法院在没有对异议人进行通知的情况下将朗佛公司的相关资产进行拍卖"的说法没有法律依据,金信恒公司在蓬江法院申请强制执行，现行的法律、法规及司法解释并没有规定法院在强制执行期间对于其他法院的申请执行人负有通知参与分配的义务。因此，金信恒公司提出的执行复议缺乏法律依据，应予驳回。

［**法院认为**］

破产法院已受理朗佛公司的破产清算申请并指定了破产管理人，根据《企业破产法》第19条"人民法院受理破产申请后，有关债务人财产的保全措施应当解除，执行程序应当中止"的规定，江海法院的执行程序中止。江海法院作为执行法院，将执行案件移送破产审查，根据最高人民法院《关于执行案件移送破产审查若干问题的指导意见》第16条关于"执行法院收到受移送法院受理裁定后，应当于七日内将已经扣划到账的银行存款、实际扣押的动产、有价证券等被执行人财产移交给受理破产案件的法院或管理人"的规定，案涉财产属朗佛公司财产，在执行程序转为破产程序后，应循破产程序处理，金信恒公司提出将拍卖朗佛公司资产所得的余下款项进行分配清偿的复议请求，没有事实和法律依据，不予支持。加之，根据上述指导意见的规定，江海法院对于申请执行案件移送破产审查的主体审查，仅需被执行人或者有关被执行人的任何一个执行案件的申请执行人书面同意将执行案件移送破产审查即可，债权人可通过破产程序对债权进行受偿。

据此，依照《民事诉讼法》(2017年)第225条[1]、最高人民法院《关于人民法院办理执行异议和复议案件若干问题的规定》第23条第1款第1项之规定，裁定如下：驳回复议申请人江门市金信恒科技有限公司的复议申请，维持广东省江门市江海区人民法院(2020)粤0704执异25号执行裁定。

3. 裁判规则三：移送破产审查不同于破产申请受理，被执行人不能据此要求中止本案执行，待有关法院裁定是否受理破产申请后，再裁定恢复执行或终结执行。

［**典型案例**］

新华信托股份有限公司、昆明安泰房地产开发有限公司执行审查类执行裁定书［案号：(2020)最高法执监44号］

---

〔1〕 现为《民事诉讼法》(2023年)第236条。

[案件事实]

新华公司申请执行昆明安泰房地产开发有限公司(以下简称安泰公司)、云南万方房地产开发有限公司(以下简称万方公司)、云南巨和房地产开发有限公司(以下简称巨和公司)、胡某河一案,云南省昆明市中级人民法院(以下简称昆明中院)于2017年4月26日作出(2017)云01执392号执行裁定:冻结划拨安泰公司、万方公司、巨和公司、胡某河在银行的存款349,381,008.41元及利息,或对上述四被执行人价值349,381,008.41元及利息的财产予以查封、扣押、拍卖、变卖。执行过程中,昆明中院拟对安泰公司名下的盘国用(2013)第0021号土地使用权及地上附着物(以下简称案涉土地)进行拍卖。

安泰公司不服昆明中院上述执行行为,向该院提出执行异议,请求昆明中院中止本案执行,待有关法院裁定是否受理安泰公司破产申请后,再裁定恢复执行或终结执行。

昆明中院查明,安泰公司已向法院提交了企业执行转破产审查申请书及相关材料而申请破产,目前该破产申请尚在审查阶段,法院并未裁定受理。

昆明中院认为,根据最高人民法院《关于适用〈中华人民共和国民事诉讼法〉的解释》第515条第1款第1句"被执行人住所地人民法院裁定受理破产案件的,执行法院应当解除对被执行人财产的保全措施"的规定,本案中,安泰公司虽然向法院提交了企业执行转破产审查申请书及相关材料申请破产,但该破产申请尚在审查阶段,法院并未裁定受理。故而安泰公司要求中止对所查封财产评估拍卖的异议请求不能成立。2018年7月9日,昆明中院作出(2018)云01执异143号执行裁定,依照《民事诉讼法》(2017年)第225条〔1〕、最高人民法院《关于人民法院办理执行异议和复议案件若干问题的规定》(2015年)第17条第1项规定,裁定驳回安泰公司的异议请求。

安泰公司不服昆明中院上述裁定,向云南省高级人民法院(以下简称云南高院)申请复议,请求:(1)撤销昆明中院(2018)云01执异143号执行裁定;(2)裁定中止对案涉土地进行拍卖。其主张的主要事实与理由为:(1)安泰公司已提交执行转破产申请,仍在破产审查阶段。债权人通过民事诉讼程序判决、调解且申请强制执行的债务已超过166,585.29万元;而未经判决、调解并

〔1〕 现为《民事诉讼法》(2023年)第236条。

申请强制执行的民间债务约4.4亿元，尚未起诉的民间债务约10亿元。安泰公司总负债（包括连带担保责任）超过30亿元，资产不超过6亿元，已明显达到资不抵债。2017年12月11日，安泰公司根据《企业破产法》、最高人民法院《关于执行案件移送破产审查若干问题的指导意见》等法律法规的相关规定，向法院提交了企业执行转破产审查申请书及相关材料申请破产，现已在破产审查阶段。（2）安泰公司所欠债务巨大，众多债务人已提交执行转破产申请。申请人的众多债权人也已根据相关法律法规的规定向昆明中院提起执行转破产申请，目前也在破产审查过程中。依据《企业破产法》第19条、最高人民法院《关于适用〈中华人民共和国民事诉讼法〉的解释》第513条的规定，执行法院应当中止本案执行，待有关法院裁定是否受理安泰公司破产申请后，再裁定恢复执行或终结执行。

云南高院查明的事实与昆明中院查明的事实一致。

云南高院认为，安泰公司根据《企业破产法》、最高人民法院《关于执行案件移送破产审查若干问题的指导意见》等法律法规的相关规定，向法院提交了企业执行转破产审查申请书及相关材料申请破产，已处于破产审查阶段，且《企业破产法》第19条规定："人民法院受理破产申请后，有关债务人财产的保全措施应当解除，执行程序应当中止。"故而安泰公司的复议请求应予以支持。2019年7月15日，云南高院作出（2018）云执复312号执行裁定，依照《民事诉讼法》（2017年）第225条[1]及最高人民法院《关于人民法院办理执行异议和复议案件若干问题的规定》（2015年）第23条第1款第3项之规定，裁定：（1）撤销昆明中院（2018）云01执异143号执行裁定；（2）中止对案涉土地进行拍卖。

新华公司不服云南高院上述裁定，向最高人民法院申诉，请求：（1）撤销云南高院（2018）云执复312号执行裁定；（2）维持昆明中院（2018）云01执异143号执行裁定；（3）驳回安泰公司的复议申请。其主张的主要事实和理由为：安泰公司虽已提出"执转破"申请，但法院尚未启动破产程序，即法院尚未正式受理其破产申请，云南高院以法院已受理安泰公司的破产申请为由，裁定中止执行，属事实认定错误、法律适用错误。

---

〔1〕 现为《民事诉讼法》第236条。

[法院认为]

本案的争议焦点为，云南高院(2018)云执复312号执行裁定以本案已处于破产审查阶段为由裁定本案中止执行是否有事实和法律依据。

《企业破产法》第19条规定："人民法院受理破产申请后，有关债务人财产的保全措施应当解除，执行程序应当中止。"最高人民法院《关于适用〈中华人民共和国民事诉讼法〉的解释》(2015年)第515条[1]规定，被执行人住所地人民法院裁定受理破产案件的，执行法院应当解除对被执行人财产的保全措施。根据上述规定，被执行人住所地人民法院裁定受理对被执行人的破产申请后，执行法院应当中止对被执行人的执行程序，解除保全措施。最高人民法院《关于适用〈中华人民共和国民事诉讼法〉的解释》第513条规定："在执行中，作为被执行人的企业法人符合企业破产法第二条第一款规定情形的，执行法院经申请执行人之一或者被执行人同意，应当裁定中止对该被执行人的执行，将执行案件相关材料移送被执行人住所地人民法院。"最高人民法院《关于执行案件移送破产审查若干问题的指导意见》第8条第1款第1句规定，执行法院作出移送决定后，应当书面通知所有已知执行法院，执行法院均应中止对被执行人的执行程序。根据上述规定，执行法院决定将执行案件移送破产审查的，应当裁定中止对被执行人的执行程序。本案中，根据查明事实，被执行人安泰公司虽然称已经向昆明中院提出执行案件转破产程序处理的申请，但目前昆明中院并未作出移送破产决定，亦无相关法院作出受理安泰公司破产清算申请的裁定。故而云南高院(2018)云执复312号执行裁定以本案已处于破产审查阶段为由裁定本案中止执行，属基本事实认定错误，适用法律不当，应予纠正。

综上，云南高院(2018)云执复312号执行裁定基本事实认定错误，适用法律不当，最高人民法院予以纠正。申诉人新华公司的申诉请求成立，最高人民法院予以支持。依照《民事诉讼法》(2017年)第204条、最高人民法院《关于人民法院执行工作若干问题的规定(试行)》(2008年)第129条[2]之规定，裁定如下：

撤销云南高院(2018)云执复312号执行裁定；

---

〔1〕 现为最高人民法院《关于适用〈中华人民共和国民事诉讼法〉的解释》第513条。

〔2〕 现为最高人民法院《关于人民法院执行工作若干问题的规定》(2020年)第71条。

维持昆明中院(2018)云01执异143号执行裁定。

4. 裁判规则四:经人民法院强制执行,无法清偿债务的,属于应当认定债务人明显缺乏清偿能力的情形,符合执行案件移送破产审查的条件。

[典型案例]

尤妮佳生活用品(中国)有限公司与家乐福(上海)供应链管理有限公司仲裁纠纷执行案移送破产清算案[案号:(2024)沪03破91号]

[案件事实]

2023年11月20日,经申请执行人尤妮佳生活用品(中国)有限公司(以下简称尤妮佳公司)同意,上海市第二中级人民法院(以下简称上海二中院)作出(2023)沪02执835号移送决定书,决定将尤妮佳公司与家乐福(上海)供应链管理有限公司(以下简称家乐福供应链公司)仲裁纠纷执行案移送法院进行破产审查。

上海市第三中级人民法院(以下简称上海三中院)依法通知了被申请人家乐福供应链公司,家乐福供应链公司表示不同意破产清算,公司也确实无法清偿全部债务。

申请人尤妮佳公司与被申请人家乐福供应链公司因合同纠纷申请仲裁,上海国际经济贸易仲裁委员会作出(2023)沪贸仲裁字第1111号裁决书,确认家乐福供应链公司应向尤妮佳公司支付欠付货款13,504,505.47元及相应违约金、返还重复扣款256,320.62元、支付律师费380,000元等。因被申请人家乐福供应链公司未履行生效法律文书确定的义务,申请人尤妮佳公司向上海二中院申请强制执行。执行中,因被申请人家乐福供应链公司暂无财产可供执行,上海二中院于2023年9月5日作出(2023)沪02执835号执行裁定书,终结本次执行程序。

另查明,被申请人家乐福供应链公司在本市法院所涉执行案件有110件(统计截至2023年11月10日)。

[法院认为]

根据最高人民法院《关于同意〈上海市高级人民法院关于完善上海法院强制清算与破产案件集中管辖的请示〉的批复》及上海市高级人民法院《关于调整上海法院强制清算与破产案件集中管辖的通知》第1条的规定,上海三中院管辖除上海金融法院、上海市浦东新区人民法院管辖范围以外的上海各级人民法院及其他省、自治区、直辖市各级人民法院执行移送破产审查案件。本案系上海二中院移送上海三中院审查的执行转破产案件，被申请人家乐福供应链公司并非金融机构，故法院对本案具有管辖权。根据最高人民法院《关于执行案件移送破产审查若干问题的指导意见》第 2 条，申请人尤妮佳公司作为申请执行人书面同意将执行案件移送破产审查，尤妮佳公司对被申请人家乐福供应链公司享有到期债权未获清偿。同时，根据最高人民法院《关于适用〈中华人民共和国企业破产法〉若干问题的规定（一）》第 4 条第 3 项之规定，经人民法院强制执行，无法清偿债务的，属于应当认定债务人明显缺乏清偿能力的情形。被申请人家乐福供应链公司已经上海二中院强制执行，不能清偿到期债务，且明显缺乏清偿能力，符合执行案件移送破产审查的条件。据此，上海二中院将本案移送破产审查符合上述司法解释及指导意见的规定，上海三中院应予受理。

5. 裁判规则五：执行法院未将执行案件移送破产审查，申请执行人对此之决定的异议并非针对执行行为或执行标的，不属于执行异议及复议的审查范围。

［典型案例］

宁某与上海 A 投资管理有限公司执行审查类民事裁定［案号：(2023) 沪 74 执复 124 号］

［案件事实］

申请执行人宁某与被执行人上海 A 投资管理有限公司（以下简称 A 公司）仲裁纠纷案，上海仲裁委员会作出（2018）沪仲案字第 3212 号裁决书，裁决 A 公司向宁某支付赎回款 949,513.89 元及逾期利息等内容。上述裁决生效后，A 公司未履行支付义务，异议人宁某申请执行，虹口法院以（2021）沪 0109 执 8965 号立案执行。执行中，A 公司未主动履行义务，上海市虹口区人民法院（以下简称虹口法院）依法轮候冻结其银行账户以及冻结其持有的其他公司股权。鉴于股权暂不具备处置条件，又未发现 A 公司有可供执行的其他财产，虹口法院于 2022 年 8 月 25 日依法裁定终结本次执行程序。2022 年 8 月 12 日，异议人向虹口法院申请执行案件移送破产审查，并提交书面申请书。

复议申请人宁某称，复议申请人提交执行转破产申请后，虹口法院仅裁定终结本次执行程序，未将执行案件相关材料移送被执行人住所地人民法院进行破产审查,违反最高人民法院《关于严格规范终结本次执行程序的规定(试行)》第 11 条规定,故请求撤销(2022)沪 0109 执异 256 号执行裁定及(2021)沪 0109 执 8965 号执行裁定。

[法院认为]

虹口法院认为,根据执行案件移送破产审查的相关规定,被执行人为企业法人,其不能清偿到期债务且资不抵债或者明显缺乏清偿能力的,被执行人或者申请执行人书面同意的,执行法院可以作出执行案件移送破产审查的决定,对该决定有异议的,由受移送法院一并处理。因此,对于执行案件移送破产审查决定的异议系处理程序问题,针对执行程序转换为破产程序,而非针对执行行为或执行标的,不属于执行异议的审查对象。本案中,异议人所提异议事项亦属于前述程序问题,非执行异议审查对象,不符合执行异议的受理条件。据此裁定驳回宁某的执行异议申请。

上海金融法院认为,根据最高人民法院《关于严格规范终结本次执行程序的规定(试行)》第 1 条规定,虹口法院在冻结 A 公司银行账户及其持有的其他公司股权,已经穷尽财产调查措施,未发现被执行人有可供执行财产的情况下,裁定终结本次执行程序,于法有据,并无不当。复议申请人对执行案件移送破产审查决定的异议并非针对执行行为或执行标的,不属于执行异议及复议的审查范围。故而复议申请人的主张缺乏事实和法律依据,虹口法院据此裁定驳回复议申请人的异议申请并无不当。

裁判结果如下:

驳回宁某的复议申请,维持上海市虹口区人民法院(2022)沪 0109 执异 256 号执行裁定。

本裁定为终审裁定。

6. 裁判规则六:(1)经法院生效判决所确定的债权经强制执行仍未清偿,但未执行完毕系因暂不具备执行条件,且被执行人尚存清偿全部外债之可能性的情形下,不足以确定被执行人已具备破产原因及符合破产条件;(2)受移送法院作出不予受理或驳回申请的裁定后,人民法院不得重复启动执行案件移送破产审查程序。申请执行人或被执行人以有新证据足以证明被执行人已经具备了破产原因为由,再次要求将执行案件移送破产审查的,人民法院不予支持。但是,申请执行人或被执行人可以直接向具有管辖权的法院提出破产申请。

［典型案例］

上海开天建设（集团）有限公司与上海永春物流有限公司申请破产清算强制清算与破产上诉民事案件［案号：（2021）沪破终1号］

［案件事实］

上诉人上海开天建设（集团）有限公司（以下简称开天公司）因申请对被上诉人上海永春物流有限公司（以下简称永春公司）进行破产清算案，不服上海市第三中级人民法院（2020）沪03破申124号民事裁定，向上海市高级人民法院提起上诉。

开天公司与永春公司建设工程施工合同纠纷两案经松江区人民法院（2012）松民三（民）初字3178号民事调解书、（2012）松民三（民）初字第3013号民事判决书确认，永春公司应当支付开天公司两案工程款分别为2,850,000元、12,621,573.70元及相应利息。因永春公司未在生效法律文书确定的期限内履行支付义务，开天公司向松江区人民法院申请强制执行。因永春公司名下位于松蒸公路285号一幢房屋暂无执行条件，且名下无可供执行的其他财产，松江区人民法院作出（2013）松执字第1441号执行裁定书，裁定终结该次执行程序。

2018年7月3日，松江区人民法院作出（2013）松执字第1441号移送决定书。该决定书载明，永春公司不能清偿到期债务，并且资产不足以清偿全部债务，符合移送破产审查条件，经开天公司申请，将（2013）松执字第1441号执行案件被执行人永春公司移送破产审查。

松江区人民法院经审查，确认了开天公司与永春公司建设工程施工合同纠纷案的审理及执行情况。另确认松江区人民法院涉及永春公司的执行案件还有数十起，执行标的约1.38亿余元。松江区人民法院认为，根据法律规定，企业法人不能清偿到期债务，且资产不足以清偿全部债务或者明显缺乏清偿能力的，可以申请启动破产程序清理债务。开天公司经法院生效判决所确定的债权经强制执行仍未清偿，但未执行完毕系因暂不具备执行条件。永春公司涉执行标的较大，但其名下仍登记有位于本市松江区松蒸公路285号1幢的不动产，不动产价值亦较大，通过变现该不动产或其他方式盘活该资产，尚存清偿全部外债的可能性。现有情况不足以确定永春公司已具备破产原因及符合破产条件。并且，对于永春公司破产清算，并不当然可以实现公平保护债权人与债务人利益之目的。据此，松江区人民法院于 2019 年 10 月 10 日作出(2018)沪 0117 破申 33 号民事裁定书，裁定对开天公司关于对永春公司的破产清算申请，不予受理。

2019 年 10 月 14 日，松江区人民法院(2018)沪 0117 破申 33 号民事裁定书送达开天公司。开天公司在法定上诉期内，未提出上诉。松江区人民法院在裁定生效后 7 日内未将接收的材料等退回执行部门，执行部门亦未恢复对永春公司的执行。

本案一审审查过程中，2020 年 11 月 30 日，松江区人民法院就开天公司申请永春公司强制执行案恢复执行，案号为(2020)沪 0117 执恢 386 号。

[法院认为]

松江区人民法院认为，在开天公司提起本案申请之前，其已经于 2018 年 7 月 3 日经执行转破产程序由松江区人民法院进行破产审查。在执行转破产的审查中，松江区人民法院认为，该次未执行完毕系因暂不具备执行条件，永春公司涉执行标的较大，但其名下仍登记有位于本市松江区松蒸公路 285 号 1 幢的不动产，不动产价值亦较大，通过变现该不动产或其他方式盘活该资产，尚存清偿全部外债的可能性。现有情况不足以确定永春公司已具备破产原因及符合破产条件。并且，对于永春公司破产清算，并不当然可以实现公平保护债权人与债务人利益之目的。故而作出(2018)沪 0117 破申 33 号民事裁定，裁定不予受理对永春公司的破产申请。该裁定送达开天公司后，开天公司作为执行转破产程序的申请人并未上诉，(2018)沪 0117 破申 33 号民事裁定已经发生法律效力。

根据最高人民法院《关于执行案件移送破产审查若干问题的指导意见》第 18 条的规定，受移送法院作出不予受理或者驳回申请裁定的，应当在裁定生效后 7 日内将接受的材料、被执行人的财产退回执行法院，执行法院应当恢复对被执行人的执行。为保护债权人的合法利益，松江区人民法院应当按照最高人民法院《关于执行案件移送破产审查若干问题的指导意见》第 18 条的规定恢复对永春公司的执行。本案审查过程中，2020 年 11 月 30 日，松江区人民法院就开天公司申请永春公司强制执行案恢复执行，案号为(2020)沪 0117 执恢 386 号。

此外，最高人民法院《关于执行案件移送破产审查若干问题的指导意见》第 19 条规定："受移送法院作出不予受理或驳回申请的裁定后，人民法院不得重复启动执行案件移送破产审查程序。申请执行人或被执行人以有新证据足以证明被执行人已经具备了破产原因为由，再次要求将执行案件移送破产审查的，人民法院不予支持。但是，申请执行人或被执行人可以直接向具有管辖权的法院提出破产申请。”据此，在松江区人民法院作出不予受理裁定后，开天公司向一审法院申请破产清算的，应提供新证据足以证明被执行人即永春公司已经具备了破产原因。然在松江区人民法院以永春公司不具备破产原因作出不予受理裁定后，开天公司并未上诉，且在本案一审听证中向一审法院表示“本案申请破产的事实和理由仍与前案相同，并无变化，松江区人民法院对系争房产亦无处置”，可见，相比前案，本案并未出现新情况新证据，开天公司在松江区人民法院对其执转破申请作出不予受理裁定后，转而向一审法院申请破产清算并不符合最高人民法院《关于执行案件移送破产审查若干问题的指导意见》第 19 条之规定。

综上，一审法院认为，开天公司对永春公司享有的债权，已经由松江区人民法院依职权按照最高人民法院《关于执行案件移送破产审查若干问题的指导意见》第 18 条的规定恢复强制执行，开天公司可在该恢复强制执行案件中主张其享有的债权。依据最高人民法院《关于执行案件移送破产审查若干问题的指导意见》第 18 条、第 19 条之规定，一审法院裁定对开天公司对于永春公司破产清算申请不予受理。

上海市高级人民法院认为，在本案一审审查过程中，开天公司对永春公司享有的债权已由松江区人民法院依职权恢复强制执行，目前该强制执行案件尚在进行中，开天公司对永春公司的债权是否能得到清偿尚处于不确定状态，本案并不属于最高人民法院《关于适用〈中华人民共和国企业破产法〉若干问题的规定(一)》第 2 条、第 4 条第 3 项规定之情形。故而一审法院对于开天公司对永春公司破产清算的申请不予受理，并无不当。如经恢复强制执行，仍无法清偿债务的，开天公司可另行对永春公司提起破产申请。

实务总结

1. 当经法院判决确定的债权经强制执行无法清偿，但暂时不具备执行条件且被执行人仍有清偿可能性时，无法确定被执行人是否符合破产条件；如果经强制执行后仍无法清偿债务，被认定为债务人明显缺乏清偿能力，符合移送破产审查条件。

2. 若法院已经作出不予受理或驳回申请的裁定，执行人不得再次要求将案件移送破产审查，但可以直接向有管辖权的法院提出破产申请。

3. 移送破产审查并非破产申请受理，被执行人不能要求中止执行，需等待法院裁定是否受理破产申请后再恢复或终结执行。

4. 一旦执行程序转为破产程序，法院应立即处理破产程序，并在强制执行期间对其他法院的申请执行人负有通知义务。

5. 共同债务人需一同承担全部债务责任，单一债务人不能因无法清偿部分债务或明显缺乏清偿能力而申请移送破产。